전통과 현대

傳統與現代
人文主義的視覺
인문주의적 시각

Tradition and Modernity A Humanistic Perspective

지은이

천라이 陳來, Chen Lai

국무원 학위위원회 위원(國務院學位委員會委員), 중앙문사관 관원(中央文史館館員), 교육부 사회과학위원회 철학학부 위원(教育部社科委哲學學部委員), 칭화대학 학술위원회 부주임(清華大學校學術委員會副主任), 칭화대학 국학연구원 원장(清華大學國學研究院院長), 칭화대학 문과자심교수(清華大學文科資深教授), 국제유학연합회 부이사장(國際儒學聯合會副理事長), 푸단대학 상하이유학원 원장(復旦大學上海儒學院院長) 등을 역임, 40여 종의 책을 저술했다.

옮긴이

문수정 文秀貞, Moon Su-jeong

2014년 서울대학교 중어중문학과에서 「『설문해자주(說文解字注)』에 나타난 단옥재(段玉裁)의 고금자관(古今字觀) 연구」로 박사학위를 받았다. 현재 서울대학교 인문학연구원 선임연구원 겸 중어중문학과 강사로 재직 중이다. 중국의 문자와 사유, 중국의 문화와 사회에 대한 관심을 바탕으로 관련 연구 및 강의를 하고 있다.

전통과 현대 인문주의적 시각
초판인쇄 2023년 8월 15일 **초판발행** 2023년 8월 31일
지은이 천라이 **옮긴이** 문수정
펴낸이 박성모 **펴낸곳** 소명출판 **출판등록** 제1998-000017호
주소 서울시 서초구 사임당로14길 15 서광빌딩 2층
전화 02-585-7840 **팩스** 02-585-7848
전자우편 somyungbooks@daum.net **홈페이지** www.somyong.co.kr

값 32,000원 ⓒ소명출판, 2023
ISBN 979-11-5905-821-9 93150

전통과 현대

傳統與現代
人文主義的視界
인문주의적 시각

Tradition and Modernity: A Humanistic Perspective

천라이 지음
문수정 옮김

인문주의적 시각

이 책의 주요 내용은 현대 사회에서 유학의 가치 전통이 지니는 의의, 그리고 근대 이후 이 주제에 대한 문화 토론과 사회과학 연구에서 행한 재고찰에 관한 것이다. 저자는 '비판적 계승'의 원칙하에 유학의 가치 전통이 세계의 다른 주요 종교전통과 마찬가지로 현대 사회에서 여전히 의의를 지닌다고 보며, 전반적인 반反전통 급진주의[激進主義] 문화관에 대해서는 비판적인 입장이다. 이 때문에 종종 '문화보수주의'에 대해 어떻게 생각하냐는 질문을 받는다. 이번 기회에 인문학 연구에서 다루는 '문화보수주의' 개념 및 관련 문제에 대하여 아래와 같이 간략히 논의해 보고자 한다.

근대 말 학술계에서는 마르크스주의, 자유주의, 신유학을 중국 현대사상사의 주요 사상 분파로 간주하거나, 급진주의, 자유주의, 보수주의를 중국 근현대 정치사상사의 주요 분파로 간주했다. 그러나 각 분파 사이에 갈라짐이나 대립하는 부분이 있었다고 해도, "그들이 사고하고 해결하고자 했던 것은 결국 전통을 어떻게 대할 것인가, 서양을 어떻게 받아들일 것인가, 중국의 신문화를 어떻게 건설할 것인가 등의 문제였다. 그리고 그들 모두 강한 민족주의 정서를 지녔으며, 망해가는 나라를 구하고 중화를 일으키는 것이 다른 무엇보다 중요한 공통 화제였다. 또한 그들은 서양에서 진리를 찾았다. 그러면서도 서양의 문명 발전으로 드러난 갖가지 모순과 심각한 문제를 피하고 싶어 했다. 그들은 모두 중국이 중세시대를 벗어나 현대화로 나아가기를 희망했고, 사상적인 면에서도 문화계몽적 성질과 특성을 지니고 있었다"는 점은 대부분 인정하는 사실이다.[1]

엄밀히 말해서, 급진주의, 자유주의, 보수주의는 서양 학술 분야 중 정치철학과 정치사상에서 사용하는 범주로서 사실상 이들 앞에 '문화'를 붙인다고 해서 문화관 범주로 바뀌지는 않는다. 예를 들어서, 어떤 것에 대한 정의로서 '문화보수주의', '문화급진주의'라는 개념은 성립해도, '문화자유주의'라는 표현은 성립하기 어려우며, 정치적으로 자유주의자인 사람도 문화에 있어는 급진주의자나 보수주의자가 될 수 있다. 일반적으로 중국학자들이 오랜 기간 마르크스주의와 자유주의에 대해서 충분히 연구해 왔다는 것은 인정하지만, 문화보수주의자들의 문화에 대한 관점과 연구 성과 및 이론 방면의 기여에 대해서는 아직 잘 모른다.

그렇다면 중국 근대사상사에서 '문화보수주의'는 어떤 의미가 있는가? 벤자민 슈워츠B. Schwartz는 이렇게 말했다. "'5·4'시대에 출현한 지식인들, 우리는 새로운 용어로 그들을 지칭하여 '수구파守舊派' 등과 구분해야 한다. 그 용어는 바로 '문화보수주의'다." 그는 20세기 중국에는 버크Edmund Burke, 1729~1797식 보수주의가 거의 없었으며 "현대 중국의 보수주의는 '문화적 보수주의'이지, 현행 사회 정치 현상을 지지하는 '사회 정치적 보수주의'가 아니다. 중국의 수많은 '문화보수주의자' 대부분은 보존해야 하는 문화요소가 무엇인지를 분명히 알고 있었다"[2]고 했다. 하지만 중국어에서 '보수保守'라는 말은 상당한 폄의를 지니는 것이었으므로, 서양의 중국 연구 전문가들마저도 'cultural conservative 문화적으로 보수적임'을 중국어 '보수保守'로 번역하는 데 반대하고, '수성守成', 즉 '문

---

1 方克立,「展望儒學的未來前景必須正視的兩個問題」,『天津社會科學』, 1991年 第1期;「現代新儒學研究的回顧與展望」,『哲學研究』, 1990年 第3期. 그밖에 湯一介,『二十世紀中國文化論著輯要叢書·總序』참고. 湯一介의 책에서는 문화 전환기에 형성된 세 분파가 서로 다른 반응과 다른 사유 방식을 보이며, 세 가지 서로 다른 성격의 문화가 함께 문화 발전을 촉진하고 있다고 했다.

2 本傑明·史華慈,「論保守主義」, 傅樂詩(C.Furth) 編,『近代中國思想人物論—保守主義』, 台北 時報文化出版事業有限公司, 1980, p.33 수록.

화수성주의'로 해당 표현의 의미를 나타내고자 했다. 본래 '보수', '반反현대화'
는 서양 학계에서 폄의를 지니는 말이 아니었음은 물론 꽤 진지한 의미를 내포
하는 것이었다. 그러나 중국의 역사문화적 배경은 그와 달랐다. 무엇보다 서양
어에서는 '문화적文化的'이라고 한정해도 "cultural conservative"가 사회에 대
한 개혁 이데올로기와 전통에 대한 비판을 배제하지 않는데, 중국어에서는 이
점이 고려되지 않는다. 알리토Guy S. Alitto, 1942~는 다음과 같이 설명했다. "민국
초기 사상사에서 가장 중요한 사건은 전통적인 중국문화를 전반적으로 비판 및
공격하고, 서양 문화를 더욱 깊고 폭넓게 들여와야 한다고 주장한 점이다. 비슷
한 시점에, 반反전통주의의 반대 사조, 즉 날로 강해지는 서구화에 대응하는 문
화 수성의 흐름도 나타났고, 그들은 중서문화의 융합을 주장하며 미래의 세계
문화는 중서문화의 결합체가 될 것임을 제시했다. 나는 이러한 주장을 문화수
성주의론이라고 하겠다."[3]

　　중국학자들은 일반적으로 이러한 용법을 받아들인다. "그들서양학자이 '문화보
수주의'라는 개념을 만든 것은 현재의 사회 정치 상황을 유지하는 데 힘쓰는
'사회정치적 보수주의'와 구별하기 위해서다. '문화보수주의'는 전통문화를 기
반으로 하며, 고금을 두루 통하게 하고, 외래문화를 선택적으로 수용하기도 한
다. 그리하여 시대가 요구하는 사상 경향 또는 사상 분파에 맞춘다. 그들은 정
치적으로 매우 진보적이고 혁명적이며, 심지어는 매우 급진적이기까지 하다.
그러나 민족문화의 전통을 대함에 있어서는 매우 조심스럽고 보수적이며 강한
애착을 보이고, 선대의 업적을 엄숙하게 지키며, 자신이 따라온 오래된 법칙을
잃을까 두려워한다. 중국 근대 사상사에서 이런 태도를 보였던 사람들이 꽤 있
다. 장태염章太炎이 그 예이고, 신해혁명에 참여했던 현대 신유학학파의 정신적
지도자 숑스리熊+力, 1885~1968 역시 전형적인 예에 해당한다."[4] '5·4' 이래 사상

3　Guy Salvatore Alitto, 『世界範圍內的反現代化思潮－論文化守成主義·前言』, 貴州, 1991, p.5.

분합의 역사에서도 문화보수주의 관념을 응용했으며, '5·4' 이전의 사상과 인물 연구에서도 마찬가지다. 장지동張之洞, 1837~1909을 연구하는 학자는 이렇게 생각한다. "'문화보수주의'는 고금과 중서가 대거 교차하는 때에 급진주의에 맞서 발생한 중요한 분파다. 여기서 말하는 '문화보수주의'는 사회진보와 문화변혁을 반대하는 완고파들의 포잔수결주의抱殘守缺主義, 구시대의 폐습을 지키려는를 가리키는 것이 아니다. 이러한 것들은 일찌감치 폐기됐다. 장지동이 말하는 문화보수주의는 개명적開明的 성격이 강하다. 그는 진보와 변혁을 단순히 반대하지 않고, 사회진보와 문화변혁을 위해 적극적으로 움직이기까지 했다. 하지만 문화보수주의와 문화급진주의는 다음 몇 가지에서 분명한 차이가 있다. 첫째, 문화보수주의는 급진적 변화를 반대하고, 점차적이고 완만한 변화를 주장한다. 둘째, 문화보수주의는 전면적인 변화를 반대한다. 『역전易傳』에서 말한 변화와 불변함의 통합을 견지하며, 문화의 여러 부분 중 기용器用과 제도制度 등의 외연 부분은 변할 수 있고 반드시 변해야 하는 것으로, 윤상倫常과 제도 등의 핵심 부분은 변할 수 없고 변해서는 안 되는 것으로 본다. 셋째, 문화보수주의는 문화의 세계성, 인류성을 인정하지 않고 문화의 민족성과 국가성[國度性]을 인정한다. 중국 근현대 문화사에 있어서 이런 문화보수주의와 문화급진주의는 각각의 장단점과 존재 의미가 있다. 양측의 논쟁은 상호 간 영향을 주고 받으며, 서로 상반되는 혹은 둘이 결합되는 문화적 매듭[細結]을 만들어냈다.[5] 사실 급진적 변화나 점진적 변화의 문제는 사회 정치 차원의 문제이지 문화적 보수주의의 문제가 아니다. 근대 사상사에서 문화보수주의는 본질적으로 반反전통사상에 반대하는 문화적 주장이다.

---

4   方克立, 「現代新儒學與中國現代化」, 『南開學報』, 1989 第4期.
5   馮天瑜, 『張之洞評傳·篇首語』, 南京大學出版社, 1991.

소위 문화 보수주의는 근대 사회 전환 과정에서 나타난 문화적 반응일 뿐 아니라, 현대 상공업 사회의 병폐에 대한 문화적 외침[呼聲]이다. 이와 관련하여 모두가 아는 예로 다니엘 벨Daniel Bell, 1919~2011을 들 수 있다. "마르크스에 정통"하기로 유명한 다니엘 벨은 미국에서 1960년대 이후 일어난 "안에서부터 자본주의를 비판한 중요한 목소리"[6]를 대표하는 인물 중 한 명이다. 벨은 순차적이고 점진적인 정치 개혁과 경제적 평등을 주장했고, 미국사회의 문화현실에 대한 비판적 시각도 지녔었다. 70년대 이후 학술이론 영역에서는 신자유주의 시스템이 와해되는 추세였고, 그 대신 전통으로의 회귀와 안정적인 가치관을 찾는 보편심리가 출현하여, 60년대의 과격한 성향에 반대하고 도덕적 제약과 문화질서 회복을 추구했다.[7] 벨의 사상에서 무엇보다 중요한 것은 사람들의 가치구조는 다원적이고 복합적일 수 있음을 짚었다는 점이다. 그는 사회주의, 자유주의, 보수주의를 반대하지 않았다. 반대로 그는 스스로 사회주의자이자 자유주의자이며 보수주의자라고 했다. 더 정확하게 말하면, 그는 자신이 경제적으로는 사회주의, 정치적으로는 자유주의, 문화적으로는 보수주의라고 했고, 이 세 가지는 결국 통하는 부분이 있다고 생각했다. 문화 방면에서 벨의 "깊고 냉정한 문화보수주의"는 사상가이자 문화 보호가의 입장에서 대중문화와 대중운동을 엄격하게 심판하려는 태도를 보인다. 그는 신앙과 권위를 중시했고, 문명의 연속성을 지키고자 했으며, "역사에 대한 깨달음이나 높은 수준의 사상적 경지를 보여주었다".[8] 그는 다음과 같이 말했다. "나는 문화 영역에서는 보수주의자다. 왜냐하면 나는 전통을 숭상하고, 예술 작품의 좋고 나쁨에 대해서는 합리적으로 감정해야 한다고 믿기 때문이다. 또한 예술과 교육의 가치를 판단함에 있어

---

6   Daniel Bell, 『資本主義文化矛盾 · 緒言』, 趙一凡 等譯, 三聯書店, 1989, p.3.
7   위의 책, p.5.
8   위의 책, p.7.

권위에 근거한다는 원칙을 견지해야 한다고도 생각한다", "전통은 문화의 생명력 보장에 있어서 빠질 수 없는 요소다. 그것은 기억을 연결하고 꿰어주며, 이전 시대의 사람들이 우리와 동일한 삶의 문제를 어떻게 해결했는지를 보여준다".[9] 그는 역사와 현실의 연속성을 강조하며, 이것이 문명질서 유지의 필요조건이라고 주장했다. 벨의 문화보수주의는 자본주의의 문화 갈등을 드러내는 것으로서 종교 방면에서도 중요한 의미가 있다. 그는 근대 서양의 역사 발전에서 '경제적 움직임'과 '종교적 움직임'은 서로를 제약하는 요소라고 했다. 그런데 지금 이 자본주의 시대에는 두 요소 간의 관계 불균형이 심해졌고, 결국 '경제적 움직임'만 남았다. 경제적 움직임에 대하여 결정적인 평형작용을 했던 종교적 움직임은 이제 멈춰버렸고, 공리, 소비, 순간을 즐기는 풍조, 배금주의 등이 무한히 확산되고 있다. 경제적 움직임이 사회 발전을 좌우하게 된 이후, 세상의 모든 것은 신성한 색채를 잃었고, 사회는 더욱 세속화했으며, 문화적으로 통속화하는 궁극적인 위기가 갈수록 심해졌다는 것이다. 그는 인간이 삶의 유한함을 인식하고 다시 신성함의 의미를 깨달을 수 있기를 바랐다.[10] 벨의 예는 문화보수주의가 극도로 상업화한 사회에서 문화와 가치를 수호하려는 적극적인 노력이자, 상업화 및 부르주아 공리 문화에 대한 제약, 균형 조절, 비판의 노력을 보여주며, 그것은 상업화의 의미와 가치의 몰락을 겨냥한 것이다. 또한 중국 특색사회주의를 건설 중인 사회가 어떻게 현대화 프로젝트 수립을 위해 적당한 인문환경을 만들 것인지에 대해서도 좋은 참고자료를 제공해 주었다.

이상과 같이 서양학술계에서 사용하기 시작한 '문화보수주의' 개념은 두 가지 기본 함의를 지닌다. 하나는, 근대 사회 변천과정에서 나타난 반反전통주의

9　위의 책, p.24.
10　위의 책, p.40.

의 문화관과 전통문화에 대한 전면적이고 폭력적인 파괴에 반대하면서 신문화를 받아들이는 동시에 전통문화를 중시하는 문화정신과 가치이다. 다른 하나는, 상업화와 시장화한 현대 사회에서 인문 가치와 품위, 문화 의미 및 전통과 권위 수호를 중시하고, 세속적이고 저속한 문화를 거부하는 입장이다. 저자가 몇 년 전 지적한 것처럼 이러한 문화적 '보수'는 나쁜 것이 아니다. 단지 그들은 정치나 경제적 성과보다 문화와 가치를 더 중시하는 것으로 볼 수 있다. 과격한 문화 변혁을 요구하기보다 전통을 계승하기를 바란다. 더 정확하게 말하자면, 소위 문화보수주의 관점은 "반反-반反전통주의"와 "반反-범汎공리주의"의 문화 관점이다.

저자가 '문화보수주의'라는 문화관에 매우 찬성하는 입장임에는 틀림이 없으나 그렇다고 해서 문화보수주의자는 아니다. 사실 나는 이 개념에 대해 유보적인 입장이며, 누군가를 '무슨 무슨 주의자'라고 간단히 규정해 버리는 일에는 더더욱 반대한다. 분명한 것은 근대 이래로 문화보수주의 문화관에 대한 맹목적 비판과 완전한 부정의시기가 오랫동안 이어져 왔지만, 최근 십수 년 사이에 학술계에서는 현대화 과정 중의 문화 논쟁에 대해서 갈수록 이성적이고 냉정하며 변증적이고 분석적인 연구 경향이 나타나고 있다는 점이다. 이것은 역사 연구가 진보했음을 보여주며, 무엇보다 현실 생활의 문제가 학술적 사고를 변화시켰음을 보여준다.

우리가 문화보수주의 관점에 찬성하는지와는 별개로, 문화보수주의는 하나의 문화관일 뿐이다. 그리고 이처럼 문화보수주의는 각기 다른 경제 및 정치적 관점과 결합해서 한 사람의 가치관이 된다. 다니엘 벨처럼 말이다. 이러한 문화의 다양한 결합은 역사적으로 무수히 많았다. 변증법이 철학사상에서 종종 여러 철학의 본체론本體論과 결합하거나, 유심주의와 결합하거나, 유물주의 또는 다른 주의와 결합한 것처럼 말이다. 그런데 1980년대 이후 단일하고 일원적이며 범정치적 사유의 확고한 자리매김으로 인해 학술계의 개방적 사고가 제한됐다. 80년대에는 문화보수주의를 개혁을 반대하는 보수주의와 같은 것으로 보는 사람들도 적지 않았고, 90년대에는 문화보수주의를 혁명을 반대하는 보수주의와 동일시하기까지 했다. 이런 시각은 근대사상사의 역사와도 맞지 않고, 지금 사회의 사상과도 맞지 않는다. 어떤 문화보수주의자는 급진적 혁명을 주장하기도 하지만, 그렇다고 해서 문화보수주의를 혁명파라고 할 수는 없다. 마찬가지로, 어떤 문화보수주의자가 개량을 주장한다고 해서 문화보수주의 전체를 혁명에 반대하는 개량주의라고 할 수는 없다. 변증법이 헤겔 철학을 통해 크게 발전했다고 해서 변증법을 유심주의라고 할 수 없듯이 말이다. 또한 문화보수주의는 하나의 문화관일 뿐이며, 그것이 추구하는 것은 문화관 영역에서의 대화와 논의이므로, 이 영역을 벗어난 모든 요구, 예를 들어 사회 정치 문제에 대한 해결책 제시는 이치에도 맞지 않을 뿐만 아니라 애초에 불가능하다.

한편, 서양 학자들은 중국 근대의 문화보수주의관과 문화민족주의관을 '반反현대화론'이라고 하곤 하지만, 내 생각에 '반反현대화론'이라는 말은 적절하지 않다. 그 이유는 다음과 같다. 현대화가 양면성을 지닌다고 한다면, 하나는 과학기술과 물질생활의 극적인 변화, 사회의 이성화理性化나 효율화이고, 또 하나는 사상과 정신의 부정적 변화, 예를 들어 전통적인 풍속과 민족문화의 파괴 등이다. 근대 중국의 문화보수주의는 이런 부정적 변화를 반대했지만, 이런 부정적 변화를 현대화 탓으로 돌리지는 않았다. 오히려 그들은 현대화를 추구하고 긍정하는 태도로 사회의 도덕적 개선을 지향하였으며, 개인주의와 공리주의의 만연은 경계했다. 앨리토Guy Salvatore Alitto의 전통은 인성人性을 대표하고 현대화는 비인성非人性을 대표한다는 의견에 대해서는 연구할 만하다.[11] 전통가치전통은 가치합리성에 속하며, 이것은 인성본성의 내재적 필요와 직결되는 것이라고 할

---

11 Guy Salvatore Alitto, 『世界範圍內的反現代化思潮─論文化守成主義·前言』, p.4.

수 있다. 한편 현대화의 요소가 도구적 합리성의 범주 이상의 것이라고 해도, 과학기술과 물질적 생활 수준의 개선이 인성본성적 요구와 직결되는 것은 아니다. 민주, 인권, 자유, 평등 등의 현대성 관련 요소들을 어떻게 단순히 도구적 합리 성이나 비인성적인 것으로 보겠는가? 중국의 역사 발전 과정에서, 전근대시기 에는 이미 수천 년에 걸쳐 소농경제가 발전했고, 명청明淸 시기에는 상당 수준의 상품경제가 발전했다. 따라서 농촌의 공사公社가 공업문명에 대해 크게 저항하 는 일이 거의 없었다. 하지만 제국주의 열강의 침략에 따른 민족주의적 요구로 지식인들은 공업화를 중국 민족 부흥의 유일한 출로로 여겼다.

문화보수주의의 한계를 부인할 필요는 없다. 다니엘 벨 같은 복합적 사유를 하는 사람도 많지만, 중국 근현대사에는 한결 같이 보수적이며 개혁에 반대했 던 사람도 있다. 동시에, 샤롯 펄스Charlotte Furth, 1934~2022가 말한 것처럼, 장타이 옌章太炎에서 슝스리熊十力에 이르는 문화보수주의자들은 "모두 문화윤리문제를 정치질서와 분리해서 연구"했고, "그들의 이상과 가치를 정치의 필연 법칙과 반드시 구분해야 한다고 생각"했다.[12] 그러나 문화적 보수주의자들 중에는 윤 리문화 문제에만 치중하고 현실적 사회 정치 문제에는 충분한 관심을 두지 않 은 사람들이 적지 않다. 이 점이 그들의 탁월한 문화관을 가리지는 않았으나 그 들의 문화관이 사회에 미치는 영향에는 제한을 줬다. 보다 두드러지는 점은 전 통에 대한 문화보수주의의 비판, 외래 문화 흡수, 그리고 문화 창조에 대해서는 주의하지 않은 것이다. 이러한 사항이 문화보수주의가 비판받는 이유다. 그러 나 일원적 사고에서 벗어나서 다원적 문화구조를 인정하는 문화적 입장에서 보 면, 문화에 대한 모든 관점은 특정한 방향을 향해 있으며 각각의 특색이 있는 만큼 한계도 있다. 우리는 어떤 한 관점에 대해서 전방위적이기를 요구해서는 안 된다. 우리는 문화에 대한 각각의 관점이 문화 전체를 다룰 것을 요구해서는

---

12 Charlotte Furth, 「現代中國保守主義的文化與政治」, 『近代中國思想人物論—保守主義』, p.49.

안 되며, 모든 학자들이 사회의 주류 문제를 다루는 데 힘써야 함을 요구해서도 안 된다. 이 점에서 서로 다른 관점을 지닌 이들의 상호 간 이해는 더욱 중요하다. 학자 개별적으로 보면, 가치 구조면에서 다니엘 벨 식의 정치, 경제, 사회, 문화 상의 다양한 '주의'가 결합된 유형이 있을 수 있고, '문화'라는 측면에서만 보자면, 외래문화에 대한 개방과 흡수를 주장하기도 하고 전통을 지키자고 주장하는 학자들도 많이 보인다. 즉 그들은 문화에 관하여 개방적이고 비판적이며, 보수적이기도 하다. 나를 포함한 학자들을 가리킴에 있어서 '문화에 있어서의 보수주의'라는 개념은 그들의 문화관을 제대로 드러내지 못함이 분명하다.

많은 사람들이 인정하듯, 유가사상과 그 도덕 체계의 의의는 20세기 문화 논쟁의 핵심적 문제였다. 문화보수주의에 대한 연구에서 보이듯이, 유가사상에 대한 현대의 분석적 논쟁은 사회 개혁에 대한 반대에서 나온 것이 아니며, 민족 정신이나 문화 정체성의 필요에서 시작한 것도 아니다. 그보다는 사회 변화 과정에서 나타난 윤리질서의 파괴에 대한 관심과 유가의 덕성 윤리가 지닌 보편적 가치에 대한 인지에서 나왔다.

유학적 가치 세계와 현대 세계의 상관성이 전통 사회의 거대한 변화에 따라 완전히 사라진 것이 아니었으므로 20세기 중국의 사회문화 변천 과정에서 유학은 여전히 관심의 대상이었다. 사회가 도덕적 위기에 처할 때마다 전통적 가치의 소환에 대한 목소리도 높아졌다. 그래서 신해혁명 이후 캉유웨이康有爲 등이 공학孔學의 가치를 강조했을 뿐 아니라 신문화운동 중에도 량수밍梁漱溟, 1893~1988등이 공자孔子를 강조한 것이다. 1940년대 허린賀麟, 1902~1992이 유가의 예교禮敎와 삼강오상三綱五常을 해설하고 널리 알린 일은 '5·4'시기에는 상상하기 어려웠고, 펑유란馮友蘭, 1895~1990은 1940년대 '중체서용中體西用'을 새로이 해석했고, 1950년대에는 '추상적 계승'의 의의를 주장했다. 특히 왕위안화王元化는 최근 몇 년간 이 문제에 대해 깊이 고민하며 문화급진주의를 진지하게 검토하는 동시에 유가윤리도덕이 분명 민족정신으로서 계승 가능한 것임을 밝히는 등 이 시대 사상가의 진면목을 보여줬다.[13]

유가 가치 체계에 대한 논의는 문화 논쟁의 중심 내용 중 하나다. '5·4' 전후 시기만이 아니라, 1980년대 '문화열' 당시의 중심 과제도 이것이었다. 그러나 현재의 중국문화 연구 모식은 '혁신과 복고', '계몽과 구망救亡', '급진과 보수' 모두 20세기 유학 논쟁을 다루기에 적절하지 않았다. 그것은 20세기 유학 논쟁의 깊은 뿌리를 이해함에 있어 형식상의 의의만 지닐 뿐이었다. '문화정체성' 또는 '문화심리구조'에 대한 의견은 문화심리만 중시하고 사회의 객관적 조건은 소홀히 했다. 사실 20세기에 세력은 약했지만 늘 꿋꿋하게 유학 가치를 고수해야 한다는 목소리를 자세히 살펴보면, 유가 윤리가 근대 사회로의 변화 후 언제나 화제의 중심에 있을 수밖에 없었음을 알 수 있다. 그 필연성은 현대화 과정 중에 '도덕성'과 '현대성'의 분열 및 그러한 분열을 극복해야 했던 데서 기인한다. 이 때문에 20세기 역사에서 유학의 가치가 계속해서 인정받은 것의 본질은 중국에서 포스트 식민 담론이 발현됐다는 점이 아니며, 전지구적 자본주의 패권 담론이나 자본주의의 현대화라는 이데올로기에 대한 긍정은 더더욱 아니다. 이것은 이론적으로는 다원적 문화 가치에 대한 인정이고, 실천적 방면에서는 현대화 과정에서의 치료이며, 가치적 이성과 정신 문명에 대한 깊은 관심의 표현이고, 이상적 삶과 인격에 대한 끊임없는 추구의 발현이다. 중국에서 이것은 민족문화 정체성에 대한 강렬한 요구이자, 계몽 서사에 대한 도덕적 인문적 반성이다.

이 때문에 중국 근대에 즐겨 쓰던 다중적 의미의 '기본바탕-도구[體·用]'라는 개념에 대한 복잡한 논의는 제외하고, 현대화 과정 중 전통에서 무엇을 보존하

---

13 王元化, 『杜亞泉文選·序』, 華東師範大學出版社, 1993, p.19.

고 서양에서 무엇을 흡수해야 할지 혹은 그렇게 해야 하는지에 대한 논쟁을 살펴보면, 20세기 유학 관련 논쟁을 일으킨 가장 핵심적인 근원은 결국 현대 사회의 도덕 및 윤리 질서와 삶의 이상을 둘러싼 문제였다고 할 수 있다. 사쿠마 쇼잔佐久間象山, 1811~1864의 "동양은 도덕, 서양은 기술[東洋道德, 西洋藝]"이나 장지동張之洞의 "중국의 학문은 자신을 다스리는 것이고 서양 학문은 세상일에 적용하는 것[中學治身, 西學應世事]"이라는 주장, 그리고 펑유란, 허린賀麟의 사상 모두 근대의 민주나 자유를 받아들여야 함을 강조하지는 않았지만, 그렇다고 문화 차원에서 전통을 그리워한 것은 아니었으며, 전통 도덕의 보편성에 대한 신념을 바탕으로 현대화 경험이 도덕성을 침해하지 못하게 해야 한다는 것이었다. 소위 문화보수주의 또는 도덕보수주의가 문화급진주의와 구별되는 지점은 사회 개혁 여부나 서양의 근대 문명 수용 여부에 있지 않다. 문화급진주의와 자유주의는 전통을 완전히 버리고 시장의 상공업과 도시문명, 개인주의, 자유, 민주, 자본주의의 경쟁성, 공리주의 등을 내용으로 하는 현대성을 끌어안고자 한다. 그러나 문화보수주의에서는 과학, 민주, 시장경제, 민주정치 등이 자발적으로 공민公民 도덕이나 공동체 윤리 질서를 만들어낼 수는 없으며, 삶의 가치 방면에서 필요한 것을 충족시킬 수 없다고 여긴다. 현대성은 현대 사회를 전통 사회와 구별짓는 요소다. 그러나 실존하는 현대 사회는 현대성에만 기대어 존재할 수 없다. 근대 이래로 유학의 가치에 대한 긍정적 이해를 주장하는 의견들 모두, 현대 사회에서 공민도덕과 윤리질서를 수호하고 안정시키려면 유가와 공자를 억압하는 방식을 취해서는 안 되며, 반드시 가치 전통과 도덕의 권위를 수호하고, 이를 통해 각 시기 별 다양하게 나타난 유학의 보편적 도덕 가치를 인정해야 한다고 했다.

1980년대 '문화열'이 '전통-현대'를 중심으로 전개되자, 한때 반反전통 사조가 성행했다. 이 때문에 사상 문화계에서는 계속해서 반反전통 사조에 대한 거부와 가치 및 정신적 전통에 대한 정확한 이해를 강조해 왔다. 이것은 반反전통에 대한 주장과 동시에 일어났다. 그러나 1980년대 반反전통 사조가 사회에서 주도적 위치를 차지하자 반反-반反전통의 목소리는 약해졌다. 1990년대 상황은 달라졌는데 그 원인은 다양하다. 그중에서도 지식계 특히 사상 문화계의 성숙과 중국 경제의 비약적 발전이 가장 큰 원인이다. 그런데 어떤 사람은 90년대 학술계의 변화를 이데올로기적 목적을 지닌 담론 전략의 변화로 보기도 하는데, 이는 1980년대 반反-반反전통사상 논쟁을 모르는 것이며, 1990년대 학술 발전에 대한 지나치게 정치적이고 무책임한 해석이다. 나를 포함해서 내가 알고 이해하고 있는, 오랫동안 전통을 면밀히 분석해 온 수많은 학자들은 1980년대부터 지금까지 문화의 개념을 바꾸지 않았다. 그러나 문화 개념을 바꾼 학자들 역시 학술적 발전을 근본에 두고 사상적 진리를 추구한 것이지 전략으로서 변화를 준 것은 결코 아니다.

'5·4' 시기의 동서 문화 사조 가운데 반反전통사상과 급진공리주의를 검토하고 이로부터 현대 문화 문제를 재검토한 것, 또 종종 1915년부터 시작된 신문화운동과 1919년 여름 학생운동을 '5·4'라는 같은 부호로 나타낸 것 등을 이유로, 어떤 동료는 내 글에서 '5·4' 운동의 성과를 길게 기술한 적이 없는 것 같다고 한다. 또 나의 전체적인 논지에 대한 이해 없이 일부 문장만 보고 '5·4를 부정'하는 것 같다고도 한다. '부분으로 전체를 개괄하는' 방식은 논적 제압의 효과적인 방법이기는 하지만 편파적인 형식주의 비평을 나는 사양한다. 왜냐하면 나는 지금껏 '5·4'에 대해 전면적인 연구나 평가를 해 본 적이 없고, 나의 글에서 문화운동으로서의 '5·4'나 정치운동으로서의 '5·4'의 역사적 의미功績를 망설임 없이 인정해 왔기 때문이다. 또한 이러한 의미를 부정할 사람은 아무도 없을 것이라고 믿는다. 학자들의 학술 논문은 역사교과서나 역사결의가 아니다. 만약 신문화운동의 공과功過가 7대 3이라고 했을 때, 시기별로 다른 대상을 다루는 연구 논문에서 반드시 10분의 7의 분량으로 그것의 공적에 대해 서술할 것을 요구할 수는 없다. 엄밀하게 말해서 내 연구의 초점과 태도는 신문화운동 중 민국 초기 동서 문화 논쟁에서 급진적 입장을 표명한 반反전통주의와 범공리주의 문화관을 재검토 하는 것이다. 이와 같은 연구는 1980년대 말의 문화 분위기와 밀접한 연관이 있는 것으로, 80년대 주류였던 반反전통 사조 전체에 대한 나의 학리적 응답 방식이지 추상적인 역사 평가가 아니다. 이것은 또한 크로체Benedetto Croce, 1866~1952가 말한 "모든 역사는 당대사當代史"라는 명언에 부합한다. 이것은 일부 학자들이 계몽이 다시 주도해야 한다고 여기는 때에 5·4 시기의 계몽을 강조했던 합리적 측면을 전혀 배제하지 않는다. 내가 강조하는 것은 이것이다. 어느 방면에 중점을 두든 반드시 학리적으로 접근해야 하며, 학리적 근거에 따라서 토론해야 한다는 점이다. 전면적 반反전통 혹은 전면적 반反유가가 특징인 문화급진주의에 대하여 다른 모든 문제들에 대해서와 마찬가지로 다양한 관점이 제기되는 것은 자연스럽고 합리적인 일이다. 그러나 나는 신문화운동 정신을 계승한 현대 사상가 왕위안화王元化, 1920~2008의 근대 말 극좌 사조의 근원에 대한 진지한 고찰에 주목했으면 한다. 그는 "급진주의는 5·4 전에 발생했고, '5·4'와 '5·4' 이후 사상계는 모두 이 사조의 영향을 받았다. 문혁시기의 "크게 혼란스러워야 크게 다스려진다[大亂才有大治]", "먼저 파괴해야, 그 위에 세울 수 있다[破字當頭, 立在其中]", "두 가지(공산주의 혁명과 전통적 소유제)의 철저한 결렬[兩個徹底決裂]" 등은 모두 점점 강해진 이 사조의 여파다"라고 했다.[14]

나에 대해 말하자면, 이 책의 반反-반反전통주의에 관한 문화관은 대부분 80년대 후기에 생긴 것이고, 90년대부터 이 문제를 거의 다루지 않았으며, 수년 전에 이미 '전통-현대' 식의 문화 논쟁은 중국 사회의 새로운 발전에 맞는 또

---

14 王元化, 「近思錄」, 『學人』第10輯, 江蘇文藝出版社 수록.

다른 논의에 자리를 내 줄 것이라고 단언했었다. 그러나 '전통-현대'라는 틀에 대해서는 아직 연구해야 할 부분이 있다. 특히 막스 베버가 제기한 문제는 인문 사회 영역에서 연구가 부족하다. 이 책 대부분의 내용은 이 점과 관련이 있다. 우리는 외래문화를 들여와서 소개하는 일에 많이 서툴다. 우리는 서양과 기타 문화의 장점을 적극 받아들이고 열린 마음으로 문화 융합을 촉진해야 한다. 지금 이 시대에 중국 연구 혹은 중국문화 연구는 국제적인 학술 영역이 됐다. 따라서 제멋대로 자신을 높이고 결함을 가리려고 한다면 국제 학계에서 도태될 수밖에 없다. 사실 우리가 외국 문화를 폭넓게 흡수하고 이해할수록 중국문화 전통에 대한 우리의 이해도 더욱 깊어지며, 그래야 중국 역사 문화에 대한 연구 수준이 향상되어 진정으로 중화문화의 위대한 부흥을 맞을 수 있다.

차례

제1장

중국 근대 사상의 회고와 전망

1. 충격과 대응[回應]

근대 역사가들은 아편전쟁 이후의 근대 중국 역사를 '서양의 충격-중국의 대응'이라는 모식으로 설명해 왔다.[1] 그러나 최근 수십 년간 일부 학자들은 이 점에 이의를 제기했다.[2] 그 이유는 토인비Arnold Joseph Toynbee, 1889~1975의 도전 challenge-대응response 이론이 꾸준히 비판받아 왔을 뿐 아니라, 근 100년 동안 중국의 역사적 과제가 서구 근대 문명이라는 외부 충격에 대한 대응이 아닌, 중국 스스로의 현대화를 통해 양자의 충돌을 해결하는 것이었기 때문이다. 거시적 관점에서 보면, 전前근대시기의 중국문화가 어떻게 현대화된 서구 문화에 창조적 대응을 할 것인지가 근대 중국문화의 커다란 과제였다. 기본적으로는 두터운 정신적 · 문화적 전통에 뿌리를 둔 보수적이며 완고한 문화 정체성과 현대화에 대한 절박함에서 비롯한 반反전통 이데올로기, 이 두 입장의 부침과 교차가 근대 중국문화의 기본 구도였다.

---

1 Teng and Fairbank, *China's Response to the West*, Cambridge : Harvard University Press, 1954 참고.
2 Paul A. Cohen, *Discovering History in China* 참고. 중역본은 『在中國發現歷史』.

350년 전, 중국의 유가 전통은 서양의 기독교와 만난 적이 있다. 그러나 서양 문화로부터 본격적인 충격과 핍박을 받은 것은 19세기 중엽부터다. 이때부터 유교적인 중국문화는 강한 영향력을 행사하는 서양 문화와 끈질긴 연을 맺어 왔다. 아편전쟁 후 위원魏源, 1794~1857은 "오랑캐의 우수한 기술을 배우자[師夷之長技]"고 했고, 풍계분馮桂芬, 1809~1874 역시 서양의 것을 배워야 한다고 주장했다. 그들은 서양의 군사 · 공업 기술만 배우면 전통적인 유교 중국이 대국으로서의 지위를 유지할 수 있을 것이라고 믿었다. 이후 서수徐壽, 1818~1884, 이선란李善蘭, 1811~1882은 서양의 선진 무기 기술을 도입하려면 먼저 기하, 수학, 물리 등을 배워야 한다고 주장했고, 그 후 양무운동과 함께 학교를 운영하고 의원議院을 설립하며, 공업 · 상업으로 국가를 일으키자는 주장이 연이어 제기됐다. 이는 19세기 후반 중국인들이 과학기술과 상공업, 민주民主 등을 통해 서구 근대 문명 전반에 대해 심도 있게 이해하고 있었음을 보여준다. 그러나 위원魏源의 "오랑캐를 제압하자[制夷]"는 주장은 물론이고, 풍계분馮桂芬, 왕도王韜, 1828~1897 모두 "기술은 달라져도 정신은 변하지 않는다[器變道不變]"라고 했고, 정관잉鄭觀應, 1842~1921도 "중국 학문이 근본이고, 서양 학문은 말단이다[中學爲本, 西學爲末]"라고 했다. 장지동張之洞의 유명한 "중국 학문이 기본바탕이고, 서양 학문은 이용하는 것이다[中學爲體, 西學爲用]"라는 주장은 거의 모든 양무파洋務派 인사들에게 수용됐고, 그만큼 대표성을 지닌 보편 이데올로기가 됐다. 홍수전洪秀全, 1814~1864, 캉유웨이康有爲, 1858~1927, 쑨중산孫中山, 1866~1925 이 세 혁명가의 공상적空想的 사회주의 역시 중국 전통문화의 유교적 사회주의와 관련이 있는 것으로 보이며, 특히 캉유웨이의 대동사상大同思想은 이 점이 더욱 두드러진다.

이들 주장에는 모두 중국의 문화민족주의가 반영돼 있다. 제국주의와 민족해방시기는 문화적 민족주의와 정치적 민족주의가 교차하던 때였다. 근대시기 유명 학자 왕궈웨이王國維, 1877~1927는 "믿음 가지 않는 것을 좋아하고, 좋아할 수 없는 것을 믿어야 하는[愛所不信, 信所不愛]" 자신의 심경을 상세히 기술한 바 있다.

레븐슨Joseph R. Levenson, 1920~1969은 이에 대해 이성적으로는 서양 문화의 장점을 인정했지만 감정적으로는 배척했고, 감정적으로는 전통문화를 아꼈지만 이성적으로는 배척했던 근대 초 중국 지식인의 모순적 심리가 잘 반영돼 있다고 평했다.[3] 그러나 이런 심리는 정치적 민족주의와 문화보수주의 두 방면에서 바라봐야 완전한 이해가 가능하다.[4] 즉 중국이 근대시기에 서구 정치문화에서 가장 격렬했던 비판사상인 마르크스주의를 선택한 것은 문화적 측면에서도 이유가 있다. 그것이 '실질적 합리성'을 중시하는 유교적 사회주의의 정신적 전통에 부합했고[5] 강한 압박을 받고 있던 문화민족주의를 만족시킬 수 있었기 때문이다.

문화 자체에 대해서 말하자면, 근래 일부 학자들은 서양 문화가 100년 동안 중국인의 정신세계로 들어오기 어려웠던 것을 보면 중국 전통사상과 서양 문화가 융합되기까지는 수백 년이 걸릴 것이라고 주장했다. 중국인이 인도문화에서 기원한 불교를 수용하고 소화하는 데 수백 년이 걸린 것처럼 말이다.[6] 분명 중국 전통문화가 처음으로 외래문화와 만난 것은 4세기부터였다. 문헌 기록에는 동한東漢 때 불교가 중국에 들어왔다고 되어 있지만, 불교가 중국에 뿌리내린 것은 위진 남북조시기였고, 본격적으로 중국화한 것은 7~8세기, 즉 화엄종華嚴宗, 천태종天台宗, 선종禪宗 등 중국 불교의 유파들이 형성되던 때였다. 당시 중국인들은 불교의 발원지인 인도 역시 '서방西方'이라고 불렀다. 저자가 이 예시를 통해 보충하려는 것은 중국문화가 자신의 오랜 전통과 화려한 역사 속에서 견고한

---

3   Joseph R. Levenson, *Confucian China and Its Modern Fate*, Berkeley : University of California Press, 1958 참고.

4   Charlotte Furth 편, 『近代中國思想人物論―保守主義』 참고.

5   베버가 말한 '실질합리성'은 '형식합리성'의 상대적 개념으로서, 평등, 박애 등의 가치를 핵심으로 하는 '가치합리성'을 가리킨다. 관련 내용은 蘇國勳, 『理性化及其限制 : 韋伯思想引論』, 上海人民出版社, 1988 참고.

6   탕이제(湯一介)가 최근 이 점을 매우 강조했다. 그의 저서 『中國傳統哲學中的儒道釋』, 和平出版社, 1989 참고.

문화민족주의를 발전시켜왔고, 그만큼 외래문화를 진정으로 수용하는 데 비교적 긴 시간이 필요했으며, 또한 자신의 문화적 주체성을 쉽게 포기하지 못했다는 점이다.

이 점을 고려한다면, 철두철미한 서양 철학이 중국인의 정신생활을 온전히 지배한다는 것은 상상하기 어려운 일이었다. 당대唐代 불교 가운데 완전히 인도식이었고 나라의 대대적인 지원을 받은 유식종唯識宗은 수명이 가장 짧았고 본격적으로 중국화한 선종은 널리 유행했던 것이 가장 좋은 예다. 11세기부터 발전하기 시작한 신유학송명(宋明) 이학(理學)은 인도에서 기원하고 중국에서 본토화한 불교사상의 도전에 대한 창의적 대응이었다. 송명宋明 이학理學은 불교문화의 정신적 요소를 흡수하면서도 고전 유학의 전통을 계승 및 발전시켰고, 나아가 '동아시아 문명의 공동 체현[體現]'[7]이 됐다. 불교가 중국 및 동아시아 문화 각 방면에 깊이 영향을 미쳤을 때도, 중국은 여전히 '유교중국'으로 불렸고, 중국인의 '문화심리구조'는 여전히 유가에 바탕을 두고 있었다. 사람들은 공업동아시아工業東亞를 불교문화권이 아닌 '포스트 유교문화권'[8]이라고 불렀다. 당연히 불교가 없었다면, 800년이라는 긴 시간 동안 중국인의 정신 생활을 지배했고 동아시아에 거대한 영향을 미친 송명宋明 이학理學도 없었을 것이다. 불교사상의 도전에 대응하기 위해서 신유학이 이전 시기 유가에서 충분히 발전시키지 못한 본체론本體論과 심성론心性論 그리고 수양론修養論 등을 발전시켰고, 그 결과 유가가 새로운 모습으로 거듭난 것이다. 이 점에서 보면, 중국문화에서는 단계를 넘어 이룰 수 있는 일이 없는 듯 하다. 이학理學이 불교에 대하여 지양과 비판을 가했던 것처럼, 서양 문화의 도전을 맞아 그것의 좋은 점은 소화 흡수하고 병폐에 대해서

---

7   송명(宋明) 이학(理學)이 동아시아 문명의 공동 체현이라는 것은 교토대학 사마다겐지(島田虔次) 교수의 주장이며, 이 의견은 일본 학자들 중 중국문화사를 심도 있게 연구한 전문가들의 입장을 대표하는 것이었다.

8   R. MacFarquhar, "The Post-Confucian Challenge", *Economist, London*, 1980.2 참고.

는 비판하고 부정하는 동시에, 중국 고유 문화의 우수한 정신적 전통으로 창조적 전환을 이루어야만 중국문화 또는 유학의 "제3기 발전"[9]이 가능할 것이다.

따라서 서양 문화를 잘 소화하여 중국 특색의 새로운 철학을 만들어내야 한다. 송명宋明 유학이 "석가와 노자를 넘나들고", "공자 맹자를 근본으로 삼은" 것처럼 말이다. 전통과 창조는 당시 세계 각 민족의 공통 화제였다. 근대 중국문화와 철학 발전을 돌아보면, '5·4'시기에 서구화 열풍이 크게 일었으나, '5·4' 이후 30년 동안 반反전통주의가 학술계에 미친 영향은 미미했다. 1919년부터 1949년 사이에 중국의 주요 학자들이 수행한 철학 작업은 모두 전통사상과 서구사상을 결합하는 것이었다. 예를 들어, 펑유란馮友蘭은 '신실재주의新實在主義'로 주자朱子 철학을 새롭게 해석해서 '신이학新理學'을 수립했고, 허린賀麟은 독일의 유심주의唯心主義 관점에서 양명陽明 심학心學을 해석해서 '신심학新心學'을 수립했으며, 진웨린金嶽霖, 1895~1984도 '중국적인 것[中國味]'의 연구에 힘썼고, 슝스리熊十力, 1885~1968의 '중국 특색'은 특히나 분명하다.[10] 현대 중국철학에서 성과를 낸 철학가들은 모두 서양철학을 흡수 및 개조했고, 그것을 전통철학과 결합하는 작업을 했다. 심지어 마오쩌둥毛澤東 철학 역시 전통철학의 이사理事, 지행知行, 양일사상兩一思想 등을 계승한 부분이 있으며, 그는 늘 마르크스주의와 중국의 구체적 실제[具體實際]를 결합시켜야 함을 강조했다. 물론 이 구체적 실제는 사상적·문화적 전통이 전제된 사실이 포함된다. 심지어 어떤 의미에서는 마오쩌둥 사상류샤오치(劉少奇), 저우언라이(周恩來) 포함 역시 유가의 진취적 사상을 비판적으로 흡수

---

9 杜維明은 근래 들어 유학(儒學)의 제3기 발전에 관한 주장을 특히 강조했다. 선진(先秦) 유학이 제1기이고, 송명(宋明) 유학이 제2기이며, 그 후 '5·4'시대 유가(儒家) 철학이 제3기의 시작이다. 그의 저서『儒學第三期發展的前景問題』, 台灣聯經出版公司, 1989 참조.

10 펑유란의 대표 저서는『신이학(新理學)』(長沙, 商務印書館, 1939)이고 진웨린(金嶽霖)의 대표 저서는『논도(論道)』이다. 그는 '논도'라는 제목으로 중국적 느낌을 냈다고 말한 바 있다. 이 책은 상무인서관(商務印書館)에서 1960년에 출판됐다. 슝스리(熊十力)의 대표 저서는『신유식론(新唯識論)』 문언본(文言本)으로, 현재 1985년 중화서국(中華書局)에서 나온 표점본(標點本)이 있다.

한 마르크스주의라고 할 수 있다. 문화혁명 이전의 "인민을 위해 일함[爲人民服務]", "자신이 아닌 오직 다른 이를 이롭게 함[毫不利己, 專門利시]"이든, 문화혁명 중의 "사사로움과 투쟁함[鬪私]", "사사로움은 버리고 공익을 실천함[破私立公]"이든, 중국 민중들에게 마오쩌둥의 가르침은 전통 유가의 가르침과 공통점이 있었고, 마오쩌둥의 『어록語錄』과 류샤오치의 『수양修養』 모두 마오쩌둥 사상이 윤리적 기능 면에서 중국 사회에서 전통 유학의 대체물로 활용되었음을 보여준다. 이러한 마르크스주의의 자연스러운[不自覺的] 중국화는 근대 중국문화 발전의 주체성 지향과 일치한다.

2. 전통과 현대

1911년의 신해혁명으로 2천년의 봉건제도가 종식되었지만, 중국 전통사상의 전면적인 위기는 '5·4'운동을 전후한 사상해방운동 시기가 되어서야 도래했다. 오직 학문적인 관점에서만 본다면, 전통문화에 대한 신문화운동의 전면적 공격은 거세고 편향적이었다. 그러나 '5·4'시기의 반反전통 사조는 다음의 사실을 반영하는 것이었다. 대부분의 젊은 지식인들은 고유한 전통문화가 중화민족 부흥이라는 목적에 기여하기보다 오히려 방해가 된다고 생각했으며, 열강의 압박에서 벗어나는 것과 중화민족을 부흥시키는 것이 지식인의 급선무가 됐다는 점이다. 이렇게 보면, '5·4' 이전의 '중국 학문이 기본바탕이 됨[中學爲體]'이나 '5·4'시기의 '전반적인 서구화[全盤西化]' 모두 민족주의 이데올로기에서 비롯한 것이다. 그야말로 '기이한' 일이다. 민족문화 전통에 대한 격렬한 부정이 민족국가를 부흥시켜야 한다는 강한 위기의식에서 출발한 것이니 말이다. 이런 심리는 '5·4'부터 지금까지 대다수 젊은 지식인들의 생각을 지배했고 그들의 혈기와 열정을 자극했다. 제3세계 개발도상국 중 당대 중국지식인들처럼 민족 생존에 대한 위기감과 민족 부흥 및 현대화에 대한 절박함으로 고민했던 경우는 거의 없다.

그러나 20세기 매 시기의 지식인들이 국가의 현대화에만 집중했던 것은 아니다. 종종 더 절박한 안팎의 상황을 마주해야 했기 때문이다. 근대시기 중국 내 군벌들의 내전, 기아의 대유행, 경제적 혼란과 외부 침략 등으로 사람들의 삶이 고통스러워지던 상황에서, 지식인들이 가장 먼저 고민했던 것은 현대화를 위한 탄탄한 정치경제 체제 구축이 아닌 국가 내부의 혼란과 외부 침략을 종식시킬 방법을 강구하는 것이었다. '내우외환內憂外患'을 해결하여 '구국구민救國救民' 하는 것이 근대 지식인들의 첫 번째 임무였다. '현대화'의 관점에서 본다면, 오랫동안 중국인에게 현대화 또는 서구를 따라잡는다는 개념은 곧 군사력 방면에서 서구를 따라잡는 것이라는 좁은 의미로 이해됐었다. 1949년 이후, 중국의 주된 관심사는 역시나 '어떻게 강대한 독립 국가를 세울 것인가'였는데, 이것은 근대 중국이 겪은 굴욕의 역사로부터 이어져 온 국가 이데올로기이다.

사실 강대한 독립국가 건설에 대한 바람은 "중국 인민들은 이로써 일어났다 [中國人民從此站起來了]"는 선포와 함께1949년 신중국 성립 당시 - 역자 기본적으로 실현됐다. 1950년대 중반, 60년대 중반 및 70년대 중반에도 정부가 현대화 건설의 임무를 제기했었지만, 당시 지도자와 대다수의 지식인에게 서방국가의 현대화는 낯설기만 한 일이었다. 그들에게는 철강과 곡물 생산량만이 경제 현대화를 대표하는 전부였다. 1978년 이후 중국은 '문혁'의 폐허 위에서 대대적으로 개혁개방정책을 추진하여 닫았던 문을 열고 낯선 세계로 나갔다. '고통스러운 일상'과는 거리가 먼 현대적 서양세계를 마주하고 나서야, 사람들은 '현대화'의 광범위하고도 진지한 의미를 이해하기 시작했다. 동시에 중국의 사회 발전과 현대 서구 국가 간의 거대한 격차 및 그로 인한 위기감과 생존 압박감을 무겁고 고통스럽게 인식하게 됐다. 8개국 연합군의 강력한 무기는 아니었지만 19세기 때보다 약하지 않았고, 오히려 그 보편성은 19세기 때와는 비교가 안 될 만큼이었다. 80년대 베이징대 학생이 제기한 "진흥중화振興中華"는 사회진화론Social Darwinism이 중국에 들어왔을 당시 구호와는 내용 면에서 큰 차이가 있었다. 그것은 경제 발전과 사람들의 삶, 정치 구조와 문화 관념 등 모든 면에서 서양의 선진국을 따라잡아야 함을 의미했다. '현대화'라는 근대 중국의 이 화두가 마침내 대다수 중국인에게 인식되었고, 처음으로 지식인들이 집단적으로 자각했다. 이 역시 당대 중국 개혁과 문화운동의 커다란 배경이다.

현대화에 대한 절박한 요구로 젊은 지식인 중심의 반反전통 정서를 야기했다. 문화 방면에서는, 한쪽에서는 어느 정도 문화적 소양을 지닌 학자들이 전통적인 문화보수주의에 찬성했고, 다른 한쪽에서는 전면적인 반反전통 사상으로 현대화를 이루려는 청년 지식인들의 급진적 실리주의[急功近利主義]가 대두됐다. 이 두 입장의 복잡한 관계는 근대 중국문화의 주목할 만한 현상이다. '5·4'시기의 급진파[激進派]는 급진적 실리주의[急功近利主義] 입장에서 유학과 전통문화에 대해 문화 비판을 했으나, 이것은 본질적으로 서양 학술의 입장에서 내놓은 진지한 분석은 아니었다. 그들은 문화 전통을 현대 개혁과 완전히 대립하는 거대한 짐으로 간주하고, 중국이 낙후한 것은 온전히 전통문화 때문이므로 하루 빨리 전통문화를 해체해야 중국의 문제를 해결하는 데 도움이 된다고 여겼다. 전통사상 중에서도 유학은 가장 모진 비판을 받은 대상이었다. 그러나 사상적 측면에서, 이렇게 민족국가의 현대화 발전을 추진하기 위한 유가에 대한 맹렬한 비판은 바로 나라와 백성을 걱정하는 유가의 천하사상의 영향을 받은 것이기도 하다. 민족과 사회에 대한 관심을 최고의 도덕적 의무로 여기는 유가 사상의 영향이 없었다면 유가에 대한 비판이 그 정도로 심하지 않았을 것이다. '5·4' 문화 비판의 근본적인 오류는 여기에 있다. 하나는 협의의 공리주의를 문화 영역으로 가져와서 문화 가치 비판의 기준으로 삼고, 부국강병과는 직접적인 관련이 없는 모든 인문 가치를 배척했다는 점이다. 또 하나는 문명의 발전에서 가치합리성의 연속성을 이해하지 못하고 가치 전통을 현대와 완전히 대립하는, 버려야 하는 쓰레기로 봤다는 점이다. 유감스럽게도 이 오류는 진지하게 다뤄지지 못했을 뿐만 아니라 근래 새로운 문화 비판 운동에서 여전히 반복되고 있다.

근래의 문화 비판은 여러 측면에서 '5·4'시기와 유사하며, 문화 근대화 운동의 공통적 특징을 반영하고 있다. 그러나 새로운 문화 비판은 사회 비판에 더 주목하며, 이 때문에 그들의 비판은 다소 모호하고 불명확하다는 특징을 지닌다. 일부 영향력 있는 이론가들이 전통사상 비판의 대열에 합류하여 현대 봉건주의를 격렬히 비판하는 것도 일리는 있다. 그러나 정치 방면의 문제들을 단지 전통사상이 남긴 영향 때문으로 귀결시킨다면, 단순히 현실 문제를 전통 문제의 탓으로 돌리고, 제도의 문제를 사상이나 문화 문제의 탓으로 돌리는 결과를 낳게 된다. 뿐만 아니라, '봉건주의'라는 포괄적 개념으로는 이데올로기와 인문적 가치를 구별할 수 없으며, 멀리 내다보지 못하고 눈앞의 이익에만 급급한 문화정책과 이 정책으로 인한 문화적 상실로 중국문화 발전은 내재적 위기에 직면할 것이다. 중국처럼 수천 년의 오랜 문명 전통을 지닌 나라에서 전통을 근본적으로 없애는 것은 불가능하다. "조반유리造反有理"의 시대에는 사실 진정으로 전통문화에 대한 비판과 계승을 고민한 사람이 없었고, 전통의 위기는 외적 충격에 의한 것일 뿐이었다. 그러나 지금은 다르다. 개혁으로 인한 어려움, 현대화에 대한 절박한 요구, 마오쩌둥으로 대표되는 사상 문화의 시대였던 과거, 전반적인 서구화 사상의 영향, 이 모든 것들이 '5·4' 이래 새로운 반反전통 사조를 만들어내고 있다. 자각적인 반反 전통 이데올로기가 이 시대 중국 대다수의 우수 청년 지식인들을 지배하고 있다. 이런 맹목적이고 충동적이며 보편적인 반反전통 사조는 전통문화사상을 부흥시키려는 노력에 대한 큰 도전이며, 그로 인한 전통, 문화, 가치 및 권위의 상실은 매우 위험할 뿐만 아니라 현대화 및 개혁 자체에도 도움이 되지 않는다.

3. 유학 발전의 '이理'와 '세勢'

최근 일부 학자들은 '축의 시대[軸心時代], Axial Period'에 발생한 주요 윤리 및 종교 전통이 모두 이전 단계보다 발전했으며, 21세기에도 계속해서 발전할 것이라고 했다. 그들은 자연히, 같은 시기에 발생한 유학 전통이 전보다 발전할 가능성에 대해서도 생각했다. 1970년대 이후 '공업 동아시아'의 경제 발전이 시작되면서, 유교문화가 현대화 과정 및 현대 사회에서 어떤 기능을 할 것인지 역시 큰 주목을 받았다. 관련 논의를 보면, 한편으로는 유학의 가치에 대한 새로운 이해가 이루어졌고, 다른 한편으로는 중국 전통철학, 특히 유학의 부흥을 기대하는 것도 같았다. 물론 이 때의 '부흥'이란 다문화 환경 속에서의 비非이데올로기적 의미의 부흥이다.

유학의 가치는 무엇인가. 이것은 '이理'의 문제이고, 그것이 발전할 것인지 여부는 '세勢'라는 요소에 의해 결정된다. 중국 전통철학이 더욱 발전할지를 예측하려면, 반드시 전통철학 및 관련 연구 현황, 그것의 발전에 영향을 미친 실제 요인, 그것이 맞닥뜨린 외부 상황 등을 알아야 한다. 신앙과 종교 활동은 중국에서 법적 보호를 받으므로, 불교와 도교는 분명 중국에서 계속해서 발전할 것이다. 그러나 겉으로 드러나는 형식이 없이 수많은 대중 신도들을 기반으로 하는 유교가 중국에서 계속 발전할 수 있을지 혹은 어떻게 발전할 것인지는 더 논의해 봐야 한다. 리저허우李澤厚, 1930~2021가 지적한 것처럼, 유가사상은 대중들의 관념, 습속, 사유, 정서, 행위 등에 깊이 스며듦으로써 민족 공통의 정서적

바탕[心理狀態]이 됐고, 그것은 일종의 문화-심리 구조로 전환되었다.[11] 그러나 대다수 중국인들은 스스로를 유가의 신도로 인식하지 않았으며, 유학 운동의 온직접적인 기반은 유가 경전으로 단련된 지식인 계층이었다. 오늘날 유학과 관계있는 지식인은 주로 중국철학사상 연구 영역에 종사하는 학자와 문화 전통의 가치를 높이 평가하는 민간 인사들로서, 전체 수 면에서 신新유학을 발전시킨 송명宋明시대 지식인 집단과는 비교가 안 될 뿐 아니라, 학자들의 연구 태도 역시 옛날 사인士人들이 '도를 알아가는 데[聞道]'에 헌신했던 마음가짐과 완전히 다르다. 따라서 곧 다가올 미래, 그리고 다원화된 문화적 환경 속에서 유학이 세 번째 발전기를 맞게 되더라도, 분명 두 번째 때와는 극히 다른 특징과 형식을 지니게 될 것이다.

송명宋明시대의 유학사상가들은 당시 최고의 지식인이었다. 유학이 이 시대 중국의 최고 지식인을 끌어들일 수 있을지 여부는 유학 자체의 인문적 가치보다는 그것의 외적 효과, 즉 그것이 당시 중국이 직면한 문제에 직접 기여하며 위기에 적극 대응할 수 있는지에 따라 결정된다. 비록 이러한 요구가 비합리적일지라도 말이다.

현대화는 '5·4'운동 이후 유학이 당면한 가장 큰 역사적 도전이었다. 지금 1988년당시-역자 중국의 가장 큰 과제는 경제, 정치 체제의 개혁이다. 개혁과 현대화는 중국 지식인들의 궁극적 관심사가 됐다. 사람들은 이 거대한 나라의 경제 체제를 역동적이고 합리적인 체제로 전환해야 한다고 생각했고, 집권정당과 정부는 사회주의적 평등 가치와 인도주의 원칙의 유지를 강조했다. '개혁'시대의 문화 전통 관련 담론은 2,500년 전 중국이 제도 변법變法을 해야 했던 때의 상황, 특히 당시의 유가와 법가 사이의 사상 문화적 충돌 상황을 상기시킨다. 1970년대 초 '사인방四人幇'은 우습게도 유가와 법가 간 충돌을 중국 철학 사상

---

11 李澤厚, 『中國古代思想史論』, 人民出版社, 1985 참고.

사 전체의 문제로 확대시켰다. 그러나 냉정하게 생각해 보면, 지금 이 시대 유학자들이 유학 전통을 다시 세우거나 부흥시키고자 한다면, 그들이 맞닥뜨릴 외부 상황은 전국시대 유가와 비슷함을 알 수 있다. 즉 유가는 가치합리성의 문화로서 경제 개혁에 관한 구체적인 방안을 내놓기 어려운 적이 많았으나, 이러한 개혁은 특정 시기 사회의 대중 및 지식인들에게 가장 시급하였다. 역사 발전 과정에서 사회가 이런 상황에 놓일 때마다 유학은 위기에 직면할 것이고 엄격한 시험대에 오를 것이다.

그러나 또 다른 관점에서 역사적으로 살펴보면, 유교사상 운동의 전성기는 선진先秦과 송명宋明시대였지만 많은 학자들은 한당漢唐 유학의 중요성을 강조했다. 한당漢唐시대에 경학經學, 사학史學, 예학禮學 방면에서 크게 발전했을 뿐 아니라, 경전의 권위를 확립하고 유학 개념을 제도화함으로써 사회를 조직화하고 예의회禮儀化하는 등 실천적 방면에 기여했다는 것이다. 이 점에서 한당漢唐시대 유학은 송명宋明 유학 못지않은 의미가 있다. 한당漢唐 유학이 사회적 실천 방면에서 발전의 기초를 다지지 않았다면 유가의 지위가 공고해질 수 없었을 것이기 때문이다. 이러한 관점에서 볼 때, 미래의 유교 발전에 있어서 가장 중요한 것은 고도의 사변적 철학 운동이 아니라, 유교 윤리가 현대 사회의 정치경제 제도와 실천 방면에서 협력하고, 그에 맞는 형식으로 사회에서 반드시 필요한 면을 지니게끔 하는 것이다.

'세勢'가 아닌 '이理'만 본다면, 가치합리성 중심의 유학을 도구적 합리성을 중시하는 경제개혁에 기여하게 하는 것은 가혹하다. 가치 전통이 구체적인 개혁 방안을 제시하지 못한다고 해서 그것의 내재적 가치를 상실하는 것이 아니기 때문이다. 유학이 개혁과 현대화 과정에서 할 수 있는 역할은 개혁을 위한 구체적인 방안을 제시하는 것이 아니라, 어느 정도 수용 가능한, 현대화 개혁에 협조하고 그것을 보완하는 윤리적 가치와 인문주의 세계관을 제시함으로써 이

시대 중국인들의 정신을 이끄는 데 일조하는 것이다. 근래 일부 얕은 식견의 평론가들은 "돈을 바라보자[向錢看]"라는 구호를 개혁 시기와 상품경제를 결합한 정신적 동력으로 삼으려고 하는데 참 우스운 일이다. 문제는 생산효율을 높이기 위해 사람들에게 이익 동기(이 동기는 인간 본성의 일부분으로, 적절한 환경 속에서 곧바로 표출된다)를 부여하는 게 옳은지 그른지가 아니다. 중요한 것은 돈과 물질적 이익만을 절대적으로 추구하는 그 어떤 사상도 한 사회의 주도적 사상이 되어서는 안 되며, 그것이 우리 민족의 정신 전통이 되어서는 더더욱 안 된다는 것이다. 반대로 한 사회의 경제 발전의 내적 동력 역시 절대로 돈을 앞세운 사상을 통해 확립될 수 없다. 어떠한 사상에 기대어 생산을 촉진하려 하고 제도적 구조 문제는 진지하게 살펴보지 않았다는 점에서, "돈을 바라보자[向錢看]"는 것과 "정치가 우선[政治掛帥]" 원칙은 똑같이 "사상으로 문제를 해결"하는 오류를 범한 것이다.

유학에는 본래 "높고 밝은 것을 추구하되 중용의 길로 가는[極高明而道中庸]" 전통이 있었으나, 서양 지성주의[唯智主義]의 영향으로 인해 당대 중국 철학은 사람들의 실생활과 너무 거리가 멀어졌다. 철학자들은 개인적으로 관심이 가는 학술적 문제에 대해서만 토론했고 인간 사회의 '생존' 문제에는 소홀했다. 리차드 로티[Richard Rorty, 1931~2007]가 철학가 대신 시인과 소설가가 청년들의 도덕적 멘토가 됐다는 점을 현대 문화의 한 현상으로 언급한 것처럼,[12] 당대 중국 철학의 사회적 역할도 많은 부분 문학가와 문학평론가들이 대신하게 됐다. 철학가들은 인간 보편의 관심사인 인생의 가치나 의의 및 각종 사회 윤리 문제에 대한 책임을 방기했다. 이것이 철학 '빈곤'의 근본 원인이다. 유학 전통에서는 본래 사변적인 것이 아닌 문화, 인생 그리고 사회에 대한 관심을 중시했다. 단지 어떤 형이상학을 구축하는 것이 아니라, 실질적으로 삶에 '관여'함으로써 대중들에게

---

12 Richard Rorty, 李幼蒸 譯, 『哲學與自然之境』, 三聯書店, 1987.

영향을 미쳐야만 진정으로 '살아있는' 유학을 부흥시킬 수 있을 것이다. 동시에, 역사적으로 각 시대 별 유학의 영향력은 그 시대 주요 유학자들의 인격과 분리하여 생각할 수 없다. 송명宋明 이학理學의 발생 역시 그것의 체계가 아닌 새로운 인격이 가진 매력과 영향력에 의한 것이었다. 중국인은 종종 학술의 '인격화', 즉 그 학문이 체현되는 인격적 형태를 보고 그 학술에 대한 태도를 결정한다. 실제 삶에서 부딪치는 근본적인 문제에 대해 진지한 해답을 제시하고, 유학자들이 애써 일궈온 전통을 회복하며, 매력적인 인격을 재건해야만 유학의 호소력을 회복할 수 있다.

유학은 죽지 않았다. 펑유란, 량수밍梁漱溟, 1893~1988은 여전히(1988년 현재 – 역자)도 철학 분야에서 저작 활동 중이고, 그들보다 두 세대 뒤 학자들도 '5·4'시대 지식인들에 비해 더 성숙했다. 그들은 더 이상 감정적으로 전통의 편에 서지 않고, 유학에 대한 깊이 있는 고찰과 비판적 검토 후 다시 한번 그것의 가치를 확인 중이다. 오늘날 유가 사상은 도덕 윤리나 문화교육 방면에서의 영향력이 전보다 줄어드는 등 달라진 모습이지만 그렇다고 근본적으로 사라진 것은 아니다. 유학이 계속 발전해야 할 필요성과 가능성은 언제나 존재했다. 다만 급속한 현대화를 요구하는 분위기 속에서, 즉 리저허우가 말한 "실용이성"[13]이 급속히 팽창하는 상황에서, 유학 발전의 합리성이 현실적 필연성이 될지 여부는 알 수 없다. '이理'는 종종 어쩔 수 없이 '세勢'에 자리를 내준다.

몇 년 전 중국 정부에서 중국 특색 사회주의 현대화 건설을 발표했을 때, 펑유란이라는 당대 중국의 저명한 철학자이자 신이성주의 철학을 주로 연구한 현대 유학자는, '중국 특색'이 책상 위의 페인트 색상처럼 마음대로 칠할 수 있는 것이 아니라, 민족 역사와 정신적 전통을 바탕으로 형성되는 것이라고 했다. 그는 중국 특색의 현대화된 사회주의를 건설하기 위해서는 반드시 중국 고전철학

---

13 李澤厚, 『中國古代思想史論』, 人民出版社, 1985 참고.

에서 정신적 자원을 가져와야 하며, 중국 철학이 중국 마르크스주의의 근원이 되어야 한다고 강조했다. 그는 송명宋明 이학理學에서 가장 높은 수준에 도달했던 중국문화의 정수를 다시금 널리 알려야 한다고 했으며,[14] B.C. 5세기 이전의 고대 문명국 가운데 긴 역사를 거쳐 지금까지 존재하는 것은 중국문화밖에 없다고도 했다. 또 옛 경전에서 "주나라가 옛 나라일지라도 그 명命은 새롭다[周雖舊邦, 其命維新]"[15]라는 구절을 인용하였다. 중국의 역사와 문화를 잘 아는 학자로서, 중국이 오랜 역사를 가진 나라지만 끊임없이 새로워졌고, 이 과정은 유가 철학 경전 『주역周易』의 기본 관념인 "날로 새로워지는 것을 '성덕盛德'이라고 하고, 끊임없이 생성되는 것을 '역易'이라고 한다[日新之謂盛德, 生生之謂易]"는 것과 일치한다고 여긴 것이다.

유학의 중용 정신과 가치합리성 원칙은 시장경제 체제 건립의 지향점과는 다른 점이 있다. 유학은 도구적 합리성 구축의 측면에서 긍정적인 역할을 하기 어려우며, 이 때문에 지금 이 시점에 영향력을 발휘하기도 쉽지 않다. 그러나 체제 전환의 과정을 지나 더 길게 본다면, 전국戰國시대 변법을 지나 진한秦漢시대부터 명청明淸시대까지의 역사적 발전이 있었던 것처럼 유학의 앞날에 대한 믿음을 내려놓을 필요는 없다. 어떤 의미에서 보면 유가의 윤리문화는 사회에서 동력 장치를 조절하고 제어하는 시스템 역할을 한다. 그러나 가장 문제가 되는 '동력이 부족한 경우'에는 지나치게 제동을 걸어서 속도를 낼 수 없게 한다. 지금 중국의 가장 큰 문제는 동력 시스템의 개혁이다. 일단 사회에 긍정적인 동력 시스템이 구축되면 조절의 문제는 갈수록 나아질 것이다. 인류사회에서 개혁은 단기적인 것이고, 제도 개혁 후의 안정적인 발전은 장기적인 문제다. 과도

---

14 馮友蘭, 「在接受哥倫比亞大學授予名譽博士學位的儀式上的答詞」, 『馮友蘭學術精華錄』, 北京師範學院出版社, 1988.
15 역자 주 : 『詩·大雅·文王』

한 개인주의와 배금주의, 이로 인한 인간관계의 소홀함, 개인의 고독 문제 등 서양 국가들이 포스트 공업사회에서 겪은 갖가지 문제들을 보면, 중국의 현대화가 실현되었을 때 유가 전통은 다시 발전하게 될 것이다. 그때가 되면 기존의 반反전통 사조는 사라지고, 두터운 민족 전통을 기반으로 한 문화부흥이 일어날 것이다. 이런 의미에서 전통사상 부흥의 가장 큰 조건은 바로 현대화이다.

4. 다원 문화 속 유학과 그것에 대한 정의

오늘날 국내외 학술계의 많은 학자들은 '윤리본위주의''윤리중심주의' 또는 '범(泛) 도덕주의'를 주요 특징으로 지닌 유가 사상이 역사적으로 중국문화의 발전을 저해하고 중국의 근대화를 막았을 뿐 아니라, 지금 이 시대에도 경제, 정치, 법제 등의 발전과 개혁에 주된 장애물이 된다고 여기며, 유가의 윤리중심주의적 가치 체계를 '철저하게 없애'는 것이 현대화 실현의 기본 전제라고 주장한다. 다른 한편으로는, '5·4' 이래 개방적이었던 현대 유가 학술의 발전 과정을 검토하면서, 유학의 기본 가치관을 계속 유지해야 함을 강조하고, 유학이 변화하거나, 과학과 민주를 포용 혹은 풀어내는 새로운 체계로 발전하기를 희망한다.[16] 유학의 발전을 바라는 다른 학자들도 유학의 창조적 변화와 조정을 바라고, 어떤 학자들은 형이상학, 인지론, 윤리학 그리고 정치모형 등의 방면에서 새로운 방안을 내놓기도 했다.[17] 유가가 현대 사회의 변화에 적응하려면 현대 사회의 과학인식, 민주정치, 개인의 해방 등 현대적 요소들에 대한 기초를 제공함으로써 '철저히 개선'되고 있음을 보여줄 수 있어야 한다는 것이다. 이 두 가지 관점 모

16　韋政通, 「當代新儒家的心態」, 『中國論壇』, 1982.10 참고.
17　傳偉勳, 「儒家思想的時代課題及其解決線索」, 『知識分子』夏季號, 1986 참고.

두 일리는 있지만, 이 개념들에 대한 재고찰 및 방안 제시를 위해서는 더 많은 논의가 필요하다.

어떤 의미에서 나는 유가 가치 체계를 윤리 중심 원칙의 체계로 간주하거나 고전 중국문화가 유가의 영향 속에서 범汎도덕화 경향을 보였다는 주장을 받아들일 수 있다. 그러나 이것이 유가 가치 체계의 타파라는 결론에 동의한다는 의미는 아니다. 양자 간에 필연적 논리 관계가 없기 때문이다. '범도덕주의'란, 물론 유가적 가치 지향만을 가리키는 것이 아니며, 그보다는 중국문화 발전 과정에 있어서의 유학의 실제 기능과 효과를 가리키는 것이다. 묵가墨家의 겸애兼愛사상이 특정 지향점이 있었음에도 역사적으로 '일반화泛化'되어 실제적인 효과를 보여주지는 못한 것과 같다. 어떤 사상의 특정 문화에서의 기능과 효과는 필연적으로 전체 문화의 구조 그리고 그 구조에 의해 결정되는 전체 문화 시스템 내의 그 사상의 지위와 연관된다. 그러므로 어떤 사상이 역사적으로 '일반화'한 것과 앞으로 그 '일반화'를 어떻게 없애거나 피할 것인가에 대해 논할 때에는 체계와 구조의 관점을 떠나 그 사상 체계만 단독으로 고찰해서는 안 된다.

전통 중국문화의 구조와 그에 따른 결과로 도덕 가치가 지나치게 강조됐고, 그로 인해 과학, 지식, 기술, 상업 발전이 제한되었다는 점은 논쟁의 여지가 없는 사실이다. 그러나 근대 서양의 공업자본주의와 과학기술문명의 진보가 전통 중국에서 일어날 수 없었던 것은 여러 요소의 복합적인 연결과 작용의 결과이며, 소위 '도덕화'는 이 요소들 중 하나였을 뿐이다. 동시에, 모든 '사상가'나 학파는 어떤 학설을 제기할 권리가 있고, 자신들만의 설득력과 사회에서 필요한 적응력으로 각각의 전통을 이뤘다. 그러므로 어째서 양주楊朱의 유아주의唯我主義나 묵자墨子의 겸애사상兼愛思想, 심지어 노장老莊이 대표하는 도가道家의 학설이 '일반화'되어 중국문화의 계통적 특색이 되지 않았는지, 그 선택 기제 및 중국 고대 사회제도의 특징 문제는 여기에서 논할 수 없다. 그러나 각 학파의 학술이 문화체계 전반을 주도하는 핵심이 될 수 있을지 여부는 그 학파의 의지로 결정되는 것이 아니다. 이 점에서만 보면, 유학에서 강조한 도덕 가치로 인해 과학지식 등이 실제적인 제한을 받은 것에 대한 책임도 유가가 지게 해서는 안 된다. 더욱이 과학지식의 발전이 유일한 가치이자 표준이 아닌 만큼, 이것으로 어떤 도덕 체계 자체의 가치를 부정할 수는 없다.

하나의 체계와 구조의 측면에서 비판적으로 봤을 때, 전통 중국문화의 구조와 체계 문제는 두 가지다. 하나는 그리스식의 순수이성주의와 같은 문화적 요소가 결핍되어 있었다는 것이고, 다른 하나는 구조적 불합리로 인해 유학의 '자리를 벗어나는[越位]' 결과가 생긴 것, 즉 도덕 가치가 그 자체의 영역을 벗어나 정치, 인식, 예술 등의 영역을 침범하게 됐다는 것이다. 이러한 입장에 근거한다면, 유학의 문제는 그것에 합리적인 '자리를 정해주는' 것이 관건이다. 즉 어떤 합리적인 구조를 찾고, 유학이 그 구조 안에서 적당한 지위를 확보하게 함으로써 최상의 기능을 발휘하게 해야 한다. 즉 유학 위기의 해결 방안으로 다음의 방식을 생각해 볼 수 있다. 새로운 문화구조를 구축하고 그 속에서 유학이 다시 자리 잡을 수 있게 해서, 본래의 영역을 벗어나는 등의 부정적인 면은 없애고 그 가치 합리적 긍정성을 계속 발휘할 수 있게 해야 한다.

현대 사회 발전의 주요 추세는 다원화이고, 중국 사회의 발전 역시 다원화를 지향해야 한다. 다원적 문화구조 속에 놓여 있는 입장에서, 중요한 문제는 특정 사상 체계의 방향이 아니라 시스템 내 상호작용에 관계된 여러 요소들의 종합적 효과다. 간단한 예로, 물체가 힘을 받을 때, 그것은 동시에 각기 다른 방향과 크기의 힘을 받는데, 이때 물체의 운동 상태에 영향을 주는 것은 단일한 힘의 방향 및 강도가 아닌 여러 힘이 함께 만들어낸 결과이다. 일부 학자들이 제기한 '문화적 힘의 장[文化力場]' 개념에 비추어 보면, 문화의 현대화는 전통을 없애는 것을 통해 이룰 일이 아니다. 관건은 여기에 있다. 합리적인 문화 요소[元素]를 배치하고 양질의 구조를 구축하여, 다원적 문화 시스템이 이상적인 방향으로 어우러지게 해야지, 시스템 내 각 요소가 단일한 방향을 지향하게 해서는 안 된다. 사실, 새로운 문화구조를 만들 수 있고, 그 구조 속에서 유학의 지위와 다른 문화 요소의 상호작용으로 인해 문화 시스템 전체가 다시 범도덕화되는 특징을 보이지 않는다면, 이 구조에서 유학의 본래 가치 지향을 변화시키지 않아도 그것의 존재 이유가 사라지지 않을 것이다. 이러한 사고의 바탕에는, 유가 스스로 유가 발전의 방법과 방식을 고민하는 것만이 아니라, 유가를 다원적 요소가 상호 작용하는 현대 중국문화의 전체 구조 속에 놓고 종합적 발전을 설계해야 한다는 생각이 자리하고 있다. 즉 유가 고유의 가치구조를 깨거나 유학을 부정하고 없애는 것이 중국문화 현대화를 위한 필연적이며 유일한 방식임을 인정하지 않는 것이다. 하나의 문화에 가치 지향적 사상 체계가 있는 것과 문화 전체가 가치 지향성을 지니는 것은 별개의 문제이며, 전통 중국문화의 구조를 바꾸는 것과 유학의 가치구조를 타파하는 것도 별개의 문제다.

'새로운 문화구조', 여기에서 문화는 넓은 의미의 문화로서, 그것은 사상 문화 방면의 새로운 요소[元素] 도입과 새로운 구조만을 필요로 하는 것이 아니라, 유가가 그 체계 속의 정치문화, 경제문화, 과학기술문화 등과의 상호작용 속에서 영향력을 발휘하게 하는 것이다. 유학의 이러한 출로는 논리적·이론적으로 가능하며 또 필요하다. 다음 두 가지 면에서 그렇다. 첫째, 현대 중국의 외부세계와의 문화교류 및 사회 구조의 변화는 새로운 문화 구조 수립의 기초가 됐다. 둘째, 중국의 사회 구조는 끊임없이 '형식합리성'을 강조하는 쪽으로 발전하고 있고, '도구적 합리성'이 과도하게 발전한 이 구조에 대해, 유학이라는 '실질합리성'[18]을 중시하는 가치 체계가 긍정적인 조절작용을 해줄 수 있다. 유학을 그것이 있어야 할 자리로 돌려보내는 것, 이것은 '다시금 자리를 매기는[重新定位]'

---

18 막스 베버의 개념. 蘇國勳, 『理性化及其限制 − 韋伯思想引論』 참고.

문제라고 할 수 있다.

유학의 자리를 다시 매기는 일은 그것에 대한 비판 및 발전과 배치되지 않는다. 유학의 비판적 계승과 현대적 해석은 조정, 재고찰, 보완, 발전의 의미를 포함한다. 그러나 유학 발전을 위한 과제와 미래 설계에 대한 논의를 살펴보고, 그와 동시에 세계 주요 정신적 전통이 현대 사회에서 적응하고 변화했던 것과 비교해 보면, 유학이 과학과 민주를 포용해야 하고 현대화에 직접적으로 도움이 되는 정신적 동력을 제공해야 한다고 요구함에 있어서 다음의 의문에 부딪히게 된다. 우리는 불교에 파우스트 정신을, 신도神道에 민주 이론을, 힌두교에 개성의 해방을 요구한 적이 있는가? 혹은 천주교에 과학적 인식론과 방법론을 요구한 적 있는가? 이들 각각의 종교 전통이 현대 사회에서 여전히 강한 생명력을 발휘하는 것[19]을 보면, 다음과 같은 생각을 하게 된다. 유학의 현대화와 발전에 왜 이렇게 많은 것을 요구하며, 유학에 대해서는 본체론本體論부터 심성론心性論, 인식론認識論, 윤리학 등의 개선을 요구했으며 왜 다른 전통중국본토의 불교와 도교 포함에 대해서는 현대화에 관한 요구를 하지 않나? 혹은, 유학이 변해야 하는 부분 중에서 필요조건과 충분조건을 구분함으로써 최고 수준의 요구사항을 최소한의 요구사항으로 삼는 일은 피해야 하지 않을까 하는 생각 말이다.

문제의 핵심은 유학이 종교 전통인지 여부가 아니라, 그것의 철저한 개선을 요구할 때 우리도 모르게 가지는 선입견[預設]에 있다. 우리가 유학을 현대화 사회에서 필요한 모든 가치를 포용하는 체계가 되길 바라고, 유학이 현대화의 모든 방면에 가치 동력을 제공하고, 그와 무관해서는 안 됨을 요구할 때, 이런 '완벽함'을 바라는 일은 다음 두 가지를 의미한다. 하나는 유가에 대해 "애정이 깊은 만큼 엄격하게 비판하여"[20] 잘 되길 바라는 마음이 있다는 것이고, 또 하나

---

19 杜維明, 「儒學第三期發展的前景問題」, 『文化 : 中國與世界』 第二輯, 三聯書店, 1987 참고.
20 위정통(韋政通)은 자신이 유가를 비판하는 것은 "애정이 깊은 만큼, 엄격하게 비판하는 것[愛

는 여기에 우리가 자각하지 못한 '일원화一元化'된 문화사상이 반영된 것 같다는 점이다.[21] 우리는 단일한 문화사상이 우리에게 필요한 모든 가치를 제공해야 한다고 여기곤 한다. 앞서 말한 '완벽함'을 바라는 태도를 버리고 다원적 소통이라는 입장에서 유학의 현대화라는 과제를 이해할 수 있을 것인지는, 우리가 이해하는 지금 혹은 미래의 유학의 역할과 관련이 있을 뿐 아니라, 앞서 언급한 유학 가치 체계와 중국문화의 가치 구조를 구분하는 문제와도 관련이 있다. 제도 구축 측면이든 이데올로기 측면이든 중국의 현대화 과정에서 민주, 과학, 법제 및 인권 등을 발전시켜야 함은 당연하다. 그러나 이것이 곧 유학이 이 모든 것을 제공해야 한다는 말은 아니며, 유학의 생존과 영향력 회복의 기본조건 역시 아니다. 다문화적 관점에서, 유학 발전의 적극적인 추진이 결코 예전의 절대 지위를 회복해야 함을 의미하는 것은 아니다.[22] 또 한편으로는, 오늘날 현대 교육과 과학이 체계적으로 자리 잡은 것처럼 과학과 민주 등이 이미 독립적인 가치를 확립한 상황에서, 유학이 이데올로기정치화에서 벗어나 인문학과와 가치합리성의 형태로 자신의 영향력을 회복한다면 과학적 발전에 불리한 영향을 미칠 일은 없을 것이다.

근래의 문화 토론과 동서양 비교 연구는 많은 부분에서 5·4시기와 비슷하다. 그래서 알게 모르게 당대 중국이 직면한 문제가 5·4시대와 완전히 같은 것으로 착각한다. 사실, 추상적인 말이지만, 5·4시기와 이 시대 모두 전통이 현대화 발전을 저지한다는 문제를 가지고 있다. 그러나 오늘날 진정으로 중국의 현대화를 막는 것은 이미 "먼 곳의 메아리"[23]가 된 고전 전통만이 아니다. 중국

之心, 責之也切]"이라고 했다.

21 林毓生,『中國意識的危機』, 貴州人民出版社, 1986 참고.

22 두웨이밍(杜維明, 1940~)은 여러 곳에서 유학의 제3기 발전에 대한 토론은 다원화 배경하에서 나왔으며, 오직 유학만이 최고라는 등의 주장과는 전혀 무관함을 분명히 밝혔다. 杜維明,「杜維明談儒學發展的前景問題」,『中國哲學史研究』, 1987.1 참고.

23 杜維明,「傳統文化與中國現實」,『九十年代』, 1985.11.

사회의 현실적 문제는 유가의 윤리화 원칙이 정신적 족쇄가 되어 사람들과 사회의 현대화를 막는 것이 아니라, 그와 반대로, 배금주의와 공리주의, 투기주의 및 끊임없는 탐욕이 사회에 만연해 있다는 것이다. 이런 현상은 점차 강화되고 있으며 청년들은 허무주의적 분위기 속에서 갈 곳을 잃었다. 가치 단절의 부정적 표면화는 합리적 사회생활을 극심하게 무너뜨렸고 형식합리성을 추구하는 개혁 전반에도 방해가 됐다. 이기적인 욕심의 만연은 사회주의의 실현이 아님은 물론 "자본주의 정신"[24] 또한 아니기 때문이다. 다시금 도덕적 가치를 확립해야 하는 사회적 상황에서 유가의 사라져가는 가치합리성을 철저히 타파해야 한다고 주장하는 것은 무모하지 않은가?

향후 유가의 발전에는 다양한 층차의 가능성이 있고, 각각의 층차는 사람들의 노력을 통해 여러 단계로 전개될 수도 있다. 개인적으로는, 새로운 문화구조에 민주와 과학 등의 제도화 구축 및 형식합리성 기반의 경제구조와 그에 따른 이익동기만 존재하는 것이 아니라, 유학이 변함없이 중국인의 근원적 가치 중 하나가 되게 하여, 사람의 도리, 인생의 의미와 세상살이의 원칙 등을 제공하고, 나아가 우주, 자연, 사회, 인류 운명에 대한 기본 태도를 제시해주기를 희망한다. 그러기 위해서는 기본적인 단계에서 도덕교육 체계로서의 유학의 영향력을 회복해야 한다. 싱가포르에서 중학교 교과과정에 유학 이론을 선택과목으로 넣음으로써 유학의 기본가치를 사람들의 도덕성 확립에 활용했는데, 이는 매우 잘한 일이다.[25] 이렇게 유학의 발전을 현대 생활과 결합시키고 그에 맞추어 해석 및 조정한다면, 그것의 기본 원칙과 덕성 교육의 기능은 계속 보존될 수 있다. 중국과 타이완의 사서四書 교육 역시 경전을 읽게 한다는 의미 외에 이런 기능비록 여러 문제들을 안고 있지만도 지닌다. 전통이 결코 역사적 타성惰性의 대명사인 것

24　韋伯, 于曉等 譯, 『新敎倫理與資本主義精神』, 三聯書店, 1987 참고.
25　郭振羽, 「新加坡推廣儒家倫理化的社會背景化條件」, 『當代』, 1985.5 참고.

만은 아니다. 이성적으로 받아들이는 전통은 역사 그 자체의 움직임을 만들어 내는 긍정적이고 건설적인 요소이기도 하다.[26]

　중국처럼 오랜 역사와 문화 전통을 가진 나라의 민족은 가치의 근원이 되는 정신세계를 구축하는 데 있어 전통의 연속성을 끊어낼 수가 없다. 유학의 기존 전통에 대해 말하자면, 그 기본 정신은 각 개인들의 강력한 도덕주의나 사회에 대한 적극적 관심, 건전한 중용정신, 엄숙한 자기 수양으로 나타날 뿐만 아니라, 인도주의, 이성적 태도, 전통적 고민과 같은 전반적인 성격으로도 나타난다. 유가 철학에서는 음양이 조화를 이루고 끊임없이 변화한다는 자연주의 및 천인합일天人合一의 우주 관념을 강조한다. 그 실천정신은 수준 높은 인격의 정립과 배양으로 드러나고, 그것의 기본적인 사회적 기능은 가치합리성을 수립 및 유지하는 것이다. 이 모든 것 역시 내재된 정신[意索(ethos)]의 발현이라고 할 수 있다.[27] 히브리문화, 이슬람문화, 일본문화, 인도문화가 나름의 현대화를 겪었음에도 문화 가치 면에서 중요한 부분을 보존하고 있다고 하면, 유학이 상징하는 이러한 정신 역시 현대화 때문에 가치를 잃지는 않을 것이다. 과학기술, 민주, 법제 및 경제 발전과 함께, 유학의 이러한 정신이 계승될 수 있게 해야 한다. 다소 이상적으로는, 유학은 미래의 다원문화 구조에서 긍정적인 역할을 담당할 것이나, 더 이상 유교중국의 이데올로기로서가 아닌 깊이 있는 정신으로서 각종 사회문화 영역에 영향을 미칠 것이다. 이렇게 해야 중국이 문화 정체성을 유지함에 있어 "오랜 역사의 나라가 날로 새로워지듯[舊邦新命]" 계속해서 발전할 수 있으며, 전 세계 문명 발전에 긍정적으로 기여할 수 있을 것이다.

26　利科爾, 陶遠化 譯, 『解釋學與人文科學』, 河北人民出版社, 1987 참고.
27　韋伯, 於曉等 譯, 『新教倫理與資本主義精神·導論』, 三聯書店, 1987 참고.

제2장

'전통'과 '현대' 사이의 긴장 해소

'5·4' 문화사조에 대한 재고찰

1. 들어가기 – '5·4'를 뛰어넘어야 하는 역사적 임무

중국문화가 서양의 도전을 맞아 현대화로 향하는 과정에서 중국 현대사의 신문화운동은 전 세계가 인정하는 계몽운동으로서 중요한 이정표가 되었다. 이 운동으로 인한 사회문화사상 방면의 해방과 깊은 울림은 중국인이 세계로 향해 나아가는 새로운 출발점이 됐고, 이러한 의미에서 '5·4' 전후의 신문화운동은 역사에 새로운 획을 그은 사건이다.

'5·4'신문화운동의 긍정적 의미와 그 운동에서 열렬히 외쳤던 가치는 오늘날 중국의 논쟁 대상은 아니다. 과학은 이미 안정적으로 발전하여 좋은 결과물을 만들어 냈고, 민주화 역시 전반적인 현대화 개혁에 발맞춰 계속 발전하고 있다. 우리가 이 장에서 살펴보려는 것은 또 다른 측면, 즉 '5·4'운동 70주년을 기념하는 시점에 역사와 문화를 되돌아보며 '5·4'시기 문화 논쟁 중의 기본 관념을 비판적으로 검토하고, '5·4'시기 문화 토론의 이론적 경험을 정리하는 것이다. 이로써 우리는 80년대 또 한 차례의 신문화운동—나는 80년대 중기 이래의 문화, 철학, 역사 등 영역에서의 비교, 재고찰, 비판, 토론 등의 열기를 '제2차 신문화운동'으로 본다—에서 '5·4'를 뛰어넘어 더욱 성숙한 단계로 나아갈 수 있다. 이는 '5·4' 당시의 민주에 대한 외침을 더욱 발전시키고, '5·4'의 비판정신을 계승하는 것과 상호보완적이며 반드시 필요한 부분이다.

'문예부흥'이나 '계몽운동' 같은 유럽 근대문화사의 위대한 운동 및 기본 관념처럼, '5·4'신문화운동은 계몽운동이라는 긍정적인 면을 가짐과 동시에 문화 변혁이라는 반反전통적 특징을 더 많이 드러냈다. 근대 이래의 문화 발전은 결국 문화 비판과 문예부흥이 혼합된 것이었으며, 근대시기 문화운동에 반反권위, 반反전통의 정신이 내재돼 있었음은 당연하다. 이런 운동의 비판 대상은 중고시대 이래 정치화, 제도화된 교회의 권위였고, 부정의 대상은 근대적 요구에 부합하지 않는 중고시대 이래의 경직된 종교규범이었다. 그러나 이 점은 근대 문화운동이 동시에 또 다른 '전통'의 형식을 취했던 것—그리스의 고전 인문 전통으로의 회귀를 호소 및 요구한 것—에는 영향을 주지 않았다. 후자의 측면에서 보면, 근대문화의 발전은 '전통'적 관념과 힘을 적절히 이용한 것이자, 전통으로부터 당시 필요했던 정신적 자원을 가져온 것이기도 했다.

한편, 문예부흥과 계몽운동의 문화적 방향이 서구 근대 문명의 전반적인 모습을 반영하는 것은 아니었다. 근대 서구 문명의 기본 특색은 계몽운동 후 '이성理性'이 키워낸 새로운 정치제도와 새로운 과학기술체계민주와과학였다. 그러나 서구 문명은 하나의 유기적 존재로서, 오늘날까지도 기독교 전통을 따르는 가치 체계의 연속성에서 분리되지 않고 있다. 기독교는 종교 개혁을 거쳐서 근대 사회와 밀접하게 결합된 가치 체계로 변화하였으며, 그것과 계몽운동이 만들어낸 문화적 방향이 서구 문명을 이루는 두 가지 상호보완적 요소다. 이를 통해 우리는 근대 문명의 발전이 '연속continuity'과 '변혁change'의 통일이며 '전통tradition'과 '현대modernity'의 단절은 아님을 알 수 있다.

뿐만 아니라 근대 이후 서구의 문화 발전과정에서는, 헤겔이 계몽운동의 형이상학에 대해 총체적인 비판을 한 것 외에, 낭만파와 역사해석학에서도 계몽운동의 몇 가지 기본 개념을 수정해야 한다고 주장했다. '이성'의 한계에 대한 인식, '권위'와 '전통'의 긍정적 의미에 대한 새로운 이해 등이 그 예다. 최근에는 문예부흥이 중세 시대 종교문화 덕분에 일어난 것이라는 연구 결과를 발표한 학자도 있다. 여기에서 우리는 근대화 과정 중의 문화 운동에서 '전통-현대' 문제가 얼마나 복잡했는지 더 알 수 있다.

그에 비해, 신문화운동을 이끌던 사람들은 극도로 흥분된 상태로 '새로운' 문화를 지지하고 '옛' 문화를 비판하며 계몽과 해방에 대한 강한 열망을 드러냈다. 동시에 "공자사상 타도[打倒孔家店]"를 외치는 '전반적인 반反전통'의 특징 역시 두드러졌다. 이는 당시 중국 지식인이 처한 객관적 상황과 관계가 있으며, 그들의 학문적 배경, 심리, 정서, 사고방식 등과도 관계가 있었다. 중국 근대사에서 있었던 몇 차례 개혁의 실패로 당시 얼마 안 되는 지식인 그룹은 조급함과 무력감을 느꼈고, 그들은 실패의 '필연적 원인'을 문화에서 찾으려고 했다. 당시의 실패예: 무술유신(戊戌維新, 1898)들이 우연적인 것이었음에도 말이다. 19세기에서 20세기 초, 천 년 넘게 세계의 중심으로서 문명적 우월감을 누리고 난 이후, 중국 문명은 돌연 제국주의 침략의 형식으로 성장하던 서구 근대 문명의 충격 속에서 생사존망의 위기에 직면했다. 게다가 때마침 사회진화론이 들어오면서 생존에 대한 위기의식과 절박감이 중국 지식인들을 지배했고, 이로 인해 지식계 전반에 격동적인 분위기가 조성됐다. 리저허우李澤厚는 "계몽과 위기탈출[救亡]의 이중변주"라는 표현으로 '5·4'신문화운동의 특수한 전개를 설명했다. 사실 위기탈출 이데올로기의 고조로 애국운동은 거세졌지만, 그 긴박함 때문에 계몽은 풍부하고, 전면적이며, 지속적으로 전개되기 어려웠고, 그로 인해 생긴 문화 방면의 '협의의[狹隘] 공리주의' 역시 전통자원을 '창조적으로 변화'시켜 근대문화 건설에 참여시킬 큰 길을 막아버렸다. '5·4' 이래 중국 청년 지식인들에게는 언제나 강한 '반反전통'에 대한 열망이 있었는데, 역사적으는 중화민족의 위기 때문이었으며, 사상적으로는 청년층 특유의 급진성과 문화적 미성숙성과도 밀접한 관련이 있음을 인정해야 한다.

'5·4' 이후 60년 동안 중국 역사에는 크고 작은 역사적 사건과 위대한 인물이 출현했었으나, 80년대 현대화 논의와 신新문화에 대한 토론이야말로 '5·4' 시기 논리의 역사적 연속이라고 할 수 있다. 아편전쟁부터 '5·4'운동까지의 역사적 테마였던 '현대화'는 60년 후 마침내 확실한 형태를 갖추게 되었고, 비로소 중화민족 전체의 자각적인 요구가 되었다. 또한, '5·4'시대를 다시금 반복하며 문화적으로 마치 '5·4'의 기점起點으로 돌아간 것 같은 모습에 놀라게 되었다. 그 때와 다른 점이라면, 반反제국주의 및 위기탈출救디이라는 정치적 테마가 '어떻게 하면 지구상에서 존재할 자격을 박탈당하지 않을지'의 경제적 테마로 바뀐 것이다. '5·4' 문화토론의 다양한 관점 역시 '문화토론'에서 한 번씩 다시 등장했다. 이것이 우리가 '5·4' 문화사조의 긍정·부정적 경험을 종합적으로 검토해야 하는 현실적 이유다. 다행인 것은 지금의 우리에게는 두 차례의 세계대전 후 자본주의가 조정되고 발전한 경험, 사회주의 체제의 건립과 발전 그리고 개혁까지의 경험, 공업동아시아 특히 중국과 타이완의 현대화 경험 등 '5·4'시기 지식인들에 비해 더 많은 경험이 있다는 점이다. 우리는 막스 베버를 통해서 어떻게 하면 기능적 관점에서 전통의 부정적인 영향을 볼 것인지 이해하게 됐고, 한스 가다머Hans George Gadamer, 1900~2002를 통해 어떻게 인문 가치면에서 전통의 긍정적 의의를 인정할 것인지를 이해하게 됐으며, 공업동아시아가 야기한 베버의 명제에 대한 재고찰로 중국문화와 현대화 문제에 대한 전통적 관점을 달리 보게 되었다. 이러한 새로운 배경과 관점에서 다시금 '5·4' 전후 신문화운동 중의 급진공리주의와 문화보수주의 이론의 득실을 살펴보는 것은 역사의 공과를 따지려는 것이 아니라 이를 통해 문화 재고찰의 깊이를 향상시키고자 함이다. 우리는 결국 중국 전통문화를 어떻게 바라봐야 하는가.

2. 급진공리주의

신문화운동의 주류파 대표는 천두슈陳獨秀, 1879~1942다. 천두슈의 문화적 입장을 연구하는 일은 매우 중요하지만, 여기에서는 천두슈 '동서 문화론'의 주요 논점만 다루겠다.

『신청년新靑年』 창간 초기 천두슈의 급진공리주의 성향은 그다지 강하지 않았다. 그는 「프랑스와 근세문명法蘭西與近世文明」이라는 글에서 프랑스 사람들이 인류에게 자유, 평등, 박애 등의 이상적인 가치를 제공했음을 매우 강조하며, 그것의 실현을 위해 분투해야 한다고 했다. 반면 독일 사람들은 과학 발전에 기여한 바는 있지만, "그 나라의 대다수 사람들이 자유와 평등을 사랑하기보다 강한 국가와 강한 종種을 추구한다는 점에서, 천성적으로 평등, 박애, 자유를 좋아하고 그것을 일상화한 프랑스인들만 못하다"[1]고 했다. 천두슈의 프랑스 및 독일의 문화와 민족 성격에 대한 설명이 정확하다고만은 할 수 없고, 그의 관점이 충분히 기술되지도 않았지만, 여기에서 주목해야 할 것은 그가 가치합리성과 과학기술합리성의 다름을 인정했고, 다음 두 가지 태도를 보여주었다는 점이다. 하나는 자유, 평등 자체의 가치를 이상으로 삼은 것이고, 다른 하나는 부국강종富國強種의 공리성功利性 목적을 강조한 것이다. 프랑스 사람들은 자유를 척도로 삼았고, 독일 사람들은 부강富強을 기준으로 삼았다. 독일 사람들에게 궁극적으로 중요한 것은 인류를 위한 이상적 가치가 아니라 '부강'의 기능이었다. '부강'은 민족의 생존과 발전에 있어 중요한 의미를 지닌다. 그러나 부강을 위한 조건을 학술 및 문화 가치 평가의 기준으로 삼으면 문화적으로는 협의의 공리주의[狹隘功利主義] 방향으로 가게 된다.

---

1 陳獨秀, 「法蘭西與近世文明」, 陳崧 編, 『"五四"前後東西文化問題論戰文選』(이하『東西文選』), 中國社會科學出版社, 1985 참고.

1915년에 시작한 동서 문명 논쟁은 근대 시기 첫 문화비교논쟁이었으며, 동서 문명과 그 차이에 대한 가치판단은 토론에 참여하는 학자들이라면 반드시 내려야 했던 결론이었을 뿐 아니라, 각종 현상에 관한 서술의 전제이기도 했다. 그러나 가치 판단은 다양한 좌표에 따라 제각각으로 내려졌다. 문화학적으로 내가 흥미롭게 보는 것은, 당시 신청년파新靑年派 및 그들과 대립했던 이들의 동서 문화 비판 기준과, 이러한 기준들의 학술적 합리성이다. 이것은 오늘날 전통 문화를 평가하는 일과 직접적으로 연관된다.

신청년파의 대표인 천두슈는 "개인의 자유, 권리와 행복, 사상 발전의 자유, 개성의 발전" 등을 강력히 옹호했고, "법 앞의 개인의 평등, 개인의 자유와 권리에 대한 헌법 보장, 국가의 법은 박탈되어서는 안 됨"을 주장했다. 또 동양 사회는 가부장적 시스템을 기본으로 하므로 개인적 권리는 없고 부모에게 순종하며 독립적 인격을 억압하고 사상의 자유를 방해한다고 했다. 정치적 민주와 개성 해방에 관한 그의 호소는 오늘날 현실에서도 의의가 있다. 천두슈는 또 서양 문명의 특징 중 하나가 법치를 근본으로 삼는다는 점이며, 그것은 국가 정치부터 사회 및 가정에 이르기까지 모두 해당한다고 했다. 그가 이해한 법치가 사회와 가정 내 권리 관계의 명확한 구분에 비중을 둔 것이기는 하지만, 이 점을 주장한 것은 매우 의미 있다. 이를 통해 천두슈는 다음의 결론을 내렸다. "법치의 힘을 중시하는 것은 언제나 각박하고 모질다는 비판을 받는다. 그러나 그 결과 사회 내 개인들은 서로 의지하지 않고 각자의 일을 하며 독립적인 생계로 독립적인 인격을 이루게 됐다. 각각의 영역을 지키고 서로 침범하기 않았으며, 소인小人부터 군자君子까지 모두 그랬다. 사회 경제 또한 이로 인해 질서가 생겼다. 이것이 일상화되는 것을 나는 편안하고 좋은 상태라고 생각한다. 그렇지 않은 상태는 얼마나 힘든가!"[2]

---

2   陳獨秀,「東西民族根本思想之差異」,『東西文選』.

문화 가치 평가에는 두 가지 기준이 있다. 베버의 용어를 빌리자면, 하나는 도구적 합리성이고 하나는 가치합리성이다. 도구적 합리성의 기준은 어떤 사회의 정치경제 방면에서의 '기능'이고, 가치합리성의 기준은 '윤리와 문화 가치 자체'이다. 천두슈는 가치 체계의 다층구조를 다 파악하지 못했을 뿐 아니라, 동서 문화 논의에서 두 가지 기준을 혼용하기도 했다. 결국에는 아예 도구적 기준 쪽으로 치우쳤는데 이 때문에 그의 이론은 단편적인 면을 보인다. "서양은 개인 중심이고, 동양은 가족 중심이다"라는 주장을 할 때, 그는 자유, 평등의 가치를 기준으로 서구 문명을 높였고, 중국 전통문화는 개인을 중시하지 않음을 비판했다. 또 "서양은 법치와 실력 중심인 반면, 동양은 사람들 사이의 감정 중심이며 형식적인 예의 중심이다"라고 주장하며, 서양에서 "부모가 자식을 혼낼 권리가 없고 자녀 양육의 의무도 중시되지 않는 것", "개는 사랑해도 아이는 사랑하지 않는 것" 등을 무조건 찬양하는 편향적 시각을 보였다. 그는 동양의 전통 사회에서 사람들 사이의 감정을 중시했던 것이 복잡해진 사회에서 가지는 한계와 폐단을 지적했지만, 권리만 중시하고 감정은 중시하지 않는 극단으로 치우쳤고, 이 때문에 서양 문화가 "언제나 각박하고 모질다고 원망 받음[未嘗無刻薄寡恩之嫌]"을 인정하면서도 사회 경제의 질서를 위해서라면 "인정이 두텁지 않다고 문제 될 것은 없다[即非淳厚又何傷!]"고 생각했다. 즉 모종의 사회적 기능을 위해서라면 인류가 지금껏 추구해 왔던 우정과 협력[互助] 같은 가치 이상을 망설임 없이 희생시킬 수 있다는 것이다.

더 심한 것도 있다. 그는 동서 문명의 또 다른 차이로서 "서양민족은 전쟁을 중시하고, 동양민족은 평화를 중시한다"고 주장하며, "서양 사람들의 호전적 특성은 천성에서 비롯하여 일상적인 것이 되었다. 종교전쟁부터 시작해서 정치전쟁 및 상업전쟁 등 유럽 전체 문명사는 모두 전쟁으로 이루어진 것이다. 영국은 전쟁으로 세계 패권을 잡았고, 독일은 전쟁으로 오늘날의 영예를 얻었다!"[3]

며 무조건적으로 서양을 높였다. 이와는 반대로, 평화, 관용, 교양을 중시하는 동양 문화는 사정없이 비판했고, 평화를 추구하는 것을 동양민족의 "비열하고 부끄러움 모르는 근성"이라고 여겼다. 그래서 "평화를 좋아하고 안정을 숭상하며, 고상함을 지닌 열등한 동양민족"이라는 발언까지 했다.[4] 천두슈가 전쟁과 피의 숭배자가 되다시피 한 것은 이해 못 할 일은 아니며, 그가 유사 이래 인류의 숭고한 이상과 가치를 몰랐던 것도 아니다. 천두슈가 평화와 가치를 열등한 문화적 근성으로 여긴 것은 위기에서 나라를 구하겠다는 현실 이데올로기에 의해 그의 문화에 관한 가치판단이 지배 혹은 억압당한 것이다. 아편전쟁 이래 누적된 빈곤과 허약함, 그리고 수많은 침략을 받았던 중국의 상황 속에서, 이 발언은 당시의 고통을 담고 있다고 할 수 있다. 그러나 만약에 '나라와 민족의 부강'을 궁극의 기준으로 삼아서 그것을 문화 영역에서의 가치판단에 적용한다면, '나라와 민족의 부강'과 직접적으로 관련 없는 모든 문화 가치 — 도덕, 종교, 심미 등 — 들은 가치 없는 것이 될 뿐 아니라, 인류가 늘 추구해온 평화, 정의, 화해 등의 이상理想 역시 아무런 의의가 없어지고, 자연히 이러한 가치를 핵심으로 하는 문화 전통은 버려지게 된다. 즉 자유, 평등, 박애라는 가치 역시 도구적 합리성에 근거하여 그 지위를 인정받게 되는 것이다. 또한, '나라와 민족의 부강'이 절대적 목적이고 자유, 평등, 박애보다 다른 수단이 그 목적 달성에 더 효과적이라면, 자유와 평등의 희생 역시 당연한 것이 된다. 이 입장에서는 제국주의와 군국주의의 길도 받아들일 수 있다. 여기에서 알 수 있는 것은, 사회진화론과 중국의 내우외환이라는 배경 속에서 가치합리성 기준이 사라졌고, 그로 인해 가장 선진적이었던 중국인이 완전히 공리주의에 빠졌다는 것이다. 공리주의 시스템에서는 평화와 문화 발전이 독립적인 가치를 지니지 않을 뿐

---

3 陳獨秀, 「法蘭西與近世文明」, 위의 책.
4 陳獨秀, 「東西民族根本思想之差異」, 위의 책.

아니라 부강富强과 무관한 모든 인문 가치가 배척된다. 이런 태도로 중국 전통문화를 비판하였으니 그 결론은 당연히 알 수 있다.

천두슈의 이 예시는 문화 영역에서의 두 가지 가치판단의 충돌을 첨예하게 보여준다. 평화와 고상함을 중시하지 않는 것이 우수한 민족[高等民族]의 우수한 문화[高等文化]적 특징이라면, 13세기 몽골의 정예 군대[鐵騎] 시대가 인류 문화의 전성기가 됐을 것이다. 평화를 좋아하는 중국의 민족성을 비판하고 후쿠자와 유키치福澤諭吉나 이토 히로부미伊藤博文 등을 무비판적으로 칭송하는 최근의 주장들은 모두 천두슈의 입장을 반복하는 것에 불과하다. 평화라는 이상, 문화 이데올로기 등의 인문 가치는 결코 외재적 공리를 기준으로 판단할 수 없다. 인문 가치의 평가 기준은 반드시 인문 문화 자체에서 취해야 한다. 이 점에 대해서는 이론적으로 더 이상 의문을 제기해서는 안 된다.

3. 문화보수주의

문화의 측면에서 봤을 때, 신문화운동에서 주목할 만한 또 다른 파는 『신청년』으로 대표되는 급진주의와 방향이 전혀 달랐던 『동방잡지東方雜誌』 등의 문화보수주의다.

문화보수주의는 정치적 보수주의가 아니며, 서양 문화에 대해 아는 것 하나 없이 낡은 것을 부여잡고 있으려는 낡은 사상도 아니다. 제1차 세계대전 발생 후의 문화보수주의자들은 대부분 혁명당에 참여했거나 서학西學을 배운 자였으며, 대다수가 공화共和를 찬성하고 서학 들여오는 일을 겸했다. 문화보수주의자들은 자신들이 소위 '수구파守舊派'와는 다르다고 분명하게 선을 그었다. 그러므로 '5·4' 시기부터 오늘날까지 어느 정도 전통을 지지했던 문화보수주의자들을 바진巴金, 1904~2005 『기家』에 등장하는 나이 든 벼슬아치 펑나리[馮老太爺]로 보는 통속적[庸俗] 관점은 아무 근거가 없는 것이라고 할 수 있다. 미국의 지식인사史 연구자 샤롯 펄스Charlotte Furth, 1934~2022는 장타이옌章太炎에 대해 언급하면서, "혁명 상황에서 문화 도덕과 사회 정치 질서는 더 이상 같이 움직이지 않았고, 문화는 이미 사회의 정치 형식과 무관한 채로 존재하는 '순수한 것[精粹]'이 됐다. 문화를 호위하던 학자는 이 시기에 사회 정치와 무관한 순수 진리의 연구자로 변했다"고 했다.[5] 이 지식인 무리의 문화에 대한 입장은 혁명파에 비해 '보수적'이었다. 그들은 혁명파가 현실 정치에서 필요로 하는 문화 비판적 태도를 보였던 것과는 달리 순수 학술 영역 안에서 문화의 가치를 논했다. 근대화 과정에 따른 가치 정합과 가치 분리로 인해 문화-도덕은 전통적인 일원화 관계에서 멀어졌다. 이 때문에 문화-도덕에 대한 보수적 태도는 대부분 순수문화적 태도일 뿐이었으며 정치적 입장과는 무관했다. 대표적인 문화보수주의자 량수밍梁漱溟이 "정치의 민주화, 군사의 국가화"와 "전반적인 서양 문화의 수용"[6]이라는 문화관과 정치 성향을 동시에 내보인 것이 전형적인 예다. 이 때문에 스화츠史華慈, 1916~1999는 "'5·4'시기에 출현한 이들 지식인에 대하여, 우리는 새로운 단어로 그들을 지칭하고, 그들을 '수구파' 등과 구분해야 하는데, 그것이 바로 '문화보수주의'다"라고 주장했다.[7] 또 다른 의미에서 이것은 문화민족주의이기도 하다. 페이징한費景漢, John. C. H. Fei, 1923~1996이 말한 바와 같이, 이러한 문화민족주의는 좁은 의미의 정치적 민족주의와는 거리가 매우 먼 것이었다.[8] 동시에, 제1차 세계대전의 비극으로 인해 더이상은 전처럼 무조건 서양 문화를 수용하는 이지

---

5 魏斐德(Frederic Wakeman), 「關於國民性的探尋」, 『中國傳統文化的再估計』, 上海人民出版社, 1987 참고.

6 『梁漱溟問答錄』, 湖南人民出版社, 1988; 『東西文化及其哲學』, 商務印書館, 1922 참고.

7 杜維明, 『人性與自我修養』, 和平出版社, 1988 참고.

8 魏斐德, 「現代中國文化的民族性探尋」, 『中國文化與中國哲學』, 三聯書店, 1987.

적理智的 지식인을 필요로 하지 않았으며, 마르크스주의와 사회주의 사조의 자본주의의 어두운 면에 대한 폭로 및 비판, 소피아 혁명의 성공 등은 '5·4' 전후 문화보수주의자들이 서양 문화를 비판적으로 바라보고 우수한 고유 문화를 지키려고 했던 것의 중요한 배경이 되었다. 이런 의미에서 문화면에서의 '보수'는 나쁜 의미의 단어가 아니다. 단지 급진파가 정치경제적 효용에 완전히 집중한 것에 비해 그들은 문화와 가치를 더욱 중시했고, 급진파가 단절식[決裂式] 변혁을 요구한 것에 비해 그들은 전통의 계승을 더욱 요구했을 뿐이다.

'5·4'시기 문화보수주의의 사상적 측면의 새로운 특징은 바로 공리주의를 극렬히 반대했다는 점이다. 공리주의는 그 의의에 따라 광의와 협의로 나뉘는데, 우리가 문화적으로 비판하는 공리주의는 당연히 협의의 공리주의이다. 즉 가장 직접적이고 가까운 이해성패利害成敗 관계로 모든 것을 재단하는 태도다. 천두슈의 전쟁 숭배 입장을 따른다면, 민족국가의 강성함을 빨리 이룰 수는 있어도 국가가 위험해질 수도 있으며, 제국주의와 군국주의에 대한 비판 역시 근본적으로 인류의 이상과 가치를 따를 수밖에 없다. 창푸傖父, 1873~1933는 공리주의에서는 "도덕과 부도덕에 대한 판단이 이理가 아닌 힘[力]에 의해 내려지며, 약자와 열등한 자는 인류의 죄악 중 큰 비중을 차지하는 것[魁]이어서 전쟁의 책임을 강대국의 침략이 아닌 약소국의 존재 자체에 있다고 여기고", "모든 옳고 그름[是非]을 오직 군사력과 경제력의 강약으로 판단한다"[9]고 했다. 즉 도덕 및 문화 가치의 옳고 그름에 대한 평가 기준은 인류의 가치이상인 '이理'이지, 공리功利를 결정하는 '힘[力]'이 아니라는 것이다. 만약 이상적 인문 가치를 외면한 채 공리주의만 따라간다면, "강권주의强權主義, 분투주의奮鬪主義, 활동주의活動主義, 정력주의精力主義가 생길 것이며, 심하게는 제국주의帝國主義, 군국주의軍國主義" 및 "전쟁만능주의"가 생길 수밖에 없다"[10]는 것이다. 이후 량치차오梁啓超, 1873~1929는 다음

---

9   傖父, 「迷亂之現代人心」, 『東西文選』 참고.

과 같이 말했다. "다윈이 생물학 대원칙을 발표한 후, (…중략…) 모든 말은 "생존경쟁生存競爭, 우승열패優勝劣敗"라는 여덟 글자로 귀결됐다. 이 원칙은 밀John Stuart Mill의 공리주의 및 벤담Jeremy Bentham의 행복주의와 결합되어 당시 영국학파의 주류가 되었고, 그 폐단이 독일의 니체Friedrich Wilhelm Nietzsche에게까지 이어져서, 이타주의는 노예의 도덕으로, 약자에 대한 침탈은 강자의 당연한 임무이자 세계 진화를 위해 필요한 일이라고 여겨졌다. 이런 이상한 논리는 바로 다윈의 생물학에서 시작된 것이고, 그것은 당대 사람들의 마음에 부합했다. 그래서 개인의 측면에서는 권력[勢力]과 재물을 숭배하는 세상이 됐고, 국가의 측면에서는 군국주의와 제국주의가 가장 유행하는 정치 방침이 됐다."[11] 이 모든 것이 공리주의에 치우친 발전의 부작용이다. 1918년 6월, 첸즈슈錢智修, 1883~1947는 『동방잡지東方雜志』 제15권 제6호에 「공리주의와 학술[功利主義與學術]」이라는 글을 실었다. 이 글에서 그는 문화·학술 영역의 문화보수주의와 급진공리주의의 첨예한 갈등을 낱낱이 드러냈다. 그는 "공리주의가 좋은지 나쁜지는 실용적인지 아닌지가 기준이다. 따라서 중국인은 보이는 것이든 보이지 않는 것이든 실용적인지 여부에 따라 버리고 취했다. 40년 전 부국강병富國强兵을 주장하던 때에 부강이 중요했던 것은 외부의 침략을 막아내고 싸움에서 이김으로써 집집마다 풍족하게 만들 수 있다는 점에서였다. 이것은 공리주의가 가장 일차적으로 드러나는 부분이다. 30년 전 과학 중시 실학[格致實學]을 주장하던 때에는, 무기를 날카롭게 하고 제조업을 일으켜서 물질 문명을 향유할 수 있게 한다는 점에서 그것의 필요성이 강조됐다. 이것 역시 공리주의의 테두리에서 벗어나지 않는다. 지난 20년 동안에는 민권民權과 자유自由에 대한 주장, 입헌立憲과 공화共和에 대한 주장이 나왔다. 민권과 자유, 입헌과 공화는 유럽이나 미국에서 만들어진

---

10 傖父, 「戰後東西文明之調和」, 위의 책.
11 梁啓超, 「歐遊心影錄」, 위의 책.

것으로, 봉건적 신권神權이라는 옛 제도를 없애거나 인도주의적 이상을 실현하는 데 활용하였는데, 이것은 공리주의로 다 설명되지 않는다. 그러나 중국인은 그들로부터 받아들인 것으로 자신의 강성함을 전 세계에 드러냈다"고 했다. 이것은 당시 중국인들이 도구적 의의로 서양의 민권과 자유 등의 가치를 대했음을 보여준다. "또 정밀하지 못한 귀납법과 빈약한 상상력 때문에 고유문명 중 공리주의와 부딪치는 부분들은 모두 없애버렸다. 외래문명 중에서도 공리주의에 직접적인 영향을 받지 않은 것 역시 받아들이지 않았다". 이에 "최대다수의 최대행복이라는 것은 개인의 사적인 이익이나 일시적인 이익과 동시에 발생하기 어려우며 어쩔 수 없이 희생"하고, 정치는 경쟁이고, 윤리는 강압적 권력[強權]이고 학술은 명리名利의 수단일 뿐으로, "이 시대 모든 문화 제도의 배경에는 그저 잘 입고 잘 먹기 위함이라는 목적 하나만 있을 뿐이다"라고 했다. 그는 특히 공리주의 태도가 학술, 문화, 교육에 주는 폐해로, "공리주의가 학술에 가장 해를 끼치는 점은 응용을 학술의 목적이 되고 학술 자체는 목적이 되지 않는 것"이며, "응용이 학술의 평가 기준이 되면, 기술발전[振興]과 제조업의 경우 이화학理化學을 해야 하고, 나라의 운용을 위해서는 경제학을 해야 하며, 그 외 다른 학문은 없어도 된다고 여긴다"는 점을 들었다. 공리주의의 지배로 사회문화 측면에서는 "통속주의, 평범주의平凡主義가 학계에 만연했고, 고상하고 깊은 학문은 결국 세상에서 외면당했으며", "사람들은 서점에 이상한 책들이 쏟아져 나오는 것을 보게 됐다. 상황은 갈수록 악화돼서 도道가 쇠락하고 있다고 느낀 이들은 있었어도 그것들이 통속주의, 평범주의의 산물임은 알지 못했으며, 병폐의 진정한 근원은 공리주의였다"고 했다.[12] 공리주의가 이 모든 것에 대해 전적으로 책임이 있다는 그의 의견은 공리주의의 기능을 지나치게 확대한 것이지만, 그는 문화에 대한 공리주의 '침입'의 위험성을 지적했고, 공리원칙의 지배

12　錢智修, 「功利主義與學術」, 위의 책.

를 받는 제도 하에서 가치합리성이 결여된 규범이 문화 자체에 어떤 영향을 주는지에 대해서도 짚어줬으며, 공리주의 가치관으로는 전통문화와 모든 인문 가치에 대한 정확한 비평이 아예 불가능하다고도 했다. 이런 경고에 주목해야 하는 이유는, 문화 관련 논의 자체를 위해서만이 아니라, 이런 현상이 오늘날 다시 일어나고 있으며 갈수록 더욱 심해지고 있기 때문이다. "짧고[短], 평범하고 [平], 빠른[快]" 협의의 공리주의 지배 하에서 전통문화는 말할 가치도 없는 것이 됐으며, 모든 인문 문화가 폄하되어 철학은 쓸모없는 학문이 됐고, 역사는 돈 안 되는 골동품이 됐으며, 문학은 감각기관을 자극시키는 것으로만 인정받을 뿐이었다. 또 교육은 '백년대계百年大計'로서 투자에 대한 효과를 보는 데에도 긴 시간이 필요한데, 기초이론 연구는 시장성과 상업성이 없다는 이유로 냉대 받을 수밖에 없었고, 학술 출판물은 수익성이 없다 보니 당연히 애정소설에 자리를 내주게 됐다. 이런 분위기 속에서 가장 큰 충격을 받은 것이 인문학술이다. 해방 이래로 우리는 줄곧 특정 정치적 이익의 관점에서 인문학술을 대해왔으며, 때로는 인문과학을 정치적 도구로 삼았고, 또 때로는 인문학의 비실용적 가치와 의의를 억압했다. 근래 들어 정치적 공리주의는 경제적 공리주의로 변했고, 모든 학술과 문화는 경제적 기능에 따라 운명이 결정되었다. 이는 상당 부분 제도 자체의 문제에서 비롯된 것이지만, 우리가 가치합리성과 제도 개혁이 어우러져야 할 필요성을 정확하게 인식하지 못한 것과도 관련이 있다.

공리주의는 분명 인류역사를 발전시킨 힘 중 하나다. 공리주의는 그것만의 적합한 영역이 있는데, 특히 경제 영역이 그렇다. 그러나 경제 영역이라도 공리주의 지배를 받는 각종 경제 행위를 제외하고는, 사회주의의 평등·평균 관념처럼 전체적으로 제약 및 조절을 가하는 가치 원칙이 없으며, 순수한 공리주의는 경제 영역에서 충돌을 일으키고 문제를 야기하게 된다. 문화, 과학의 발전에 있어서는 더더욱 좁은 의미의 공리주의를 배제해야 한다. 왜냐하면 인문과학의 특성 상 그것의 가치가 꼭 도구로서의 가치를 가지는 것은 아니기 때문이다. 그러므로 당시唐詩와 송시宋詞가 경제적 기능이 없고 경제의 현대화에 도움이 안 된다는 이유로 그것의 문학적 미학적 가치를 부인해서는 안 된다. '5·4'시기 문화보수주의자들은 가치적 입장과 도구적 입장을 분리해야 한다고 했고, "문명의 진정한 가치는 어디에 있는지에 대한 문제"를 문화적 가치가 인류 생활에 미친 영향과 분리시켜서는 안 된다고 했지만, 문화 문제는 매우 복잡하다. 문화보수주의자들의 입장에서 관건은 급진파가 정치, 경제, 공리를 넘어선 인문적 가치를 인정해야 한다는 것이었다. 예를 들어, 창푸倉父는 서양은 경쟁을 중시하고 동양은 자연을 중시하며, 서양의 동적 문명이 물질 생활의 풍부함을 가져왔고, 동양의 정적인 문명은 정신적 안녕과 화해를 중요시 한다고 했다. 가치 면에서 봤을 때, 한 쪽을 절대적으로 긍정함으로써 반대쪽을 부정하는 방식으로 해결해서는 안 된다. 따라서 두 문명은 서로 보완이 필요하고, "우리 고유의 문명을 통합·정리하여 본래 있던 시스템을 재정비하고, 간혹 잘못된 것이 있다면 다듬어야 한다. 서양학설을 최대한 받아들이는 한편, 그것을 우리 고유 문명에 어우러지게 해야 하는 것이다".[13]

신문화운동의 주류파 중에는 천두슈의 급진적 관점과 다른 입장을 가진 이들도 있었으며, 후스胡適, 1891~1962는 어느 정도 공리주의를 극복했다. 그는 마오쯔수이毛子水, 1893~1988를 비판하며 다음과 같이 말했다. "당신의 주장에는 지나치게 편향된 부분이 있다. 예를 들어, '우리가 우리 고유의 것을 정리하면 세계 학술계도 얻는 것이 있을 것이다. 그러나 큰 도움은 안 될 것이다. (…중략…) 세계 모든 학술에는 우리 고유의 것보다 유용한 것이 훨씬 많고, 우리 것보다 요긴하게 활용될 것이 매우 많다'라고 한 것처럼 말이다. 나는 학문하는 우리들은 이런 좁은 의미의 공리 관념을 가져서는 안 된다고 생각한다. 학문하는 사람

---

13 倉父, 「迷亂之現代人心」, 위의 책.

들은 자신의 본성[性]에 가까운 것에 따라 자신이 하려는 학문을 골라야 하며, 고른 이후에는 '진리를 위해 진리를 구하는[为真理而求真理]' 태도를 가져야 한다."[14] 후스의 이러한 관점은 문화 전체를 대상으로 확대되지는 않았지만, 학술적 가치는 그것의 외적 효용을 기준으로 매겨서는 안 되고 학술 자체에 내재한 진리만을 기준 삼아야 한다는 사상을 포함한다. 이런 점에서 후스의 "지나치게 편향됨"에 반대한 관점은 의외로 온건하다고 하겠다.

4. 동서고금─가치합리성과 도구적 합리성

민국 초기 동서 문화에 대한 토론의 초기에는, 천두슈, 리다자오李大釗, 1889~1927는 물론이고 창푸 역시 각 문명의 민족성과 지리적 차이를 부각시키며 동서 문명의 차이를 강조했다. 수많은 토론 후 학자들이 확인한 것은 세계 문명의 차이와 충돌, 특히 당시 선진적이었던 서양과 낙후한 동양의 차이가 단지 민족성이나 지리적 요인에서 비롯됐다는 지극히 피상적, 표면적, 현상적인 관점이었다. 1920년 창옌성常燕生, 1898~1947은 문집 『동방문명과 서방문명東方文明與西方文明』에서 문화의 '동서東西'설을 비판하고 '고금古今'설을 제기했다. 즉 사람들이 이해하는 동양과 서양의 문명 차이는 민족이나 지역이 아닌 시대의 차이에서 비롯했다는 주장이었다. 이것은 물론 '5·4' 시기의 '신구新舊' 논쟁과 관련이 있다. 천두슈나 왕수첸汪叔潛이 서구 문명을 "새로운 것[新]"이라고 말한 것은 서구 문명이 중국 전통에는 없었던 것임을 가리킬 뿐만 아니라, 다른 시대의 것이라는 함의도 지니기 때문이다.

얼마 후 후스 또한 민족적 차이로 문화 충돌을 해석하는 것은 역사의식이 결

---

14 胡適, 「致毛子水」, 위의 책.

여된 것이라고 주장했다. 그는 "역사적으로, 지금 과학이 발달한 유럽의 민족들도 천 년 동안 암흑의 시대를 겪었고, 종교에 심취해 있었으며, 사원제도寺院制度로 인해 온갖 고된 시간들을 겪었으며, 과학을 극도로 거부했었고, 엄격한 사회 정화 시기도 겪었으며, 기존의 도道를 지키고자 많은 독립 사상가를 화형에 처하기도 했다. 도대체 근본적인 민족적 차이가 어디에 있는가? 오늘날 유럽의 특색인 과학과 데모크라시에 대해서는 하나 하나 역사적 사실을 가지고 설명할 수 있다. 단지 유럽 사람들이 근 300년간 환경적 요건에 의해 몇 걸음 더 앞서 나아갔고, 주변 환경 정복의 결과가 다른 민족에 비해 훨씬 좋았던 것 뿐이다"라고 했다.[15] '5·4' 이후 몇 년 사이에 대부분의 학자들은 차츰 민족과 지리로 동서 문명을 보는 관점을 버렸다.

창옌성常乃德은 '동서'의 '고금'에 대해 다음과 같이 정리했다.

동방문명의 특색	서방문명의 특색
계급 중시	평등 중시
과거 중시	현재 중시
보수(保守) 중시	발전 중시
현학적 사고[玄想] 중시	실제 중시
종교 중시	과학 중시
양보 중시	경쟁 중시
자연 중시	인위 중시
출세(出世) 중시	입세(入世) 중시

창옌성은 두 문화의 차이가 시대 별로 분명했지만, "이 둘의 관계는 선후관계이지 대치관계가 아니"라고 했다. 동양과 서양이 오래 전부터 이런 차이가 있었던 것은 아니라는 것이다. "소위 동양 문화라는 것의 몇 가지 요소는 고대 서양 여러 나라들에서도 찾아볼 수 있는 것들"이다. 이 때문에 위에서 언급한 서양 문명의 몇 가지 요소는 사실상 근대 문명의 특성이고, 위에서 언급한 동양

---

15 胡適, 「讀梁漱溟先生的東西文化及其哲學」, 위의 책.

문명의 요소는 고대 문명의 특징에 불과하며, "일반적으로 말하는 동양 문명과 서양 문명의 차이점은 사실상 고대 문명과 현대 문명 특징의 차이"라는 것이다.[16] 우리가 보는 동서 문명의 차이가 상고시대부터 있었던 것이 아니라 서양은 현대로 진입한 데 반해 동양은 고대에 머물렀을 뿐이다. 그래서 "근대 문명의 특징을 서구 문명의 특징으로 오해"하거나, "고대 문명의 특징을 동양 문명의 특징으로 오해해서는 안 된다". 창옌성은 "동서" 문제를 깔끔하게 "고금" 문제로 결론지음으로써 토론을 새로운 차원으로 끌어올렸다. 그의 관점은 신문화운동 초기의 관점에 비해 훨씬 발전한 것이었으며, 이를 통해 동서 문명 충돌의 본질은 '전통'과 '현대'의 차이이고, 동양인이 서양인으로 변할 수는 없지만 고대 문명은 현대화할 수 있다고 하며 문명 '현대화'의 의의를 짚어주었다. 그리고 19세기 이래 중국문화 위기의 본질을 설명하기도 했다. 이 관점은 후스의 지지를 받았을 뿐 아니라, 펑유란 역시 1930년대까지 이 관점을 지지했다.

지금의 상황을 보면 창옌성의 표에서 나열한 "서구 문명의 요소"는 분명 근대 서구 문명의 특색이다. 다만 문화의 민족적 차이를 부인하기는 쉽지 않거니와, 사실 현대 서구 문명은 하나의 덩어리[整體]로서 "발전을 중시하고, 과학을 중시하고, 경쟁을 중시"하는 '현대'적 특징을 지니면서도, "보수를 중시하고, 종교를 중시하며, 양보를 중시"하는 종교적 '요소'도 가지고 있다. 그렇기 때문에 현대 문명은 "발전을 중시하고, 과학을 중시하고, 경쟁을 중시"하기만 할 것이 아니라, 그와 동시에 필연적이며 또 필수적으로 "보수를 중시하고, 종교를 중시하며, 양보를 중시"하는 면과 상호 협조해야 한다.

당시 학술적 입장에서 동서와 고금, 정신 문명과 물질 문명, 정적인 문명과 동적인 문명 등의 주장은 일면 합리적이었다. 그러나 이는 본질적으로 베버가 말한 '가치합리성value rationality'과 '도구적 합리성instrumental rationality'의 충돌을

---

16 常乃德, 「東方文明與西方文明」, 위의 책.

보여준다. 그 후 얼마 지나지 않아서 나왔던 "과현논쟁[科玄論戰]"이 이 점을 분명하게 보여준다. 급진공리주의자들은 도구적 합리성의 발전이 서구 근대 문명의 특징이라고 확신했지만, 이런 특징을 근대 문명의 전체로 여김으로써 가치합리성을 절대적으로 배척하고 도구적 합리성을 무조건적으로 인정했다. 그러나 문화보수주의자들은 사실상 가치합리성을 수호하는 역할을 수행했고, 그들의 모든 논점은 도구적 합리성을 발달시킬 것인지가 아니라, 새로운 사회에 여전히 가치합리성이 필요하고, 동양과 서양의 가치합리성의 체계에는 고금고하古今高下의 구분이 없으며, 인문 가치는 반드시 독립적인 존엄과 영역이 필요하다는 데 있었다.

이런 의미에서 창옌성의 표에는 모호한 부분이 있기는 하지만(예를 들어, '입세入世 중시'와 '실제實際 중시' 역시 중국문화 특히 유교문화의 특성이다), 종합해 보자면 '종교 중시와 양보 중시' 항목 등은 베버가 말한 가치합리성이 드러난 부분이고, 소위 '과학 중시, 발전 중시' 항목은 도구적 합리성이 드러난 부분이다. 베버의 입장에서 보면, 이들 항목을 '고금'이나 '동서'로 간단히 말하는 것은 모두 잘못됐다. 특히 가치합리성에 대한 요구와 실현을 현대와 완전히 대립하는 것으로 보고 '고古'를 철저히 없애야 한다고 여기는 것은 잘못됐다. 근대역사의 발전으로 서구 문명의 도구적 합리성은 신속하게 발전하면서도, 갈수록 형식적 합리성이 강화됐지만, 서구 문명은 민주질서부터 사회도덕까지 기독교와 분리된 적이 없었다. 종교는 윤리가치를 담는 형식에 불과했고, 기독교는 계몽운동의 인문 비판을 받고 수세기 동안 과학 발전에 의해서도 핍박받는 등 종교개혁 및 여러 변화를 겪었지만, 서양 현대 문명에서는 여전히 생존가치生存價値와 안심입명安心立命의 근원이다. 서양의 근대 이래 문명은 그리스 문명에서 나온 도구적 합리성의 발전과 함께, 기독교에서 나온 가치합리성의 요소도 가지고 있다. 그러므로 가치합리성의 전통은 결코 '지금의 것[今]'과 대립하는 '옛것[古]'이나 '새로운 것[新]'과 대립하는 '낡은 것[舊]'이 아니라, 인류 문명에서 계속 존재해 온, 잠시라도 떼어놓을 수 없는 것이다.

　도구적 합리성 행위는 어떻게 도구를 가지고 목적을 달성하는지를 중시하며, 목적 자체의 가치가 인류의 이상적인 궁극의 가치인지는 논하지 않는다. 모든 것은 공리를 추구한다는 목적에 따라 움직이며, 이렇게 되면 정신 가치와 인류의 마음정서[情感]은 외면하게 된다.[17] 그런데 공리적 목표를 절대적으로 여기고, 모종의 정치경제적 효과를 우선 순위에 두니, 이것은 문화와 학술 영역에 더욱 해가 되었다. 도구적 합리성이 기능하려면 반드시 가치합리성을 배척해야 하기 때문이다. 베버가 가치합리성이 경제 영역에서는 하는 일이 없다며 도구적 합리성의 거대한 힘을 강조하기는 했지만, 그는 가치합리성의 의의를 부인하지는 않았으며, 도구적 합리성 스스로 인류에게 합리적 삶을 가져다 줄 수 있을 것이라고 생각한 것은 아니었다. 가치합리성을 전통적인 고대[古代]의 것으로 여기고, 현대는 도구적 합리성뿐이라고 믿는 것, 이렇게 두 가지를 단절된 것으로 보고 가치합리성으로서의 정신적 전통이 현대 이전부터 지금까지 이어져 온 연속성을 무시한 것이 '5·4' 이후 오늘날까지의 큰 문제다. 이렇게 봐야, '5·4' 및 지금의 문화 논쟁을 평가할 새로운 시각을 확보할 수 있고 문화보수주의의 입장과 의의를 이해할 수 있다. '5·4'의 문화보수주의는 과학주의와 공리주의를 반대했고, 사회주의 정신을 찬성했으며, 자본주의의 폐해를 비판했고, 서양의 것을 들여오되 전통가치는 버리지 말자는 데 찬성했고, 서양의 발전은 히브리 정신의 회복과 그리스 문명과의 조화로 이루어진 것이라고 여겼는데, 이 모든 것은 '가치합리성'의 범주에서 이해할 수 있다.

　'5·4'의 문화보수주의자들도 한쪽으로 치우친 면은 있다. 그들은 계몽운동 이후의 과학만능이라는 이상에 반대했고, 제1차 세계대전이 과학으로는 전쟁

17　蘇國勳, 『理性化及其限制－韋伯思想引論』 참고.

을 없앨 수 없으며, 오히려 전쟁을 더 격렬하게 만든다는 것을 과학 스스로 보여준 것이라고 여겼다. 이러한 것들은 당연히 당시 유럽인들의 반성과 일치했다. 그러나 그들은 제1차 세계대전을 과학 발전의 결과로 결론짓기도 했는데, 이것은 완전히 틀렸다. 문화보수주의자들의 생각은 과학이 발달한다고 해서 인류가 저절로 화해하게 되지는 않으며 가치합리성이 방향을 이끌어야 하는데, 가치합리성의 제약 없이 도구적 합리성과 물질주의의 일방적인 발전만 따랐기에 제국주의 전쟁을 피할 수 없었다는 것이었다. 그러나 그들은 제국주의 현상에 공리주의 사조 외에 당시의 사회적 기반이 더 큰 영향을 미쳤고, 과학은 여기에 책임이 없다는 점은 알지 못했다. 개별 문화보수주의자들은 군주제에 대한 문화적 향수가 있어서 급진공화파와 대립하기가 더욱 쉬웠다. '5·4'신문화운동의 한계 또는 교훈 중 하나는, 정치 개혁파는 문화보수주의를 용납하지 못하고 문화보수주의 역시 정치 개혁파들과 효과적으로 협력하지 못했다는 점이다. 주목할 것은, 얼마 지나지 않아 량치차오나 장둥쑨張東蓀, 1886~1973 같은 일부 문화보수주의자들이 한편으로는 사회주의 가치원칙에 찬성하면서도, 다른 한편으로는 자본주의를 크게 발전시켜야 한다고 했다는 점이다. 특히 장둥쑨의 실업實業 발전에 대한 인식과 민주에는 중산계급이 어느 정도 필요하다는 관점은 이전의 문화보수주의에서 문화만 다뤘던 것에서 한 발 나아간 것이다. 이런 의견에 대해 다시는 '사회주의라는 이름으로' 비판해서는 안 되며, 당시의 역사적 상황 및 공업동아시아 경험을 결합해서 재평가해야 한다.

베버는 가치합리성과 도구적 합리성 간의 긴장을 해결하기 위해 "진정으로 자유로운 인격을 가진 사람은 가치합리성을 동력으로 삼고, 도구적 합리성을 행동 준칙으로 삼아서, 신념 윤리와 책임 윤리를 상호 보완하여 결합시킬 수 있는 사람이다"라고 했다.[18] 이 관점에서 보면 창푸의 "우리의 임무는 우리의 사

---

18 蘇國勳, 『理性化及其限制-韋伯思想引論』.

상을 실현하는 것이고, 과학적 수단으로 우리의 최종 목표를 실현하는 것이다"[19]라는 말은 재평가할 수 있을 것이며, 장지동張之洞의 "중국 학문이 기본 바탕이고, 서양 학문은 이용하는 것[中學爲體, 西學爲用]"이라는 말도, 베버의 가치합리성이 기본[體]이고, 도구적 합리성이 도구[用]라는 모식을 통해 그 의의를 재해석할 수 있을 것이다.

5. 신新과 구舊 – 전통과 현대

'5·4'시기, 『신청년』파와 『동방잡지』 및 기타 문화보수의자 간에는 여러 논쟁이 있었다. 그런데 논쟁의 초점은 서양 문화를 들여올 것인지, 과학과 민주가 필요한지가 아니라, 어떻게 자신들의 민족문화 전통을 대할 것인가에 있었다. 이 문제에 대해 사람들은 많은 생각을 했다. 이런 논쟁은 세계 여러 문화가 근대화를 겪는 과정에 보편적으로 있었으나, 『신청년』파가 과학과 민주를 외치면서 수천 년 동안 인류 문명에 중대한 기여를 한 고전 중국문화를 전적으로 부정하지 않았다면 신문화 운동을 반대하는 사람들이 훨씬 줄었을 것이고 수많은 복잡한 논쟁도 피할 수 있었을 것이다. 이 점은 지금도 경계하며 교훈으로 삼아야 할 사항이다.

천두슈 등의 '공자를 타도하자[打倒孔家店]'는 주장은 신해혁명 전 반反공자孔子 논쟁에서 시작된 것이지만, 그것의 직접 원인은 위안스카이袁世凱와 장쉰張勳이 복벽復辟과 동시에 공자를 높이자고 주장한 데에 있다. 이 때문에 천두슈, 리다자오 등은 공자사상과 공화共和를 물과 불처럼 공존 불가능한 양극으로 단정 짓게 되었다. '5·4' 전후 공자를 타도해야 한다는 비판 사상의 근본 목적은 군권

---

19 倫父, 「戰後東西文明之調和」, 『東西文選』.

君權과 공화共和의 문제에 있었던 것으로, 공자라는 우상과 권위의 타도부터 시작하여 군권 의식을 철저히 없애고 공화제 발전을 보장하고자 한 것이었다. 여기에서, 천두슈가 제창한 '윤리 혁명'의 주요 착안점이 정치윤리 영역에 있었으며, 그가 『동방잡지』의 공리주의에 대한 비판을 문제 삼은 것도 그 비판이 공화에 유리하지 않았기 때문이었음을 알 수 있다. 신해혁명 이후 혁명파가 가장 관심을 가졌던 것은 공화의 수호였으며, 군주제 반대 이전에 반드시 공자의 정치윤리를 반대해야 한다는 것이 혁명파의 컨센서스가 됐다.

천두슈가 이렇게 강렬한 정치의식으로 사상 문화를 대한 것의 결과는 단편적일 수밖에 없었다. 유가는 윤리철학체계로서 군주정치시대에 생겨났고, 그 체계 안에는 군주를 높이는 내용이 들어갈 수밖에 없었으며, 기독교처럼 다른 윤리-종교 체계도 이 점을 벗어날 수 없었다. 그러나 유가 정치윤리의 복잡한 내용은 '군위신강君爲臣綱'으로 개괄되지 않는다. 유가윤리가 단지 정치윤리이기만 한 것이 아닌 만큼, 군주를 높이는 윤리로만 볼 수는 없다. 사실상 정치윤리는 '자기 자신을 위한 학문[爲己之學]'인 유학에서 중심적 지위를 차지하지는 않았다. 유학은 개인의 도덕과 자기수양, 사람 사이의 보편적 윤리 내지는 인간의 삶에 대한 깊은 성찰 등을 포함한다. 이와 같이 천두슈는 '부분으로 전체를 개괄하는[以偏概全]' 태도로 삼강오상三綱五常의 한 구절로 공자사상 전부를 부정하고 유학 전통 전체를 부정하며 중국 전통문화 전체를 부정하기에 이르렀고, "덕선생德先生, democracy을 지키기 위해서는 공자의 유교, 예법, 정절, 구舊윤리, 구舊정치 등을 반대하지 않을 수 없고, 새선생賽先生, science을 지키기 위해서는 국수國粹와 구舊문학을 반대하지 않을 수 없다"[20]고 단정했다. 전통과 현대 사이를 별개의 것으로 구분하는 일의 극단은 한자를 폐지하자는 주장이었다. 이를 주장한 이들은 당시 기세가 등등했지만, 역사의 흐름 특히 동아시아 한자문화권의 현

---

20 陳獨秀, 「新靑年罪案之答辯書」, 『五四運動文選』, 三聯書店, 1979 참고.

대화 과정에서 철저히 부정당했다. 유가에 대해 말하자면, 군권君權은 공자나 유가에서 모두 유가의 핵심 가치로 여긴 것이 아니었다. 이전의 군주제에 맞췄던 정치윤리 및 정치화·제도화한 '공교孔敎'와 '위유僞儒'에 대한 건전한 비판을 유가 가치 전부에 대한 부정으로 확대시켜서는 안 된다. 중고시대 정치화한 교회에 대한 비판이 기독교의 모든 가치를 말살해야 함을 뜻하는 것은 아니듯이 말이다. 전통적인 가치 체계는 창조적 변화를 겪으며 현대인의 삶에 없어서는 안 되는 부분이 되었다. 이것은 기독교, 불교, 이슬람교부터 힌두교의 사례에서 모두 증명됐다. 요즘 사람들은 전통의 긍정적 의미를 논할 때 주로 베버의 '프로테스탄트 윤리가 자본주의 발전을 촉진했다'는 이론을 예로 드는데, 사실 전통이나 현대에 있어서의 의미를 따지자면 가장 의미 있는 것은 베버가 말한 이론이 아니라, 기독교베버가 유교와 비슷하다고 비판한 천주교 포함가 서양인의 가치 원천[來源]으로서 현대 초기 이후에 꾸준히 그 연속성을 유지하고 있다는 점이다. 공자와 맹자는 '삼강오상三綱五常'은 언급한 적도 없거니와, '삼강오상三綱五常'에 대해서만 말하자면, 그것은 당대 철학의 새로운 해석을 통해 근대 윤리정신과의 접합接合이 가능하다고 인정받았다.[21] 이것과는 다르게, 천두슈는 힘 있는 군벌의 복벽復辟에 대한 반격을 위해서 전통 윤리, 예술, 종교를 단번에 부정하는 등 작은 부분으로 전체를 개괄하는 잘못을 저질렀고, 전통적 정신자원이 창조적 해석을 통해 현대 문화로 변화할 수 있는 능력을 완전히 간과하였다.

'5·4'시기 논쟁이 오갔던 '신新-구舊' 문제는 어떤 면에서 오늘날의 '전통-현대' 문제와 같다. 천두슈는 탁월한 혁명가로서, 민주, 법치, 과학, 민권, 평등, 개성 해방 등에 대한 그의 강한 주장은 분명 역사적 촉매제 역할을 했다. 그러나 그는 동서東西와 신구新舊를 물과 불처럼 섞이지 않는 양극으로 여겼고, 머릿속은 '혁명革命'이라는 형이상학으로 가득했다. 그는 "한편으로는 서양의 실험

21　韋政通, 「序」, 賀麟, 『文化與人生』 新本(商務印書館, 1988年).

적 의학을 제창하면서도 삼초三焦, 단전丹田, 정좌靜坐, 운기運氣를 믿으니, 우리 국민의 정신이 어쩌다 이 정도로 혼란스러워졌나!"[22]라고 했다. 중의학中醫學과 기공氣功을 서양 의학과 완전히 대립하는 것으로 본 이러한 관점은 오늘날 누구나 인정하는 오류인데, 당시 천두슈는 어떻게 그리 당당했을까!

'5·4' '신-구' 논쟁에서 급진주의자들은 신新과 구舊가 완전히 대립하는 것으로 여기고, 신문화를 만들려면 구문화를 철저히 없애야 한다고 했다. 시간과 공간으로 말하자면, 그들이 말하는 '신구新舊'는 각각 현대와 전통, 서양과 중국이다. 보수주의는 신구가 명확히 구분되어 대립하는 것이 아닌 융합할 수 있는 것이라고 봤다. 장싱옌章行嚴, 章士釗, 1881~1973은 "신시대라는 것은 결코 무無에서 유有가 생기는 것이 아니고, 하늘에서 떨어지는 것도 아니며, 대대로 이어져서 끊임이 없는 것이다"라고 했다. 급진파가 문화 변혁을 요구하는 것과 달리 문화 보수주의자들은 전통문화의 연속성을 더 중시했고, 종종 정치문화의 극심한 변혁과 인문전통의 연속성을 구분하여 생각하지 못하기에 이르렀다. 이 때문에 장씨의 "대대로 이어져서 끊어지지 않음"은 정치적으로 변혁파가 받아들일 수 없던 것이었지만, 문화적으로는 또 합리적이었다. 예를 들어, 그는 "옛것이란 모조리 버려도 되는 것은 아니"며, 전통의 연속성은 매우 중요하고, 전통은 결코 현대와 대립하는 것으로서 버려야 하는 것은 아니라고 했다. 그는 또, "지금의 사회는 옛것은 없애버리고 새것은 정립되지 않은 상태로, 뒤를 이을 만한 좋은 것이 없어 보인다. 이런 현상은 유럽 전쟁기 후 더욱 심해졌고, 사람과 세상에 대한 근심이 지금보다 심한 적이 없었다"고 했다. 그는 "유럽은 새롭게 시작하는 한편 옛것을 회복해야 한다. 물질적 측면에서 새롭게 시작하고, 도덕적 측면에서 옛것을 회복해야 한다"고 단언했다.[23]

---

22 陳獨秀, 「今日中國之政治問題」, 『東西文選』.
23 章行嚴, 「新時代之青年」, 위의 책.

'5·4' 전후 신구新舊 조화 문제에 대해, 천두슈는 "옛것을 버리고 새로워지자捨舊維新"고 했고, 왕수첸汪叔潛 역시 "새로운 것은 옳고, 옛것은 그르다新是是, 舊是非"고 하며, 문화 변화와 사회 윤리 방면에서 "옛것과 새것은 얼음과 숯처럼 서로를 받아들일 수 없다如氷炭不能相容"[24]고 했다. 그 이유는 당시의 신구 문제가 단순히 문화의 문제만이 아니라 정치제도와 방식에 있어서의 문제이기도 했기 때문이다. 신구 논쟁은 정치적인 면과 문화–도덕적인 면에서 각각 의의가 있다. 따라서 정치 문제와 문화 문제를 구분하지 않은 채 '신구'를 가지고 논쟁하면, 주장하는 이의 입장을 다르게 이해하는 일이 생길 수밖에 없다. 문화 방면에서 문화의 연속성에 대해 주장하는 것을 정치적 입장으로 이해하게 되는 것처럼 말이다. 정치적인 면에서 민주공화제도와 군주제는 매우 대립적 관계지만, 전통 사회와 근대 사회의 윤리도덕은 서로 다른 점이 있으면서도 동일하거나 연속적인 부분도 적지 않다. 넓은 범주의 것을 가지고 어느 한 쪽의 입장을 나타내서 토론이 혼란스럽고 애매해지는 이런 현상은 근래 '체용體用' 관련 논쟁에서도 여전히 나타난다.

도덕가치 영역은 신구 논쟁이 집중된 부문으로, '5·4' 전후의 문화보수주의자들이 윤리적 측면에서 전통과의 단절을 반대한 것은 가치합리성에 대한 관심과 동시에 현실생활에서의 필요성 때문이기도 했다. 신해혁명은 성공했지만 민국 초기 정부는 사회 질서 유지나 총체적인 혼란 및 부패와 타락 등을 해결하지 못했고, 문화보수주의자들은 이런 도덕 공백과 사회윤리 위기를 용인하기 어려웠다. 장싱옌은, "청나라 정치는 부패했었다. 그렇지 않았다면 혁명이 일어나지 않았을 것이다. 그런데 지금은 청조보다 부패 정도가 훨씬 심하다. (…중략…) 청의 관료는 일은 안 했어도 부끄러움을 알고 크게 탐욕 부리지 않았는데, 지금 관료들은 대충 일하면서도 부끄러움을 모르며 탐욕을 일삼고 뇌물수수자도 수백만이 넘는다"[25]라고 했다. 장 씨는 한편으로 중국의 전통 윤리에는 공민의 권

---

24 汪叔潛, 「新舊問題」, 위의 책.

리를 말살하고 경계境界를 지나치게 높게 세우는 병폐가 있다고 비판하면서도, 관료는 뇌물을 받아서는 안 된다는 규범 등 새로운 사회에도 적용 가능한 보편적 기능이 있다고 했다. 같은 맥락에서 그는 다음의 주장을 했다. "도덕 중에는 옛날에 적합했던 것이 있고 지금 적합한 것이 있다. 우리는 이전 시기에 적합했던 것을 고집스럽게 이 시기에 적용하려고 해서는 안 되며, 지금 이 시기에 적합하지 않다고 해서 옛 것에 내포된 보편성까지 버려서도 안 된다. 도덕에는 서양에 맞는 것이 있고 우리 중국에 맞는 것이 있다. 우리는 서양인에게 맞는 것이라는 이유로 그것을 강하게 배척하고 그것이 우리 중국에는 맞지 않을 것이라고 여겨서는 안 되며, 또 서양의 것이라는 이유로 서구화에 치우친 나머지 반드시 우리가 받아들여야 한다고 여기지도 말고, 잘 생각해서 조화를 이루게 해야 한다."[26] 인류는 문명 이래로 특정 시대를 초월하는 보편적 윤리 원칙을 만들어 왔고, 그것은 각 민족의 전통적 기본 윤리가 됐다. 천두슈는 신구는 조화를 이룰 수 없다고 단언했는데, 이것이 정치윤리만을 가리키는 것이라면 이해할 수 있다. 그러나 그가 강조한 서로간의 사랑[相愛], 협조[互助], 동정심同情心, 이타심利他心, 공공심公共心은 유가 윤리를 포함한 세계 주요 정신 전통의 기본 원칙이 아니었던가! 천두슈는 중국의 전통적 충忠와 가족효孝 및 정절貞節이 구체제와 연결되어 있음을 강조하면서 전통 도덕을 전면 부정했다. 그러나 충忠, 효孝, 절節이 전통 도덕 관념의 전부가 아닐뿐더러, 반세기 이래 공업 동아시아의 현대화 경험이 보여주듯이 '충忠'은 공업사회에서의 공업윤리 또는 일반 사람들 간의 윤리로 전환되었고, '효孝'의 경우 어리석은 효孝와 극단적인 면을 배제한다면 내용 면에서는 여전히 현대인에게 필요한 가정 규범이다. 이것은 사회주의인 중국 대륙이나 자본주의인 타이완 모두에 해당하는 객관적 현실이다.

---

25 章行嚴, 「新時代之靑年」, 위의 책.
26 章行嚴, 「新時代之靑年」, 위의 책.

주탸오쑨朱調孫은 장싱옌에 이어 『동방잡지』에 다음의 의견을 발표했다. "지금 새로운 사상의 급진파들은 구사회가 쇠락해 가는 모습을 목도하고, 국민들을 편안히 살 수 있게 도와야 한다는 생각에 조급해하고 있다. 그러나 나라를 사랑하고 상황을 좋은 쪽으로 바꾸려는 마음 때문에 종종 성급한 주장을 내놓을 수밖에 없었고, 심지어 옛 사상은 남김없이 제거해야 한다고까지 했다. 또 옛것은 오늘날 아무런 가치가 없고, 옛 시대 위인은 오늘날 아무 의미 없는 존재이고 그것의 시간성은 이미 지나갔다고 여기며, 신구사상의 조화 가능성을 절대 인정하지 않았다."[27] 그는 과거의 모든 것에 대해 구체적인 분석을 해야 한다고 하며, "옛 사상 중에는 예전에 있었던 제도가 사라졌기 때문에 가치가 없어진 것이 있다. 예를 들어, 민주국民主國에는 임금[國君]이 없으므로 임금에게 충성함[忠君]이라는 옛 사상은 설 자리가 없다. 자신을 수양하는 일에 관해서는 신구사상 사이에 공통적인 부분이 많다"고 했다.[28]

문화로서의 전통은 다층적이다. 어떤 학자는 문화를 공예기술, 제도, 가치 체계 세 가지 기본 층차로 나눴다. 가치 체계의 핵심은 당연히 도덕적 가치, 심미적 가치 그리고 종교적 가치다. 만약에 가치 체계 이외의 기타 문화 층차 역시 인간의 주체적 가치로서 대상화한다면 생활방식, 예절풍속, 과학기술, 정치제도, 인문과학부터 도덕, 심미, 종교 등은 낮은 정도에서 높은 정도로, 외적인 것에서 내적인 것으로 향하는 가치 서열 또는 가치 구조를 이룬다고 할 수 있다. 사회문화의 변화 과정에서 의식주행衣食住行 같은 생활방식이나 각종 예절에 관한 풍속 및 정치구조와 제도와 같은 외재적 가치일수록 큰 변화를 겪게 된다. 마르크스 관점에서 이는 매우 자연스러운 것이다. 이러한 문화형식 및 그 가치는 생산 방식과 교환 방식에 따라 변화하며, 도덕, 심미, 종교 같은 내재적 가치

---

27 朱調孫, 「研究新舊思想調和之必要及其方法」, 위의 책.
28 위의 글.

는 경제 기초를 주요 내용으로 하는 사회 내 존재와 직접적인 연관성이 없기 때문이다. 한편 존재주의 입장에서 보면, 이들은 모두 인류 또는 개인의 기본적인 '생존' 가치와 관련이 있으며, 이 때문에 보편성과 연속성을 지녔고, 생사生死, 선악善惡, 아름다움과 추함[美醜], 개인과 사회에 대한 인간의 가치 관념은 구체적인 시대를 초월한다는 특성이 있다. 문화 가치는 외재적 가치일수록 시대에 따라 변화하기 쉽고, 내재적 가치일수록 시대를 초월한다. 이러한 입장에서 이해한 전통은 분명 역사의 흐름 속에서 연속과 변혁의 대립적 통일을 이룬다.

6. 문화결정론과 실업實業결정론

'5·4'시기 급진 민주주의자의 또 다른 착오는 역사유심론歷史唯心論 경향이다. 즉 사회 구조와 사회 관계의 변혁에 대한 고려 없이 인간의 윤리 혁명과 사회의 사상 문화 혁명만을 강조하여, "사상 문화 면에서 문제를 해결한다"[29]는 역사방법론을 취했다. 예를 들어, 천두슈의 "마지막 각성[最後的覺悟]"에 대한 주장에서는 문화 문제를 중국 현대화 문제의 관건으로 봄으로써 은연중에 윤리 혁명의 독립적 의미를 확대시켰다. 량수밍은 당시 "따라서 이 시대에 가장 시급한 것은 정치 문제가 아닌 사상의 개혁-문화운동이다"라고 했다.[30] 사실 '5·4'시대 개성의 해방, 특히 여성 해방 문제가 당시 커다란 반향과 결과를 가져온 것은 관념적 계몽 역량이 신해혁명 이전보다 강력했기 때문이기도 하지만, 더욱 중요한 것은 중국 사회가 이미 변화해서 새로운 관념을 받아들일 수 있는 기초가 마련돼 있었기 때문이다. 동치同治 이래 학교를 세우고 과거를 폐지하고, 상공업[實

---

29 林毓生, 『中國意識的危機』 참고.
30 梁漱溟, 「東西文化及其哲學」, 『東西文選』 참고.

業] 발전과 공화共和 시행의 결과로 근대적 의미의 대학 교수, 기자, 편집자 및 남녀 지식청년들이 생기지 않았다면, 중국 여성들이 여전히 18세기 이전 구舊 사회체제에 머물렀다면, 여성 해방의 목소리가 이처럼 커다란 사회적 반향을 일으키지 못했을 것이며, 단발, 등교, 해외유학, 자유연애 그 어느 것도 새로운 지식청년들에게서 일어나지 않았을 것이다. 지금은 모두가 한솥밥 먹던 구舊 경체제에서 벗어나 공자사상에 있는 "발전하려고 하지 않음[不求進取]"의 근원을 없애버리려고 하고, '사람의 현대화'를 사회 현대화의 전제로 삼고 "환경 변화와 인간 스스로의 변화를 일치시키는 것"마르크스은 소홀히 하는데, 이렇게 되면 '5·4'시기 운동가들의 길을 답습할 수밖에 없다.

지금의 관점에서 량치차오, 장둥쑨 등 문화보수주의자들의 당시 사회에 대한 비판을 단순히 '반동'으로 봐서는 안 된다. 량치차오는 사회주의 정신에 찬성했고, 또 당시로서는 자본주의를 적극 발전시켜야 한다고 생각했으며,[31] 이것은 레닌주의에서 이해하는 사회주의 모델과 달랐다. 그러나 반세기 후 "사회주의 초급 단계"에서 봤을 때, 이 관점은 합리적이었다. 장둥쑨은 중국의 최대 문제가 생산력 발전 수준이 너무 낮고 인민 교육 수준이 떨어지는 것이며, 이 점이 현대화의 주된 장애물이라고 여겼다. 시민 계층이 없는 이러한 사회에서 정치민주화와 경제현대화는 허황된 말일 뿐이었다. 특히 중산 계층과 관련하여 그는 현대화와 민주정치를 위해서는 중산계급이 충분히 발전해야 하며 "상공업 발전이 유일한 길"이라고 주장하였고, 싱가포르와 홍콩과 타이완 지역의 경험을 참고해야 하고, 단순히 그것을 부정해서도 안 된다고 했다. 이러한 관점이 "생산 관계 결정론"과는 상당한 거리가 있다. 현대화의 관건은 사회 구조와 사회 생산 방식의 변혁이다. 이 과정에서 소수의 선진 인력은 "앞서 깨닫고[先知先覺]" 계몽을 추진하는데, 이것이 사회 근대화의 중요한 측면이다. 그러나 사람의

---

31 梁啓超, 「復張東蓀書論社會主義」, 『五四運動文選』 참고.

현대화와 관련, 전민족 사상의 현대화가 이루어진 후에 경제정치의 현대화가 실현될 수 있는 것으로 이해한다면, 그것은 헤겔의 역사유심론적 주장들을 반복하는 것일 뿐이다.

80년대 중기 이래 또 한 차례의 신문화운동에서는 '문혁'시대의 전정專政 및 미신迷信의 폐기와 과학 정신 제창 및 민주 건설을 호소하였다. 이 운동은 한편에서는 부정否定에 대한 부정否定으로 '5·4'의 과학·민주로 돌아가자는 목소리를 냈었고, 다른 한편에서는 '5·4'에서 '문혁' 이래로 계속 됐던 '반反전통'의 전통을 견지했다. 여기에서 말하는 '반反전통'이란 '5·4' 이래 '전반적인 반反전통'의 문화사조를 가리킨다. 전통 중 현대에 맞지 않는 요소는 마땅히 비판해야 하며, 사회제도 건설과 함께 완전히 사라지게 해야 한다. 우리가 반대하는 '반反전통'은 민족 허무주의와 모든 것을 부정하는 태도로 중국 고전의 정신 전통과 고전문화를 대하는 태도이며, 우리는 '비판적 계승'과 '창조적 발전', '지양止揚[揚棄]', '전환' 등의 역사 연속성을 해치지 않는 변증적 태도에 찬성한다. '5·4' 이래로 '반反전통'의 전통이 형성된 것에는 외재적인 원인도 있고, 중국 고유 문화에 그 근원법가의 비(非)문화주의, 비윤리주의와 공리주의의 반(反)전통주의이 없었던 것도 아니지만, 문화결정론의 영향도 중요한 요인이다. 대비되는 점은, 공업동아시아 즉 일본, 한국, 싱가포르 및 홍콩, 타이완 등 소위 '포스트 유교문화권'이 연이어 현대 사회로 진입했다는 것이다. 공업동아시아의 현대화 발전은 하나같이 윤리 혁명과 전통 타도로 현대화의 재실현 모델을 취했고, 정반대로 다들 어느 정도 전통의 긍정적인 면을 적극 활용해서 현대화를 촉진시켰다. '5·4' 때 창나이더常乃德, 1898~1947는 당시 약소국에서 강대국 중 하나가 된 일본은 "서양 문명을 50~60년 동안 받아들였지만, 뼛속에는 여전히 동양의 기질을 있었으며, 그들은 겉모습은 서양 문명을 보이고 내면은 동양 문명으로 채웠다"[32]고 했다.

---

32 常乃德, 「東方文明與西方文明」, 『東西文選』.

민족문화 전통의 보존과 일본 근대화 사이에 진정한 갈등은 없었다. 그 이유는 근대화가 전통의 가치 정합에서 가치 분화로 전환되어, 전통 가운데 문화, 도덕, 종교 등이 각자의 영역으로 돌아오고, 정치, 경제의 신구제도 구축과는 전혀 충돌하지 않았기 때문이다. 한국에서 조선시대 이래 600년 동안 문화를 주도한 것은 신유학으로 대표되는 유교문화였고, 타이완은 1950년 이후 다시 중화문화를 자신의 상징으로 여겼다. 유가윤리가 동아시아 현대화에 도움이 됐다는 주장은 학술계에서 여전히 논쟁 중이지만, 이들 지역 중 환골탈태 식의 반反전통적 문화혁명을 통해 현대화를 실현한 예는 없다는 점은 분명한 사실이다.

'5·4' 시기 민족문화 문제에 대한 급진적 관점 및 이후 70년 동안 중화민족이 걸어온 고난의 시간을 되돌아보면, 소농 경제 관련 이데올로기가 지배적 위치를 차지하던 중국에서는 정치-문화상의 급진주의가 크게 환영받았고, 평범한 '중용中庸'의 진리는 '보수'로 비난받는 일이 잦았다는 것을 알 수 있다. 중국에게는 "잘못된 것을 지나치게 바로잡으려고 함矯枉過正", "모든 반대에는 이유가 있음造反有理"을 내세운 "단절決裂"과 "전정專政"을 외쳤던 여러 차례의 경험이 있다. 이 모든 것은 결국 '문혁文革'이라는 비장한 10년이 '극단적 혁명'이 되면서 그 역사가 종결되었다. 중국 공산당은 약 70년 역사에서 '좌左'의 폐해를 충분히 경험했고, 이는 매우 연구할 가치가 있는 문제로서 사회 구조와 문화-심리 구조 두 방면에서 근원을 찾아야 한다. 중국의 선조들은 중용을 가장 강조했는데 중국 사람들은 중용을 얕보곤 한다. 중용을 얕보고 극단을 추종한다면 벌을 받을 수밖에 없다. 문화 태도는 그 민족의 정신적 성숙도를 가늠하는 척도 중 하나다.

'5·4'와 오늘날의 문화 토론을 평가할 때에는 특정 사조의 역사적 공헌과 이론적·학술적 옳고 그름을 구분해야 한다. 우리는 일원화된 기준이 아닌 두 개의 기준을 사용해야 한다. 특히 범공리주의의 일원화된 선택은 피하고, 어떤 문화 사조가 역사를 진보하게 만들었다고 해서 그 이론의 오류마저 '감싸는 마음으로' 수긍해서는 안 된다. 학술적·이론적 시비是非는 역사상의 작용이 아닌 학술이론의 내적 척도를 따르는 것이다. '5·4' 이후 70년이 지난 지금, 우리는 다음의 질문을 해야 할 것 같다. "역사 진보의 실현과 추동을 위해 학리學理적으로 타당하지 않으나 강한 추진력을 지닌 방식을 채용해야 한다는 생각이 역사의 시험을 견뎌낼 수 있을까?"

7. 지성智性의 부정과 이성理性의 부정

"부정적인 것은 또한 긍정적인 것이다"[33]라는 헤겔의 명언은 대부분의 사람들에게서 잊혀졌다. 헤겔의 입장에서 변증적 부정은 "결코 추상적인 무無로 사라지는 것이 아니라, 기본적으로 그것의 특수한 내용에 대한 부정일 뿐이다. 혹은 이 부정은 결코 전면적 부정이 아니라, 자체적으로 해소되는, 규정된 어떤 것에 대한 부정이다."[34] "규정적 부정"은 "부정"이 단지 사물보다 앞선 구체적인 규정에 대한 부정일 뿐, 전면적인 부정은 아님을 가리킨다. 또, 이 "부정"은 부정이 무無가 되지 않고 그것의 내용이 있다. 그것은 사물보다 앞선 것을 포함하는 대립적 통일[是對立的統一]로서, 곧 긍정이면서 부정이기도 하다. 단순한 부정은 단지 '지성知性'적 부정으로서 형이상학적 부정인 반면, 변증적 부정은 '이성理性'적 부정이다. 변증적 부정은 "지양止揚[揚棄]"의 원칙으로 나타난다. 그것은 한편으로 이전의 것을 "부정하고[棄]", 또 한편으로는 이전의 것 중 좋은 것을 "긍정[揚]"하는 것이다. 따라서 "부정"은 역사를 단절시키지 않았고 역사와 계속적

---

33 黑格爾(Hegel), 楊一之 譯, 『邏輯學』 上卷, 商務印書館, 1974 참고.
34 위의 책 참고.

이며 유기적으로 연결되어 있었다.

가치 체계 문제는 '5·4' 문화 논쟁에서 기본적인 문제였다. '5·4' 문화에 대한 비판에는 후스가 말한 것처럼 "모든 가치의 재평가transvaluation of all values"[35]가 필요하며, 비판적 정신으로 전통의 가치를 다시 평가하는 것, 이것이 계몽운동의 정신이다. 그러나 사회 구조의 '가치분화' 혹은 사상 문화의 '가치 재평가'가 가치의 무화無化를 야기해서는 안 되며, 비판적 부정이 '추상적 무無'로 사라져서는 안 된다. 정치윤리가 유가 또는 공자의 가치 체계 전부이거나 중요한 부분이라고 보는 것이 '5·4' 비평가들의 기본적인 오류이며, 유가의 중심 사상과 이 사상이 반영된 시대별 구체적인 규범을 한데 놓고 논한 것, 그래서 민주개혁과 전통 도덕을 완전히 대립시킨 것 역시 중요한 측면이다.

도덕정신을 제창한 여러 학설들은 당시 사회의 구체적 규범과 결합되지 않으면 모습을 드러낼 수 없다. 헤겔이 말한 것처럼, "보편적 본질은 반드시 개별화된 것들로 '하강下降'해야"[36] 현실이 될 수 있다. 유가는 결코 존군尊君이나 수절守節을 주장하지 않았다. 이러한 규범은 어떤 사회와 역사의 사회 관계에서 규정된 것으로, 고대 군주와 부계사회에서 존군과 수절을 도덕적인 것으로 간주하는 상황에서 도덕정신의 실현은 이런 "활동 양식"에 기대지 않을 수 없었다. 즉 존군 또는 수절은 결코 유가에서 본질로 여겼던 것이 아니며, 존군 또는 수절이 없어도 유학은 유학일 수 있다. 홍콩 타이완 등에서 활약하는 과학·민주를 숭배하는 현대 신유학자들이 유학의 증인인 것처럼 말이다. 더욱이 유학에서는 본래 군주전제를 반대했고, 수많은 유학자들이 개가改嫁를 찬성했을 뿐 아니라, '충忠'과 '절節'의 범주가 포함하는 보편성 가치는 '추상적 계승'과 다른 해석을 거쳐서 현대의 삶에 의미를 가지는 범주로 바뀌게 되었는데, 이 때문에

---

35 唐德剛, 『胡適的自傳』第八章, 華東師範大學出版社, 1981 참고.
36 黑格爾(Hegel), 앞의 책 下卷 참고.

윤리-종교 전통의 계승에 있어서는 반드시 '특수내용'과 '활동양식'규범과 '보편적 본질'중심사상을 확실히 구분해야 한다. 윤리전통에 대한 변증적 부정은 부적절한 '특수내용'은 부정하고, 그것의 정신적 본질은 계속 긍정해야 한다.

'5·4'시대 일부 문화보수주의자들은 윤리-종교 체계의 이러한 발전 법칙에 대해 다음의 의견을 냈다. 학술잡지 『학형學衡』을 주편主編한 우미吳宓, 1894~1978는 신문화운동을 극렬히 반대했지만, 그의 종교와 도덕 개혁에 대한 의견은 주목할 만하다. 그는, "종교는 사실 인간의 본성을 바탕으로 성립한다. 그래서 선을 부추기고 악을 없애며, 널리 퍼지게 만들어서, 그것을 믿는 사람들로 하여금 하늘의 명命을 돈독히 믿음으로써 마음과 정신이 안정되게 하니, 이것은 매우 좋은 일이다. 도덕은 본래 충서忠恕로서, 사람을 가르쳐서 이성으로써 욕심을 제어하게 하는 것이며, 말을 바르게 하고 행동을 단정히 하여 모든 일에 정해진 길을 만들어 놓으면 사회가 유지될 수 있으니, 이 또한 지극히 아름다운 일이다. 앞의 내용은 종교와 도덕의 근본적인 내적 규율로서 일정하고 변하지 않으며, 각 종교와 각 나라에서 모두 동일하다. 마땅히 그것을 존중하고 사랑해야 하며 공격하거나 비난해서는 안 된다. 풍속, 제도, 예절[儀節]은 종교 도덕의 지엽적인 외형이다. 따라서 각 종교마다, 나라마다, 시대마다 그것들이 다르며, 그때마다 마땅한 것이 생기고 변화가 생겨도 이것이 종교 도덕의 본체를 훼손하지 않는다. 그러나 풍속, 제도, 예절을 바꿈으로써 종교나 도덕의 본질을 공격하고 없애려고 해서는 안 된다. 그렇게 되면 세상은 멸망하고 사람의 도道는 소멸할 것이다", "기독교 구약성서에 기록된 역사에서 군주君主나 다처多妻가 언급됐다고 해서 기독교를 공격할 수 있는가? 유교나 기독교에서 사람을 가르치고 세상을 구하려는 주된 뜻은 여기에 있지 않다. 다처多妻나 군주君主는 모두 당시 풍속, 제도, 예절의 지엽적인 부분으로 단지 우연한 일일 뿐이다. 인의충신仁義忠信, 자애[慈], 정직과 청렴[貞廉] 모두 도덕이고, 아름다운 일이며, 문명사회에서 잠시라도 사라져서는 안 되는 것들이다", "하나의 일로 종교 도덕 전체를 공격하고, 한 시대의 형식적인 말단으로 만고의 정신적 근원을 뿌리째 없애려는 그야말로 무고하게 굴레를 씌우는 실수의 극단이다"[37]라고 했다.

　유가에서는 '선善'을 인간에게 내재된 본성이라고 믿고 '자기 자신을 위한 학문[爲己之學]'을 제창한다. 이것은 곧 지식, 수양, 실천을 통해서 인간본성의 실현에 도달하는 것이다. 유가의 사회적 이상인 '인의仁義'는 박애博愛, 평등平等, 정의正義의 원칙을 가리키며, 이것들이 유가윤리의 '몸체[體]'이자 본질적인 내용이다. 유학이 역사에서 이 몸체를 실현하기 위해 결합시킨 구체적인 규범은 "상相"이라는 특수한 규정으로, 이 규정은 사회 구조와 사회 관계의 변화에 따라 변하며, 그것의 목적이 되는 기본 정신에는 인류공동체 생활의 내재적 요구와 개체 '생존'의 수요가 반영돼 있다. 따라서 베버는 박애, 평등, 평균을 주요 내용으로 하는 가치합리성이 기독교, 불교, 힌두교, 유교에서 이슬람교에 이르기까지 공동의 윤리적 기초가 된 것이라고 했다. 유가는 다른 윤리-종교 체계처럼 자체적 난제를 지니는데, 바로 그것이 사회 변화의 도구적 동력을 제공하지 않고, 주로 사회의 정합整合과 규범과 조절에 관여한다는 점이다. 이 때문에 사회가 변화함에 따라 이전의 사회 관계에 적합했던 윤리규범과 충돌하고, 개혁자가 종종 맞지 않는 규범에 대한 공격을 하면 윤리-종교 체계 전체가 폐기되기에 이른다. 따라서 문제는 우리가 사회 변혁의 주체로서 반드시 윤리-종교 체계의 '정신적 원칙'과 '특수내용'을 구분해야 한다는 것이며, 변증적으로 그러한 '구체적 규정'으로서의 특수 내용을 부정하고, 보편적 가치정신을 높은 차원의 형태로 발전시켜야 한다. 헤겔이 지적한 것처럼, 만약에 부정을 단지 "자기가 자기를 부정하고", "자기가 자기를 반박하며", "더 나아가 아예 무無가 되는"[38] 것

37　吳宓, 「論新文化運動」, 『東西文選』.
38　黑格爾(Hegel), 앞의 책 上卷 참고.

으로만 여긴다면, 그것은 변증적 부정을 외재적 부정으로 오해한 것이다. 헤겔의 다음 의견은 타당하다. "지양止揚은 언어 차원에서 이중적 의미를 가진다. 그것은 보존하고 유지함을 의미하기도 하고, 멈추고 종결함을 의미하기도 한다. 보존은 그 자체로 보정을 내포한다. 왜냐하면 어떤 것을 보존하기 위해서는 반드시 그것의 직접성直接性을 없애고, 그럼으로써 외부 영향을 받을 수 있는 실체[實有]를 없애야하기 때문이다. 이렇게 되면 버려진 것은 동시에 보존된 것이 되고, 그것은 단지 직접성만 잃을 뿐, 이로 인해 무無가 되지 않는다."[39] 윤리-종교 체계에서 '직접성'으로서 '외부의 영향을 받은' 규범과 그것의 '보편본질'을 구분하는 것, 이것이 정신문화 유산에 대한 방법론적 변증부정원칙을 관철할 때의 관건이다.

마지막으로 후스가 량수밍 저작을 비평할 때 했던 말을 살펴볼 필요가 있다. "그가 말한 '조화롭게 중용을 유지하고[調和持中]', '어떤 상황이든 잘 적응하는[隨遇而安]' 태도는, 더더욱 어느 한 나라의 문화적 특성이라고 할 수 없다. 이는 세계 여러 민족의 이상적 경계境界로서 특정 민족이나 특정 나라에 국한되지 않으며, 철학 서적에서는, 중국의 경우 유가의 『중용』에서, 그리스는 아리스토텔레스의 『윤리학』에서 보이며, 히브리와 인도 두 민족의 종교서적에도 이런 이상이 많이 보인다. 사상 면에서는, 고대 그리스에서는 '절제함[有節]'이 4대 덕德 중 하나였고, 유럽의 각 나라마다 이와 관련된 노래가 있었다. 시인들의 작품에서는 '만족을 앎[知足]', '운명을 받아들임[安命]', '하늘의 뜻에 순응함[樂天]' 등의 말이 세계 문학에서 무수히 보이는데, 이것이 어떻게 도잠陶潛, 백거이白居易만의 미덕이라고 하겠는가? 그러나 이런 미덕은 늘 세계인의 이상적인 경지였을 뿐, 어느 나라에서나 이것을 실행할 수 있는 사람은 몇몇에 불과했다."[40] 근래에는

---

39 위의 책 참고.
40 胡適, 「讀梁漱溟先生的東西文化及其哲學」, 『東西文選』.

일부 자연과학자들이 사회의 좋지 않은 습관의 부정적 영향에 주목하면서 문화에 대한 비판을 하려고 한다. 그러나 비판자들은 중국 고전인문 문화에 대한 이해가 없으며, 인문학자들의 당대 연구 성과도 알지 못한 채, 당연하게 또는 '문혁' 때 유행하던 비판 방식으로만 유가의 중용 원칙을 공자가 강하게 비판한 향원鄕愿이나 평용平庸과 동일시하려고 했는데, 그것의 사회비판적 의의는 좋지만 학술 문화적으로는 말이 안 되는 주장이다. 그에 반해 신문화운동의 주도 집단 중 하나인 자유주의 서구파 후스가 '중용中庸'이 각국 종교의 공통적인 미덕이자 이상적 경계였다고 한 점은 문화의 여러 측면에 대한 역사인문학자로서의 통찰력[照察力]을 보여준다.

기계적이고 형이상학적인 전통문화에 대한 전면 부정은 학리적으로 성립하지 않을 뿐 아니라 실제로 다음의 직접적인 부작용을 낳았다. 즉 민족의 신념과 단결력을 크게 손상시킴으로써 현대화 과정에서 문화, 가치, 정신 등의 전반적 상실을 야기했고, 현대화 질서 구축 과정에서의 혼란과 고통을 가중시켰으며, 정치 경제의 위기까지 부추겨서, 현대화 건설의 어려움에 대한 각 민족의 수용력과 의지를 약화시켰다. 오늘날 공업동아시아-중국문화권의 발전, 특히 중국의 홍콩 타이완 그리고 싱가포르 등 화교 사회의 현대화 경험의 가장 큰 의의는 중국인 또는 중국문화를 배경으로 성장한 사람들이 개방적 문화 공간에서 현대화를 실현할 충분한 능력을 가졌음을 보여줬다는 데 있다. '5·4' 이래 문화 열등감과 민족 열등감은 완전히 틀린 것이었음이 증명된 것이다. 중화민족의 총명함과 지혜로움은 찬란한 고대 문명을 이루었으며, 미래로 눈을 돌리면 역시나 시대 흐름을 따라가며 새로운 현대 문명을 건설할 수 있을 것이다. 우리가 전통의 부정적인 면을 비판함과 동시에 긍정적인 면을 북돋고, 서양의 현대 문명을 대거 흡수함과 동시에 민족의 주체성도 유지하면서 정치 경제체제 개혁을 가속화하는 것이 아니라, 한결같이 전통과 공자를 탓하고 그들에게 현대화에 대한 책임을 물림으로써 우리의 커다란 책임을 회피하는 일은 전통이나 공자에 해가 되지는 않는다. 단지 못난 후손의 감정적 무능을 보여줄 뿐이다. 지금 지식인들이 문화 방면에서 해야 할 일은 더 이상 전통에 대한 충동적인 감정으로 그것을 전면 부정하지 않는 것, 그리고 '5·4' 이래 형성됐던 전통과 현대 사이의 긴장을 해소하고, 이성적으로 전통에 대해 비판하고 계승하며 창조적 발전을 만들어 나가는 것이다. 이것은 신전통주의현대유가와 신자유주의자린위성(林毓生, 1934~)등들의 공통인식일 뿐 아니라 헤겔과 마르크스 변증법을 계승한 마르크스주의자로서 우리가 가져야 할 태도이기도 하다.

제3장
'5·4'사조와 현대성

1. 문화자각

근대적 의의에서 문화자각이란 19세기 이래 중국문화가 서양 근대 문명의 강한 충격과 도전을 받아서 현대화되어 가는 과정의 한 부분이다. 정치 변혁과 함께 일어난 민주계몽은 19세기 말 이미 시작됐고, 그것은 '과학과 민주'라는 열렬한 주장으로 상징되는 '5·4'신문화운동에 이르러서야 사회를 흔드는 커다란 영향력을 발휘했다. '5·4'전후 '동서'에서 '고금'문제로 발전한 문화 논쟁은 지식인 그룹이 이미 '비판적 자기인식'을 하고 있었고, '전통'에서 '현대'로 나아가야 한다는 문화 자각 속에서 중국문화의 진보를 위해 노력했음을 보여준다. 그러나 '5·4'의 문화자각은 강한 민족위기의식 및 정치현실에 대한 관심과 밀접하게 연결되어 있었으므로, 문화자각의 깊이와 폭은 그것의 영향을 받을 수밖에 없었다. 아편전쟁 이후 중국은 강한 무기를 가진 서양 제국주의 열강에 의해 반식민지로 전락했고, 이러한 상태에서 벗어나기 위한 몇 차례의 개혁은 모두 성공하지 못했다. 또한 양무운동부터 신해혁명까지, 과학기술 다지기와 정치제도의 민주변혁은 계속 어려운 길을 걸었다. 중국 근대 개혁이 실패하자 '5·4'비평가들은 문화 문제를 모든 문제의 걸림돌로 여겼고, 전통문화가 중국 근대화의 성공을 막는 근본 원인이라고 여겼다. 중국의 열악한 현실과 사회진화론의 영향으로, 사명감과 애국심 충만한 지식인들은 '위기에 빠진 나라를 구하고 생존을 도모[救亡圖存]'하는 것을 첫 번째 목표로 삼았고, 구세력은 전통의 권위를 이용해서 정권을 회복하려고 했지만 곧바로 전통에 대한 증오를 야기했다. 그리하여 중화를 다시 일으키는 방법으로서 전통문화를 적극 부정하고, 민주와 개성의 해방을 크게 외치며 "계몽啓蒙과 구망救亡이라는 이중 변주"가 형성되었다. 구망救亡을 목적으로, 계몽啓蒙을 과정으로, 반反전통을 형식으로 삼는 것은 '5·4'운동의 전반적 기조가 되었고, 이로 인해 활발한 애국운동이 일어나거나 새로운 사상관념의 해방에 따른 충격으로 반反전통 사조가 최고조에 달하기도 했다.

2. 문화계몽

어떤 사람은 '5·4'신문화운동을 '중국의 문예부흥'이라고 하며, 어떤 사람은 '계몽운동'에 비유하는데, 모두 '5·4'신문화운동이 근대 변혁에 있어 중요한 의의가 있음에 주목한 것이다. '문예부흥' 혹은 '계몽운동' 등 유럽근대문화운동과 마찬가지로 '5·4'운동은 분명 해방, 비판, 계몽이라는 긍정적 특징을 지녔지만, 이러한 문화변혁과 상반된 특징이 더욱 두드러진다.

그러나 전체적으로 보자면, 유럽 근대문화의 발전 혹은 문화의 근대화 과정역시 문예부흥과 문예비판이 함께 이루어진 것이었다. 근대의 문화운동은 그자체로 모종의 반反권위, 반反전통의 정신을 내포하지만, 그것의 비판 대상은 중고시대 정치화한 교회의 권위였고, 그것이 부정하고자 했던 대상은 중고 이래의 근대적 요구에 맞지 않는 교리와 규범이었다. 그러나 이러한 것들이 또 다른

'전통'의 형식을 취할 수도 있었던 것에 영향을 미치지는 않았다. 즉, 그리스 고대 인문전통으로 돌아가야 한다는 목소리와 요구로 근대문화는 전통의 주요 내용을 계승할 수 있었다. 이렇게 보면 유럽의 근대화 발전 역시 '전통'적 관념과 힘을 적절하게 운용한 것이었다.

'5·4'신문화운동은 민국 초기라는 중국의 특정한 역사 속에서 오래 지속되지 못했고, 정치 및 구망救亡에 대한 고민과 반反전통의 격렬한 정서까지 더해짐에 따라 근대 유럽의 문화운동에 비해 비판이 건설보다 많았고 근대 학술의 입장에서 심도 있는 통찰이나 분석을 하지 못했다. 이것은 당시 중국 지식인들이 처한 객관적인 역사 상황과 그들의 학문적 소양 및 입장, 그리고 사고의 방식에 따른 결과였다.

3. 유가비판

'5·4' 문화 비판에서, 유가는 이데올로기화되어 과거 군주정치체제에 이바지했다는 점에서 가장 혹독한 비판을 받았다. '5·4'시대 뛰어난 지식인들은 사회주의, 자유주의, 무정부주의, 공산주의 신봉자, 계몽작가, 문학가 할 것 없이 전부 유가를 반대하는 '통일전선'을 결성하여 새 사회 새 시대에 부적합한 유가의 요소들을 낱낱이 드러냈다. 이는 문화의 근대 변혁 과정에서 필연적일 일이었을 뿐 아니라 반드시 필요한 일이었다.

그러나 '5·4' 비판가들의 공자와 유가 비판은 정치제도와 정치윤리의 영역에 주목한 것이었다. 천두슈 등이 외친 '공자 타도[打倒孔家店]'는 신해혁명 이전의 반공反孔 주장으로 거슬러 올라가지만, 직접 원인은 위안스카이袁世凱와 장쉰張勳이 복벽復辟과 동시에 공자를 높이고 경을 읽어야 함[尊孔讀經]을 제창한 것이다.

당시 공화 수호를 급선무로 여기던 혁명파는 공자나 유가가 군주제와 내재적으로 연관되어 있으며 공화사상과는 물과 불처럼 양극단의 것이라고 여겼다. 그리하여 '5·4' 전후 공자 타도 사상의 근본 목적은 군권君權과 공화共和의 문제에 있었던 것으로, 모든 비판은 '삼강三綱'과 군주제의 연결로 귀결됐고, 공자 우상화와 권위의 타도를 시작으로 군권 이데올로기를 철저히 없애고 공화제의 발전을 보장하려고 했다. 여기에서 천두슈가 제창한 '윤리 혁명'의 주요 내용은 정치윤리의 측면이었음을 알 수 있다. 그러나 이 가운데 혁명파의 "군주제 반대는 반드시 공자 타도부터"라는 컨센서스는 무조건적 가정이 되었고, 그로 인해 천두슈 등이 강한 정치 이데올로기를 바탕으로 다뤘던 사상 문화로서의 유가의 모습은 단편적일 수 밖에 없었다. 유가 정치윤리의 복잡한 함의는 '임금과 신하 사이에 지켜야 할 떳떳한 도리[君爲臣綱]'로 대표 혹은 개괄되지 않으며, 유가 윤리도 정치윤리에만 그치는 것은 아니기 때문이다. 사실상 유가는 개인의 도덕적 자기 수양, 사람과 사람 간의 보편적 윤리관계 및 삶의 의미에 대한 깊은 사고를 포함하며, 정치윤리는 '자기 자신을 위한 학문[爲己之學]'을 상징으로 삼는 유가 체계 내에서 그다지 주요한 비중을 차지하지 않는다. 군권은 유가에서 여기는 유가의 핵심 가치가 아니며, 유가 체계 가운데 옛 군주제에 맞게 윤리관념화 및 정치화한 '공교孔教', '위유僞儒'에 대한 건전한 비판을 단순히 유가 체계 전체와 모든 가치에 대한 부정으로 확대시켜서는 안 된다. 군주를 높임[尊君]을 유가 정치윤리의 주요 내용으로 삼고, 이러한 정치윤리를 유가 가치 시스템의 전부 혹은 주요 부분으로 여긴 것이 '5·4' 비평가들의 기본적 오류다.

4. 역사 평가

신문화운동이 계몽을 제창하고 전통에 대해 극렬히 반대했던 것이 역사적 발전과 해방의 기능을 발휘했음은 모두가 인정하는 바이다. 그러나 '5·4' 사조는 문화 전통 전체를 거대한 역사적 짐으로 간주하여, 전통문화가 중국 낙후에 전적인 책임이 있고, 이것을 단호하게 끊어내야 중국이 직면한 현실 문제를 해결할 수 있다고 여기는 매우 급진적 색채를 보였다. 학술적으로는 전반적으로 유가 가치 체계와 중국 전통문화의 가치 전부를 부정했고, 동양 문화와 서양 문화를 명확히 구분했으며, 전통과 현대를 완전히 분리시키고, 과학과 민주로 도덕, 종교, 문화를 배척하였고, '전통'과 '전통'의 긍정적 의의를 제대로 인식하지 못하는 등 급진적 방향으로 치우치고 말았다.

'5·4'라는 전반적인 반反전통 사조는 학리學理상 두 가지 주요 오류가 있었다. 첫째는 기능적 차원에서 인문 가치를 판단한 점이다. 즉 정치경제적 부강함을 달성하는 데 직접적 관련이 없는 인문 문화들은 모두 가치가 없다고 봤다. 천두슈가 평화를 사랑하는 것과 문아文雅를 숭상하는 것이 동방 민족의 열등성이라고 여긴 점이 전형적인 예다. 진, 선, 미와 인류의 평등, 우애, 화해, 상호협조 등의 가치 이상, 그리고 이러한 가치를 보여주는 인문 문화는 어떠한 외재적 효과로 그것의 가치를 평가받을 수 없다. 인문 가치의 평가 기준은 반드시 인문 문화 자체에 내재된 것에서 취해야 한다. 당시唐詩, 송사宋詞 혹은 유가, 도가가 어떠한 정치경제적 목적에 맞는 효과를 내지 못한다는 이유로 그 자체의 가치를 부인해서는 안 된다. 모종의 정치경제적 효과를 궁극의 기준으로 삼고, 그것을 문화 영역으로 가져와서 전통문화를 판단한 것이 '5·4'시대의 기본적인 실수다. 둘째로, 근대문화에서의 가치합리성의 의의를 제대로 이해하지 못했다. '5·4'의 기본 입장은, 서양이 동양보다 앞선 문명적 요소과학과민주를 서구 문명의 본질 또는 전부로 보는 것이다. 그런데 서양 근대 문명이 계몽운동을 통해서 기독교회의 구속을 벗어나고 과학과 민주를 통해서 장족의 진보를 이루었다고 해도, 서구 문명이 지속되어 온 것, 그리고 서구 사회가 하나의 큰 덩어리로서 존재하고 발전해 온 것은 기독교 가치 전통의 연속성과 분리될 수 없다. 기독교는 종교개혁 및 다른 변화된 형식을 거쳐 여전히 서양 근대 문명에서 빼놓을 수 없는 요소다. '5·4' 이래 우리는 서양을 바라보면서, 근대 민주와 과학의 진보만 보고 윤리-종교 전통의 연속성은 생각하지 않았다. 이로 인해 우리는 전통과 현대에 대해, 문화 발전의 계승성과 창조성에 대해 총체적인 이해를 하지 못했다. 아쉽게도 이 두 가지 오류는 오늘날 수많은 열혈 청년들에 의해 여전히 반복되고 있다.

5. 문화 가치와 이데올로기

'5·4' 이래 '전반적 반反전통' 사상의 기본 출발점은 소농경제 중심의 경제 기초, 군주와 관료제도가 결합한 정치체제, 종법 혈연관계 중심의 사회 구조가 중국 사회의 문화적 바탕이 되었고, 중국 고전문화는 이 바탕 위의 상층 구조에 불과한, 사회 상황을 반영하는 이데올로기라는 인식이다. 이 때문에, 농업사회가 공업사회로 전환되면서 봉건제도는 근대정치제도로 변했고, 전통문화는 옛 이데올로기로서 자연스럽게 그것의 가치와 존재 의미를 상실했다. 그러나 문화를 사회의 경제적 제도적 현실을 직접 반영하는 '이데올로기'로 볼 수 있을지 의문이다. 도덕은 인간 행위를 적절히 다스리고 개인 및 공동체의 사회적 권익을 조정하는 문화형식으로, 시대를 초월하는 보편적 준칙을 지닌다. 따라서 "도덕은 특정 이데올로기에 불과하지 않으며", "경험과 지혜의 산물"폴 틸리히(Paul

Tillich), 1886~1965이다. 종교는 인류 정신생활의 또 다른 형식으로서, 본질적으로는 자신의 '삶'에 대한 인간의 '궁극의 관심'인 동시에 도덕 가치를 내포하는 특수한 형식이다. 더욱이 예술과 철학에 담긴 인류 자신과 자연에 대한 공시적 이해 및 사고는 좁은 의미의 이데올로기에 담을 수 없다. 따라서 시대별 문화를 해당 시대의 사회와 연관된 이데올로기로만 보는 관점을 버리거나 이데올로기의 개념을 바꿔야, 그것의 독립적인 개념에 각종 형식이 내포하는, 시대를 초월하는 인류 공통의 이상을 상징하는 보편적 가치를 담을 수 있다.

6. 모방과 생성[創生]

근대 이후, 전통 중국 사회에서 자본주의가 발생하지 않은 이유를 탐색한 일은 의미 있는 학술 작업이었다. 그러나 근대 말기, 중국은 왜 자본주의 발생 없이 현대화로 진입했는지에 대한 연구 역시 의미가 있다. 중국 전통 사회에서의 자본주의 발생을 막은 요인이 중국 현대화의 실현을 늦추는 근본 원인이라고 여긴 점에서 그렇다. 세계 근대화에는 두 가지 기본 형식이 있다. 하나는 서구에서 자연적으로 생긴 자본주의에서 공업문명으로 진입한 경우, 또 하나는 다른 지역에서 기존의 근대화 모델의 영향을 받아 문화를 변화시킨 경우다. 전자는 생성된 것이고 후자는 모방한 것으로서, "이 둘의 내적 기제와 필요조건은 완전히 다르다"라오쓰광(勞思光), 1927~2012. 어떤 문화에서 현대화가 자연스럽게 '생성'되는 것을 방해하는 요인이 반드시 현대화 '모방'에 방해되는 요인은 아니기 때문이다. 일본을 예로 들어보자. 베버의 주장에 따르면 일본문화가 자발적으로 근대화에 들어설 수 없었던 문화적 요인은 주로 유가 또는 일본 고유의 윤리 -종교 체계 때문이라고 할 수 있다. 그러나 1853년 매슈 페리Matthew C. Perry의 진입부터 1868년 메이지유신까지, 그리고 1895년 중일전쟁에 이르기까지, 일본의 근대화 과정에서는 가장 먼저 문화적으로 '환골탈태' 해야 한다며 전통적 정신 자원을 전부 버리는 일은 없었다. 그러므로 중국에서 왜 자본주의가 발생하지 못했고 자발적으로 현대화에 진입하지 못했는지를 따져 묻고, 이곳에서 현대 개혁에 방해가 되는 근본적인 요소를 찾으려고 할 때, 우리는 공업아시아 일본, 한국, 싱가포르 그리고 타이완, 홍콩라는 '포스트 유교문화권'으로 불리는 국가나 지역 중 자발적으로 공업자본주의가 생성된 곳이 하나도 없으며, 또한 이들 중 현대화로 진입하기 전 전통문화를 파괴하는 문화혁명을 겪은 곳이 하나도 없다는 점을 생각해야 한다. 동시에, 사상 문화를 현대화 과정 이해의 근본 요인으로 보고 "사상 문화 방면에서 문제를 해결"린위성(林毓生)하려는 경향이 '5·4' 이래 줄곧 중요한 지위를 점해 왔다는 점도 생각해야 한다.

7. 가치 정합과 가치 분리

전통 사회의 가치 정합은 도덕, 종교, 정치, 법률의 일체화이고, 전통 사회에서 근대 사회로의 전환의 기본적 특징은 분리화分離化로서, 도덕, 종교, 정치, 법률이 각각의 자리를 기반으로 자체적으로 움직이거나 효력을 발휘하는 영역을 가진다는 점이다. 가치 정합에서 가치 분리까지는 제도 결합 측면의 변화 외에 문화 비판의 힘이 필요하다. 이런 의미에서 근대 정치 계몽운동의 교회에 대한 비판이나 '5·4'신문화운동의 유교 및 군주제 관련 정치윤리에 대한 비판 모두 윤리가치와 정치를 분리시키기 위한 것이었고, 그에 따른 '가치 재평가' 역시 건강한 비판이었다. 그러나 사회 구조와 가치 영역의 이러한 분화가 도덕 영역의 공백과 가치의 허무로 이어져서는 안 된다. '5·4' 이래 계속 서양이 동양보다 앞서게 만든 문명 요소과학과민주를 서구 문명 전체라고 여기는 시각이 있었다. 이러한 관점은 중국문화와 서양 문화의 차이를 분명하게 보여줬으나, 문명 발전의 계승성과 창조성에 대한 전반적인 이해를 하지 못하게 만들기도 했다. 사실 희랍의 이성 전통과 히브리의 종교 전통은 지금까지 서구 문명에서 빼놓을 수 없는 요소였다. 근대 서구 문명은 계몽운동을 통해서 중세 교회의 구속에서 벗어났고 과학과 민주가 크게 발전했지만, 서구 문명이 지속될 수 있었던 것, 서구 사회가 하나의 덩어리[整體]로서 안정적으로 존재하고 발전할 수 있었던 것은 서구 사회의 가치 체계와 밀접한 관련이 있으며, 이 가치 체계는 기독교 전통의 연속성과 분리시킬 수 없다. '5·4' 이래 우리는 서양을 보면서, 과학과 민주의 도구적 효과만 중시하며 계몽운동의 종교 비판을 절대적으로 받아들였다. 그 결과 윤리-종교 체계가 문명 발전 과정에서 한 역할을 아예 생각하지 않고 전통과 현대를 완전히 대립시켰다.

8. 가치합리성과 도구적 합리성

가치 체계의 연속성은 현대 기독교에만 해당하는 것이 아니다. 베버는 박애, 평등, 평균 등의 윤리체계에 대한 주장의 핵심은 '실질합리성', 즉 가치합리성이고, '실질합리성'은 기독교의 기본 정신일 뿐만 아니라 "이슬람교, 유태교, 불교 등 모든 종교의 윤리적 바탕"이라고 했으며, 유교의 핵심은 더더욱 거기에 있다. 만약 경제운용 측면의 기능만 본다면, 각 민족의 가치합리성을 기본 내용으로 하는 정신 전통은 별도의 역할이 없으므로 긍정적 기능이 없다. 그러나 '현대화'의 의미는 경제적 기능에만 해당하지 않으며, 현대 문화 역시 도구적 합리성의 문화만은 아니다. 유럽, 북미, 일본의 현대 사회 모두 고전 전통이 여전히 살아있음을 볼 수 있다. 어떤 역사학자는 세계 주요 문화는 현대적 변화를 겪으면서도 문화 가치의 중심적 체계를 여전히 보존하고 있다고 했다. 기독교 신교新敎 말고도, 히브리, 일본, 이슬람 모두 이와 같다. 베버가 비판했던, 현대화 생성과 모순되는 천주교 역시, 유럽 및 세계 각지에서 큰 영향력을 발휘하고 있다. 사회학자들은 인도의 출세주의出世主義나 종성제도種姓制度 역시 현대화를 통해 현대화를 촉진할 수 있다고 했다. 이런 점에서 보면 중국 전통문화가 현대 사회에서 존재할 권리를 없애야 할 이유는 없다.

전통은 반드시 비판과 조정을 거쳐야 현대에 적합한 문화 요소로 계승 및 변화할 수 있으며, 이 점은 이제 당연하게 받아들여진다. '5·4' 이후 70년 동안의 세계 문화 변화와 중국 및 동아시아의 새로운 경험에 따르면, 또 다른 측면에 주의할 필요가 있다. 즉 제도 개혁 실행에 힘쓰고 전면적으로 서양 문화를 들여옴과 동시에, 어떻게 전통적 정신자원을 비판적으로 계승하고 창조적으로 변화시켜 전통과 현대의 불필요한 긴장을 없앨지, 그래서 당대 중국문화의 건강한 발전에 도움 되게 할 것인지를 생각해야 한다.

제4장

20세기 문화운동의 급진주의

문화는 고정불변의 실체가 아니라 시공간 안에서 일어나는 변화 과정과 그 전체다. 따라서 문화는 어느 때나 움직이며, 이런 의미에서 20세기 중국문화의 역사는 거대한 문화운동 과정이었다고 말할 수 있다. 그러나 일반적으로 말하는 '문화운동'은 늘 특정한 시공간 안에서 발생하고 끝나며 상당한 규모와 영향력을 발휘한 구체적인 사회문화 과정만을 가리킨다. 이 기준에 따르면, 20세기 중국문화가 각종 문화 논쟁과 '운동'이라는 이름의 문화 현상으로 가득했지만, 진정으로 지역과 특정 부문을 초월한 문화운동이라고 할 수 있는 것은 '5·4' 전후 신문화운동과 80년대 중국 전역을 휩쓴 '문화열文化熱'뿐일 것이다.

60년대 후기 발생한 '문화대혁명'은 영향력과 규모 면에서 당연히 신문화운동과 '문화열'을 훨씬 능가하는 것이었다. 그러나 '문화대혁명'의 주요 특징은 정치 지도자가 일으킨 정치적 군중 운동이라는 점으로, 그것은 지식인들이 주도적으로 참여하여 핵심적 역할을 한 문화적 활동이 아니었다. 그와 정반대로 '무산계급과 빈농貧農 및 하중농下中農'의 소박한 군중 행위를 높였던 '혁명'에서는 문화 생산 주체였던 지식인들이 '문화대혁명'의 대상이 되었다. 그리하여 이 운동은 군중들 사이에서 반反문화적 성향으로 나타났고, 문화적으로 창조적이거나 진보적이라고 할 만한 활동이 전혀 없었다. 그러나 '문화대혁명'을 진정한 문화운동이라고 할 수는 없더라도, 1966년 '네 가지의 낡은 것 쓸어버리기[橫掃四舊]'부터 1973년 '비림비공批林批孔'까지 수년간 지속된 '혁명' 과정에서 그 구호나 결과가 '문화 비판'적 의의를 담고 있었다는 점은 부인할 수 없다. 그것은 복잡한 역사 상황 속에서 조용히 모종의 관념과 가치가 당대 지식인과 민중의 사상 깊은 곳으로 스며들게 했고, 지식인들의 사고와 문화 문제에 대한 분석 방식에 적지 않은 영향을 미쳤다. '문화대혁명'에서 설정하고 주장했던 문화 관념과 가치는 마르크스 원전의 단편적 이해에서 비롯된 것 외에, 분명 '5·4'신문화운동의 관념적 가치를 계승한 면이 있다. 가장 최근에 있었던 문화운동에서도 우리는 '5·4'와 '문혁'의 영향을 확인할 수 있다. 이런 의미에서 '문혁'은 여전히 문화운동이라는 의의가 있으며, 그것을 20세기 문화운동으로 포함시켜 분석해야 한다. '5·4'부터 '문혁', '문화열'까지의 과정에서 문화급진주의는 언제나 중요한 역할을 했다. 어떤 학자는 20세기 중국 사상 문화 발전 과정에서 '유학 재건[重構] 운동'의 대유행이 다섯 차례 있었다고 했는데,[1] 실제로 급진주의는 세 번의 문화 비판 운동에서 크게 유행했다. 그 거대한 규모와 영향력은 20세기 유학 재건 운동과는 비교할 수 없을 정도였으며, 급진주의 구호가 (문화)보수주의를 훨씬 압도했다. 이런 의미에서 20세기 전체 중국문화운동은 급진주의가 주도했다고 할 수 있다. 20세기의 문화급진주의는 그저 공허한 구호가 아니라 매우 낭만적인 것이었고, 강렬한 이상성과 비판성을 지닌 것이기도 했으며, 다른 문화 관념이나 이데올로기의 기초가 되기도 했다. 이처럼 20세기 중국 역사를 지배했던 문화급진주의에 대한 재고찰은 21세기로 향하는 출발점이다.

---

1   姜義華,「二十世紀儒學在中國的重構」,『二十一世紀』創刊號 참고.

1. '5·4'시대의 문화급진주의

'5·4'신문화운동의 성과에 대해서는 논쟁의 여지가 없다. 그것은 옛 사상과 문화라는 장벽을 철저히 깨뜨렸고, '민주'와 '과학' 및 개인의 자유와 해방이라는 구호로 사상 문화의 혁명운동을 일으켰으며, 문학 혁명과 윤리 혁명 그리고 문화 논쟁을 주요 내용으로 하는 계몽운동으로 새로운 지식청년을 만듦으로써 중국문화가 진정으로 근대로 진입하게 했다.

마찬가지로 '5·4'신문화운동의 주도자는 문화급진주의와 긴밀한 관계가 있었다. 그것은 '공자 타도[打倒孔家店]'라는 구호의, 유가와 중국 전통문화를 전면 부정하는 급진적 태도로 나타났다. '5·4'시기 반공론反孔論에 대해서는 모두가 잘 알 것이므로 여기에서 하나하나 다루지는 않겠다. 중점적으로 검토해야 하는 것은 이러한 태도를 만든 관념적 기초다.

1915년에 시작된 신문화운동의 문화 비판은 가장 먼저 동서 문명의 차이를 비교하는 데에서 출발했다. 이것이 곧바로 중국 전통문화체계에 대한 전면적 부정과 비판으로 이어지면서 '공자 타도[打倒孔家店]'라는 구호가 나왔고, 그것은 '5·4' 이후까지 계속됐다. '5·4' 전후 문화 비판 운동은 사상 면에서 탄쓰퉁譚嗣同, 1865~1898, 장타이옌章太炎, 1869~1936 및 류스페이劉師培, 1884~1919까지 거슬러 올라간다. 그러나 청말 민초 당시의 반反유가사상은 아직 운동의 형태는 아니었으며, 문화급진주의는 '5·4'시기에 처음으로 크게 유행했다.

전체적으로 볼 때, 신문화운동의 기본 사유는 무술戊戌 이래의 정치 문제를 문화 문제로 귀결시키는 것이었다. 물론 아편전쟁 이후 중국 근대문화 변혁의 어려움은 고유 문화와 관련이 있었지만, 더 주된 원인은 집정자가 고집스럽게 세계의 흐름을 거스르며 기득권을 보호했기 때문이고, 보수파의 정치 및 군사적 역량도 어느 정도 영향을 미쳤다. 뿐만 아니라 광활한 영토와 많은 인구를 보유한 제국이 변화하기란 일본보다 어려울 수밖에 없었고, 정치 발전 과정에서 우연적 요인들이 중요하게 작용하기도 했는데, 이것은 세계 역사에서 흔히 보이는 일이다. 이 점에서 '5·4'의 주도자들은 정치적 우연성을 문화적 필연성으로 봤는데, 천두슈의 "공자를 높이는 것과 복벽復辟 은 필연적 관계가 있다"는 주장과[2] '윤리적 각성'을 중국 정치 문제 및 기타 모든 문제의 핵심으로 본 것이 이런 입장을 대표적으로 반영하였다. 바로 이 부분에서 천두슈는 유학[孔學]에서 인정할 만한 내용이 있는지 여부와 관계 없이, 그것의 윤리倫理 시스템이 봉건제 유지의 힘이었으므로 철저하게 타도해야 한다는 결론을 내렸다.

상술한 입장은 천두슈 등 주요 인사들이 일으킨 급진 문화 비판 운동이 명확한 정치 지향과 목적을 가지고 있었으며, 윤리적, 문학적 혁명 모두 무엇보다 공화와 정치적 목적 달성을 위한 수단이었음을 보여준다. 이러한 입장에 기반해서, 천두슈 등은 문화 문제를 문화 발전의 내재적 가치에 근거해서 비판했던 것이 아니라, 정치적 목적 달성을 위해 그것을 긍정 혹은 폄훼한 것이었다. 문화에 대한 이러한 정치공리주의적 태도는 일반적 성격의 공리주의문화관을 내포하고 있으며, 이것은 천두슈의 『신청년』 활동 과정에서 매우 두드러졌다.

천두슈는 동서 문명 비교와 중국문화 검토에 있어서 공리주의를 기반으로 삼았다. 그리하여 그는 가치합리성의 기준을 완전히 버리고 "서양 여러 민족들이 전쟁을 좋아하고 싸움을 즐기는 것은 천성적 성격이며 하나의 풍속이 되었다. 예로부터 종교전쟁, 정치전쟁, 상업전쟁 등 유럽 전체의 문명사 중 피로 쓰지 않은 역사가 없고, 영국은 피로 세계의 패권을 장악했으며, 독일사람들은 피로 오늘날의 영예를 이뤘다!"[3]며 그들의 문화를 높게 평가했다. 천두슈는 전쟁과 피의 숭배자가 됐을 뿐만 아니라, 문화 교육에서 '야만주의'를 대놓고 주장

---

2 陳獨秀, 「保守主義與侵略主義」, 『獨秀文存』, 上海亞東圖書館, 1922.
3 陳獨秀, 「法蘭西與近世文明」, 『東西文選』.

했고, "사람의 본성을 존중"하는 것을 배격하고, "야만성을 보존"해야 한다고 외쳤다. 그는 "야만성의 장점은 무엇인가? 첫째, 기질과 소리가 굳세고 사나우며 싸움에 능하다. 둘째, 체력과 정신이 강하고 건장하며 자연에 맞서 싸운다. 셋째, 본능을 믿으며 다른 존재에게 의지하지 않는다. 넷째, 자연스러움을 따르며 거짓된 모습으로 꾸미지 않는다"라고 했다. 백인들의 식민 사업이 세계 곳곳으로 확대된 것은 이 야만성 때문이요, 일본이 아시아에서 패자霸者가 될 수 있었던 것도 이 야만성 때문이다"[4]라고 했다. 동시에, 평화를 좋아하고 문화교양을 중시하는 것을 동방민족의 "저열하고 부끄러운 근성"[5]이라며 비판했다.

천두슈로 대표되는 신문화운동이 초기에 니체와 후쿠자와 유키치福澤諭吉로부터 많은 영향을 받았다면, 1917년 이후에는 "민주[德先生], Democracy"와 "과학[賽先生], Science"의 기치가 더 강조됐다. 그만큼 『신청년』 초기에 비해 적극적인 계몽운동이었음이 분명하고, 전반적인 반反전통 사상은 이로 인해 더 확대됐다. 천두슈의 말은 신문화운동 전체를 대표하는 면이 있다. "민주[德先生]를 지키려면 유교와 차법綱法, 정절貞節 등 옛 윤리, 옛 정치를 반대할 수밖에 없고, 과학[賽先生]을 지키려면 옛 예술, 옛 종교를 반대할 수밖에 없으며, 민주와 과학을 같이 지키려면 국수주의와 옛 문학을 반대할 수밖에 없다."[6] 그는 민주와 과학으로 공자와 유가에 대해 전반적으로 반대했을 뿐 아니라, 과학·민주와 고전문학을 완전히 대립시키고, "분명히 공화共和라는 명목을 내세웠지만, 학자와 문인들은 공덕을 찬양하거나 궁전의 사냥에 대해 늘어놓은 한부漢賦와 군주를 생각하고 도를 밝히는 한유韓愈의 글이나 두보杜甫의 시詩를 여전히 숭상하고 있다"[7]고 지적했다. 이는 정치적 공화를 실현하기 위해서는 반드시 초사楚辭, 한부漢賦, 한유

---

4   陳獨秀, 「今日之教育方針」, 『獨秀文存』.
5   위의 글.
6   陳獨秀, 「新靑年罪案之答辯書」, 위의 책.
7   陳獨秀, 「舊思想與國體問題」, 위의 책.

韓愈의 글, 두보杜甫의 시詩 등 고전문학 전통 전반을 부정해야 한다는 말이다. 천두슈를 대표로 하는 윤리 혁명에 대한 주장과 후스를 대표로 하는 문학 혁명에 대한 주장은, 사실상 '과학'과 '민주' 그리고 반反귀족적인 '대중성'을 문화 가치 판단의 근본 기준으로 삼은 것이다. 신문화운동의 반反귀족적 성격을 지닌 '대중성' 개념에는 '무산계급과 노동인민'들이 포함되지 않았지만, 이후 '신민주주의론'에서 과학, 민주, 인민성人民性을 "엑기스는 취하고 찌꺼기는 버리는" 기준으로 삼은 것은 '5·4' 정신과 직접적인 관련이 있다.

이상에서 다음의 내용을 알 수 있다. '5·4' 시기 서양 문명이 동양 문명보다 우월하며 전통과 현대는 물과 불처럼 섞일 수 없기 때문에, 모든 중국 전통문화를 철저히 타도해야 한다는 급진주의는 그 출발점과 기본 관념을 다음 세 가지로 정리할 수 있다. 첫째, 강한 정치 지향, 둘째, 부강을 우선 기준으로 삼는 공리주의, 셋째, 과학·민주로 다른 문화 가치를 배척하는 신념이다. 이 세 가지는 20세기 중국 지식인들이 전적으로 공감했던 보편관념이다. 즉 문화 비판을 정치적 목적 달성의 수단으로 삼은 것이며, 이는 전통 시기 사인士人의 정치 중심 경향의 영향과 관계가 있다. 부강을 가장 중요한 관심사로 둔 것은 근 백 년 동안 중국에 누적된 가난과 온갖 굴욕의 상황에서 시작했으며, 과학·민주를 문화 가치 판단의 기본 좌표로 여긴 것은 근대 지식인들의 과학·민주에 대한 갈망을 반영하는 한편 근대 중국 지식인들의 문명 발전과 문화 근대화 과정에 대한 오해를 반영한다. 어떤 의미에서 신문화운동은 자체로 모순이 있는지도 모른다. 신문화운동에 뚜렷한 정치적 목표가 있었으면서도 정치에 대한 문화이데올로기의 영향력을 지나치게 키운 것처럼 말이다. 문화이데올로기의 작용을 지나치게 키운 것은 신문화운동 지도자들의 판단 착오였을 수 있으며, 그것보다는 정치적 목표에 집중하는 것이 지식인들의 기본적인 생각이었을 것이다. 어쩌면 이것으로 신문화운동이 빠르게 정치운동으로 전환된 원인을 설명할 수 있을 것 같다.

문화급진주의를 논할 때 반드시 짚고 넘어가야 할 사고 방법 또는 습관이라면 바로 "잘못된 것을 지나치게 바로잡음[矯枉過正]"이다. 옛 문화가 한자로 기록됐기 때문에 아예 한자를 없애자고 했고, 중국인들은 문약하고 온순하니 '야만성'을 크게 키워야 한다고 주장했으며, 장쉰張勳의 복벽復辟 당시 공자와 경전을 숭상했으므로 공자를 철저히 타도해야 한다고 했다. 이것은 천두슈가 왕징웨이汪精衛, 1883~1944와 함께 "중국인들은 남녀 사이에 거리 두는[防閑] 것을 매우 중히 여기는데, 아예 자유롭게 어울리게 해야 이 딱딱한 분위기를 깨뜨릴 수 있다"[8]고 한 것과 똑같다. "잘못된 것을 지나치게 바로잡음[矯枉過正]"은 역사의 흐름 속에서 자주 보인다. 문제는 과도하게 바로잡을 필요가 없음을 주장해도 결과적으로 과도하게 바로잡는 일이 생기는 데 있다. 그러니 대놓고 과도하게 바로잡으려고 했을 경우 그 결과가 어땠을지 알 수 있다. 마오쩌둥이 1920년대에 "잘못을 바로잡으려면 과하게 바로잡아야 하며, 그렇지 않으면 바로잡지 못한다"고 했던 주장은 '문화대혁명'시기 홍위병과 공농병工農兵이 "온갖 잡스러운 것들을 모두 쓸어버렸던[橫掃牛鬼蛇神]" 행위의 유력한 근거가 됐다. 이것은 '5·4'시대의 '잘못을 바로잡으려면 과하게 바로잡아야 한다[矯枉必須過正]'는 사고방식이 20세기 중국인들이 공동으로 이어받은 유산이 됐음을 보여준다.

2. '문혁'시기의 문화급진주의

'5·4'는 사람들에게 각각의 의미가 있다. 그러나 전통에 대한 반대가 '5·4' 신문화운동이 지식계층에게 남겨준 가장 특색 있는 유산이며, 그와 동시에 급진주의가 횡행하는 역사가 시작됐다는 점도 부인할 수 없다. 전통 시기 중국에

---

8   陳獨秀, 「答人社」, 위의 책.

서도 각기 다른 정도의 급진주의가 출현했었지만, 유가 학술의 권위, 그 중에서도 '중용中庸' 관념이 급진주의 발전에 제약이 됐다. 근대 시기 급진주의의 발전은 당연히 민족의 위기와 중요한 관련이 있었다. 나라와 민족을 걱정했던 지식인 계층에게는 "급한 상황에 뭐라도 해야 한다"는 절박감이 있었고, 또한 유가 사상이 부국강병에 유용하지 않다는 이유로 근대 시기에 그 권위가 급속히 떨어지고 급진주의가 아무런 제약 없이 발전할 수 있었던 것 역시 이 시기 급진주의 발전의 이유였다.

유가사상의 권위가 저절로 떨어진 것은 아니다. 여기에는 지식인들의 적극적인 움직임도 영향을 미쳤다. 후난湖南 사람인 탄쓰퉁譚嗣同은 "오륜[倫常]의 그물에서 벗어나자", "전 세계 여러 종교의 그물에서 벗어나자"[9]고 외쳤다. 이는 곧 창의 끝을 모든 윤리-종교 전통를 향해 겨누는 것이었으며, 1920년대 후난湖南 사람 마오쩌둥이 "그물을 끊는 것이 해방을 최대한 앞당기는 것"이라는 말은 분명 탄쓰퉁의 영향을 받은 것이다. "그물을 파괴한다[沖決網羅]"는 것은 60년대 홍위병 운동의 중요한 무기가 되기도 했다. 물론 '문화대혁명'의 발생은 '5·4'의 직접적 산물은 아니며, 1950년대 후기 국제공산주의 운동의 변화와 중국 공산당 당내 투쟁의 움직임 및 국제, 국내 형세에 대한 마오쩌둥의 판단과도 직접 관련이 있다. 마오쩌둥은 1966년 최고의 권력을 가지고 있었지만, 그가 수억만 군중이 참여하는 거대한 운동을 일으킬 수 있었던 것은 그 개인의 권력 때문만이 아닌, 그의 구호와 사상이 청년과 대중이 받아들이기 쉬운 것을 담고 있었기 때문이다. 바꿔 말하면, '문화대혁명'의 구호와 대중지식인들포함의 문화 심리에는 어떤 공통적 바탕이 있었다. 여기에는 반反관료체제 정서만이 아니라, 당시 대중들이 무조건적으로 받아들인 '5·4'의 유산도 포함된다. 탄쓰퉁은 모든 윤리-종교의 그물을 끊어야 한다고 했고, 천두슈는 문화적으로 "옛 윤리, 옛 종교,

---

9   譚嗣同, 「仁學」, 見『譚嗣同全集』下册, 中華書局, 1981 참고.

옛 문학, 옛 예술"을 반대하였다. '문화대혁명' 초기의 구호 역시 "네 가지 옛것을 없애자"는 것이었는데, 이는 곧 "옛 사상, 옛 문화, 옛 풍속, 옛 습관"을 근본적으로 없애는 일이다. '문화대혁명'에서 가장 유행한 "파괴하지 않으면 (새로이) 세울 수 없다", "옛것을 파괴하고 새것을 세운다" 등의 구호와 그에 따른 폭력행위에 반영된 사고방식은 '새것'을 '옛것'과 완전히 가르는 것이었다. 이것이 바로 '5 · 4'시대 비평가들의 특징적인 관점이다. '문화대혁명' 초기의 이러한 사상은 마오쩌둥 개인에서 기인했다기보다 '5 · 4' 정신이 치우친 방향으로 발전되었고, 이는 '문혁' 당시 '5 · 4'와 루쉰魯迅만 기념하도록 허용한 것에서 그 증거를 엿볼 수 있다. '문혁'은 '5 · 4'의 비합리적인 한 부분을 과도하게 발전시켰고, 거기에다 행동의 주체였던 청소년 학생들과 문화 문제 분석 능력이 부족한 공농工農 대중들이 비이성적으로 동원되었기 때문에, 그 파괴력은 말할 수 없이 컸다. "파괴하지 않으면 세울 수 없다不破不立, 막지 않으면 흐르지 않는다不塞不流, 멈추지 않으면 실행되지 않는다不止不行" 등 비판과 파괴를 독려하는 정도가 철학적 수준까지 이르렀으며, 그 결과 옛것을 파괴해야 새것을 세울 수 있다는 것이 우주의 보편 법칙이 되었고, 문화급진주의는 정치적 힘을 받아 빠르고 순탄하게 제2의 전성기로 접어들었다.

1973년 시작된 '비림비공批林批孔'의 정치적 배경과 함의는 여전히 명확하게 밝혀지지 않은 부분이 있지만, 그것의 최초 동기는 아마도 '비림批林'에 있었을 것이다. 그러나 전국적인 운동의 실제 전개 상황을 보면 초점은 '비공批孔'에 맞춰져 있었다. 법가를 높이고 유가를 비판했던 것崇法批儒은 마오쩌둥의 일관된 사상에서 어느 정도 그 근원을 찾을 수 있다. 그러나 당시의 화두는 근본적인 문화 문제로서, "네 가지 옛것을 파괴함"과 같이 한 사람의 권위와 단순한 구호로써 사회를 동원하기란 불가능했다. 유가는 보수로, 법가는 진보로 봤던 것에 대해 논하자면, 운동의 정치적 성질과 정치적 언어는 논외로 두고, 이 설은 하나의 사상사적思想史的 견해로서 사상사의 흐름을 보수주의와 급진주의의 상호 작용으로 이해했다는 점에서, 사상사를 다루는 새로운 관점을 제공하였다. 한편 '문혁'을 일으킨 자들이 법가를 찬미한 것도 논리적으로 매우 합당하다. 이것은 그들이 법처럼 엄격한 전제정치를 주장했음을 말하는 것이 아니라 급진주의적 모습을 보였다는 것이며, 문화와 정치 방면에서 모두 이와 같았음을 말한다. '문화대혁명'에서 '비림비공'은 분명 초기의 구호가 논리에 맞게 발전한 것이었다. 왜냐하면 진정 '낡은 문화'를 없애기 위해서는 반드시 공자의 사당과 묘를 부수고 뒤집어엎는 것부터 시작해서 깊게는 유가사상까지 비판해야 했기 때문이다.

'문혁'을 통해 '5·4'를 봤을 때, '5·4'의 가장 역사적인 성과 중 하나는 공자와 유가에 대한 비판을 지식인들이 찬성하는 정당한 가치로 만든 것이다. 이후 70년 동안 극소수의 보수주의자들을 제외한 대다수의 지식인들은 정치와 종교를 불문하고 각기 다른 정도로 공자 비판이 적극적인 문화운동이라고 여겼다. 이것은 평유란을 포함한 지식인들이 '문화대혁명' 기간에 공자 비판을 거부할 수 없었던 중요한 이유이기도 하다. '5·4' 이후 대다수의 지식인들은 '공자를 타도[打倒孔子店]'하거나 유가 가치를 철저히 부정하는 것이 과격하거나 편파적인지에 관계없이, 유가에 대한 비판이 중국이 가야 할 불가피한 길이라고 생각한 까닭에 왕왕 급진주의를 용인하는 태도를 보였다. 여기에서 '5·4' 정신의 잘못된 인도引導를 분명히 확인할 수 있다.

'문화대혁명'은 전반적으로 기복이 심했고 각 단계별로 구호와 주장이 자주 바뀌었지만, 급진주의의 주도적 지위는 그대로였다. 문화적으로 '문혁'의 급진주의는 다음 몇 가지 기본적 문화 관념으로 나타난다. 첫째, 진보는 절대적인 것이며, 진보는 전통의 철저한 파괴를 통해 실현된다. 마르크스의 새로운 사회는 낡은 사회에 대한 혁명을 통해 실현된다는 주장, 콩트Auguste Comte, 1798~1857

의 과학은 종교를 지양[揚棄]한 진보라는 주장 모두 지식인들의 '진보' 개념에 큰 영향을 미쳤다. 둘째, 정통마르크스주의에 따르면, 이데올로기는 관념의 상층부에 속하는 것으로, 경제 기초에 따라 결정되고 그것을 위해 작동한다. 이런 관념 속에서, 역사는 생산 관계가 부단히 변화하고 구축되는 과정이고, 역사 발전 중의 각각의 생산 관계로 구성되는 경제 기초는 모두 그 수요에 맞는 상층 구조 및 이데올로기를 가지므로 역사상의 이데올로기 사이에는 어떠한 연속적인 기초도 없다고 본다. 이러한 이해는 이전의 종교, 도덕, 철학에 포함된 인류, 사회, 세계에 대한 보편적 관점의 사유를 완전히 배제한 것이다. 셋째, "파괴하지 않으면 새로운 것을 세울 수 없음[不破不立]"을 주장하고, "파괴하는 것이 먼저고, 그래야 세움이 있다[破字當頭, 立在其中]"고 여기는 등 비판과 파괴의 의의를 지나치게 강조했다. 사회혁명가에게 이러한 주장은 이해하기 어려운 것이 아니었다. 그러나 문화적으로는 건설 대신 비판을 고취하는 것으로 '파괴[破]' 자체가 목적이었다. 그 결과로 수천 수백 년 쌓인 문화 유산이 폐허가 될 수밖에 없었고, 민중들의 문화이데올로기는 극도로 궁핍해졌으며, 인류의 역사 문화를 가볍게 여기는 오만함이 생기기 시작했다. 파괴를 숭상하는 이러한 급진주의는 문화 건설에 대한 전제주의와 결합하여 문화 사막의 막강한 창조자[製造者]가 됐다. 넷째, 초기와 중기 마오쩌둥 사상 속 문화관은 중국공산당의 문화 문제 처리에 있어 주된 학술적 자원이었다. 그것의 기본 사상은 문화 유산의 '본질적인 것[精華]'과 '찌꺼기[糟粕]'를 구분하는 것이었으며, 그것을 취하고 버리는 기준은 '민주성'과 '과학성'이었는데, 이것이 바로 '5·4' 문화관의 영향을 받은 부분이다. 이런 관념은 문화 유산 중에는 '본질적인 것'이 있고 모조리 폐기해야 할 찌꺼기가 아님을 인정했다는 점에서 결코 급진주의가 아니었다. 그러나 문화 유산에 포함되는 철학, 미학, 윤리, 문학을 구성하는 보편적 가치들은 '과학'과 '민주'의 틀에서 인정되기 어렵다. 따라서 '과학', '민주'는 문화 가치 판단의 유일한 기준이 될 수 없으며, '과학'과 '민주'라는 기준이 종교나 문화의 가치를 이해하는 데 아무런 도움도 되지 않음은 말할 것도 없다. 이 때문에 '민주'와 '과학'을 비판적 계승의 기준으로 삼은 것이 다른 단편적인 사고방식과 결합하여 급진주의적 결론에 이르게 됐을 가능성이 있다.

마르크스는 『공산당선언』에서 자산계급이 공산주의에서 모든 종교와 도덕을 배격하는 점에 대해 비난하는 것에 반박하며 다음과 같이 말했다. "공산주의 혁명은 전통적 소유제와의 철저한 결렬을 요구하며, 자체 발전 과정에서 전통적 관념과 철저히 결렬되는 것은 전혀 이상할 것이 없다."[10] 진지하게 말하자면, 『공산당선언』은 반대자를 향한 선전포고문으로서의 의미가 더 크며, 역사와 문화에 대한 마르크스의 총체적 견해를 충분히 대표하는 것은 아니다. 그러나 이 '두 가지 결렬[两个决裂]'은 '문혁' 후기에 관념과 문화 영역에서 가장 유행하는 단어가 됐다. '문혁'이라는 경험이 지식인과 민중들이 정치 및 현행 체제의 발생에 대해 어떤 생각을 가지게 했든, '5·4'의 반反전통 전통은 '문혁'을 통해서 더 강화됐고 은연중에 당대 중국 지식인들의 정신적 자원의 일부가 됐다.

3. '포스트 문혁 시대'의 문화급진주의

'문혁'의 종결은 정치급진주의가 철저히 실패했음을 보여줬고, 중국은 개혁개방의 황금시기로 진입하기 시작했다. 논리적으로 말하면 정치급진주의의 몰락과 동시에 문화급진주의도 사라져야 했지만 실제로는 그렇지 않았다. 당연히, 개혁개방 시대의 도래로 공자에게 붙었던 "노예제를 부활시키는 반동대표"라는 이름표는 완전히 뒤집어졌고, 공자에 대한 실증적 분석과 연구 역시 연이

---

10 『馬克思恩格斯選集』第一卷, 人民出版社, 1972.

어 출현했다. 하지만 이것이 공자와 유가에 대한 급진주의적 비판 역시 종결되었음을 의미하지는 않는다. 문화다원적 측면에서 보면, 어느 시대나 유가나 공자에 대한 비판이 있어왔지만, 아래에서 다루는 것은 '5·4'부터 '문혁'을 거쳐 사회에 큰 영향을 미친 반反유가사상이 새로운 역사적 배경 속에서 다시 활기를 찾은 것에 대한 내용이다.

70년대 말과 80년대 초, 유학을 이성적이면서도 주도면밀하게 평가하기 어려웠던 주요 원인은 "포스트 문혁 시대"의 정치 개혁 문제에서 '문혁'이라는 아픈 경험으로 정치체제의 폐단을 돌아보자는 논의가 제기됐고, 정치의 민주화로 나아가야 한다는 목소리가 일부 지식인들의 관심 대상이 되었으며, 정치체제의 비민주화에 대한 비판이 이 시기에는 주로 '봉건주의', '가부장제', '봉건전제'에 대한 비판을 통해서 합법성을 얻었기 때문이다. 지식인들은 서양의 민주 개념에만 기대는 것이 아닌 마르크스주의 자체의 발전을 통해서 민주화를 시도하려고 했다. 이런 태도 하에서 유가는 단지 봉건주의 관념체계의 상징으로 활용될 수밖에 없었으므로 공정한 평가를 받을 수도 없었다. 동시에 이 시기에는 "삼론三論"시스템 이론[系統論], 정보 이론[信息論], 제어 이론[控制論]에 힘입어 과학주의가 매우 성행했다. 과학주의의 유행은 필연적이고 합리적인 일이었다. 마르크스주의 자체가 '과학'을 강조하는 것이었고, 엥겔스는 마르크스의 사회주의를 과학이라고 칭했으며, 마르크스의 경제 연구 성과를 과학이라고 칭함과 동시에 자연과학의 중대한 발전 하나하나가 반드시 철학의 변화를 야기할 것이라고 했다. 이것은 곧 마르크스주의 이론의 과학 분야로의 개방을 뜻하며, 마르크스주의 철학이 장차 과학의 중대한 발견으로 인해 발전할 것임을 뜻했다. 이 점은 교조주의를 반박하는 데 매우 중요했으며, 이 때문에 "삼론三論"뿐만 아니라, 과학과 관련된 모든 과학방법과 과학철학(포퍼Karl Popper, 1902~1994, 쿤Thomas Kuhn, 1922~1996, 라카토스Imre Lakatos, 1922~1974 등의) 및 분석철학이 80년대 초 크게 유행했다. '과학'

을 숭배하고 잘못에 대한 입증을 강조하는 이런 분위기 속에서 인문사상은 침체되었고, 모호성이 강하며 인문성을 지녔다고 여겨지던 중국 고전철학은 최소한 사유방식 측면에서 매우 낮게 평가됐다. 이 두 가지 점에서, 정치적 목적의 문화비평과 과학을 문화로 여기는 극단적 가치관은 '5·4'와 근본적인 차이가 없었다. '포스트문혁 시대' 초기, 봉건주의 비판과 과학주의 성행으로 유학이 문화급진주의 비판에서 해방되는 움직임은 억제됐지만, 그것이 진정한 유학의 위기를 불러오거나 문화운동으로 발전한 것은 아니었으며 객관적으로는 '문화열文化熱' 도래의 조건을 마련해 주었다.

1984년 개혁개방의 정책이 시행된 지 5년째, 사회 경제체제와 사람들의 관념에 커다란 변화가 생겼고, 농촌 경제개혁이 순조롭게 완성됐으며, 경제개혁은 도시로 옮겨가기 시작했다. 그리고 '문혁' 후 해외로 유학 갔던 수많은 연구자들이 줄지어 귀국했고, TV 등 현대적인 방송 매체가 중국에서 급속도로 발전했다. 사람들은 나라 밖은 새롭고 놀라운 세계라는 것을 완전하게 파악했고, 전세계가 물질적 부의 고도 생산과 소비로 그것의 오만함을 보여주고 있었다. 중국인들은 순식간에 다시 19세기 말로 돌아간 듯 민족의 생존 위기를 느꼈다. 이러한 안팎의 강렬한 대비는 20세기 초반처럼 사상 영역에서 동서 문화 비교에 대한 사유를 불러일으키기 쉬웠다. 하지만 이 시기가 '5·4' 시기와 크게 달랐던 점은 지식인들과 사회 대중들이 외부 세계의 발전을 처음부터 '현대화'로 개괄했고 이러한 현대화 건설에 몰두했다는 것이다.

80년대 초 학술계에서는 이미 '문화' 문제에 주목하기 시작했다. 전문적인 학술 연구 자체도 문화 연구로 발전할 필요가 있었던 만큼, 1985년 1월 중국문화서원은 제1차 문화강습반을 열어서 저명한 학자들과 해외학자들이 중국문화와 비교문화 등에 대해 강연하는 자리를 만들었고, 당시 비교문화나 문화 비교가 전국적으로 주목 받는 과제가 되어 전국적인 문화강습반 열풍이 일었다.

1986년 『문화－중국과 세계文化－中国与世界』 편찬위원회는 서양 근대 인문학 분야의 주요 저서를 체계적이고 전면적으로 소개하기로 했고, 전국적으로 서양 학술서적의 번역 출판 열풍도 이어졌다. 그 짧은 2~3년 동안 문화 수용과 문화에 대한 반성을 주요 내용으로 하는 '문화열'이 중국 대륙 전역에서 성행했다. '문화'라는 용어는 인간과 삶, 역사, 사회를 두루 아우르게 되었고 1980년대 중반 이후 온갖 곳에서 언급되며 이전보다 훨씬 큰 영향력을 발휘했다.

대다수의 지식인들이 이해하는 '현대화'는 주로 경제적 개념으로, 지식인들의 현대화에 대한 관심은 개인과는 무관한, 국가와 민족에 대한 우려에서 나온 것이었다. 이러한 우려와 기능적 입장은 중국이 19세기 이래 자주 봐왔던 것처럼 곧바로 유교문화에 대한 엄격한 태도로 이어졌다. 신문화운동의 대표 인물은 당당하게 물었다. "경서經書가 우리의 외환外患을 해결해줄 수 있단 말인가?" 80년대 지식인들 역시 경멸하듯 질문을 던졌다. "유학이 중국의 현대화를 촉진할 수 있단 말인가?" 앞에서 말한 바와 같이 '포스트문혁 시기' 초기 봉건주의 비판은 문화급진주의를 정리하지 못했을 뿐만 아니라 오히려 그 자신이 문화급진주의적 모습을 보였지만, 전통에 대해 실질적으로 도전하지는 않았다. 심지어 '문혁'의 혹독한 비판 속에서도 문화 심리적으로 유학에 대한 진정한 반성[懷疑]의 움직임이 없었다. 그 이유는 진정으로 유학이 사람들의 의식 속에 들어가게 하지 못했기 때문이다. "유학이 중국의 현대화를 촉진할 수 있는가"라는 질문은 아편전쟁 이래 유학이 위기에 놓이게 된 근본 원인을 보여주는 것이자 40년 동안 유학이 맞서 온 진정한 도전이기도 했다. 기능의 측면에서 유학에 대한 믿음을 상실한 것은 근대 중국인의 보편적 인식이었고, 지금은 베버부터 파슨스Talcott Parsons, 1902~1979까지 유가 윤리의 경제기능 방면에 대한 비판까지 더해져서, 지식인들이 기능 측면에서 문화 가치를 판단하는 경향이 더 강화됐다. 국내외의 강력한 대비 속에서 '전반적인 서구화' 주장은 더욱 힘을 받았고, 이런 주장이 민중의 보편심리가 됐을 때 문화급진주의가 다시금 부상한 것은 조금도 이상할 것이 없었다. 중국 전통문화와 유가에 대한 부정은 전체 '문화열'에서 주도적 지위를 차지했고, 다큐멘터리 〈하상河殤〉[11]과 그 영향은 문화급진주의가 20세기에 세 번째 전성기에 도달했음을 보여주었다.

'포스트문혁 시대'에 '전통'에 대한 전통적인 주장은 지식인들에게 그다지 설득력이 없었다. '문화열'의 전개 및 그것의 논점과 신문화운동의 사이에는 놀라운 유사한 점이 있다. 예를 들어, 양쪽 모두 중서中西부터 고금古今에 이르기까지의 문화 논쟁을 겪었다. 양쪽 모두 내재적으로 급진주의와 보수주의의 긴장을 주요 동력으로 삼았고 급진주의가 주류였다. 양쪽 모두 사회 개혁 추진이라는 현실적 지향을 내포하고 있었고, 정도의 차이는 있지만 각각 과학과 현학의 논쟁을 다루었다. 마지막으로 '문혁'과 달리, 양쪽 모두 지식인들이 추진한 문화운동이었다.

규모, 수준, 영향 방면에서 '문화열'은 모두 '5·4'신문화운동을 넘어섰는데, 이는 물론 민족문화 수준이 보편적으로 향상되고 현대적 전파 수단이 날로 보급됨과 동시에, 50년대 이래 서양 현대철학, 사회학, 문화학 연구 성과를 흡수한 결과였다. 문화열 당시 문화를 끌어들인 작업이 학술계에 미친 영향력은 당시의 문화 재고찰 역시 '5·4' 이래 중서문화 토론의 기초 위에서 전통과 현대성에 대한 사고를 심화시켰다. 급진주의 정서와 관념이 '문화열'에서 여전히 주도적 위치를 차지하긴 했지만, 1988년 이후부터 1989년 '5·4' 70주년 기념까지, 다원적 '문화보수주의'(학술계에서 자주 사용하고 있으나 이상적인 개념은 아님)는 학리적으로 급진주의보다 나은 점을 조금씩 보여주었다. 문화를 끌어들이는 작업은 그 계획에 따르면 시작을 연 것일 뿐이고, 문화 연구와 문화 건설 작업은

---

11 역자 주 : 1988년 중국 CCTV에서 방영한 6부작 다큐멘터리. 낙후한 황하문명을 뒤로 하고 새롭게 나아가야 한다는 내용을 담았다.

막 발을 뗀 것으로서, 이 모든 것은 80년대 말 이후 문화운동이 장차 더욱 풍부한 성과를 이룰 만큼 발전할 것임을 보여주고 있다.

4. 문화와 정치의 역할 충돌

'5·4' 문화 활동가들의 이데올로기는 양면성을 가진다. 하나는 신문화운동 발전이 중국 근대화 과정의 어려움을 인식한 데서 비롯했고, 문화이데올로기 혁명은 모든 정치 활동이나 제도 혁명의 전제라는 이런 입장의 논리는 문화의 장기적이고 완만한 개조와 교육을 지향하지, 적극적인 참여와 사회 정치의 발전을 지향하지 않는다. 예를 들어, 후스는 20년 동안 정치를 말하지 않았다고 했고, 천두슈 역시 『신청년』 동인同人들이 정치에 몰두하지 않는 것에 찬성한다는 점을 지지했다. 다른 하나는, 신문화운동의 발생이 중국 정치 문제 해결을 위한 것이기도 했다는 점이다. 천두슈가 말한 "최후의 각성[最後的覺悟]"도 결국 공화제 유지와 근대 민주정치 발전이라는 목표 때문이었고, 이 때문에 '5·4'신문화운동은 그 자체로 정치질서 확립에 기여했다. 이런 뚜렷한 정치이데올로기 위에서 나온 문화적 주장이 바로 "정치행위를 위한 문화주의"이며, 이것은 외부 요인에 의해 종전의 입장을 포기하고 급속히 정치적 행동으로 전환되기 쉽다.

정치와 문화의 이런 역할충돌은 지식인들에게는 언제나 난제였다. 윤리 혁명과 문화 개조는 격렬한 행동을 통해 실현되는 것이 아닌, 점차적인 교육 계몽과 꾸준한 학술 작업을 필요로 하는데, 정치 지향은 문화 비판이 균형적으로 발전하지 못하게 하여 문화급진주의가 되게 하고, 문화급진주의는 정치급진주의로 변할 가능성도 있었으므로, 사회의 정치 발전 방향을 예측하기 어렵게 만든다. '5·4' 이후의 역사는 지식인들의 정치에 대한 직접적 관심이 매우 높았음을 보여주는데, 그 원인은 복잡하다. 중국에는 역사적으로 오랜 중앙집권 전통이 있었으며, 어떠한 일이든 정치적으로 접근해야 빠른 결과를 볼 수 있었다. 유가사상이 만들어낸 국민에 대한 걱정이 근대 지식인들로 하여금 사상 초유의 급박감을 느끼게 했고 그들은 정치적 수단을 통해서 국가와 민족을 하루빨리 굴욕적 상황에서 벗어나게 하고자 했다. 이런 문화심리적 전통에 따라서 지식인들은 엄밀한 학술 작업의 수행에 대해 도의적인 회의와 자책을 느꼈고, 직접적인 정치 행위 혹은 군중운동에 대해서는 도덕적 의무감을 느꼈다. 이러한 요인들로 인해 20세기 중국 지식인들은 강력하게 정치와 학술의 분리를 주장하고 문화 건설의 독립성과 그 가치를 주장할 수 없었다. 반대로, 문화 전통에 대한 전반적인 부정이 쉬워짐에 따라 문화 계승과 건설 등이 불가능하게 됐고, 그 결과 좋은 정치 질서를 위한 안정적인 문화생태 환경을 준비할 수도 없었다. 이것은 정말 지식인들의 딜레마인가?

인하이광殷海光, 1919~1969은 만년에, 유토피아적인 '전반적인 서구화'와 말이 안 되는 '중체서용中體西用'을 없애기 위해서는 유치하게 기존의 부호체계와 가치 관념을 파괴하는 방법을 채용해서는 안 되며, 그래야 정체성을 유지[保住]할 수 있고 수구 세력의 강한 저항도 막으며 문예부흥식 문화운동을 이룰 수 있다고 했다. 그는 또 '5·4'인들은 옛 문학, 옛 사상으로부터의 해방에 급급해서 강력하게 권위에 반대하고 전통에 반대하고 구舊도덕에 반대했을 뿐 "심도 있고 엄밀한 학술 작업"을 수행한 사람은 거의 없었다[12]고 지적했다. 그런데 만약 학술 작업이 '자유'나 '민주' 등 복잡한 의미의 설명만이 아니라, 철학, 역사, 문학 등 인문적 반성 전체에 대한 연구를 포괄한다면, 자유주의 지식인들은 한편으로는 차분하게 엄밀한 학술 작업을 하면서, 다른 한편으로는 향후 중국의 정치, 경제, 사회 구조 정책에 관심을 가져야 하는 자기모순에 빠지지 않았을까. 린위

---

12 林毓生, 『中國傳統的創造性轉化』 참고.

성林毓生은 후자의 측면에서 신유학이 정말로 합리적인지, 그것이 "지식을 위한 지식" 정신과 일치하는지를 물었다. 중국의 정치, 경제, 사회 구조의 변화에 관심을 가지는 것은 물론 중요하지만, 전공 영역이 고도로 분화된 현대 사회에서 전문적인 학술업에 종사하는 지식인들이 이 두 가지를 한꺼번에 논의할 필요는 없다. 오로지 사회적 관심에 따라 연구 과제를 한정하게 해서는 안 되며, 학술적 원리와 방식을 벗어나 학술 연구를 사회에 대한 관심 표명의 도구로 삼는 것은 더더욱 안 된다. 정치와 학술의 분리는 사회에서 필수적일 뿐만 아니라 학술을 하는 지식인 개인에게도 필요한 일이다. 그렇다고 해서 지식인이 학술 연구 외의 다른 방식으로 사회에 관심을 보이는 일까지 잘못됐다는 것은 아니다. 사실 이것이 바로 자유주의적 '참여' 정치의 기초다.

물론 20세기 지식인들은 분명 위기에 처해있다. 한편으로는 민주의 실현은 점진적인 과정으로서 경제 기초의 발전을 넘어설 수 없었고, 또 한편으로는 문화 비판과 기타 비판 사이의 갈등도 피할 수도 없었다. 최근 문화운동에서 보이는 분명한 현상은, 일부 지식인들이 학술과 문화 작업을 도구적으로 여기고 학술 혹은 문화의 이름을 빌려서 정치적 목적을 달성하며 문화 비판을 정치비판으로 삼는 것인데, 이것이 문화급진주의의 근원이다. 이 학자들이 정치적 필요에 의해 문화 문제를 논하다 보니, 문화 분석에서 문화 발전의 내재적 가치와 원리에 따른 비판을 가할 수 없게 됐다. 그 전형적 방식이 유가를 전제적專制的 이데올로기로 간주하여 유가 가치 체계의 철저한 타파를 현대화 실현의 전제로 여기고 유가사상을 현실의 모든 해결되지 않는 문제의 근원이라고 비판하는 것으로, 이런 잘못은 '5·4'시기 비판가들의 그것과 일치한다. 범汎정치주의적 분위기 속에서 학술 작업은 독립적 의의와 가치를 상실했고, 문화 분석은 학리적으로 자리 잡을 수 없었다. 〈하상河殤〉이 단지 대중적 전파를 돕는 일종의 문화적 동원임에도 긍정적 의미가 없지 않다면, 그것은 바로 어떤 '학술'적 외양을 지녀야만 그것을 학술 자체의 척도로 비평하게 되기 때문이다. 이 교훈은 지식인들이 반드시 공통의 인식[共識]을 도출하고, 학술 연구에 있어서 반드시 그 자체의 규범을 존중해야 하며, 학술 문화에 대한 평가는 학술 내적 기준에 의거해야 함을 보여준다. 이렇게 해야만 '과학', '민주' 범주에 속하지 않으면서도 도구적 기능도 없는 문화 가치들을 정확하게 이해할 수 있다.

근대 사상 연구자들은 20세기 중국에는 버크Edmund Burke, 1729~1797식의 정치 보수주의는 없었다고 주장한 바 있다. 버크부터 칼 만하임Karl Mannheim, 1893~1947에 이르기까지 '보수주의'는 20세기 중국의 '문화보수주의'에 적용할 수 없다. 유감스럽게도 정치 지향의 문화급진주의자들은 이 점을 이해하지 못했다. 역사적으로 급진주의는 군중에게 박수 받은 적이 많고, 보수주의는 차분한 학술 연구에서나 설득력을 드러냈다. 사실 다니엘 벨Daniel Bell, 1919~2011의 주장처럼 문화적 보수주의는 경제상의 사회주의 및 정치상의 자유주의와 함께 한 사람의 가치 구조를 구성한다. 벨의 이러한 주장은 '문화열' 속에서 비판과 계승의 양극단을 배회하던 지식인들에게 관념적 지지와 신념을 제공했다. 이러한 지지 속에서 다원적 문화보수주의가 '문화열' 후기에 잇따라 출현했고, 급진주의와 합리적 긴장 관계를 이루었을 뿐 아니라, 문화 연구와 문화 건설 방면에서 뚜렷한 우세와 발전 전망을 보였다. 1920년대 이후의 역사가 증명하듯, 급진주의가 잠잠해진 시기는 주로 문화 건설이 긍정적 성과를 보이던 때였는데, 안타깝게도 근대 중국의 역사에서는 보수주의가 안정적으로 발전할 수 있었던 때가 거의 없었다. '문화보수주의'의 한계는 문화보수주의자에 속하는 학자들의 문화에 대한 비판의식과 건설작업을 포용하지 못한다는 데 있으며, 이 점은 최근의 문화운동에서도 특히 두드러졌다. 한편, 스화츠史華慈는 "특정한 역사 조건 속에서는 결국 전통적 사상인지 반反전통적 사상인지, 보수적 결과가 나올지 급진적 결과가 나올지를 예상할 수 없다"[13]는 점을 지적한 바 있다. 급진주의 이론은 중국의 모든 문제를 공자와 유가 혹은 황토 대륙 탓으로 돌렸고, 현실 문제는 전통 문제로, 제도의 문제는 문화 문제로 변화시켰는데, 그 결과와 동기는 정반대일 것이다.

---

13 史華慈, 「論五四前後的文化保守主義」, 『五四 : 文化的闡釋與評價』, 山西人民出版社, 1989 참고.

제5장

현대 중국문화와 유학의 위기

보통 20세기의 변혁으로 인해 유가사상과 유학에 근본적인 변화가 생겼다고 여긴다. 현대 유가철학은 유학이 맞닥뜨린 이러한 위기에 대한 철학적 대응이며, 심지어 현대철학 논단에서 꽤 중요한 위치를 점하고 있다. 그러나 여전히 현대 중국의 문화 방면에서 유학이 처한 곤란한 상황을 변화시키지는 못했다. 21세기인 지금, 우리는 20세기가 현대화를 앞둔 시대로서 유교문화가 전반적으로 해체되고 흩어지던 때였다는 점을 부인할 수 없다. 이 장에서의 논의는 대부분 중국 대륙의 상황에 대한 것이며, 저자가 잘 알지 못하는 타이완이나 홍콩의 상황은 포함하지 않았다. 전근대적 사회제도가 많은 변화를 겪은 20세기에 유학은 왜 계속해서 뜨거운 화제가 되었을까? 현대 중국 사회에서 철학을 넘어서는 유학은 가능할까? 그것에 필요한 조건은 무엇일까? 이것이 이 장에서 다루려는 내용이다. 편폭의 제한으로 이 장에서는 역사와 현상 위주로 서술하겠다.

1

유가사상이 전근대 사회에서 행사하던 정통적이고 광범위하며 절대적인 영향력은 송원宋元 이래 중앙의 지지와 보급, 교육제도 및 가족제도 등의 사회적 바탕과 분리될 수 없다. 즉 역대 왕조마다 유학에 정통 이데올로기로서의 지위를 부여했고, 유가경전송명유학의해석포함을 과거시험 내용으로 규정하는 등 이러한 제도의 구축이 송원宋元 이래 유학 성행의 정치적·교육적 기초였다. 씨족제도와 그로부터 형성된 촌락 질서[鄕治]는 유교에 뿌리를 둔 더 깊은 역사적 사회 기체基體이다. 이 모든 것이 유교문화 또는 유교 사회라는 것을 만들어냈다.

그러나 19세기 중엽 이래, 중국문화 중 특히 유교문화는 서양 근대문화로 인해 큰 충격을 받았다. 식민주의와 제국주의는 중국에게 근대 자본주의를 배경으로 한 공업 문명의 선진적 특징을 보여줬고, 중국의 전통 문명은 제국주의의 날카로운 무기 앞에 무너지고 변혁을 강요당했다. 양무운동과 무술변법을 거치면서 근대 자연과학 및 제조 기술이 들어오기 시작했고, 근대 서양의 합리주의적 정치구조도 선진 지식인들에 의해 소개되었으며, 청淸 정부 역시 점진적인 개혁을 시작했다. 그러나 갑오전쟁의 좌절로 인해 유교중국의 위기는 더욱 무거워질 뿐 해소되지 않았다. 19세기 말 유학의 상황은 이랬다. 유가의 지식체계와 정치체제가 도전에 직면하였으나 이러한 도전이 실질적으로 유가를 겨냥한 것은 아니었으므로 유학의 제도 기반이 근본적으로 해체되지는 않았고, 유학의 위기 역시 표출되지 않았다.

이러한 상황은 20세기 들어 달라졌다. 본래 양무운동 후기부터 유신파維新派는 각지에 신식 학당學堂을 세웠고, 일부 구식 학숙學塾에서도 교과 과정에 신구新舊 내용이 같이 들어가도록 했다. 1899년 청淸 정부는 팔고八股, 시부詩賦 등을 폐지할 것을 명했고, 1901년『흥학조서興學詔書』를 공포하여 정식으로 나라 전역에

학당을 세우게 했다. 이러한 변화는 전통적으로 과거科擧를 위해 존재하거나 유생을 길러내던 구식 교육체계에 대한 근본적인 도전이었다. 1899년 이후 각지의 서원書院은 학당으로 바뀌었고, 1905년에 이르러 전통적인 학교인 '유학儒學'이 사라졌다. 보다 결정적인 것은, 1905년 청 정부가 정식으로 과거제를 폐지하기로 결정하고, 모든 학교에서 경학經學, 수신修身만 남겨두고, 자연과학을 가르치도록 규정한 것이다. 법적으로나 현실적으로 전통교육에서 유학이 차지하던 지위는 결국 무너졌다.

그러나 1905년 발표한 『교육의 목적[敎育宗旨]』에는 여전히 '공자를 높인다[尊孔]'는 조항이 있었고, 학교에서는 봄가을 입학과 공자 탄생일에 "공자에게 제사를 올리[祀孔]"도록 규정했다. 이러한 조치와 경학經學 유지 등의 목적은 개혁 과정에서 정신적 권위와 윤리질서, 특히 공자의 윤리적 권위를 유지하기 위한 것이었음이 분명하다. 그러나 신해혁명 후, 다시 청 정부는 교육 방침에 수정을 가했다. 1912년 교육총장을 맡았던 차이위안페이蔡元培, 1868~1940는 교육법령에 대한 토론 주재 시, 법령에서 "공자를 높인다는 내용을 빼고[去尊孔]", 학교에서는 "공자에게 제사 올리는 일은 하지 않게[廢祀孔]" 하며, 교육과정에서는 "경학 과목을 없앨 것[刪經學]"을 주장하였고, 초등학교부터 중학교 과정에 더 이상 경과經科가 개설되지 않게 하고, 유가 전적典籍 전체를 교육과정에서 빼야 한다고 주장했다. 유학은 더 이상 교육과정에서 필수가 아니게 됐고, 관직 임용이나 출세의 필수 관문은 더더욱 아니게 되었으며, 결국 유생을 육성하는 시스템은 완전히 해체됐다.[1] 신해혁명 이후 단 몇 년 만에 유학은 정치와 교육 영역에서 그대로 퇴출됐고, 유가 전적은 더 이상 이데올로기와 국가제도의 기초가 아니었으며, 더 이상 지식인들의 필독경전도 아니었다. 중국인의 정신적 삶과 정치적 삶에서 2,000년 만에 처음으로 '경전經典' 없는 시대를 맞은 것이다.

1 　陳靑之, 『中國敎育史』下冊, 第六篇, 商務印書館, 1938 참고.

하지만 유가경전이 정치, 교육 영역에서 퇴출됐다고 해서 공자 고유의 정신적 권위가 그대로 사라지는 것도, 유가 윤리 가치의 설득력이 완전히 없어지는 것도 아니었다. 대표적인 예로, 민국 초기 량치차오 등은 경서 읽는 것을 반대하면서도 공자를 높였다. 공자의 도덕적 교훈이 바로 중국 수천 년 역사의 도덕적 기초이자 민족정신, 문화의 핵심이라고 생각한 것이다.[2] 이 때문에 유학은 정치와 교육 영역에서는 퇴출됐지만 윤리와 정신 영역에서는 계속 보존되었다.

그러나 량치차오가 책임을 맡은 『대중화大中華』에서는 "공자는 존경받아야 하지만 경전은 읽어야 할 필요가 없다[孔固當尊, 經不必讀]"고 주장함과 동시에 공자를 높이고 과거 왕조로 돌아가는 것에 반대했고, 심지어는 '가족제도 개혁론[改良家族制度論]'을 주장하기도 했다. 몇 개월 후 창간된 『청년』은 이후 이름을 『신청년』으로 바꾸고 '신사상, 신문화, 신도덕'이라는 구호로 구문화 구도덕을 더욱 전면적으로 비판했고, 신문화 주장에서 공자의 정신적 권위와 유가윤리의 가치를 직접 비판하는 것이 마치 비공비유批孔批儒 운동이 일어난 듯했다. 천두슈는 유가윤리는 결국 "삼강三綱"이라며, "공자 높이기를 주장하면 결국 천자를 세우게 된다[主張尊孔, 勢必立君]"는 말과 함께 "윤리 혁명倫理革命"을 주장했는데,[3] 이것은 사실 공자 및 유가윤리의 혁명을 하려던 것이다. 이바이사易白沙, 1886~1921는 『공자평의孔子評議』라는 글에서 공자학술의 병폐를 지적했다. 우위吳虞, 1874~1949는 루쉰魯迅에 동조하며 "공자의 가르침이 지나칠 정도로 나아가면 사람을 죽이거나 잡아먹지 않을 수 없다", "공자[盜丘]의 화禍는 만년에 이른다"고 했고, "유교를 바꾸지 않으면, 유학이 다시 태어나지 않으면, 우리 중국에는 새로운 사상과 학술이 생길 수 없다"고 했다.[4] 이후 사람들이 신문화운동의 구호를 '공자 타도

---

2 梁啓超, 「孔子敎義實際神益於今日國民者何在? 欲昌明之其道何由?」, 『復古思潮平議』 참고(각각 1915년 『大中華』 一卷 二期・七期에 실림).

3 陳獨秀, 「復辟與尊孔」, 『新靑年』 第3卷 第6號.

4 吳虞, 「說孝」 等, 『吳虞文錄』, 亞東圖書館, 1929 참고.

[打倒孔家店]'로 개괄한 것에는 다 이유가 있다. 신문화운동은 문화와 사회 영역의 사상 해방에 큰 역할을 했다. 근대 중국의 유교흥망사 관점에서 보면, 신문화운 동은 신해혁명 전후 유학 배척 운동이 윤리와 정신 영역으로 확대된 것이다. 과 거제 폐지부터 신문화운동에 이르는 불과 십여 년 사이에 유학은 현대 중국문 화의 구조에서 전면적으로 퇴출되었고, 중심에서 주변으로 밀려났다.

2

20세기 초 20여 년 동안 유교문화는 대부분 해체되었고, 유학은 신문화운동 시기에 청년들 사이에서 더욱 권위를 잃었다. 그러나 국민정부 시대에는 유학 의 위기가 심화되지 않았다. 그 이유는 중산中山 선생이 "사유팔덕四維八德"[5]으로 민족정신을 발전시켜야 한다고 주장하며 전통 유학의 덕목에 새로운 정신을 부 여했기 때문이다. 장제스蔣介石, 1887~1975 역시 남경에 정권을 세운 후 "예의염치 禮義廉恥"를 입국의 근본으로 삼을 것을 확실히 했다. 1929년 국민정부의 「교육 의 목적과 실시방침[教育宗旨及其實施方針]」에서는 "충효인애신의화평忠孝仁愛信義和平" 국민 도덕의 교육의 내용으로 삼을 것임을 분명히 밝혔다. 1934년 장제스는 또 '신생활운동新生活運動'을 추진해서 '예의염치禮義廉恥'가 각 개인의 일상생활 속에 자리 잡히게 하고 전통 도덕의 중요한 덕목에 새로운 해석을 가하는 동시에, 여 러 가지 현대 사회에 필요한 덕목을 추가하였다. 비록 신생활운동이 지식 교육 과 기술 발전에 맞출 수 없었고, 정치와 농촌 토지 문제의 미해결 상황 속에서 그 효과가 제한적이며 문제도 많았으나 그것의 사회윤리적 의의에 대해서는 있 는 그대로 분석해야 한다. 어찌 됐든, 국민정부 시기의 교육 실천과 사회 운동

5 역자 주:四維:禮, 義, 廉, 恥; 八德:忠, 孝, 仁, 愛, 信, 義, 和, 平

에서는 상당 정도로 유교 윤리의 내용을 의식적으로 보존했다.[6]

주의할 것은 1937~1945년 8년간의 항일전쟁 시기에 정부와 지식인 그리고 전 국민의 유학에 대한 태도가 민국 초기에 비해 뚜렷한 변화를 보였다는 점이다. 중화민족의 독립과 해방을 위해 외부로부터의 횡포와 침략을 막아냈고, 국공國共 양당과 국민정부와 사회 각계에서 광범위하게 동원된 각종 힘으로 군민軍民의 정신과 의지를 북돋으면서 침략에 저항했다. 덕행을 연마하고, 사회 분위기를 바꾸고, 사기를 북돋고, 애국심을 강화시키며, 자신감을 만들어주는 등 유가윤리는 항일전쟁 당시 중요한 정신적 도덕적 자원이 됐다. 무엇보다 중요한 것은 당시 국공 양당 및 지식인들 모두 이 점을 인식하고 있었다는 점이다. 1939년 국방 최고위원은 「국민 정신 총동원 강령과 실시 방법[國民精神總動員綱領及實施辦法]」을 발표하고, "팔덕八德"을 구국救國의 도덕으로 삼아서 "국가에 충성을 다하고, 민족에게 크게 효도"해야 함을 확실히 했다. 공산당은 곧바로 이 강령의 수호를 표명했고, 당원들에게 중화민족의 전통 미덕을 널리 알리고 계승할 것을 호소했다.[7] 유가윤리와 도덕은 항전 시기 서남西南, 서북西北 지역 각 과科교육의 주요한 내용 중 하나였으며, 항전 이후 국민정부 건설방침에서 인정한 민족 정신과 근본 덕행이기도 했다.

민국 초기에는 헌법에 공자 존숭의 조항을 넣을 것인지 말지, 유교를 국교로 삼을지 말지를 둘러싸고 여러 차례 토론이 있었다. 1915년과 1917년 두 차례의 황제체제에서도 공자 존숭의 기치를 앞세웠으나 최종적으로는 헌법에서 유교의 지위가 인정되지 않았고, 유학은 정치적으로 그리고 국민 교육 면에서 지도적 지위를 얻지 못했다. 국민정부 시기, 특히 항전 시기에는 유가윤리가 국민 정신과 국민 교육에서의 지도 원칙으로서 어느 정도 지위를 회복했지만, 유가

---

6   宋仲福 等, 『儒學在現代中國』, 中州古籍出版社, 1991, p.206 참고.

7   中共中央書記處 1939年 4月, 「精神總動員的指示」, 宋仲福 等 著, 『儒學在現代中國』.

원칙이 사회에서 실현되게 하기는 어려웠다. 1949년 이후에 상황은 다시 한번 변했고, 유가의 운명은 정치, 사회, 사상 방면에서 커다란 위기를 맞았다.

국민정부 시기에는 공자와 유학을 명확하게 제창하지는 않았지만, 유가윤리의 도덕원칙을 중화민족 고유의 덕행德行으로 간주하고 사유팔덕四維八德을 중국 국가 수립의 큰 기둥으로 여겼으며, 유가원칙을 삼민주의三民主義의 근원으로 삼았다. 그러나 중화인민공화국 성립 이후 철저한 반反제국 반反봉건의 태도로 전면적인 사회주의 신문화를 건설하면서 마르크스주의가 지도사상임을 분명히 선포했고, 유학은 민국 시기 동안 차지하고 있던 무대에서 조용히 사라졌다. 1970년대 마오쩌둥은 전국적인 공자 비판 운동을 벌였다. 그것은 '5·4'신문화운동의 공자 비판 급진주의를 전면 계승하는 것을 넘어서서 공자의 정신적 권위가 완전히 존재감을 잃게 했다. 결국 유가윤리는 사회 차원에서 20세기 최대의 파괴 국면을 맞았다.

다른 한편으로, 신해혁명 이후 향촌 사회에는 부분적인 변화가 생겼다. 전통적 관료-교육 제도의 와해, 군벌 간의 다툼, 향촌 내 토지 관계와 계급 관계의 긴장 및 국공내전 등으로 인해서, 농촌사회의 전통적 자체 조직의 기능이 사라지고, 그 대신 토호土豪와 신사紳士[劣紳]와 기층단위의 말단 관리[村保]가 생겼다. 량수밍은 "향촌 건설"을 통해서 농촌의 예속禮俗 시스템을 회복하고 과학기술을 도입하여 유학을 다시 일으킬 수 있는 사회 기초를 만들어야 한다고 주장한 바 있으나 성공하지 못했다. 1949년 이후 토지개혁과 합작사合作社를 거쳐 인민공사人民公社에 이르렀고, "대隊를 기초로 하며, 삼급三級이 소유하는[隊爲基礎, 三級所有]" 집체소유제集體所有制라는 이전과는 전혀 다른 사회조직 구조가 건립됐다. 향촌 내 씨족[宗族]의 힘은 토지개혁과 계급투쟁 과정에서 철저히 분화됐고, 당黨의 정책이 공사公社 및 대대大隊의 행정기구와 당 조직을 통해 마을까지 내려갔으며, 사회 조직망이 위아래로 통합에 따라 친족 외에 전통주의는 더 이상 존재하지 않았다. 사람과 토지의 기술적 관계는 변하지 않았지만, 고유의 사회조직 구조에 근본적인 변화가 생겼고, 그로 인해 근대화 기초가 마련되었다. 가정을 제외하고 전통유학은 사회 기층 구조에서도 기댈 곳을 잃었다.

3

레븐슨Joseph R. Levenson, 1920~1969은 다음과 같이 말했다. "유가사상은 그것이 발생하고 그것을 필요로 했던 사회가 해체되기 시작한 이후 작은 그림자로 변해버렸다. 그저 일부 사람들의 마음속에만 머무른 채, 아무것도 하는 것 없이 골동품처럼 아낌을 받고 있다."[8] 그러나 유가사상이 근대화 사회에서 여전히 존재해야 하는 이유와 가치가 있는지는 전적으로 전근대 사회의 제도적 기초에 따라 결정되는 것만은 아니다. 예를 들어, 과거제도 이전에 유학은 이미 천 년의 역사가 있었고, 일본에도 유학은 있었지만 과거제도는 없다. 춘추시대부터 육조六朝 시기까지 유가사상의 존재는 왕조의 지원을 전제로 하지 않았다. 씨족과 종법제가 전통 중국 사회의 모든 시기나 모든 지역, 모든 계층에서 지배적 지위를 점했던 것도 아니다. 고대 중국의 사회조직과 생산 방식, 심지어 정치제도 등이 유가사상의 표현 방식과 이론 구조에 영향을 미쳤다고 해도, 유가윤리의 가치는 정치제도와 사회조직을 뛰어넘는 보편성을 지녔다. 그래서 두웨이밍杜維明은 "발생학적으로 유가가 농업경제, 관료제도, 가족사회와 밀접한 관련이 있고, 그것이 전통 중국의 경제, 정치, 사회와 깊게 얽혀있다고 해도, 유학을 단순히 가족주의, 관료주의, 반상업주의로 환원할 수는 없으며, 또한 사회의 근저

---

8 列文森, 『儒教中國及其命運』. 이 인용문은 杜維明, 「探究眞實的存在」, 『儒家傳統的現代轉化』, 中國廣播電視出版社, 1993, p.518의 번역임.

根柢가 훼손됐다고 해서 유가사상이 이로 인해 인문적 관심과 윤리·종교로서의 의의를 상실했다고 볼 수도 없다. 이들의 주요 내용과 의의는 지금 이 시대와도 여전히 관련이 있다[9]고 했다.

양무운동 후기에 이미 장지동張之洞은 중체서용中體西用을 주장했다. 그가 생각한 '중체서용'은 "중국학문[中學]은 내학內學이고, 서양학문[西學]은 외학外學이며, 중국학문은 몸과 마음을 다스리는 것이고, 서양학문은 세상일에 사용하는 것"[10]이다. 그가 말한 "중국학문은 기본바탕[體]이다"는 세상일에 적용하기 위해 서양의 것을 배운다고 해서 몸과 마음을 다스리는 전통 윤리가 근본적으로 변하는 것은 아님을 가리킨다. 장지동과 같은 시기의 진보적인 학자들 대부분 같은 생각이었다. 황제 체제가 무너진 이후의 상황으로 인해 이러한 목소리는 더욱 높아졌고, "중화中華의 나라는 효제충신孝弟忠信과 예의염치禮義廉恥를 사람으로서 걸어야 할 큰 길로 삼으며, 정치체제는 바뀌었어도 민족은 변함이 없다"는 것이 당시 대부분 사람들의 생각이었다. 캉유웨이康有爲가 유교[孔敎]를 국교國敎로 삼아야 한다고 한 주장의 근거 역시 "큰 혼란으로 기강이 크게 흔들리고, 법이 완전히 사라졌으며, 염치는 아예 버려졌고, 도덕이 완전히 무너진"[11] 때이므로, 전환 시기의 도덕적 위기를 다스리는 데 그것이 필요하다는 입장이었다. 천환장陳煥章, 1880~1933은 "유교가 없어지면 사람들의 도덕심은 다 사라진다", "중국의 도덕은 한마디로 유교[孔敎]다"[12]라고 주장했는데, 이는 "신은 죽었다"는 말에 대한 기독교의 대응과 완전히 일치한다. 따라서 량치차오는 민국 초기 「대정방침선언大政方針宣言」에서 명백히 주장했다. "인민의 종교의 자유를 존중하면서도, 유교를 풍속교화의 근본으로 삼아야 한다."[13] 이러한 것 모두 풍속교화라는 점에 착

---

9   杜維明, 「探究眞實的存在」, 『儒家傳統的現代轉化』, 中國廣播電視出版社, 1993.

10 張之洞, 『勸學篇』, 大連出版社, 1990.

11 康有爲, 「中華救國論」, 湯志均編, 『康有爲政論選』 下冊, 中華書局, 1981.

12 上海經世文社編輯部編, 『民國經世文編』 第四十卷, 上海經世文社, 1914.

안해서 유가사상의 긍정적인 면을 인정한 것이다. 이후 헌법 초안에 대한 토론에서도, 유교 방면에서는 "국민 교육으로 공자의 도를 수신修身의 큰 근본으로 삼음"[14]을 분명히 해야 함에 초점이 모였다.

신문화운동의 동서 문화 논쟁 중 유학을 둘러싼 논쟁에서는, 소위 '보수주의' 입장에서 봤을 때 유가도덕윤리의 적용 가능성에 주목했다. 장스자오章士釗, 1881~1973의 소위 '신구新舊 조화론'은 장지동의 주장을 계승해서 "물질적으로는 혁신해야 하고, 도덕적으로는 옛것을 회복해야 한다"[15]고 했는데, 이것은 개성의 독립과 해방을 반대한다는 것이 아니라 사회의 정상적 윤리질서 유지에 착안한 것이었다. 장쥔리張君勱, 1887~1969도 과현科玄 논쟁에서 반복적으로 강조하길, 과학이라는 새로운 학문은 결코 인생과 도덕의 문제를 해결할 수 없으며, 마음을 수양하는 정신 문명은 "오직 신송학新宋學의 부활만이 방법이다"[16]라고 했다. 두야취안杜亞泉, 1873~1933은 천두슈의 맹렬한 비판 속에서도 여전히 "우리 사회 고유의 도덕 관념이 가장 순수하고 가장 중심이 되는 것이라고 확신함"[17]을 견지했다. 특히, 그들은 서학에 대한 이해 수준이 상당히 높았고, 정치와 사회 개조 방면에서의 주장은 결코 보수적이라고 할 수 없었다. 그러나 신문화운동의 윤리 혁명과 유교혁명에 대해서는 언제나 반대했다.

뿐만 아니라 일반적으로 윤리의 주요 내용에 대해서 뚜렷한 태도를 보이지 않았던 문화보수주의자들도 이런 부분을 언급하곤 했다. 량지梁濟, 1858~1918가 1918년 자살했을 때, 사람들은 그가 청조를 따라 목숨을 끊은 것이라고 했지만, 그 자신은 "사실 청조를 본위本位로 삼는 것이 아니라, 어린 시절 배운 바를

---

13 위의 책, 第二卷.
14 1913年 國會憲法起草委員會憲法草案 第19條 참고.
15 章士釗, 「新時代之靑年」, 『東方雜志』 第16卷 11號.
16 張君勱, 「再論人生觀與科學並答了在君」, 『科學與人生觀』, 亞東圖書館, 1923.
17 杜亞泉, 「戰後東西文明之調和」, 『東方雜志』 第14卷 4號.

본위本位로 삼는다"고 말한 적이 있다. 여기에서 말한 "배운 바"는 전통 윤리를 말한다. 그의 자살은 죽음으로써 세상의 풍속에 경종을 울리려는 것이었다. 왕 궈웨이王國維가 이화원에서 투신했을 때, 칭화대학 총장은 "선생과 청 황실 사이의 관계가 매우 깊었던 것 같다"고 했다. 그러나 우미吳宓는 "우리가 중국의 예교를 지켜나가는 길은 선생께서 세상을 떠나신 것에 대해 존경과 애도를 표하는 일뿐이다"[18]라고 했다. 얼마 후 천인췌陳寅恪, 1890~1969의 『만시挽辭』「서序」에서도 "우리 중국문화의 의의는 백호통白虎通의 삼강오상三綱五常 설에 갖춰져 있으며, 그 의의는 추상적 이상 중에 가장 높은 경지로서 그리스의 플라톤이 말한 IDEA와 같은 것이다"라고 했다.[19] 서양 교육을 많이 받은 우미吳宓와 천인췌陳寅恪가 주목한 "예교禮敎"와 "삼강오상三綱五常"은 보편적인 유가윤리 원칙과 가치이상을 가리키는 것이 분명하다. 도덕적 생활의 측면에서 서구화에 경도된 지식인들 역시 예외가 아니었다. 푸쓰녠傅斯年, 1896~1950은 1929년에, 자신의 사상은 완전히 서구화되었으나 마음을 내려놓고 천명을 따름[安身立命]에 있어서는 여전히 전통적인 중국인이라고 했다. 그가 말한 "마음을 내려놓고 천명을 따른다"는 것은 윤리적 기준과 인생관에 대한 말임이 분명하다.[20] '신新 문화, 구舊 도덕'으로 유명한 후스 또한 이와 같지 않았겠는가.

민국 시대의 정치 지도자와 정통파 지식인들은 도덕성과 현대성을 모두 추구한다는 점에서 뜻이 일치했고, 쑨중산은 '팔덕八德'에 새로운 해설을 가했다. 예를 들어서, 나라에 충성하고, 국민에 충성하며, 언제나 변하지 않으며, 사랑을 베풀고 인을 지켜야 한다는 등 전통 도덕의 확산을 매우 중시했다. 그래서 차이위안페이는 쑨중산이 "한편으로는 외국의 장점을 배우고 다른 한편으로는

---

18 孫敦恒, 「淸華國學硏究院紀事」, 『淸華漢學硏究』第一輯, pp.321~322 참고.

19 『陳寅恪詩集』第10頁, 淸華大學出版社, 1993.

20 中國社會科學院近代史所編, 『胡適的日記』(1929), 中華書局, 1985 참고.

고유의 도덕과 사유 방식을 회복해야 한다고 주장했으며, 이것은 국수國粹와 서구화의 절충이다"[21]라고 했다. 쑨중산 사후 국민정부는 정식으로 사유팔덕四維八德을 「교육의 목적[教育宗旨]」에 포함시켰고, 오륜에 새로운 의미를 더해서 그 정신을 이어가야 한다고 했다. 이후 장제스는『중국의 운명[中國之命運]』에서 공업화가 중국의 시급한 과제라고 하면서, 다른 한편으로는 문화적으로 도덕윤리정신을 지켜야 한다고 했는데, 이는 펑유란, 허린賀麟의 생각과 일치한다. 펑유란은 항전초기에 쓴『신사론新事論』에서, 한편으로는 공업화가 중국이 자유로 나아가는 길이라고 주장하는 한편, 전통 도덕 가운데 "불변하는 도덕"은 계속 사회를 조직하고 정신생활을 조절하는 데 사용할 수 있다고도 했다. 그는 또 "사회를 조직하는 도덕은 중국인이 본래 가지고 있던 것이고, 현재 더해지는 것은 서양의 지식과 기술, 공업이므로, '중체서용'이라는 이 말은 일리가 있다"[22]고 했다. 허린의 주장은 1940년대 신유학 중에서 문화적으로 가장 큰 의의가 있다. 그는 현대적 삶과 삼강오륜을 새롭게 결합시키는 데 힘썼을 뿐만 아니라, 송유宋儒의 이욕지변理欲之辯에 대한 신문화운동의 공격을 철학적으로 분석했다. 그는 서양의 철학과 종교, 예술을 흡수하여 유가의 이학理學과 예교禮敎와 시교詩敎를 드러나게 하고, 이로써 유가사상이 새로이 전개될 수 있게 해야 한다고 주장했다. 그는 심지어 "유교문화를 기본바탕[體]으로 삼고, 서양 문화를 도구[用]로 삼자"는 구호를 내세웠다.[23] 민국 초기부터 시작해서 항전 시기에 마무리된 이 구호가, 결코 이 사상가들이 선진先秦시기나 송명宋明시기의 유가 도덕을 그대로 가져와서 근대 문화 위기 속의 도덕적 쇠락을 해결하려 했음을 나타내지는 않는다. 전통 도덕윤리에 대한 시대에 따른 조정과 비판과 보충은 중서 양쪽을 다 배운

---

21 蔡元培,「中華民族與中庸之道」,『蔡元培全集』第六卷, 中華書局, 1985.

22 馮友蘭,『新事論』,『三松堂全集』第四卷, 河南人民出版社, 1986.

23 賀麟,『文化與人生』, 商務印書館, 1988, pp.6~17.

학자들에게는 당연한 일이었다.

중국공산당 내의 류샤오치劉少奇는 1930년대 말, 도덕정신과 수양에 대해 주장하면서 자연스럽게 그리고 어쩔 수 없이 유교문화 자원을 대량 활용했다. 이로 인해 그의 책은 50~60년대에 청년이나 대중의 큰 지지를 얻었고, 심지어는 그 영향력이 60년대 초 잠깐 마오쩌둥을 넘어서기도 했다. 80년대 이래, 중국 대륙에서 적극적으로 유가윤리의 현대적 가치를 인정하고 알린 학자들 대부분은 강한 인문도덕정신을 바탕에 두고 있었으며, 유가도덕자원의 현대적 의의에 주목했다. 근래 정부에서도 개혁에 힘쓰고 경제, 무역, 교육을 주관하는 지도자들이 이 점에 관심 가지기 시작했다. 이러한 점들은 모두, 유가사상에 대한 지금의 분석적인 인정이 결코 사회 개혁에 대한 반대 입장에서 나온 것이 아니라, 사회 변화 과정 중의 윤리질서 파괴에 대한 관심과 유가의 덕성德性윤리의 보편 가치에 대한 인식에서 나온 것임을 보여준다.

유학의 가치 체계와 현대 세계 사이의 연관성이 전통 사회의 각변 이후에도 계속 유지되고 있다는 바로 이 이유 때문에, 20세기 중국의 사회문화 변화 속에서도 유학은 여전히 관심의 대상이다. 사회가 도덕적 위기에 놓일 때마다 전통가치에 대한 목소리는 높아진다. 그래서 신해혁명 이후에 캉유웨이康有爲 등은 유교[孔教]를 강하게 주장했고, 신문화운동 때에도 량수밍처럼 공자에게 어떤 역할을 바란 사람들이 있었다. 1940년대 허린賀麟이 유교의 예교와 삼강오륜에 대해 해설하고 널리 알린 것은 '5·4'시대에는 상상하기 힘든 일이었고, 펑유란은 1940년대에 '중체서용'에 반대하지 않았을 뿐 아니라, 1950년대에는 '추상적 계승'의 의의까지 주장했다. 유가 가치 체계에 대한 논쟁은 언제나 문화 논쟁의 중심 중 하나였다. '5·4' 전후뿐만 아니라, 1980년대 중국 대륙의 문화열 시기에도 마찬가지였다. 이렇게 봤을 때, 20세기 현재의 중국문화 연구 모식, 즉 '혁신과 복고', '계몽과 구망救亡', '급진과 보수' 모두 20세기 유학 논쟁을 다루기에 적합하지 않으며, 20세기 유학논쟁의 깊은 뿌리가 다양함을 이해하기 위한 형식상의 의의만 지닌 것이라고 하겠다. '문화정체성' 혹은 '문화심리구조'에 관한 주장은 문화심리를 중시하고 객관적 사회 수요는 소홀히 했다. 사실 20세기 내내 약세弱勢였으나 끊임없이 유학가치를 지키고자 했던 목소리들을 자세히 살펴보면, 유교 윤리가 근대 사회 변화 후에도 언제나 화제의 중심에 놓였던 것은 필연적이었음을 이해할 수 있다. 그 필연성은 현대화라는 변화 과정에서의 '도덕성'과 '현대성'의 분열 및 이러한 분열 극복의 필요에 따른 것이다.

이 때문에 20세기 역사에서 유학가치가 끊임없이 인정된 것은 본질상 포스트식민주의 담론의 중국식 발현은 아니며, 전 세계 자본주의 패권 담론이나 자본주의적 현대성의 이데올로기적 의의에 대한 긍정은 더더욱 아니다.[24] 그것은 이론 면에서 다원문화 가치에 대한 인정이었고, 실천 면에서 현대화 과정에 대한 치료이자 가치적 이성에 대한 깊은 관심의 표현이었으며, 이상적 삶과 이상적 인격에 대한 끊임없는 추구의 발현이었고, 중국에서는 민족문화 정체성에 대한 강렬한 요구였다. 동시에 계몽서사에 대한 도덕적 인문적 반성이기도 했다.

4

20세기 중국문화사는 유학의 위기가 사회 전환에 따른 필연적 변화 외에, 중국인들이 생각하기에 유학이 부국강병을 위한 기능을 수행할 수 없다고 판단한 것과 계몽주의 사조의 영향을 받은 지식인들이 더 이상 유가윤리의 가치를 인정하지 않은 것에서 비롯했음을 보여준다. 이 때문에 20세기 유학 위기의 근본

---

24 유학을 세계 자본주의 담론으로 다룬 것에 대해서는 阿里夫·德里克,「似是而非的孔夫子 : 全球資本主義與儒學重構」,『中國社會科學季刊』13(1995.11), pp.158~183 참고.

원인은 문화의 위기, 가치관의 위기로 귀결된다. 이런 관점에서 보면, 마이푸馬一浮, 1883~1967, 숑스리熊十力, 펑유란 등의 현대 유가철학에서처럼, 학술과 철학 방면에서 유가를 현대 문화의 일부로 간주할 수는 있으나, 마이푸, 숑스리, 펑유란 등은 '5·4' 이래 유학의 문화적 위기를 진정으로 맞닥뜨린 적이 없다. 그들의 철학은 '5·4' 이래 급진주의적 반공反孔 운동의 유산이 아직 정리되지 않은 상황에, 민족 위기라는 특수한 시대 상황 속에서 만들어진 것이었다. 유학의 문화적 위기는 본질적으로는 '근대화'에 따른 결과였으며, 단지 항전抗戰이 이 근본적인 문제를 잠시 흐릿하게 만들었을 뿐이다. 이 때문에 신문화운동의 유교 비판 중 어떤 부분이 합리적이고 불합리한지, 유학 및 그 가치 전통이 근대화 사회에서 의의가 있는지 여부의 문제는 해결되지 않았다. 유학은 단지 소수 사상가들의 머릿속에만 존재할 뿐 사회문화적 공간과 개인의 정신과 인격에는 적용되지 못했고, 그리하여 반反 전통주의와 반유反儒 사조로 인한 사회질서 및 가치의 혼란을 변화시킬 수가 없었으며, 이것은 바로 우리가 80년대만이 아닌 90년대에도 마주하고 있는 유학의 위기이기도 하다. 그리고 이는 유학의 위기만이 아닌 중국문화의 위기이기도 하다.

따라서 '철학으로서의 유학'은 '문화로서의 유학'과 다르며, 전자는 학술사상적 존재이고, 후자는 사회화, 제도화, 세속화가 결합된 문화형태다. 마이푸, 숑스리, 펑유란과 중국 대륙에 소개된 많은 당대 신新 유가철학의 연구 결과물들은 매우 훌륭한데, 이 점에서 '철학으로서의 유학'은 20세기에 쇠락했다기보다 오히려 활발한 편이었다고 할 수 있다. 그러나 사회문화에 대한 유학의 영향은 송원宋元 이래 유학과 근본적으로 비교 불가능하다. 제도적 기반이 다르다는 점 외에, "문화로서의 유교"가 빠진 것을 기초로 삼은 것이 주요 원인이다. 그리고 지식인들이 유가 가치를 거부하고, 민중과 청년들은 안정적인 도덕권위와 가치신념이 부족하여 "굳세게 행동하고, 큰 덕으로 세상을 대하자"는 통일된 국민정신이 형성될 수 없었으며, 문화적 증상과 도덕적 위기는 시장경제 발전과 사회전환시기에 갈수록 심각해졌다.

이 때문에, 중국 근대에 다양한 의미로 쓰였던 '체용體用' 개념의 습관적 사용에 따른 토론상의 혼란은 배제하고, 현대화 과정의 주체들이 전통 중에서 무엇을 남기고 서양에서 무엇을 흡수해야 했는지를 보면, 20세기 유학 관련 논쟁을 일으킨 가장 핵심적인 근원根源은 언제나 현대 사회에서의 공민도덕과 윤리질서 그리고 삶의 이상을 둘러싼 문제였다고 할 수 있다. 사쿠마 쇼잔佐久間象山, 1811~1864의 "동양은 도덕, 서양은 기술[東洋道德, 西洋藝]", 장지동張之洞의 "중국의 학문은 자신을 다스리는 것이고 서양 학문은 세상일에 적용하는 것[中學治身, 西學應世事]", 앞에서 언급한 펑유란, 허린의 사상 모두 문화 차원에서 전통을 그리워한 것이 아니라, 전통 도덕성의 보편적 성격에 대한 신념을 바탕으로 현대화 경험이 도덕성을 침해하지 못하게 하려는 것이었다. 소위 문화보수주의나 도덕보수주의가 문화급진주의와 구분되는 지점은 사회 개혁이나 근대 문명 수용을 요구하는지 여부가 아니다. 문화급진주의와 자유주의는 전통을 철저히 버리고 상공업과 도시문명, 개인주의, 자유, 민주, 자본주의 경쟁성, 공리주의 등을 내용으로 하는 현대성을 받아드릴 것을 요구했다. 소위 보수주의는 늘 과학, 민주, 시장경제, 민주정치 등이 자발적으로 공민公民의 도덕과 공동체의 윤리질서를 만들어 내거나 삶의 가치 면에서의 수요를 만족시킬 수 없다고 여겼고, 근대 사회의 개인주의와 공리주의가 집단 생활과 사회도덕에 해를 끼칠 수 있다고 여겼다. 현대성은 현대 사회가 전통 사회와 달라지게 만드는 요소이지만, 실제 현대 사회는 현대성에만 의존해서 존재할 수 없다. 근대 이후 유학 가치를 올바로 이해해야 한다고 주장한 이들은 언제나 현대 사회에서 공민公民의 도덕과 윤리질서를 지키기 위해서는 결코 유교와 공자를 비판하는 방식이어서는 안 되며, 반드시 가치 전통과 도덕권위를 수호해야 한다고 여겼고, 그것은 시기마다 각각의 형식으로 유학의 보편적 도덕가치에 대한 긍정과 호소로 나타났다. 이 모든 것이 철학 차원에서 유가철학을 발전시킨 사회-문화적 기초다.

중국 대륙에서 오랫동안 유학의 역사 가치와 현대적 의의를 정확히 이해하지 못했던 것은 유학에 대한 자유주의의 지나친 부정 때문만이 아니라, 극'좌'極'左' 인 가짜[假] 마르크스주의가 수십 년 동안 유학 비판 운동에서 중요한 역할을 했 었기 때문이다. 이런 비판은 비림비공 시대 '사인방四人幇'의 주장에서 가장 전형 적으로 나타났다. 비림비공 시기의 극'좌' 문화관은 문혁 이후 완전히 청산되지 않았고, 그 영향은 지금도 곳곳에서 발현되는 것을 볼 수 있다. 80년대의 전반 적인 반유反儒 사조가 자유주의를 배경으로 한 문화급진주의에서 비롯한 것이었 다면, 90년대 중기, 지금 보이는 소규모의 유교 비판 운동은 주로 교조주의와 가짜 마르크스주의에서 비롯한 것이다. 그들은 공자의 가르침이 매우 봉건적인 학설이며, 마르크스주의와 공자의 가르침은 모든 방면에서 대립되는 체계로서, 마르크스주의와 유학의 관계는 비판적 부정관계임이 틀림없고, 유학은 봉건전 제 통치를 지키려는 지주계급의 이데올로기라고 여겼다. 한편 마르크스주의와 중국문화를 대립시키기 위해, "만약 우리가 순진하게 '국학'에서 국가 건립[立國] 의 근본이나 민족정신 재건의 중심축을 찾을 수 있고 마르크스주의는 외래문화 로서 한쪽으로 방치해도 된다고 여긴다면, 시대에 뒤떨어질 수밖에 없다", "누 군가 '국학'이라는 의심스러운 개념으로 사회주의 신문화를 중국문화 밖으로 몰아내려고 하는 것도 같다"[25]라고 했다. 교조주의와 가짜 마르크스주의는 중 화민족의 역사주체성을 무시했고 민족이익과 민족의 미래를 무시했으며, 역사 전환 과정에서의 현실적 위기를 무시했고, 가짜 이데올로기의 권위를 빌려서 유학에 대한 정확한 이해를 찬성하고 전통 자원을 긍정적으로 활용하여 현실

---

25 李洪岩, 「近年中國大陸儒學研究動態」, 國際儒學聯合會 編, 『國際儒學研究』第一輯, 人民出版 社, 1995.

문제를 해결하자는 주장을 "복고주의"라는 뒤집어씌우는 등 정치화된 담론으로 다양한 학술적 견해를 공격하려고 했다. 이것은 1990년대 개혁개방 흐름 속의 퇴보임이 분명하다. 동시에, 유학을 '농업문명', '전제이데올로기'로 본 것에서 교조주의와 문화급진주의가 동일한 계몽담론의 지배를 받은 것임을 알 수 있다.

유학은 죽지 않았다. 그것은 흩어진 후에도 문화심리적 전통으로서 보이지 않게 문화와 인간의 행위 속에 살아있다. 그러나 그것은 정돈되어 있지 않고 숨어 있다는 점 때문에 온전하고 건강하게 모습을 드러낼 수 없으며, 지금 중국의 세태와 문화적 증상은 모두 이 점에서 비롯하였다. 유학에서 시대에 맞지 않은 요소는 없애고, 그것이 현대 생활에서 가지는 가치 있는 정신과 원리를 떳떳하게 인정하여 국민 교육과 문화 건설에 합법적으로 작용될 수 있게 해야만 통일된 국민도덕과 안정적인 국민정신을 재건하고 합리적인 현대 사회로 발전시킬 수 있다. 정치적인 간섭을 배제하고 일원화한 사유방식과 단편적인 계몽 태도를 극복하여, 도덕성과 현대성의 상호작용을 변증적으로 이해하고, 문화 차원에서 유학에 대한 각종 편견을 바로잡는 것이 유학의 긍정적 정신을 건강하게 발전시키기 위한 기초와 전제다.

제6장

량수밍梁漱溟의 초기 동서 문화관

우리가 량수밍의 문화철학에 동의하든 동의하지 않든 그의 저작『동서 문화와 철학東西文化及其哲學』은 20세기 중국 사상 학술의 경전이 됐다. 이 때문에 20세기 중국의 현대성 경험, 특히 '5·4' 전후 문화운동에 참여한 지식인 사유를 논할 때 량수밍은 천두슈나 후스처럼 피해갈 수 없는 대상이다.

『동서 문화와 철학』출판 당시 이 책은 신문화운동 이래 가장 큰 영향력을 발휘했으며 그 이상의 많은 비판을 받았다.『동서 문화와 철학』이 출판된 지 1년도 지 안 되어 100편에 가까운 평론과 토론문이 나왔고 십여 권의 책에서 동서양 문화에 대해 토론했으며, 순식간에 12개의 외국어로 번역됐다. 이런 영향력은 1915년『신청년新靑年』잡지 출판 이래 처음이었다. 당시 사람들이 이 책에 대해 "고금을 통틀어 가장 빛나는 저작"[1], "동서양 양쪽 학자들을 연일 떠들썩하게 만들었다"[2]고 한 것은 당연했다. 1930년대까지 "서양인들은 량씨를 중국 유일의 철학가로 여긴다"[3]는 말이 나올 정도였다.

그러나『동서 문화와 철학』에 대한 사람들의 인식은 량수밍 본인의 생각과

---

1   丁文江 編,『梁任公先生年譜長編初稿』下冊, 台北世界書局, 1958, p.604.
2   李石岑,「評〈東西文化及其哲學〉」,『民鐸』第3卷 第3號, 1922.
3   孫道升,「現代中國哲學界之解剖」,『國聞周報』第12卷 第45期, 1935.

어느 정도 차이가 있었던 것 같다. 량수밍은 당시 '서구화를 반대하는' 대표 주자로 여겨졌었고, 1930년대에 궈잔보郭湛波, 1905~1990 역시 『근50년 중국사상사近五十年中國思想史』에서 그를 서양 문화를 반대하는 대표적 인물로 기술했다. 내용은 다음과 같다.

중국에서 1919년 일어난 신문화운동 당시는 서양의 공업자본사회 사상이 들어오던 시기였고, 동시에 중국 고유의 농업·종법宗法·봉건사상 및 풍속, 도덕, 습관, 윤리 등에 반항했던 때였다. 이 시기 대표적 사상가는 앞에서 언급한 천두슈, 후스, 리다자오, 우츠휘吳稚暉, 1865~1953 등이다. 그러나 서양의 새로운 사상과 문화가 활발히 들어오는 가운데, 그에 반대하고 서양 문화에 반대하며 중국 고유 문화를 중시한 사람도 있었는데 그가 바로 량수밍 선생이다.[4]

궈잔보는 심지어 량수밍 선생이 "과학과 민주 정치에 반대"했고, 그의 사상은 "여전히 중국의 농업·종법宗法·봉건사상"을 지향했다고 생각했다.[5]

궈잔보는 신유물주의 입장에서 이러한 판단을 내린 것이지만, 이것은 사실 신파新派의 공통적 관점이기도 했다. 그러나 량수밍 자신은 여기에 동의하지 않았다. 그는 『동서 문화와 철학』 출판 후 2년 동안 어떤 비판에도 대응하지 않았다. 그러나 계속된 비판의 마지막 글, 즉 후스의 비평문이 발표된 지 반년 후에 후스를 겨냥하여 장문의 글을 썼다. 이 글에서 량수밍은 자신을 보수반동이라고 비판하는 견해에 분명히 반박했다.

이렇게 말한다면 나는 그들의 장애물이다! 나는 그들의 사상혁신 운동을 방해하는 자다! 가당키나 한가? 이것이 내가 바라는 것이겠는가? 나는 괴롭다. 나는 내가 그들의 운동을 반대한다고 생각하지 않는다! 나는 내가 그들의 적이라고 생각하지

---

4   郭湛波, 『近五十年中國思想史』, 山東人民出版社, 1997, p.135.
5   위의 책, p.138.

않는다. (…중략…) 나는 적을 두지 않는다!⁶

물론 량수밍은 자신의 문화 관념이 천두슈나 후스와 다름을 인정했다. 그러나 자신을 혁신운동의 장애물로 생각하는 데는 결코 반대했다. 우리는 량수밍이 늘 자신의 관점을 숨김없이 드러냈었다는 것을 안다. 그의 이러한 고백은 자신의 입장을 감추기 위함이 아니었다. 개혁개방 이래의 경험은 우리에게 다음의 사실을 알려준다. 사회문화가 격변하는 시대에는 스스로를 개혁자로 높이고 자신과 다른 관점을 가진 사람은 '개혁을 반대'하는 것이라며 비판하는 사람들이 종종 있는데, 사실 이러한 비판 대부분은 비판자의 사상이 단순하다는 점을 보여주며, 비판의 대상자 입장의 다원성과 깊이[深刻性]는 제대로 파악할 수 없다는 것을 말이다.

깊이 있고 복잡한 저작의 경우 사람들은 그 구조를 단번에 이해하지 못한다. 오히려 그 반대로, 보통사람들은 대체로 그것을 제대로 알려고 하지 않거나 간단하게 결론지어 버리는 태도로 한 측면에만 주목해서 단순화하곤 한다. 만약 이 책이 문화 논쟁 시대에 나왔고 비주류였다면, 당시 사람들은 더더욱 한 발 물러나서 전체를 살펴보기 어려웠을 것이다. 량수밍의 『동서 문화와 철학』은 바로 이런 책이라고 할 수 있다.

20세기의 부침을 지나 세기말에 이른 지금에서야 우리는 이 책의 전체적인 면모를 차분히 조망하고 복잡성을 내포한 량수밍 문화관의 진면목을 진정으로 이해할 수 있을 것 같다. 이 장에서는 량수밍의 중서문화관에 초점을 맞추기로 하고, 인도문화 관련 문제는 다루지 않을 것이다.

---

6 梁漱溟, 「答胡評〈東西文化及其哲學〉」, 『梁漱溟全集』第4卷, 山東人民出版社, 1991, p.738.

1

1918년 『동서 문화와 철학』 출판 3년 전, 량수밍은 『북경대학일간北京大学日刊』에 「동양학 연구자 모집征求研究东方学者」이라는 글을 게재했고, 그 후 그는 서구화를 반대 인사로 인식되었다. 그는 이 점에 대해 다음과 같이 말했다.

> 나를 서구화 반대자로 여기는 사람이 있는데, 서구화는 사실 세계화이고, 동양도 그 대상에 포함된다. 그러나 동양도 충분히 세계화를 이룰 수 있고 서양이 그 대상에 포함될 수 있다.[7]

그는 '서구화'가 사실 '세계화'라고 여겼고, 서양 근대문화는 민족성 기반의 문화가 아니라 보편성을 지닌, 보편화가 가능한 문화이며, 그것이 전 세계가 함께 발전하기 위한 필연적 흐름이라고 생각했다. '서구화가 곧 세계화'라는 주장 자체가 '서구화 반대'가 될 수는 없으며, 이것은 분명 그가 서구화를 반대하는 것은 아니었음을 보여준다. 있는 그대로를 보자면, 그는 세계화를 찬성하는 동시에 동양 문화도 보편성과 보편화 가능성을 지닌 문화적 역량이 있음을 인정하는 입장이었다. 만약 무언가 '반대[反]'했다는 점에서 그의 생각을 살펴보면, 그는 서양 문화를 반대한 것이 아니라 '반反 동양 문화'를 '반대'한 것이다. 1917년 10월 초 베이징대학에 갔을 때, 그는 차이위안페이, 천두슈에게 자신은 약자인 석가모니와 공자를 돕기 위해 온 것이라고 했다. 이는 반反 동양 문화에 대한 그의 입장을 반영한 것이지 결코 반反 서양 문화의 주장은 아니다. 오늘날 관점에서 "동양도 충분히 세계화를 이룰 수 있고 서양이 그 대상에 포함될 수 있다"는 것은 명백한 다원문화주의적 주장이다.

7 梁漱溟, 「啟事」, 『北京大學日刊』 1918.10.31 및 『梁漱溟全集』 第4卷, p.547.

1919년 여름, 량수밍은『동서 문화와 철학』두 챕터를『유식술의唯識述義』의 목록에 넣었고, 1920년 가을 동서 문화 문제에 대해 강연했으며,『북경대학일 간北京大学日刊』10월부터 12월 발행분에 15차례에 걸쳐 강연의 일부 내용이 게 재됐다. 1921년 여름 량수밍은 제남齊南에서 강연 요청을 받고 약 40일 동안 동 서 문화 문제에 대해 강연했다. 1920년 가을과 1921년 여름, 이 두 차례의 강 연 기록이 1921년 10월『동서 문화와 철학』이라는 책으로 출간됐고, 이후 1922년 10월까지 단기간 내에 5판 인쇄본까지 발행됐다.

『동서 문화와 철학』에서는 서두부터 서양 문화에 대해 다음과 같이 기술했다.

> 우리가 보기에 세계는 완전히 서구화된 것 같다! 유럽과 미국 등의 나라는 완전히 서구화된 곳이라서 더 말할 필요도 없다. 동쪽의 몇몇 나라의 경우, 서양 문화를 받 아들이고 또 그것을 운용할 수 있으면 민족과 국가를 유지할 수 있었지만, 서둘러 서양 문화를 받아들일 틈도 없이 서구화의 힘에 지배된 나라도 있다. (…중략…) 중 국 역시 서구화의 압박을 받았고, 서구화 흐름이 들어온 지 수십 년이 됐다. 오랫동 안 동양 문화를 지켜온 중국인도 생활을 바꾸고 서구화를 받아들일 수밖에 없게 된 것이다! 지금 우리의 삶은 정신적 측면만이 아니라 사회적 물질적 측면 모두 서구의 것들로 가득 차 있음을 부인할 수 없다. 지금은 동양화[東方化]와 서구화[西方化]가 대 등하게 맞서는 것이 아닌 서구화가 절대적으로 승리하고 제압한 상황이다![8]

량수밍이 말한 '서구화', '동양화'는 대부분 '서양 문화', '동양 문화'를 가리 킨다. 이 점에 대해서는 설명이 필요하다. 위에서 봤듯이 량수밍은 다음의 사항 을 정확하게 파악하고 있었다. 서구화는 당시 세계적 추세였고, 그것을 따르면 성공하고 거스르면 망하며, 전 세계 어느 나라 사람이든 살아남으려면 서구화

---

8   梁漱溟,『東西文化及其哲學』,『梁漱溟全集』第1卷, p.332.

를 따라야 한다는 것을 말이다. 게다가 중국인의 생활은 이미 '서구화'돼 있었다. 량수밍은 "서양 문화를 받아들이지 않으면 망한다"는 것을 잘 알고 있었으므로 "서양 문화를 반대"하지는 못했다.

량수밍은 '문화'를 "각 민족의 여러 가지 삶의 모습"이라고 이해할 수 있으며, 이 여러 가지 모습은 세 가지로 귀납된다고 했다. 첫째, 정신생활 방면, 둘째, 사회생활 방면, 셋째, 물질생활 방면이다. 이 세 가지 방면에서 동서 문화를 비교해 본 량수밍은 정신생활 방면에서 "확실히 서양인들이 우리보다 크게 앞섰다", "중국인은 그에 비하면 아직 덜 발전한 상태"라고 했다. 사회생활 방면에서는 "서양이 중국에 비해 확연히 앞서 있다"고 했고, 물질생활 방면에서는 "동양이 서양에 못 미치는 것이 당연하다"고 했다. 이렇게 세 방면에서 비교한 후 량수밍은 다음의 결론을 내렸다.

이와 같이 문화에는 결국 세 가지 방면이 있고, 동양 문화는 이 세 방면 모두 서양 문화에 못 미친다. 그렇다면 동양은 분명 덜 진화한 문화이고 서양은 진화한 문화이니, 덜 진화한 문화는 굳이 언급할 필요 없고 다만 진화한 문화를 채택하면 될 일이다! 나는 창나이더常乃德 선생이 서구화와 동양화를 함께 논해서는 안 된다고 했던 것을 기억한다. 동양화와 서구화의 관계에서 하나는 옛것[古] 하나는 지금 것[今], 하나는 이전의 것[前] 하나는 나중의 것[後]이며, 하나는 덜 진화했고 하나는 진화한 것이다. 우리의 삶에 대한 관찰의 결과에 따르면, 창常 선생의 이 주장은 옳다. 동양 문화와 철학은 한결같으며 오랫동안 지속돼 온 것으로, 모든 수천 년 후의 문화와 철학은 수천 년 전의 문화이며 수천 년 전의 철학이다.[9]

량수밍은 부분적으로 다른 사람의 의견을 인용했지만 그가 제시한 관점은

---

9   위의 책, p.340.

자신도 인정했던 부분이다. 이러한 관점에서 보면 '동양화는 옛것으로의 회귀[古化]'이고 '서구화는 새로운 변화[新化]'다. 동양은 덜 진보한 문화이고 서양은 이미 진보한 문화라는 것, 이전 것이 나중 것을 따라가지 못한다는 것, 이 모든 것을 량수밍은 있는 그대로 인정했다. 그런데 그가 어떻게 서양 문화를 반대한다는 것인가?

량수밍의 서술에 의하면, 신문화운동 초기 동서 문화에 대한 사람들의 비교는 대부분 서양인은 자연을 정복하고 동양인은 자연과 어우러진다는 관점의 영향을 받았다. 량수밍은 이러한 관점을 가진 사람들로 가네코 우마지金子馬治, 존 듀이John Dewey, 기타 레이키치北聆吉를 들었다. 그러나 량수밍은 그다지 동의하지 않았다. 그는 "이 주장이 사실이긴 하나, 서구화를 정말이지 너무나 가볍게 본 것이며 우리에게 필요한 답은 아니다. 예를 들어, 가장 쉽게 볼 수 있는 서구 사회의 특색 — '자유', '평등' 같은 '민주'적인 경향 — 도 자연 정복에 포함된다는 말인가? 서양 문화의 물질적 화려함만 보고 인간의 삶에 대한 것을 무시한다면 동치同治 · 광서光緖 때 '강한 군사력[堅甲利兵]'을 주장한 것과 무엇이 다른가?"라고 했다.[10]

량수밍의 동서 문화 대비에 대한 관점은 1918년 장선푸張申府, 1893~1986와의 대담에서 시작됐다. 그는 "당시 내 의견은 이랬다. 내가 관찰한 바에 따르면 서구화에는 두 가지 장점이 있고, 모든 서구화의 장점은 이것뿐이다. 난 이 두 가지는 전적으로 인정한다. 그러므로 내가 동양 문화를 주장하는 것은 낡은 사고로 서구화를 거부하는 것과는 다르다"[11]고 했다. 주의할 점은, 그가 "동양 문화를 주장"하지만 "서양 문화를 거부"하는 것은 아니었고, "서양 문화를 반대"하는 것은 더더욱 아님을 분명히 밝혔다는 것이다. 그가 전적으로 인정한 서양 문

---

10 위의 책, p.347.
11 위의 책, p.349.

화의 두 가지 장점은 무엇인가. 그는 "이 두 가지란 무엇인가? 하나는 과학적 방법이고, 하나는 인간의 개성 발전[伸展]과 사회성 발달이다. 전자는 서양 학술계 특유의 정신이고, 후자는 서양 사회 특유의 정신이다. 장張 선생은 그다지 귀담아 듣지 않았지만, 나는 내 의견에 확신이 있고 다른 사람들과는 다른 독창적인 견해라고 생각한다"[12]고 했다. 오늘날 '과학과 민주'라는 두 구호에 익숙해진 사람들이 보기에 량수밍의 이 주장은 별다른 특이점이 없을 것이다. 그러나 주의할 점은, 량수밍의 설명에 따르면, 그가 이 두 가지를 말한 것은 천두슈의 주장 이전의 일이었다는 점이다. 그래서 그는 위의 이야기가 끝나자마자 다음과 같이 말했다. "민국 9년에 『신청년』 6권 1호에 실린 천두슈 선생의 「본 잡지의 죄목에 대한 답변서[本誌罪案之答辯書]」에서 그들 잡지 동인의 잘못은 민주와 과학 두 선생을 옹호한 것 뿐이라고 한 것을 봤다"[13]고 했다. 이 말은 량수밍이 1918년에 이미 서양 문화의 중요한 특징을 파악했고, 이러한 관점은 신청년파와 일치하는 것이었음을 보여준다. 특히 그는 "나는 이 두 가지를 전적으로 인정한다"고 했을 만큼 과학과 민주를 적극 찬성했다. 알리토가 괜히 문화 융합파融合派와 전면적 서구파보다 "량수밍의 문화관이 천두슈의 지론持論과 더욱 일치한다"[14]고 한 것이 아니다.

2

과학과 민주 두 방면에서 량수밍은 동양 문화와 서양 문화를 비교했다. 여기

---

12 위의 책.
13 위의 책, p.350.
14 艾愷, 『最後的儒家』, 江蘇人民出版社, 1995, p.80.

에서 동양 문화에 대한 량수밍의 생각을 확인할 수 있다.

량수밍은 서양 문화의 '과학'과의 비교에서, "우리도 철강 제련, 화약 제조, 목재나 석재 작업, 다리 건설 등 각종 제작을 하지만, 우리의 제작은 기술자들이 서로 전수해 주는 기술[手藝]에 의해 이루어진다. 그러나 서양에서는 모든 것이 과학에 근거하여 이루어진다. 즉 하나의 방법으로 다양한 개별 경험과 불완전한 지식을 학문화하고 진취적으로 발전시킴으로써 '기술[手藝]'과 완전히 분리시키고, 모든 대응과 해결 역시 기술[手藝]이 아닌 과학을 근거로 한다. (…중략…) 서양에서는 예술도 과학화됐고, 동양에서는 과학도 예술화됐다고 할 수 있다"[15]고 했다. 그만큼 량수밍이 서양의 과학 정신을 충분히 인정했음을 알 수 있다.

량수밍은 또, "과학에는 공식[公例]이 필요하고, 그것은 사람들의 공인과 검증을 받아야 한다. 그래서 이전 시대 사람들에게 있었던 것이 지금 사람들에게도 다 있게 되고, 새로운 발명을 하나씩 실제로 적용하여 조금씩 앞으로 나아가므로, 당연히 지금[今]이 옛날[古]을 뛰어 넘는다. 이와 달리 기술[手藝]은 하늘이 내린 특별한 재주로서 한 개인만이 그것을 얻게 된다. 이전 시대 사람의 성과[造詣]를 후대 사람은 못 따라가고 앞 시대 사람의 비결 전수가 중시되므로 자연히 지금[今]이 옛날[古]보다 못함을 탄식하게 된다"[16]고 했다. 중국에서 말하는 도리道理 사상은 "모두 응용적 의미로서의 도리로서, 단지 기술[術]일 뿐 학문[學]이라고 할 수는 없다. 중국 학문은 대부분 학문[學]이 아닌 기술[術]이거나 혹은 학문[學]과 기술[術]을 구분하지 않는다"고 했다.[17] 이것은 중국문화의 과학 정신 결핍을 비판한 것이다.

---

15 梁漱溟, 앞의 책, pp.354~355.
16 위의 책, p.355.
17 위의 책, p.356.

다음으로 중국의 정치이데올로기와 서양 민주관념의 차이에 대해서 살펴보자. 그는 중국인에게 '국가가 황제를 필요로 하지 않는다는 것은 이해할 수 없는 일'이라고 했다. "그들 생각은 이렇다. 천하는 주인 역할을 하는 사람이 있어야 성립한다. 그렇지 않으면 혼란이 일어날 수밖에 없다. 혼란이 일어나면 누가 다스릴 것인가? 어떻게 혼란이 일어나지 않을 수 있나? 이것은 중국인으로서는 상상할 수 없는 일이다. 혼란이 일어났을 때 어떻게 그것을 다스릴 사람이 필요하지 않을 수 있는지, 이 역시 그들은 상상해 본 적 없다."[18] 여기에서 량수밍의 "중국 고유 문화 숭배" 모습은 전혀 보이지 않는다.

"중국인들은 서양에서 주인 역할을 하는 사람이 없는 것을 보고 놀랍고 신기해했다. 또 사람을 일반적인 크고 작음으로 보고 존비상하尊卑上下로 구분하지 않는다는 것도 정말 놀랍고 신기한 일이었다. (⋯중략⋯) 수천 년 동안 중국 사회의 안녕을 유지해 온 것은 바로 "존비대소尊卑大小" 네 글자였다. "존비대소尊卑大小"가 없는 사회를 그들은 경험한 적이 없다."[19] 량수밍은 다음을 강조했다. "중국이 걸어온 그 길을 보면, 결과적으로 모두가 불평등해졌고 개인은 자유롭지 못한 사회가 됐다. 그런 길이었기 때문에, 본래 모두가 함께 해나가야 할 일을 한 사람이 주도적으로 이끌게 하려고 한 것인데, 결과적으로 그것은 한 사람의 사생활이 되고, 개인이 아닌 다른 사람에게 주도권을 주게 된 것이다. 대중의 일을 그에게 맡겼으니 우리는 가서 문의할 권리도 없고 개인의 언행을 자율적으로 처리할 권한도 없다. 이것이 자유롭지 못한 것이다. 비록 실제로는 아주 자유로울지 몰라도, 그것은 그가 관여하지 않는 것이지, 내게 그럴 권한이 있어서가 아니다."[20] 그래서 량수밍은 중국 정치를 "권한이 있는 사람은 무한한 권

---

18 위의 책, p.362.
19 위의 책, p.363.
20 위의 책, p.364.

한을 가지고, 권한이 없는 사람에게는 어떠한 권한도 없는 것"이라고 개괄했고, 서양의 정치 원칙은 "공공의 일에는 모두가 주인으로 참여할 권리를 가지고, 개인의 일에 대해서는 아무도 물을 권한이 없는 것"[21]으로 개괄했다. 여기에는 서구의 민주정신에 대한 그의 진심어린 찬미와 인정이 담겨 있다.

이런 관점을 토대로 그는 중국인의 전통적 정치 이념의 개조가 시급하다고 했다. 그는 신해혁명으로 민국民國이 성립한 후 발생한 정치 문제의 원인에 관하여 "중국 사람들이 서구화된 정치제도 하에서 동양적 정치제도에 속해 있을 때의 태도를 유지했기 때문이다. 동양적 태도는 서구화와 근본적으로 다르며, 이런 태도를 바꾸지 않는다면 서구화한 정치제도는 절대 자리 잡을 수 없다"고 했다.[22]

이상에서 볼 수 있듯이, 량수밍이 "과학과 민주를 반대"했다는 것은, 량수밍의 사상을 완전히 오독한 것이 아니라면, 정치적 주도권을 점함으로써 논쟁 대상을 제압하려 했던 것임을 알 수 있다. 이는 20세기 문화급진파가 자주 보이는 태도였으며, 수많은 무의미한 논쟁들이 여기에서 비롯됐다. 사실 량수밍은 서양 문화가 보여준 과학과 민주를 전적으로 인정했을 뿐 아니라 자유, 평등, 권리 등에 대한 강한 열망이 있었다. 동시에 서구화론이 중국문화에 미치는 긍정 및 부정적 영향에 대한 비평은 량수밍의 중국문화에 대한 비평과 기본적으로 일치한다. 그밖에 그가 서양 문화 윤리 관념에 대해서도 많은 부분 긍정적 태도를 보였는데, 예를 들어, "서구 사람들의 윤리 사상과 도덕 관념은 우리의 그것과 매우 다르다. 가장 두드러지는 것은 두 가지다. 첫째, 서구인은 사회적 도덕, 즉 공덕公德을 매우 중시하는 반면 중국인은 이것을 거의 신경 쓰지 않고, A라는 사람의 B라는 사람에 대한 도덕, 즉 사덕私德을 중시한다. (…중략…) 둘째, 중국에서는 한 명의 개인을 따르고 모시는 것을 도덕으로 여긴다".[23]

---

21 위의 책, pp.364~365.
22 위의 책, p.337.

종합하면, 량수밍의 서양 문화에 대한 생각은 다음과 같다. "서구의 학술사상은 곳곳에서 특별한 색채를 띠며 우리와 완전히 다른 모습을 보이는데, 이것이 바로 '과학 정신'이다".[24] "서구사람들의 사회생활은 여기저기에서 특별한 색채를 띠며 우리와 완전히 다른 모습을 보이는데, 이것이 바로 '데모크라시' 정신이다".[25] 서구사상과 정치에 대한 존숭과 연결지어 보면, 량수밍은 중국 전통 학술과 전통적 정치의 폐단을 명확하게 비판하고 있었음을 알 수 있다.

3

　서양 문화 특성에 대한 량수밍의 인식을 다시 살펴보자. 그는 "무엇이 서구화인가? 이 질문을 하면 대부분은 곧바로 대답하지 못하거나, 서구의 정치제도나 사회 분위기, 학술사상 등을 나열할 것이다. 안타깝게도 여기에 나열한 것들에 대해 제대로 알기는 어려우며, 설령 제대로 안다고 해도 나열하는 것이 많아질수록 '서구화' 관념을 분명하게 설명하기는 더 어렵다. 왜냐하면 앞의 질문에는 서구화에 대한 수많은 사항들을 한두 마디로 줄여서 나타내야 하기 때문이다. 그 수많은 것들을 어떤 하나의 의미 있는 것으로 만들어서 우리의 마음에 딱 들어맞게 해야 질문에 제대로 답한 것이라고 할 수 있을 것이다".[26] 당시 수많은 지식인들처럼, 량수밍은 동양 문화와 서양 문화를 대비시키며 한두 마디로 정리하기를 좋아했다. 이 방식은 지금 보기에 다소 단편적일 수 있지만, 당시 문화 문제를 급히 해결해야 했던 그에게는 어쩔 수 없는 선택이었다.

23　위의 책, p.369.
24　위의 책, p.362.
25　위의 책, p.370.
26　위의 책, p.345.

량수밍은 과학과 민주가 서양 문화의 특징이자 장점이라고 했다. "이것은 모두가 확인한 것이며 나 혼자만의 견해가 아니다. 근 몇 년 사이 새로운 사상가들이 구구절절 반복해서 주장한 말들은 결국 이것이며, 내가 처음으로 하는 말이 아니다".[27] 앞에서 량수밍의 서양 문화에 대한 이해를 서술하면서 그가 분명 서양 문화에 대해 깊이 이해하고 있었다는 점과 결코 서양 문화를 반대하는 입장은 아니었다는 점을 밝혔다. 그러나 량수밍 문화관의 특이점은 이것만이 아니었다.

서양 문화의 장점이 과학과 민주에 있다는 것을 이해한 이후 다른 문화파와 달랐던 점은 량수밍의 사고가 여기에서 그치지 않았다는 것이다. 그는 계속해서 고민했고, 사람들이 과학과 민주를 서구화의 특색이라고 알고 있지만 누구도 더 나아간 질문을 하지 않음을 문제 삼았다. "서구화는 어떻게 이 정도로 성공할 수 있었나? 과학과 민주는 어떻게 얻은 결과인가? 이런 것들이 왜 중국에서는 나오지 않는 것인가?"[28]

먼저, 그가 과학과 민주로 서양 문화를 개괄하는 것에 만족하지 않은 이유는 그가 보기에 '과학과 민주'로 서양 문화를 개괄하는 방식으로는 서양 문화가 "자연을 정복"했다는 특징을 보여줄 수 없었고, 이것은 하나의 단점이었다.[29] 다음으로, 그의 '한 마디'로 정리하는 방식을 통해 그는 '과학'과 '민주' 이 두 가지를 모호한 관계의 정신이 아닌 '하나의 정신'으로 귀결시킬 수 있기를 희망했다.[30]

더 중요한 것은, 그가 중국인들이 이 '과학과 민주'라는 두 가지만 받아들이려고 하지만 이 두 가지 뒤에 더 본질적인 것들이 있다고 여긴 점이다. 그는 다

---

27 위의 책, p.370.
28 위의 책.
29 위의 책, p.350.
30 위의 책, p.351.

음과 같이 말했다.

이것은 서구화로 차츰 만들어진 모습[面目]일 뿐이며 그것이 지금까지 걸어온 '길의 방향[路向]'은 아님을 알아야 한다. 우리가 그들처럼 되기 위해서는, 그들이 걸어온 길을 그대로 걷지는 않아도, 그들이 걸은 '길의 방향[路向]'을 따라 걸어가야 한다. 그렇지 않고 그들의 모습[面目]만을 배우려고 하면 절대 불가능하다. 또한 서구화가 서구화인 이유는 그것[彼] 때문이지 이것[此] 때문은 아님을 알아야 한다. 이러한 모습[面目]만으로는 서구화할 수는 없으며, 그 '길의 방향[路向]'으로 서구화를 해야 한다.[31]

이것은 곧 과학과 민주가 서양 문화의 '모습[面目]'이지 '길의 방향[路向]'이 아님을 뜻한다. 위에서 '이것[此]'은 '모습'이고 '그것[彼]'은 '길의 방향'이다. 그는 서양 문화가 서양 문화인 것은 그들의 '모습' 때문이 아니라 '길의 방향' 때문임을 강조했다. 이 '길의 방향'이 바로 서양 문화의 가장 근본적인 특성이다.

량수밍은 왜 이런 관점을 제시했는가? 그의 의견에 따르면, 과학과 민주로 서양 문화를 개괄한 것은 "서구의 각종 문물의 공통적 특색을 뽑아낸 것"이다. 그런데 그가 취한 방법은 "이러한 특색의 원천을 찾아내는 것"이었다. 어떤 문화의 '원천'을 찾는 이런 방식은 그 문화의 '길의 방향'을 찾는 것이거나, 혹은 그 문화의 '의욕意欲'을 찾는 것이기도 하다.[32]

이것이 바로 량수밍의 문화관이 '심도 있는 문화관'임을 보여주는 점이다. 그가 추구한 것은 문화 외적이며 귀납 가능한 '양식[樣法]'이 아닌, 그 안에 내재돼 있고 경험으로만 알 수 있는 어떤 '의욕'이었다. 이 과정에서 그의 문화철학이 만들어지기도 했다. 그는 자신이 사용한 문화 연구 방법을 이렇게 설명했다.

31 위의 책, p.371.
32 위의 책, p.353.

내가 보기에 한 문화의 근원이나 원천을 찾는 데에는 어떤 방법이 있을 것 같다. 그런데 문화란 대체 무엇인가? 그 민족의 생활양식에 불과하다. 삶은 또 무엇인가? 삶은 끊임없이 뭔가를 원하고[意欲], WILL 만족과 불만족을 반복하는 일에 불과하다. 다 같은 인간이고 삶인데, 왜 표출되는 생활양식은 서로 다를까. 그 생활양식을 만든 가장 근본적인 의욕이 서로 다른 방향으로 갈라져서 서로 다른 모습이 됐을 뿐이다. 한 문화의 근본이나 원천을 찾아내려면, 문화의 근원적 의욕을 보고 이 문화권의 방향이 다른 문화권과 어떻게 다른지만 보면 된다. 그 방향이 어떻게 다른지 보려면 이미 알고 있는 그것의 특색에서 그 시작점을 미루어 보면 알 수 있다.[33]

문화의 근본이나 원천이라는 것은 문화 의지의 방향을 가리키며 이 의지의 방향이 생활양식을 만들고, 서로 다른 생활양식은 각각의 특색을 지닌다.

이렇게 그는 "무엇이 서양 문화인가"에 대한 답을 도출했다. 그것은 바로 서구화는 '앞으로 나아가고자 함'을 기본 정신으로 삼는 것이라는 점이다. 즉, 서구화는 '앞으로 나아가고자 하는' 정신으로 '사이언스塞恩斯'와 '데모크라시德謨克拉西'라는 두 개의 특색 있는 문화를 만들어 낸 것이라고 할 수 있다.[34]

4

지금까지 살펴봤듯이 량수밍의 문화관은 서구화를 반대한 것이 아니었을 뿐만 아니라, 어떤 의미에서는 매우 '서구화'됐다고 할 수 있다. 보다시피 그는 중국인이 과학과 민주를 배워야 한다고 했고, 중국인이 과학과 민주가 만들어진 '길의

---

33 위의 책, p.352.
34 위의 책, p.353.

방행[略向]'을 배워야 하며, 그렇게 하지 않으면 과학과 민주를 습득할 수 없다고 했다. 이것은 과학과 민주를 주장하기만 한 사람들보다 더 서구화한 것 아니겠는 가? 이렇게 보면, 그는 겉부터 속까지 철저히 '서구화'됐다고 할 수 있다.

뿐만 아니라, 그는 동양 문화는 덜 진화했고 서양 문화는 동양 문화보다 훨씬 발전했다고 생각했다. 또한 서양 문화가 동양에 들어오지 않았다면 동양은 서양이 지닌 모습을 갖추지 못했을 것이라고도 했다. 그의 말을 보자.

감히 말하자면, 유럽-아시아 사이의 교통이 개통되지 않았다면 중국인의 정신은 예전 모습 그대로 변화가 없었을 것이고, 중국의 경제상황도 크게 변화하지 않았을 것이며, 유럽의 소위 '공업혁명Industrial Revolution'도 일어나지 않았을 것이다. 회족과 유럽인들이 인도에 들어가서 인도 사람들의 사고방식을 그대로 따랐다면 인도의 경제가 어떻게 발전했을지 상상이 되는가?[35]

이 말에서도 량수밍이 중국과 인도의 발전이 너무 느리다고 생각했음을 알 수 있다. 이상에서 살펴본 량수밍의 입장은 서구파와 큰 차이가 없다. 그러나 다음 단락은 그는 놀라운 견해를 보여준다.

먼저 서구화의 모습을 중국적인 모습과 비교해서 보자. 첫째, 서구화는 물질적 생활 측면에서 자연을 정복했지만 중국은 그러지 않았고 그러지 못했다. 둘째, 서구화는 사상 방면에서 과학적 방법을 썼지만 중국은 그러지 않았다. 셋째, 서구화는 사회 생활에 '데모크라시'가 있지만 중국에는 없다. 이 세 가지 방면 모두에서 중국은 서구에 못 미치고, 부정적인 면만 두드러지며 나은 점은 찾아보기 힘들다.

따라서 우리는 다음의 질문을 던진다. 중국문화의 근본적인 길의 방향은 서구화와

---

35 위의 책, p.375.

같은 것이지만 너무 느려서 서양만큼의 결과를 내지 못할 것인가? 아니면 서양과 다른 길을 감으로써 부정적인 면만이 아닌 스스로 긍정적인 면을 갖추는 성과를 거둘 것인가? 대다수는 중국은 단순히 서구보다 못하다며, 서구는 진보속도가 빠르고 더 멀리 가는 반면, 중국인은 느리고 진화하지 않으므로 서구의 절반 밖에 못 간다고 생각했다. 나도 처음에는 이렇게 생각했다. (…중략…) 그러나 사실 그렇지 않다.[36]

천두슈를 비롯한 서구파가 지적한 중국문화의 병폐를 량수밍 또한 인정했다. 또, 모든 서구파가 서양 문화를 배워야 한다고 했던 점에도 그는 동의했다. 그러나 량수밍은 서구파가 중국문화는 가치 없는 것뿐이라고 보는 데에는 동의할 수 없었다. 그에게 이 주장은 이성적, 감성적 두 방면 모두에서 동의할 수 없는 것이었다. 그는 서양 문화를 배우되 동양 문화도 보존할 것은 해야 한다고 생각했다.

어떻게 그렇게 할 수 있을까? 그는 먼저 서구파의 문화 관련 주장을 전적으로 받아들인 후 해설을 덧붙였다. 먼저, 중국, 서양, 인도 세 문화권 각각의 "길의 방향[路向]"이 있다고 했다. 다음을 보자.

인류문화 대부분은 하나의 방향으로 가고 있다고 할 수 있다. 서양 사람들이 80~90리를 갔다면 중국 사람들은 20~30리밖에 못 갔다. 이 점은 확실하지 않은가? 그러나 실제로는 그렇지 않다. 난 단언할 수 있다. 만약 우리가 서구화 흐름을 접하지 않았다면, 중국은 완전히 문을 닫고 외부와 교류하지 않았을 것이고, 300년, 500년, 천년이 지나도 절대 지금 같은 선박이나 기차, 비행정, 과학기술 등과 '데모크라시' 정신은 생기지 않았을 것이다. 이 말은 곧 중국인은 서양인과 같은 노선을 걷는 게 아님을 말한다. 느리게 걸어서 수십 리 뒤떨어져 있는 것이라면, 같은 노선일 경

---

36 위의 책, pp.391~392.

우 많이는 못 가도 천천히 가다 보면 언젠가 그들을 따라잡을 수 있다. 그러나 각자 다른 노선을 따라 각자의 방향으로 간다면 아무리 오랜 시간이 흘러도 서양인들이 도달한 지점에 이르지 못할 것이다! 중국은 바로 후자의 상황에 해당하며, 거칠게 말하면 중국인은 서양인과 다른 자신만의 길의 방향과 태도를 지니고 있다.[37]

이러한 관점으로도 서화론西化論적 결론을 내릴 수 있다. 즉 중국이 처음에는 길을 잘못 들었지만, 이제부터 서둘러서 서양의 길을 걸으면 된다고 말이다! 바꿔 말하면, 량수밍이 여기까지만 말했다면 서구화 지지자들이 반대할 일은 없었을 것이다. 그렇다면 어디에서 의견이 갈리는가?

신문화운동 초반 량수밍은 기본적으로 서구파의 문화 분석과 정치적 주장에 찬성했다. 그러나 중국문화는 전부 가치 없다는 말만은 동의할 수 없었다. 신문화운동 후기에 량수밍은 서양 문화의 문제점 비판에 신경 쓰기 시작했고, 이를 통해 다가올 세계 문화의 흐름을 과감하게 예언했다. 즉 서양 문화는 언젠가 변할 것이고, 동양 문화는 언젠가 부흥할 것이라는 점이다. 간단히 말해, 량수밍이 서구파와 분명히 달랐던 점은 '과거'도 '지금'도 아닌, '미래의 발전'에 대한 예측 부분인 것이다.

이제 량수밍 초기 문화관의 핵심인 '세 가지 길의 방향路向에 대한 설'에 대해 살펴보겠다. 그는 삶에서 문제를 해결하는 방식이 곧 삶의 양식이고, 그것은 세 가지로 정리할 수 있다고 봤다.

① 문제에 직면했을 때 적극적으로 손을 써서 해당 국면을 바꿈, 즉 치열하게 다투는 태도.

② 문제에 직면했을 때 알아서 해결되기를 바라고 치열하게 싸우지 않으며 그 상

---

37 위의 책, p.392.

태에 만족함.

③문제에 직면했을 때 문제와 해결에 대한 요구를 없애려고만 함.[38]

량수밍은 서양, 중국, 인도 문화가 각각 이 세 가지 인생관을 보인다고 했다. 구체적 내용은 다음과 같다.

서양 문화는 첫 번째 길의 방향으로 걸었다. 앞으로 나아가고자 함이 그들의 근본 정신이다.

중국문화는 두 번째 길의 방향으로 걸었다. 조화를 이루고 중용을 지키고자 함이 그들의 근본정신이다.

인도문화는 세 번째 길의 방향으로 걸었다. 몸을 돌려서 물러나고자 함이 그들의 근본정신이다.[39]

이러한 항목은 '인격'에 대응시키면 매우 분명하게 구분된다. 어떤 사람은 매우 진취적이고 도전적이고, 한 사람은 조화와 중용을 중시하여 어떤 상황이든 만족하며, 어떤 사람은 삶을 부정적으로 바라본다.

앞에서 말했듯이 이 '세 가지 길의 방향'에 대해서는 서구화 지지자도 동의할 수 있다. '세 가지 길의 방향'에 대한 설을 통해서 '진화' 관념을 기초로 하는 철저한 서화론적西化論的 결론을 도출할 수 있기 때문이다. 즉, 전 세계 모든 나라는 생존해야 하고, 현대화해야 하며, 모두 첫 번째 길의 방향으로 걸어야 경제 발전과 정치적 민주 및 개성의 발현이 실현될 수 있다는 것이다. 사실상 량수밍도 첫 번째 길의 방향으로 걷는 것이 중국에게 시급한 일이라는 점에 찬성했다.

---

38 위의 책, pp.381~382.
39 위의 책, p.383.

이것만 보면 량수밍은 완전히 서구파가 아닌가? 그러나 량수밍은 서구파와 달랐다. 앞에서 말한 '세 가지 길의 방향' 설에서 그는 서구파의 주장과는 다른 변화된 문화관, 즉 세 가지 길의 방향 모두에 적용 가능한 문화관을 제시했다. 거칠게 말하면, 그는 서양 문화에 대해서는 '현재'를 기준으로 인정했고, 중국과 인도문화에 대한 인정은 '미래'를 기준으로 했다. 그가 보기에 세계문화는 큰 변화를 겪는 중이고, 변화의 흐름은 '현재'에 있으며, 세계는 모두 서구를 따라 첫 번째 길로 가야 한다. 그러나 '아주 가까운 미래'에 세계는 두 번째 길, 즉 중국문화가 걸은 길로 방향을 바꾸게 될 것이며, '미래'에는 세 번째 길, 즉 인도가 걸어온 길로 방향을 바꿀 것이라고 했다. 이러한 '시간'적 차원에서, 그는 중국과 인도문화가 여전히 가치 있다고 봤고, 서구파가 서구화의 흐름 속에서 중국과 인도 문화의 가치를 박물관 속 유물로 간주했던 것과는 달랐다. 그밖에 이런 '시간' 차원의 처리방식 외에도, 량수밍은 '공간'이라는 요소로 중국문화의 위치를 지정하려고 했다. 그는 서구파와 마찬가지로 중국 고대의 '문명' 측면—예를 들어 기물, 제도, 학술 등—에서의 낙후를 비판하고 부정했다. 그러나 중국문화에 담긴 '인생관'이 낙후됐다는 데에는 동의하지 않았다. 사실 그가 말한 향후 중국문화의 부흥은 기물, 제도, 학술 등을 가리키는 것이 아니라, 인생관 면에서의 '길의 방향[路向]'을 가리킨다.

5

량수밍의 이런 관점은 확실히 다른 이들과 달랐다. 보통은 중국, 인도 문화의 역사를 인정하고, 중국과 인도 문화가 역사적 가치는 있어도 현대화 과정에서 그 가치를 상실했다고 본다. 량수밍의 관점은 정반대다. 그는 중국과 인도의 문화가 일찍 무르익었고, 그러므로 역사적 흐름 상 민족들의 삶에 필요하거나 이 시대가 맞닥뜨린 문제들을 해결해 줄 수 없는 것이라고 했다. 그러나 중국, 인도 문화의 관념과 태도는 이후 세계의 각 민족의 삶에 필요할 것이고, 이후 세계문화 발전 과정에서 생기는 문제의 해결에 도움이 될 것이라고 했다.

량수밍이 이런 판단과 예측을 한 것은 그가 동양 문화에 내재한 가치를 본래부터 인정했었기 때문이라는 점 외에, 이 시기 지식인들이 서구 자본주의 문화의 병폐에 대해 성찰했다는 점, 서구 사회주의 사상에서 깊은 영향을 받았다는 점과 직접적인 관련이 있다. 그는 말했다. "우리가 미래의 문화에 대해 말하는 것은 세계가 이후에 반드시 특정 문화를 받아들여야 함을 주장하는 것이 아니라 지금의 상황이 특정 방향을 향해 가고 있음을 말하는 것이다. (…중략…) 우리는 객관적 관찰을 통해 현재 전 세계를 주도하는 서양 문화가 이미 뚜렷한 변화를 겪고 있으며, 앞으로의 세계 문화도 쉽게 예측 가능함을 알 수 있다."[40] 이렇게 실제 사실에서 출발하여 구축된 이론은 방법상 실제 변화의 흐름을 이론화한 것이며, 실제적이고 필연적인 것을 합리적인 것으로 삼는다. 여기에는 근대 지식인의 이데올로기는 세계 역사 흐름의 영향을 받는다는 것, 그리고 역사의 흐름에서 뒤처질까 걱정했던 그들의 마음이 반영돼 있다. 그리고 량수밍의 이론이 주관적 호오에 따라 논리를 구축한 것이 아니라, 세계문화 또는 서양 문화 변화의 추세를 보고 제시한 것임을 보여준다.

그렇다면 서구에서 나타난 변화는 무엇인가? 량수밍은 서구에서 중세 이후 소량생산에서 대량생산 체제로 바뀐 주요 원인을 다음 몇 가지로 들었다. 하나는, 기계의 발명으로 자본과 노동력 집중이 가능했고, 그로 인해 생산 규모가 대거 확대됐다는 점이다. 또 하나는 자유경쟁 때문으로, 사회가 산업에 간섭하지 않고 각자의 이익을 다투게 됐다는 점이다. 그는 이런 발전이 지금까지 온갖

---

40 위의 책, p.488.

문제와 첨예한 갈등을 야기했으며, 자본주의 대량생산의 발전으로 사회는 자본가와 노동자라는 주요 계급으로 분화했고, 자본가는 노동자를 압박했으며 노동자들은 수시로 실직의 위협에 직면했다고 했다. 한편으로는 무계획적 생산으로 과잉이 발생했고, 또 한편으로는 생산 과잉으로 노동자 실업이 발생했다. "지금의 방식으로 이 현상이 지속된다면 이는 너무나 비합리적인 일이며, 이것을 그냥 두는 것은 우리 인간의 본의本意를 완전히 잃는 일이다. 사람은 당연히 좋은 방향으로 변화하기를 원하며, 그러기 위해서는 합리적 방안을 찾아야 한다. 지금의 개인 중심, 생산 중심의 경제를 사회 중심, 분배 중심으로 되돌려야 하는 것이다. 이것을 개선하려고 나온 것이 사회주의이다. 서양 문화의 변화는 이것에서 시작됐다."[41] 량수밍이 사회주의의 영향을 많이 받았다는 것을 여기에서 분명히 확인할 수 있다.

량수밍이 보기에 사회주의의 출현은 서양 문화 변화의 중요한 계기였다. 이 점에서 량수밍은 다음을 지적했다.

우리는 지금의 경제가 어떤 과정을 거쳐 개선될 것인지 알 수 없지만, 그것이 좋은 방향으로 바뀌어야 함은 분명하고 조만간 그렇게 될 것이다. 어떤 방향인지는 마음대로 설계할 수 없다. 그러나 그것은 반드시 합리적이어야 하며, 반드시 사회와 분배 중심이 되어야 한다. 이렇게 하면 인류사회에는 하나의 변혁이 발생하고, 제1의 길의 방향이 제2의 길의 방향으로 바뀌고, 서양의 방식이 중국의 방식으로 바뀔 것이다. 왜 이렇게 되어야 하는가? 다른 것 때문이 아니다. 단지 지금의 경제를 첫 번째 문제에서 두 번째 문제로 변화시켜야 하기 때문이다.[42]

---

41 위의 책, p.491.
42 위의 책, p.493.

이것은 량수밍이 서양 문화 즉 세계문화가 장차 사회주의로 전환될 것이라고 생각했다는 것을 보여주기도 한다. 그리고 사회주의로 전환된다는 것은 세계문화가 제1의 길의 방향에서 제2의 길의 방향으로 바뀌는 것을 뜻한다. 바꿔 말하면, 그가 보기에 사회주의 문화는 중국문화그의입장에서는공자사상와 같은 노선의 것이다. 첫 번째 문제라는 것은 인간과 자연의 관계이고, 두 번째 문제는 인간과 인간의 관계이다. 중국문화와 사회주의 문화 모두 인간과 인간의 관계를 잘 다룬다는 점이 특징이다.

따라서 량수밍은 다음과 같이 말했다. "근세 이후 서양 사람들은 줄곧 이런 태도를 취했다. 그런 태도에서 경제 방면의 경쟁력이 나왔으며 (…중략…) 이런 인생관은 생존 문제와 함께 사라졌다. 서양인들은 이런 태도에 주력한 이래로, 늘 외부 환경을 바꿈으로써 만족을 추구하려고 했고, 외적인 것을 중시하며 내적인 것은 소홀히 하고, 다른 사람은 중시하나 자신은 중시하지 않게 됐다. 자연계에 대해서는 그것을 개조하는 것으로, 사회에 대해서는 사회를 개조하는 쪽으로 행했고, 그래서 자연을 정복하고 권위를 쟁취했고, 기물과 제도도 날로 새로워지는 등 변화를 거듭해서 사회가 크게 변모하여 이상적인 세계가 출현하기에 이르렀다. 이 길은 끝에 다다랐다!"[43] 또 말했다. "우리 인류사회는 인간 대 물질 문제의 시대에서 인간 대 인간 문제의 시대로 전환될 것이다 (…중략…) 물질로써 사람을 대하는 것, 인류는 점점 이런 태도를 받아들이지 못할 것이고, 경제가 개선된 후 새로워진 사회에서는 물적物的 일치에서 나아가 마음의 조화를 추구할 수밖에 없으며, 결국에는 인간과 인간이 타협해야 한다. 또 이전 시기에는 인류가 물질적으로 만족하지 못했다면, 나중에는 정신적으로 불안정한 시대가 될 것이다. (…중략…) 이런 여러 가지 요인으로 인해 제1의 길의 방향을 걸어온 서양은 제2의 길의 방향으로 전환할 수밖에 없다."[44] 량수밍

---

43 위의 책, p.494.

의 근대 자본주의 미래에 대한 주장은 당시 사회주의자들의 입장과 다르지 않다. 당연히 량수밍의 주장에도 정리 안 된 부분이 많다. 예를 들어, 중국문화로 대표되는 제2의 길의 방향을 안분지족安分知足이라고 하거나, 자기절제를 추구한다고 한 것처럼 말이다. 또 사회주의 역시 제2의 길의 방향에 해당한다고 했는데, 사실 사회주의는 이렇게 구분 지을 수 없다. 그러나 량수밍이 아예 잘못 본 것은 아니다. 유가와 사회주의 사이에는 분명 공통점이 있기 때문이다.

이상에서 보듯, 량수밍이 말한 '중국문화'는 사실 두 가지 의미를 가진다. 하나는 중화민족이 만든 총체적 문화이고, 그 핵심은 유교문화이다. 또 하나는 중국 역사 문화를 통해 볼 수 있는 일종의 정신과 문화적 길의 방향略向이다. 후자에 해당하는 '중국문화'에는 '중국성中國性'이 없다. 그러나 이것은 조화와 평등, 인성의 문화를 중시하는 노선과 정신을 대표하며, 널리 확산될 수 있다. 량수밍에게 세계문화를 중국문화로 바꾼다는 것은 세계 각 민족이 중국어를 하고 중국어로 책을 읽는다는 뜻이 아니며, 중국의 전통적인 물질문화·정치제도·학술체계를 세계화한다는 것은 더더욱 아니다. 그것은 세계 각 민족문화가 사회주의 길을 걷게 하는 것이고, 사회주의 사상과 사회주의 운동이 표방하는 인생관을 지님을 말하며, 그것은 그가 이해한 중국 고대 유가에서 제창한 인생관이다. 바로 이 의미에서 그는 중국문화가 세계화할 수 있고, 유럽 또한 예외가 아니라고 했다. 또 바로 이 의미에서 량수밍을 "유가 색채를 띤 사회주의"라고 말하는 것은 합당하다. 그가 말한 미래의 중국문화 부흥은 사실 유가적인 인생관과 사회주의적 정치경제 제도를 가리킨다.

또 이상에서 다음을 알 수 있다. 량수밍과 서구파의 사상 면에서의 차이는, 량수밍이 서구파처럼 민주, 과학, 공업혁명, 개성을 중시한 것 말고도, 사회주의도 필요하다고 한 점에 있다. 사회-정치-경제 개조를 주장한 것과 관련, 량

---

44 위의 책, p.495.

수밍은 초기에 서구화론자와 동일한 입장을 보였고 나중에는 사회주의를 주장했다. 따라서 량수밍을 보수주의이자 反反현대화, 反反과학·민주라고 하는 것은 모두 잘못됐다. 사회 정치사상의 측면에서 보면, 량수밍은 본질적으로 사회주의자다. 총체적 문화를 두고 보면 량수밍은 서양 문화도 필요하고 사회주의도 필요하다고 했으며, 유가 및 동양 문화도 필요하다고 했다. 이 세 가지를 어떤 관계로 보는지 그가 분명하게 다루지는 않았지만, 그가 주장한 것은 정치적으로는 헌정주의, 경제적으론 사회주의, 문화적으로는 다원주의라고 할 수 있겠다. 이런 복잡한 문화구조는 단순한 시각으로 이해하기 어렵다.

6

량수밍은 왜 이런 관점을 제시했는가? 그가 동양 문화 중 가치 있는 것들을 진지하게 인정했다는 점 외에, 세계 변화의 영향이 중요하게 작용했다. 여기에서 중요한 문제를 언급해야 한다. 즉, 중국문화 발전의 세계적인 맥락이다. 중국의 현대성은 세계의 현대성에 따라 규정되고 세계 정치경제문화 발전의 영향을 받아서 발전한 것이다. 단순히 '급진-보수'라는 해석의 틀로 중국 근대문화의 변화를 해석할 수는 없다. '보수'가 언제나 '급진'의 직접적인 대립점이 되는 것은 아니며, 세계의 정치-문화 발전 과정에서 복잡한 상호작용의 결과로 만들어진 것이다. 20세기 중국과 서양의 교류가 증대되면서 서양에 대한 중국의 이해도 역시 높아졌고 더욱 즉각적으로 이루어졌다. 서구 사회와 사상의 새로운 발전을 중국에서도 빠르게 확인했다. 특히 동서 문화와 인류문화의 미래에 관한 서구사상 문화계의 움직임에 중국인들은 더 민감하게 반응했다.

따라서 신문화운동의 격렬하고 분분했던 논의, 신문화운동의 변화와 발전은 중국문화 맥락 속에서 독립적으로 생기고 단독으로 발전한 것이 아니다. 절대 귀잔보郭湛波가 말한 것처럼 천두슈 등이 서양 문화를 제창한 후 량수밍이 그에 반대한 것이 아니다. 게다가 서양 문화의 병폐를 비평하고 인지한 지식인과 그들의 비평문은 중국 내 사회변혁에 근거했다는 점 외에, 대부분은 서양의 사회 상황과 서양 지식인의 서양 문화에 대한 비평, 그리고 사회주의 사조와 실천의 출현과 직접적인 관련이 있다. 이렇게 보면, 중국 지식인들의 서양 문화에 대한 비평도 서양 문화의 영향으로 만들어진 것이다.

　모두가 알다시피, 제1차 세계대전과 러시아의 '10월혁명'은 1919년 '5·4 운동' 전에 일어난 세계적 사건이다. 제1차 세계대전과 '10월혁명'으로 세계 역사는 새로운 시기로 접어들었고, 유럽 역사의 발전만이 아니라 동양의 여러 나라에도 지대한 영향을 미쳤다. 제1차 세계대전은 자본주의 모순의 격화와 폭발을 상징하는 것으로, 서양 근대 자본주의에 대한 전 세계적인 재인식과 성찰이 일어났다. 따라서 '10월혁명' 이후, 동서 문명의 조화 또는 동양 문화 가치의 재인식을 제창한 사람들이 청말 민초 보수파와 근본적으로 달랐던 점은, 그들은 서양 문명에 대해 잘 알았고, 자본주의사회의 폐단을 분명히 파악하고 있었으며, 서양 근대의 자본주의 문명을 비판하는 데 있어 마르크스와 기타 서양 사상가들의 영향을 받아서 자주 그것의 단점을 짚어냈다는 것이다. 그러나 이후 자본주의 문명의 위기 상황을 직시하지 않은 채 중국 고유 문화의 모든 가치를 완전히 부정하고, 이미 많은 모순과 병폐를 드러낸 서구 자본주의 제도를 변호하면서, 근대 서양 문화는 완전무결한데 전 세계가 시류를 따르지 않는다고 했다.[45] 이런 전 세계적 분위기는 서구 근대 문명을 열심히 배우려고 했던 중국 지식인들에게 이율배반적 숙명이었다. 량치차오는 1919년 유럽에 가서 1년 동안 머물면서 유럽이 세계대전 후 처참히 망가진 모습을 보고 크게 놀랐다. 또

45　羅榮渠, 「中國近百年來現代化思潮的演變」, 『從"西化"到"現代化"·代序』, 北京大學出版社, 1990.

구미 사상가들과 의견을 교환하며 많은 조언도 얻었다. 이 점에 대한 생각을 정리했고, 귀국 후 「구유심영록歐遊心影錄」를 1920년 3월부터 8월까지 『신보晨報』에 게재해서 한 차례 토론이 일었다.

량치차오는 글에서 당시 유럽은 '세기말, 문명의 몰락' 분위기가 가득했다고 했다. 다음을 보자.

우리는 유럽에 온 이후 이런 비관적 분위기를 곳곳에서 접했다. 미국의 유명한 기자 사이먼 씨와 대화하던 중, 그가 "당신은 중국으로 돌아가서 뭔가를 할 때 서양 문명의 요소를 반영할 생각인가요?"라고 물었고, 나는 "자연히 그렇게 되겠지요"라고 답했다. 그가 한숨을 쉬며 "참, 안 됐군요. 서양 문명은 이미 망했습니다"라고 했다. 나는 그에게 "당신은 미국에 돌아가서 뭘 할 건데요?"라고 물었다. 그가 말했다. "저는 돌아가면 문을 단단히 닫아놨다가 당신들이 중국 문명을 들여와서 우릴 구해줄 때까지 기다릴 겁니다"라고 했다. 난 이런 말은 처음 들었다. 그가 나를 놀리는 줄 알았다. 그러나 나중에 여기저기에서 그런 말을 듣고 나서야 그곳의 많은 선각자들이 마음에 커다란 위기감을 안고 있으며, 그들의 물질 문명은 각종 사회 문제를 만든 씨앗이며 세상 밖 도화원桃花源인 중국만 못하고, 아직은 방법이 있다고 생각한다는 것을 알게 됐다. 이것이 수많은 유럽인의 심리의 한 모습이었다.[46]

량치차오는 또 이렇게 말했다.

파리에 있을 때 저명한 철학자 보트로T. M. Boutreu, 1845~1921, 베르그송(Henri Bergson), 1859~1941의 스승가 나에게 말했다. "한 나라의 국민에게 가장 중요한 일은 자기 나라 문화를 빛나게 하는 것이다. 자손이 조부의 유산을 물려받으면 그것을 보존하고 의

---

46 『東西文選』, p.349.

미 있게 쓰이게 해야 한다. 아주 보잘것없는 문명이라도 그 의미는 모두 훌륭하다. 왜냐하면 나라마다 저마다의 자질[特質]이 있고, 그 자질이 다른 자질과 만나면 자연스럽게 더 나은 제3의 자질이 생길 것이기 때문이다. 당신의 나라 중국은 분명 존경스럽고 사랑스럽다. 우리 선조들이 들에서 돌칼로 사냥할 때, 당신의 나라에는 얼마나 많은 사상가가 나왔는가. 근래 중국 철학서 번역본을 몇 권 읽었는데, 그들은 정말로 학식이 깊고 풍부하다. 안타깝게도 중국어를 배우기에는 내 나이가 너무 많다. 나는 중국인들이 자신들의 이런 문명을 잃지 않기를 바란다." 이 말을 듣는 순간 나는 한없이 어깨가 무거워졌다.

한번은 또, 사회당 인사들과 얘기를 나누다가 내가 공자의 "세상 모든 사람들이 형제다[四海之內皆兄弟]", "적음을 근심하지 않고 공평하지 않음을 근심한다[不患寡而患不均]"는 구절을 언급했다. 이어서 정전제井田制, 묵자의 '겸애兼愛', '침병寢兵' 등의 개념을 설명했다. 그들은 펄쩍 뛰면서 "당신 나라에 이런 보물들이 있었는데, 그걸 숨겨두고 우리에게 조금도 나눠주지 않다니 정말 너무하군요!"라고 했다. 내 생각에 우리가 외국인에게 미안하다고 할 것까지는 없다. 다만 우리 선조들을 뵐 면목이 없을 뿐이다. 근래 많은 서양학자들은 동양 문명을 들여와서 그들의 것과 조합하고 싶어 한다.[47]

량치차오는 유럽에서 뭔가를 배우려고 했지만, 유럽 전쟁 이후 그가 본 유럽의 사상가와 주요 인사들은 모두 동양 문명을 들여오고 싶어 했다. 이런 동서 문명에 대한 인식은 신문화운동 시작 시기 천두슈 등이 주장한 절대적인 서구화론과 매우 달랐다. 이런 서양의 상황은 서양 문화의 선진적인 면을 전적으로 따르려던 중국인에게 영향을 미칠 수밖에 없었다.

---

47 위의 책, pp.371~372.

사실 이 시기, 중국인만 유럽에 가서 서양 문명에 대한 불만과 상실한 신념에 대해서 들은 것은 아니다. 유럽 및 미국의 유명한 사상가들도 중국에 와서 같은 입장을 접했다. 량수밍 역시 이러한 관점의 영향을 받았다. 그는 『동서 문화와 철학』에서 1919년 미국 철학자 존 듀이John Dewey, 1859~1952가 중국을 방문했던 이야기와 함께 다음처럼 말했다.

> 듀이는 베이징 방문 기간 동안 동서 문화가 조화를 이루어야 한다고 자주 말했다. 베이징대학에서의 격려사에서도 마찬가지였다. 이후 영국에서 버트런드 러셀 Bertrand Russell, 1872~1970이 왔을 때에도, 그 자신이 서양 문화에 반감을 가지고 있었던 만큼 중국문화가 얼마나 좋은지를 이야기할 수밖에 없었다. (…중략…) 이후 량임 공梁任公 : 량치차오이 유럽에서 돌아왔을 때에도 서양인들의 서양 문화에 대한 반감으로 인해 중국문화를 막연하게 부러워하는 상황에 대해 듣고 싶었다.[48]

듀이와 러셀 모두 세계적인 사상가로서, 중국문화를 긍정적으로 평가하는 부분이 있었으므로 동서 문화가 조화를 이루어야 한다고 했다. 유럽에서 가장 영향력 있는 일류 지식인들 중에는 서양 문화를 강하게 비판하는 이들이 많았다. 그들이 한 말, 특히 중국에 와서 중국인에게 한 말은 중국 지식인들에게 지대한 영향을 미쳤다.

서양 일류 지식인들만이 그랬던 것은 아니다. 동양의 상황도 19세기와는 크게 달라졌다. 사실 중국의 변법운동 당시, 톨스토이Leo Tolstoy, 1828~1910가 중국인에게 편지를 써서 중국은 변법을 해서는 안 된다고 했다. 펑유란이 "동양의 일류 인물"이라고 칭했던 인도의 유명 작가 타고르Rabindranath Tagore, 1861~1941는 펑유란의 동서 문화 문제에 대한 질문에 다음과 같이 답했다. "동서 문화의 차

---

48 梁漱溟, 『東西文化及其哲學』, 『梁漱溟全集』 第1卷, p.331.

이는 등급等級이 아닌 유형[種類]의 차이이다. 서양에서 인생의 목적은 활동活動이고, 동양에서 인생의 목적은 실현實現이다. 서양에서는 활동의 진보를 중요시하며, 그 전에는 다른 목표가 없었다. (…중략…) 지금 동양에서 서양을 도울 수 있는 요소는 '지혜'고, 서양에서 동양을 도울 수 있는 요소는 '활동'이다.[49] 그는 진리에는 두 가지 측면이 있고, 동양 문화와 서양 문화가 각 측면을 중시하므로 동서 문화가 조화를 이루어야 한다고 했다.

물론 서양 사상가 모두가 이런 관점을 가진 것은 아니었다. 그러나 이런 일류 사상가들의 자신의 문명을 비판하고, 동서 문화의 조화가 필요하다는 주장은 당시 서양 문화 내부의 한 조류가 되었고, 중국 내 문화 관련 토론에도 영향을 미칠 수밖에 없었다. 이것이 우리가 20년대 초 량수밍이라는 사상가의 출현을 이해하는 데 필요한 중요한 배경이다.

이런 세계적인 변화 속에서 중국 사상과 학술계도 차츰 신문화운동 초기의 절대 서구화 사상과 다른 길을 걷기 시작했다. 신문화운동의 중심이었던 베이징대학에서는 1920년 차이위안페이蔡元培 선생이 연구 차 유럽을 방문했을 때, "동문들이 그를 전송하는 자리에 모여 대화를 나눴는데, 대부분 인사들이 차이위안페이 선생의 이번 유럽행으로 동서양 문화 간 소통을 확대할 것이며, 그가 중국문화의 우수한 요소를 서양에 소개하고 서양 문화의 우수한 요소를 중국으로 가져올 수 있을 것"이라고 했다.[50] 당시 베이징대 사람들 절반 이상이 동서양 문화 융합을 주장했다.

---

49 馮友蘭, 「與印度泰戈爾談話」, 『東西文選』, p.399.
50 梁漱溟, 『自述』, 『梁漱溟全集』 第2卷, p.12.

7

이제 중국이 당시 걸어야 했던 길에 대한 량수밍의 견해를 보자. 량수밍은 자신의 책 마지막의 "우리가 지녀야 할 태도" 부분에서 다음 세 가지를 제시했다.

첫째, 인도의 태도는 멀리하고 조금도 용납해서는 안 된다.

둘째, 서양 문화를 전적으로 받아들이되 근본은 달라져야 한다. 즉 서양의 태도와는 달라야 한다.

셋째, 중국이 가지고 있었던 태도를 다시 비판적으로 가져와야 한다.[51]

중국인이 지녀야 할 태도에 대한 량수밍의 생각은 분명했다. 서양을 배워서 앞으로 나아가야 한다는 것이다.

우리는 지금, 당장 시급한 생명과 재산 및 개인 권리의 안전을 수호하여 안정을 이루기 위해서든 미래의 세계문화 개척을 가속화하여 합리적으로 생활하기 위해서든, 첫 번째 태도를 취하여 함께 분투하여 전진해야 한다. 그러나 그 노력을 근본적으로 두 번째 태도의 삶 속에 녹아들게 하지 않는다면 위험이나 착오를 피하기 어려우며, 또한 첫 번째 길의 방향[路向]에서 두 번째 길의 방향으로 넘어가는 이 과도기에 맞지 않을 것이다.[52]

그는 또, "지금 우리의 급선무는 국내의 분란을 종식시켜 우리의 생명과 재산 및 개개인의 권리를 안전하게 하는 일인데, 이것을 어떤 태도로 이룰 것인

---

51 梁漱溟, 『東西文化及其哲學』, 『梁漱溟全集』 第1卷, p.528.
52 위의 책, p.537.

가?"라고 했다. 그는 반드시 첫 번째 태도에서 시작해야 한다고 봤다. 그 이유는 다음과 같다.

현재 우리에게 필요한 정치제도는 서양에서 가져온 것이고 서양은 진취적으로 쟁취하려는 태도로써 그것을 만들어냈다. 그런데 우리 대다수 국민들은 여전히 수천년 동안 내려온 옛 태도를 고수하며, 정치에 대해 듣지도, 물으려고 하지도 않으며 절대 개인의 권리를 요구하지 않으니, 그런 제도와 근본적으로 부합되지 않는다. 결국 몇몇 소수의 다툼 때문에 정국이 끊임없이 뒤집히고 변란은 일상사가 되었다. 그러므로 지금의 문제는 권리의 쟁취가 아니라 너무 권리 쟁취를 안 한다는 데 있다. (…중략…) 오직 서양적 태도를 서둘러 참고하여 취해야 이때에 자신을 숙이고 남에게 양보하는 태도도 좋지 않은데, 앞으로 나아가 쟁취하기를 멈추라고만 가르치는 불교는 말해 무엇 하겠는가?[53]

'자신을 숙이고 남에게 양보하는 것'은 두 번째 태도이고, '앞으로 나아가기를 멈추는 것'은 세 번째 태도다. 량수밍은 '그 당시로서는' 이 두 가지 태도를 취해서는 안 된다고 했다. 이런 생각으로, 그는 '보수파[舊派]' 사람들이 과학과 민주를 철저히 받아들이지 못하는 것을 비판했다. 그는 "이 두 가지 정신 — 과학과 민주 — 은 전적으로 옳기 때문에 무조건적으로 받아들여야 한다. 즉 내가 말한 서구화의 전면적 수용이 필요하다는 것이다. 어떻게 이 두 가지 정신을 들여올지가 당장 시급한 문제이다. 이것을 해결하지 않으면 인격과 학술은 영영 말할 수 없다. 이제까지 어떤 고통을 받았었는지 자세히 생각해 보면 내 말이 지나치다고 할 수 없을 것이다. 그래서 나는 최근 몇 년 사이에 듀이와 러셀이 먼저 중국에 왔고, 베르그송Henri Bergson, 1859~1941과 루돌프 오이켄Rudorf Eucken,

---

53 위의 책, pp.534~535.

1846~1926이 오지 않은 것이 중국 학술사상계로서는 다행이라고 생각한다. 만약 듀이, 러셀이 아닌 베르그송과 루돌프 오이켄이 먼저 왔다면 우리의 문제점만 짚지 않았을까?"라고 했다.[54] 이 모든 것이 량수밍이 주장한 당시 중국인의 태도가 결코 서양 문화를 반대하는 것이 아닌, 과학과 민주를 철저히 받아들이고 앞으로 나아가기 위해 분투하는 자세였음을 보여준다.

서구파와의 다른 점은 여기에 있다. 당시 자본주의 위기가 누적되고 모순이 심해진 것과 사회주의운동이 막 일어나기 시작한 점을 고려해서, 량수밍은 서양 문화 흡수 방법을 바로잡아야 한다고 주장했다. "서양인들이 지녀온 삶의 자세는 지금까지 많은 문제를 보였고 강한 비판을 받았다. 그런데 그들천두슈등은 가리는 것 없이 전부 다 가져오려고 한다. 이런 태도가 지금의 서양인들에게 갈수록 고통을 주고 있고 중국인들에게는 한쪽으로 치우친 상황을 개선하는 데 적합하다고 해도, 잘못된 것은 바로 잡아야 한다."[55] 즉, 첫 번째 태도가 서양에서 이미 비판 받았더라도, 중국에서는 이러한 태도를 수용해야 하며, 다만 수정이 필요하다는 것이다. 왜냐하면 "서구화의 문제점을 보고 경계해야 할 점을 파악하면서, 두 번째 길의 문화를 전 세계에 실현시킬 준비를 해야"[56] 하기 때문이다. 량수밍은 그만큼 서양을 배워야 한다는 생각이 확고했고, 수정해야 한다는 제안도 옳다.

어떻게 흡수와 동시에 수정할 것인가? 그는 "나는 치열하게 앞으로 나아가자는 분위기를 지지하는 동시에 외적인 것과 물질을 좇는 흐름을 배척할 것을 주장한다"고 했다. 그는 이것이 공자가 말한 '굳셈[剛]'이라고 했다.[57] "치열하게 앞으로 나아가는 것"은 첫 번째 길의 방향이다. 여기에서 "동시에 외적인 것과

---

54 위의 책, p.533.
55 위의 책, p.531.
56 위의 책.
57 위의 책, pp.537~538.

물질을 좇는 것을 배척한다"는 것은 "앞을 향해 열심히 나아가는" 일을 절제하고 수정한다는 의미로, 순수한 의미의 첫 번째 길의 방향은 아니다. 그는 "지금은 우선 근본적으로 첫 번째 방식의 삶을 계발해야 한다. 이기적인 마음, 물질에 대한 흠모, 계산적임, 제멋대로 행동하는 것에서 벗어나야 한다. (…중략…) 이렇게 앞으로 나아가는 움직임이 있어야 중국인이 지녀 왔던 단점을 보완하고, 현재 중국인이 겪는 고통에서 구해낼 수 있다. 또한 서양이 겪은 폐해를 피하고 세계가 필요로 하는 것을 충족시킨다면, 지금까지 다룬 세 가지 문화에 대한 연구내용에 완전히 부합한다. 이것이 내가 말한 굳센[剛] 태도이며 우리가 가야 할 두 번째 길의 삶이다"[58]라고 했다. 이 말 어디에 서구화를 반대하는 모습이 보이는가?

따라서 량수밍이 주장한 것은 사실 "당장의 서구화"와 "미래의 동양화"이며, 이런 생각은 문화적 측면의 민족성에서 출발한 것이 아니라 문화적 보편성에서 출발한 것이고, 인류를 하나의 집단으로 여기고 문제를 바라본 데서 출발한 것이다. 그래서 "미래의 동양화"는 결코 복고復古 사상이 아닌, 인류가 미래에 직면하게 될 문제에 대한 합리적 예견이다. 그러므로 그가 생각한 이상적 인생은 공자의 삶의 태도를 배운 인생이지, 정치, 경제, 학술 방면의 '복고'를 의미하지는 않는다. 그가 말한 미래는 중국문화가 다시 일어나는 것이고, 이는 당장 서구화를 전면적으로 받아들이자는 주장과 충돌하지 않는다. 그리고 당장은 첫 번째 길을 가야 한다는 그의 주장은 자본주의 폐해를 막고 미래에 사회주의를 실현해야 한다는 주장과도 모순되지 않는다. 사실 사회주의 사상과 실천이 량수밍에게 미친 영향을 생각해 보면, 량수밍의 사상은 '보수'라기보다 '진보'라고 할수 있다.

---

58 위의 책, p.538.

8

문화에 관한 '세 가지 길의 방향[路向]에 대한 설'로 돌아가자. 량수밍은 이 세 가지 길의 방향을 인생에서 마주치는 세 가지 기본적인 문제에 근거한 것으로 봤다. 이 세 가지 문제는 물질적 만족, 타인과의 소통, 영원한 생명을 추구하는 일이다.[59]

량수밍이 보기에, 각각의 문화는 인생관 혹은 가고자 하는 길의 방향의 표현이다. 이 때문에 각 문화의 모습은 어떤 편향성을 보인다. 그래서 모든 문화는 '저마다 좋은 점과 안 좋은 점을 가지며' 단편적으로 어떤 문화가 좋고 나쁜지를 말할 수 없다. 그러나 문화가 좋거나 나쁘다고 말할 수는 없어도 인류의 문제에 적합한지 아닌지의 차이는 있다.[60] 이것은 문화 다원주의적 태도라고 해야 할 것이다. 내가 보기에 량수밍의 입장은 결과로서의 문명은 우열을 비교할 수 있어도 태도로서의 문화는 좋고 나쁨의 구분이 없다는 것이다.

량수밍은 인류가 마주한 문제는 한편으로는 보편적이고, 또 한편으로는 계속 변화하는 것이라고 했다. 인류 발전의 첫 번째 단계는 첫 번째 문제 위주의 시기에 놓여 있는 것이고, 이 시기는 문화의 첫 번째 길이 적합하다. 첫 번째 문제가 해결되면 인류는 두 번째 문제 위주의 시기를 맞고, 이 시기에는 두 번째 길이 적합하다. 두 번째 문제가 해결된 후에 인류는 세 번째 문제 위주의 시기를 맞게 되며, 문화의 세 번째 길이 여기에 가장 적합하다. 그는 어떤 민족이든 이 세 가지 큰 문제를 마주하게 되며, 세 가지 큰 문제는 반드시 사람과 물질, 사람과 사람, 삶과 죽음 등의 순서에 따라 전개될 것이라고 확신했다. 만약 어떤 민족의 문화가 첫 번째 단계에 두 번째, 세 번째 길에 해당하는 문화를 발전

---

59 위의 책, pp.379~381.
60 위의 책, p.525.

시키고 그것의 지배를 받으면 이 민족은 첫 번째 문제를 쉽게 해결하지 못하고 결국 실패할 것이다. 그러나 이 문화의 가치는 두 번째 단계나 세 번째 단계에 드러날 것이고, 두 번째, 세 번째 단계의 인류 문제에 잘 맞을 것이다.

량수밍은 생각했다. 인류의 삶에는 세 가지 근본적 태도가 있고, 이 세 가지 근본적 태도가 세계 3대 문화로 발전했고, "이 세 가지 태도는 인류의 삶의 세 가지 문제에서 기인하였으며, 각각 필요한 것과 불필요한 것이 있다". 희랍, 중국, 인도 등은 "결과 면에서는 그것이 훌륭한지 아닌지와는 무관하게 모두 인류에 큰 공헌을 했다. 그러나 태도 면에서는 각각 적절한 부분과 아닌 부분이 있다. 희랍인의 태도가 옳았던 것은 인류가 원래 첫 번째 문제에 놓여 있을 때였기 때문이고, 중국인의 태도와 인도인의 태도는 다소 일찍 나온 게 문제였는데, 그때는 관련 문제가 아직 발생하지 않았기 때문이다. (…중략…) 서양 문화의 승리는 인류의 현재에 맞았을 뿐이고, 중국문화와 인도문화가 지금 실패한 것은 그 자체로 좋고 나쁨이 있어서가 아니라 시대에 맞지 않았기 때문일 뿐이다. 인류문화 초기에는 첫 번째 길을 갈 수밖에 없었고, 중국인 역시 마찬가지였다. 그러나 중국인은 이 길을 다 걷기 전에 중도에 길을 틀어서 두 번째 길로 들어섰다. 나중에 걸어야 할 길을 앞당겨 걸어서 문화가 '이른 성숙'을 이룬 것이다. 그런데 분명 첫 번째 문제가 끝나기 전에는 첫 번째 길을 걸을 수밖에 없는데, 어떻게 두 번째 길을 걸을 수 있었겠는가? (…중략…) 첫 번째 길을 걷는 과정을 그르쳤고, 첫 번째 문제를 안고 있던 세계는 큰 문제점을 드러냈다".[61] 그래서, "우리 동양 문화는 그 자체로 좋고 나쁨을 얘기하거나 서양보다 못하다고 말할 것이 없다. 결과로서 좋지 않음과 옳지 않음, 결과로서 서양보다 못하게 된 점은 절차상의 혼란이나 이른 성숙, 또는 시기상의 부적절함 때문에 생긴 것이다. 이 태도가 잘못된 것이 아니라, 이 태도를 너무 이른 시기부터 가졌던 것

---

61 위의 책, p.526.

이 잘못이다. 이것이 우리의 유일한 문제다"라고 했다.[62] 이러한 설명법이 바로 이후 식민시대에 광범위하게 영향을 미친 '문화상대주의' 관점이다. 동시에, 량수밍의 이런 문화관은 다원문화론이도 하다. 이것은 인류문화를 단선적單線的 발전을 겪는 것으로 보거나 서양 문화를 이 단선적 발전의 정점에 있는 것으로 보는 관점과 대립한다. 단선적 문화진화론은 서양 문화중심론과 결합한 것이며, 동양 문화를 인류의 유년기幼年期 문화로 보는 관점이다. 량수밍의 문화관은 그가 정치경제적으로 서양 문화를 완전히 받아들이는 데 전혀 방해가 되지 않았으며 그가 자신의 문화를 비판적으로 보게 함과 동시에 문화적 자신감을 잃지 않음으로써 문화심리적 균형을 잡을 수 있게 했다.

량수밍의 사상은 분명했다. 그러나 그의 주장에도 모순점과 앞뒤가 안 맞는 부분이 꽤 있다. 예를 들어, 그는 "지금의 서양 문화의 기원이 '르네상스'라는 것은 누구나 알고 있고, '르네상스'라는 것에 대해서는 더 설명할 것이 없다. 즉 서구인들은 그 시대부터 우리가 말한 '첫 번째 길의 방향'으로 걸었다. 알고 보면 서양에서는 고대 그리스와 로마시대에는 '첫 번째 길의 방향'을 걸었다고 할 수 있고, 중세 천여 년 동안 '세 번째 길의 방향'으로 들어갔다. 그리고 '르네상스'시대에 이르러 다시 분명하고 확실하게 첫 번째 길의 방향으로 돌아가서 앞 시대 사람들이 끝내지 못한 일을 계승했고, 이에 서양의 근대 문명이 탄생했다"[63]고 했다.

여기에서 문제는 왜 서양 문화는 첫 번째 길에서 저절로 세[64] 번째 길로 방향을 바꿨다가 다시 첫 번째 길의 방향으로 바꿨으며, 왜 중국과 인도는 줄곧 첫 번째 길을 걷고 있는가이다. 량수밍은 중국, 인도에 서양의 개입이 없었으면 영

---

62 위의 책, p.529.
63 위의 책, p.383.
64 역자 주 : 원문에는 "두 번째"로 되어 있으나 앞 단락의 내용에 따라 "세 번째"로 수정하였음.

원히 첫 번째 길에서만 머물 뿐 변화가 없을 것이라고 했다. 이것은 그가 서양인의 길이 몇 가지로 변화한다고 말한 것과 일치하지 않는다. 사실 어떤 문화든 각 단계에서 각자가 직면한 문제에 대응하기 위해 길을 선택한다.

다음으로, 어떤 문화가 자연 정복 문제를 해결하기 위한 도구적 합리성이 발달하지 않았다고 해서 이 문화가 가치 없는 것은 아니다. 왜냐하면 여기에서 발전할 수 있었던 것은 가치합리성 또는 생사에 관한 지혜이기 때문이다. 이 점에 대한 량수밍의 견해는 확실하다. 다만 이른 성숙이라는 말은 역사의 틀을 벗어난 표현이다. 예를 들어 고대 인도의 자연 조건이 좋았고 사람과 자연 간의 갈등이 없었다면 첫 번째 길이 주도하지 않은 인도의 문화는 당시 역사적 환경에 딱 맞는 것으로, 그것을 부적합한 것이라고 할 수 없다.

그 다음, 동양 문화의 가치는 두 번째 또는 세 번째의 문제가 주요 문제가 됐을 때만 가치를 발휘하는 것이 아니라, 두 번째, 세 번째 문제가 주요 문제가 아닐 때에도 가치가 있다. 동시에, 하나의 거대한 문화는 왕왕 몇 가지 다른 계통의 하위 부류를 포함하며 각각의 문제를 처리하는데, 량수밍은 서양 문화를 앞으로 나아가는 데 분투하는 것으로만 설명해서 환원주의[歸約主義]적 오류를 범하고 말았다.

량수밍의 『동서 문화와 철학』에서는 '현대', '현대화'라는 개념이 거의 나오지 않는다. '현대'는 '고대' 또는 '전통'과 상대되는 말로서, 량수밍은 자본주의 이전의 역사자본주의포함를 인류가 첫 번째 문제를 마주한 역사적 단계로 봤다. 그래서 그는 동양민족에게 주어진 임무가 고대문화를 근대문화로 변화시키는 것이 아니라, 동양 문화가 조숙한 길을 걷던 것에서 정상적인 길을 걷는 쪽으로 변화해야 한다고 봤다. 즉 고대 동양 문화의 본질은 '고대성'이 아니라 '미래성'이라는 것이다. 이런 의미에서 동양 문화의 문제는 본질적으로 낙후됐다는 것이 아니라 너무 앞서갔다는 데 있다. 그의 문화-역사에 대한 이런 독특한 관점은 근대문화의 주류 담론과 다르지만, 그가 실제 정치, 경제 노선을 선택할 때 서화西化주의, 사회주의와 동일한 주장을 한 것과 배치되지는 않는다.

9

장을 마무리하면서 량수밍의 초기 문화관 제기의 배경에 대해 간단히 논의해 보겠다. 량수밍은 1893년 태어나서 어린 시절부터 신식교육을 받았으므로 '사서오경四書五經'을 읽어본 적이 없고, 중고등학생 때에는 몰래 혁명 조직에 가입하여 청년 시기에 급진적인 사상을 가지게 됐다. 그는 "나는 청말 때에는 입헌立憲을 주장하는 자였지만, 그 이후에는 혁명론자로 변했다".[65] "나는 이전에는 서양 근대 정치제도를 대단하다고 생각했고, 서양 정치제도가 매우 합리적이라고 생각했다. 언제나 어떻게 하면 서양의 정치제도를 중국에서 실현시킬 수 있을지를 꿈꿨고, 15살부터 20살이 넘는 지금까지 줄곧 같은 생각이다."[66]고 했다. 그의 아버지는 생전에 공화제共和制를 반대하는 입장이었고, 량수밍은 그 점에서 아버지와 대립하곤 했다. "아버지께서는 의원제도를 매우 꺼리셨지만, 나는 국회國會를 강력히 찬성했다. 대화할 때마다 부딪친 일을 일일이 다 들 수 없다."[67] 량수밍은 자신의 아버지와 정치적 견해가 맞지 않음에도 공화제도를 끝까지 주장했고, 이 때문에 매번 아버지와 갈등을 빚었다. 량수밍은 정치적으로 공화민주주의를 지지했던 것과 대조적으로 문화인생관적으로는 1910년대 내내 불교를 신봉했다. 이 두 가지는 그에게 있어서 모순되는 것이 아니었으나, 유감스럽게도 문

---

65 梁漱溟, 『自述』, 『梁漱溟全集』第2卷, p.19.
66 위의 책, p.18.
67 위의 책, p.17.

화급진주의자들은 이 점을 끝내 이해하지 못했던 것으로 보인다.

그는 이후 기록한 자술自述에서 다음과 같이 말했다. "민국 6년, 나는 베이징대학 총장 차이위안페이 선생의 초청으로 베이징대학에서 학생들을 가르쳤다. 당시 학교에는 문화 과목 교수로 천두슈, 후스, 리다자오, 가오이한高一涵, 타오밍허陶孟和 등 선생이 있었고, 천두슈 선생이 문과 학장을 맡고 있었다. 이들은 당시 소위 신청년파였고 모두 서양사상을 숭상하고 동양 문화를 반대했다. 나는 아침저녁으로 그들과 함께 지내면서 끊임없는 압박감을 느꼈고, 관련 문제의 해결 방안을 찾아야 했다."[68] 그는 다른 곳에서 또 다음과 같이 말했다. "당시의 신사조는 서구근대사조사이언스(賽恩斯)와 데모크라시(德謨克拉西)를 강조하고, 각종 사회주의 학술을 받아들이는 것이었다. 나 자신은 새로운 사조를 거부하지 않았지만, 환경적으로는 동양철학을 논하는 데 있어 알게 모르게 큰 부담이 있었다. 바로 이런 압박 속에서 『동서 문화와 철학東西文化及其哲學』이라는 책이 나왔다."[69] 이 말은 량수밍의 생각을 분명히 보여준다. 량수밍은 새로운 사조에 대해서 "심적인 거부가 없"었다! 이것은 그의 사상의 일부분이었고, 동시에 동양철학을 전문적으로 강의하는 사람으로서 당시 반反동양 문화에 대한 압박을 느낀 것이었다. 그가 이 책을 쓴 목적은 바로 새로운 사조에 대한 "심적인 거부 없음"과 동양인의 인생관의 가치에 대한 긍정을 결합하는 것이었다. 량수밍 개인의 입장에서, 이것은 그 자신의 문화심리적 방황과 균형감 상실을 해결하기 위한 노력이었다. 시대적으로 보면, 이것은 당시 상당수 지식인들이 문화전환의 시기에 행했던 자기 조정과 적응이었다. 이는 앞에서 말했듯이 량수밍의 초기 문화관을 신청년파와 기타 신파新派가 당시 사용했던 "반동", "보수"라는 말로 규정할 수 있는 것이 아닐 뿐만 아니라, 반대로 그의 문화 문제 처리방식이 당

68　위의 책, pp.11~12.
69　위의 책, p.698.

시 지식인들의 다양한 "진보"의 구현방식 중 하나였다는 점을 보여준다.

량수밍이 만년에 앨리토Guy Salvatore Alitto와 나눈 대화는 매우 흥미롭다. 앨리토는 반反현대화론자이자 문화보수주의자에 가까웠으므로, 항상 이러한 문제를 량수밍에 물었다. 량수밍의 문화관은 물론 어떤 면에서는 문화보수주의라고 할 수 있었지만, 량수밍의 대답에서는 앨리토의 반反현대화와 문화보수주의 주장과 맞는 부분을 찾기 어려웠다. 결과적으로, 적어도 어느 정도는, 앨리토는 마주앉아 대화를 나누는 량수밍과 앨리토 자신의 책에서 기술한 '보수주의'라는 사상적 면모가 일치하기란 매우 어렵다는 것을 확인했다.

> 량수밍 : "…… 저는 발전은 언제나 좋은 것이라고 생각합니다."
> 앨리토 : "발전은 언제나 좋은 것"이라니, 당신은 정말 보수주의자와 반대 입장이군요.[70]

> 앨리토 : '보수保守'라는 이 말은, 어떤 때엔 정의 내리기 매우 어렵습니다. 내 책의 앞부분에서도 이 문제를 다뤘어요. 어떤 중국인이나 어떤 외국인은 '보수주의'나 '보수적'이란 단어로 량 선생님을 수식하는데, 거기에 동의하십니까? 아니면 반대하십니까?
> 량수밍 : 저는 당연히 동의하지 않습니다. 저는 보수적이지 않아요. 방금 전 드린 말씀에서 제가 보수적이지 않음을 아실 수 있습니다.[71]

결국 그의 초기 문화관을 봤을 때 량수밍은 결코 서양 문화를 반대한 것이 아니라 반동양 문화론을 반대한 것이다. 과학과 민주를 반대하지 않았고, 덕선생

---

70 梁漱溟, 『答美國學者艾愷先生訪談記錄摘要』, 『梁漱溟全集』第8卷, p.1168.
71 위의 책, p.1175.

德先生과 새선생賽先生을 언제나 높혔다. 농업과 종법봉건사상을 앞세우지 않았고, 생산의 사회화라는 사회주의를 주장했다. 동양 문화에 대한 그의 관점은 문화 보수주의라기보다 문화다원주의라고 해야 한다. 량수밍의 사상은 '과거'의 입장에서 '반현대화'를 주장한 것이 아니라, '미래'의 입장에서 자본주의를 '수정修正'한 것이다. 그의 초기 문화관은 문화 문제에 대한 깊은 통찰을 보여주며 또한 천년 전통문화에 젖어 있는 지식인의 문화적 자신감 유지를 위한 일종의 정리 작업이었음과 동시에 세계의 현대성 경험을 보여준 것이기도 했다.

량수밍의 이러한 견해를 통해 신문화운동 10년사를 돌아보면, 중서문화 관련 논쟁은 사실 과학과 민주에 대한 입장이 어떻게 대립했는가에서 시작한 것이 아닌 전반적인 반反전통주의와 그것이 일으킨 반反-반反전통주의 간의 논쟁이었으며, '5·4'문화 전환 시대에 지식인들의 정치-사회 관련 요구는 기본적으로 일치했지만 전환 과정에서의 문화 갈등은 각각의 입장에 따라서 다른 의의가 있었고, 각자가 필요로 하는 갈등 처리 방식이 동일할 수 없었음을 알 수 있다. 문화의 가치에 대한 각자의 인식 정도에 차이가 있었음은 차치하고, 한 가지 분명한 사실은, 어떤 사람은 역사적인 문화 전통을 놓아버려야만 기꺼이 사회활동에 몸을 던질 수 있었고, 어떤 사람은 문화 전통에 대해 어느 정도의 정리 작업을 한 후에야 마음 편히 진보의 조류에 참여할 수 있었다는 점이다. 그러나 중국이 앞으로 나아가게 해야 한다는 점에 있어서는 두 입장이 일치했다. 이는 비非서양국가가 근대화로 나아가는 과정에서 문화 정체성의 문제를 원만하게 처리하는 것이 중요한 과제였음을 보여준다. 역사 전체를 보자면, 20세기 중국의 사회-문화의 변화는 현대화의 과정이었을 뿐 아니라, 중국문화의 '지속continuity'과 '변화change'의 과정으로 봐야 한다. 후자의 관점에서 보면, 이 과정은 바로 문화정체성을 유지하는 것이자 문화개조와 혁신에 힘쓰는 과정이었다. 따라서 신문화운동에서 서로 논쟁하던 각 파들은 사실 모두 20세기 중국 진보의 참여자이자 추동자였으며, 각자 서로 다른 방면에서 서로 다른 정도로 이 과정에 기여한 것이다.

'5·4' 정신은 당시 지식인들의 '사명감'과 민족 자강의 정신을 담고 있는 것이어야 한다.[72] 반反전통을 외쳐야만 '5·4' 정신을 계승한다고 생각해서는 안 된다. 인하이광殷海光은 '5·4' 정신을 계승하는 타이완의 대표 인사로 인식되지만, 중국문화에 대한 그의 태도는 그가 세상을 떠나기 몇 년 전에 크게 바뀌었다. 린위성林毓生은 이에 대해 다음과 같이 말했다. "이것은 격렬했던 '5·4' 반反전통사상 후기後期의 훌륭한 발전이며, '5·4'시대 종결의 임박과 함께, '5·4'의 자유주의 전통을 계승하고 '5·4'의 반反전통사상의 구속을 받지 않는 신시대가 도래하고 있었음을 상징한다."[73] 자유주의에 대해서만이 아니라, 만약 우리가 반反전통을 고수해야 '5·4' 정신을 계승하는 것이라는 생각에서 벗어나지 못한다면, 우리는 영원히 문화 발전의 신시대를 맞이할 수 없다. 다행스러운 것은, '5·4' 이후 80년이 지난 지금 중국사상계에서 이러한 시대가 왔음을 어렴풋이 확인했다는 점이다.

---

72 林毓生, 『熱烈與冷靜』, 上海文藝出版社, 1998, p.119.
73 林毓生, 『中國傳統的創造性轉化』, p.313.

제7장

펑유란馮友蘭 문화관의 성립과 발전

1. 문화와 철학

펑유란馮友蘭, 1895~1990의 학술사상을 연구하는 학자들이 그의 순수철학을 중시하는 데에는 그럴 만한 이유가 있다. 펑 선생 스스로도 『신지언新知言』 「자서自序」에서 이렇게 말했다. "신이학新理學의 순수철학적 계통은 특히 『신이학新理學』, 『신원인新原人』, 『신원도新原道』 및 이 책『신지언』이 중심이 된다."[1] 펑 선생은 여기에서 특별히 '순수철학'에 대해서 언급했지만, 이는 철학에만 해당하는 것은 아닌 듯하다. 일찍이 『신원인新原人·자서自序』에서 펑 선생은 다음과 같이 강조했다. "이 책『신원인』은 『신사론新事論』과 『신세훈新世訓』 다음에 쓰였으나, 사실 『신이학』에 이어지는 것이므로 독자들은 이 책을 먼저 읽어야 한다."[2] 나는 펑 선생 만년에 그의 "정원육서貞元六書" 중 무엇이 가장 중요한지를 여쭈었는데, 펑 선생의 당시 대답은 『신지언·자서』에 열거한 네 가지와 동일했으며, 이는 펑 선생 스스로 『신이학』, 『신원인』 등 순수철학 계열을 더욱 중시했음을 보여준다. 이와는 대비적으로, 펑 선생은 자신의 마지막 저작인 『중국철학사신편中國哲學史新編』

---

1 馮友蘭, 『新知言』 「自序」, 『三松堂全集』(이하 『全集』) 第五卷, 河南人民出版社, 1986, p.163.
2 馮友蘭, 『新原人』 「自序」, 『全集』 第四卷, p.511.

제7책 『풍우란 철학을 논함[論馮友蘭哲學]』의 제79장 네 번째 절에서만 50자도 안되는 길이의 '정치사회사상[政治社會思想]'이라는 제목의 글로 『신사론』 사상을 훑었고, 『신사론』을 평가하기를 "중국 근대화를 지지하는 듯 보였지만, 사실 완전히 그런 것은 아니었다", "그것의 사회적 실현 결과는 만족스러울 만큼은 아니었다"고 했다.[3]

그러나 이 장에서 중점을 두는 부분은 평유란을 개별 사례로 삼아 20세기 전반 중국 지식인들의 중서문화 사유에 대한 걱정과 선택을 이해하는 것이며, 그 점에서 『신사론』이 보여주는 사상은 더욱 의미가 있다. 사실 『신사론』에서 토론하는 것은 바로 '5·4'신문화운동부터 30년대 문화 논쟁까지, 그리고 80년대 문화 토론의 중심 과제인 '문화' 문제이고, 그 중 중서문화 충돌 및 그것의 해결에 대한 논점이 현대 학자들에게 더욱 와닿는다. 『신사론』 등에서 토론한 '문화' 문제는 결코 '정치사회사상' 등으로 포괄할 수 없는 것이다.

뿐만 아니라 1982년 평유란은 콜롬비아대학 명예박사학위 수여식 답사에서 다음과 같은 말을 했다.

> 나는 서로 다른 문화 간 갈등과 충돌이 있던 시대에 살았고, 내가 답을 내야 하는 문제는 어떻게 이 갈등과 충돌의 성격[性質]을 처리할 것인가, 어떻게 이런 충돌을 적절히 처리하고 이런 갈등을 해결할 것인가, 또 어떻게 이런 갈등과 충돌 속에서 스스로 적용할 것인가 하는 것이었다.[4]

1983년 평유란 선생은 『삼송당학술문집[三松堂學術文集]』 「자서[自序]」에서 다음과

---

3   馮友蘭, 『中國哲學史新編』 第七冊, 台灣蘭燈文化事業股份有限公司, 1991, p.176.
4   馮友蘭, 「在接受哥倫比亞大學授予名譽博士學位的儀式上的答詞」(이하 「答詞」), 『馮友蘭學術精華錄』(이하 『精華錄』), 北京師範學院出版社, 1988, p.2.

같이 말하기도 했다.

　　1915년 베이징대학 중국철학과 입학 이후 지금까지, 60여 년 동안 적지 않은 글과 토론에서 다룬 문제는 한마디로 철학사 중심의 동서 문화 문제였다. 서로 다른 문화의 갈등과 투쟁이 있는 시기를 살면서, 어떻게 하면 이 갈등을 해결하고, 이 투쟁을 처리하며, 이 투쟁 속에서 나는 어떤 입장을 취할 것인지 등의 문제에 부딪혔고, 이것이 내가 정면으로 해결하고 대답해야 하는 문제였다.[5]

　　1984년 출판된 『삼송당자서三松堂自序』(이하 『자서(自序)』)는 펑유란 선생의 청년 시기 이후 화에 대한 생각을 정리한 것이다. "이것은 서로 다른 문화의 갈등이고, 이런 갈등은 중국 역사의 근대와 현대를 관통한다. 당시의 일부 사람들은 이것이 고금-신구 간의 갈등이 아닌, 동서, 중외의 갈등이라고 여겼다. 하지만 동서 문화의 차이는 그 근본사상의 차이에서 비롯되고, 그들의 근본사상은 바로 그들의 철학이다. 사마천이 '배움을 좋아하고 깊이 생각하는 선비는 마음으로 그 뜻을 안다[好學深思之士, 心知其意]'라고 했는데, 량수밍은 당시 '배움을 좋아하고 깊이 생각하는 선비'로서, 동서 문화의 '뜻[意]'에 대해 강의했다. 그는 '동서 문화와 철학'이라는 강연을 했고 당시 많은 관심을 불러일으켰다. 그의 결론이 정확하든 아니든, 그가 말한 문제는 당시 일부 사람들이 중요하게 생각했던 것이었기 때문이다. 이는 일반 사람들도 느끼는 것이었으며, 다른 점이 있다면 이 갈등에 대한 인식과 해석이었다. 당시의 다양한 논쟁은 대부분 갈등의 표출이었는데, 갈등에 대한 광범위한 해석과 평론은 적은 편이었다. 1919년, 나는 공비公費 유학생으로 뽑혀서 같은 해 겨울에 미국 콜롬비아대학 대학원 철학과에 진학했고, 계속 이 문제를 연구주제로 다룰 계획이었다.[6] 그때부터 60여 년 동안 그의

5　馮友蘭, 「自序」, 『三松堂學術文集』, 北京大學出版社, 1984, p.2.

철학 연구는 때에 따라 달라졌고 "연구대상도 달라졌지만, 모두 앞에서 언급한 문제를 관통하는 것들이었고, 그 문제들에 대해서 종합적인 해답을 내리고 싶었다"고 했다[7] 이것은 동서 문화의 충돌이 배경으로서든 실마리[線索]로서든 펑유란 일생의 학술활동에 있어서 매우 중요한 문제였음을 분명히 보여준다.

어떻게 중서 두 문화의 갈등과 충돌을 이해할 것인지에 대해서, 펑 선생은 콜롬비아대학에서 한 「답사」에서 자신의 사상에 대한 간단한 회고와 결론의 말을 했다.

내가 처음 미국에 왔을 때가 우리 중국의 '5・4'운동 말기였다. 이 운동은 당시의 서로 다른 문화의 갈등 및 충돌 고조의 결과였다. 나는 이 문제를 연구하기 위해 여기에 왔고 진지하게 그것에 대해 연구하기 시작했다. 이 문제들에 대해 답을 는 과정에서, 내 생각은 세 단계를 거쳐 발전했다. 첫째, 나는 지리적 위치로 문화의 차이를 설명했다. 즉 문화차이는 동양과 서양이라는 지리적 차이다. 둘째, 나는 역사적 시기를 가지고 문화차이를 설명했다. 즉 문화차이는 고대와 근대의 차이다. 셋째, 나는 사회발전을 가지고 문화차이를 설명했다. 즉, 문화차이는 문화유형의 차이다.[8]

『자서』에서 말한 바에 따르면, 1922년 발표된 「중국에는 왜 과학이 없는가 [爲什麼中國沒有科學]」가 첫 번째 단계의 관점을 보여준다. 1924년 『인생철학 비교연구[人生哲學之比較研究]』에서는 동서 구분을 없앴지만, 새로운 해석은 내놓지 않았다. 1930년대 초 『중국철학사中國哲學史』는 새로운 해석을 담았지만 명확하지 않았다. 1933년부터 1934년까지 유럽을 방문하고 나서야 그는 새로운 해석의 입

6   馮友蘭, 『三松堂自序』(以下簡稱『自序』), 『全集』第一卷, p.188.
7   馮友蘭, 「自序」, 『全集』第一卷, p.189.
8   馮友蘭, 「答詞」, 『精華錄』, p.3.

장을 분명히 했다. 이 새로운 해석이 바로 "동서 문화의 차이는 사실상 중고와 근대의 차이"[9]라는 것이고, 이것이 두 번째 단계다. 1940년 출판된 『신사론』에서 제기한 중고와 근대의 유형 차이는 사실 사회유형의 차이이며, 이것이 세 번째 단계다. 펑 선생은 동서 문화 충돌에 대해 가졌던 몇 가지 견해를 세 단계로 구분하여 각각에 대해 매우 분명하게 기술했다. 1980년대 중반 이후 펑 선생의 "동서東西를 고금古今으로 인식[以東西爲古今]"하는 문화관은 학술계 전반에 두루 알려졌다.

이 장에서는 거기에서 더 나아가 두 가지를 다룰 것이다. 첫째, 역사적 순서를 따라가면서 펑 선생 문화관의 실제 전개와 변화를 정리해 보고자 한다. 여기에서 펑 선생 사상의 실제 변화 과정이 그 자신의 만년의 회고보다 복잡했었음을 보게 될 것이다. 둘째, 펑 선생 문화관에서 현대와 상대적인 '전통'을 어떻게 처리했는지, 현대화와 상대가 되는 민족화 문제는 어떻게 처리했는지 검토할 것이다. 이를 통해 펑 선생의 문화관을 "고금古今"설로만 이해하는 것은 단편적인 것임을 보여주고, 당대 문화토론의 거울로 삼고자 한다.

2. 동서에서 고금까지

펑유란은 미국에 간 지 2년째 되던 해에 인도의 유명한 사상가 타고르와 동서 문화에 대한 대담을 한 적이 있다. 이 대담에서 펑유란이 타고르에게 한 두 번째 질문은 "제가 최근에 궁금한 것이 하나 생겼는데, 동서 문명의 차이는 등급의 차이等級的差異, difference of degree인가요 유형의 차이[種類的差別, difference of kind]인가요?"였다. 타고르는 다음과 같이 대답했다. "이 문제는 제가 답할 수 있겠

---

9 위의 글, p.3.

습니다. 그것은 유형의 차이[種類的差異]입니다. 서양에서 인생의 목표는 '활동'activity이고, 동양에서 인생의 목표는 '실현'realization입니다."[10] "유형의 차이"는 곧 동서양의 차이를 가리킨다. "등급의 차이"는 사회 발전 정도의 차이이고, 이것은 곧 고금古今의 차이이기도 하다. 펑유란은 미국에 간 지 얼마 안 됐을 당시 이미 신문화운동의 "유형의 차이"로 동서 차이를 해석하는 것에 대해 의심했었고, 타고르는 당시 망설임 없이 두 문화의 차이는 동서의 차이라고(고금의 차이가 아닌) 답했음을 볼 수 있다.

타고르와의 대담 후 얼마 지나지 않아, 펑유란은 콜롬비아대학 철학과 토론회에서 「중국에는 왜 과학이 없는가[爲什麼中國沒有科學]」이 글은 이후 1922년 4월 『국제윤리학잡지(國際倫理學雜誌)』에 발표됨라는 글을 발표했고, 시작하자마자 다음의 내용을 언급했다.

중국의 역사와 이전의 유럽 역사를 비교해 보면, 예를 들어, 문예부흥 이전과 비교한다면, 그 둘은 성격이 다르지만 같은 수준의 것임을 알 수 있다. 그러나 지금 중국은 여전히 옛 상태에 머물러 있고, 서양 각국은 새로운 모습으로 바뀌었는데, 무엇이 중국을 낙후시킨 것인가? 이것이 문제다.[11]

위의 단락에서 알 수 있는 펑유란 생각은, 중서 문화에는 분명 유형상의 차이가 있지만, 문예부흥 이전에는 서로 다른 유형의 동서양 문명이 동일한 수준이었다가, 근대 이후에는 수준 면에서의 차이도 생겼다는 것이다. 이후의 발언을 빌리자면, 이것은 분명 근대 이래 중서 문화 차이는 동서의 차이이자 고금의 차이임을 가리킨다. 그가 당시 주목했던 것은 동서양이 '어떤' 차이가 있는지가

10　馮友蘭, 「與印度泰戈爾談話」, 『三松堂學術文集』, p.12.
11　馮友蘭, 「爲什麼中國沒有科學」, 『三松堂學術文集』, p.23(이 글은 1922년 4월에 발표됐으며, 1921년 가을에 투고되었을 것이다. 馮友蘭, 『致梁漱溟書』, 1922.3.4 참고).

아니라, 동서양이 '왜' 고금의 차이가 생겼는지, 구체적으로는 왜 중국은 서양 근대 수준만큼 발전하지 못했는가 하는 것이었다. 그가 당시에 이해하던 '근대' 의 본질은 과학이었기 때문에, 그는 중국이 왜 과학을 발전시키지 못했는지 이해하는 쪽으로 연구를 구체화시켰다. 그는 "지리, 기후, 경제조건 모두 역사를 형성하는 중요한 요소인데, 이것은 문제가 안 된다. 그러나 우리는 알아둬야 할 것이 있다. 그들은 모두 역사가 가능이 되게 하는 조건이지, 역사가 실제가 되게 하는 조건이 아니라는 점, 그것들은 한 편의 극에 없어서는 안 될 배경[布景] 이었지 그것의 원인은 아니었다는 점이다".[12] 그의 결론은 "중국에 과학이 없는 것은 중국 자체의 가치 기준에 따르면 그것이 필요하지 않았기 때문이다"[13], "중국에 근대 자연과학이 없는 것은, 중국철학에서는 늘 사람은 마음에서 행복을 느껴야지, 외부 세계에서 행복을 찾아서는 안 된다고 여겼기 때문이다".[14] 그래서 중국에서도 수많은 기술을 발전시켰지만, "유럽의 기술발전은 물질을 인식하고 통제하는 반면, 중국의 기술발전은 사람의 마음을 인식하고 통제한 다",[15] 중국의 민족사상은 중고中古 이래 늘 "모든 정신적 힘을 마음속에서 선과 행복을 찾는 데 쏟는"[16] 것이었다고 했다. 즉 중국문화의 가치 체계 때문에 중국이 서양처럼 과학기술을 발전시켜서 근대로 나아가는 일을 이루지 못했다는 것이다. 펑유란의 이 시기의 관점은 동서차이설에 치우쳐 있긴 하지만, 구체적인 내용은 "답사答詞"에서 말한 "지리적 위치로 문화차이를 설명"한 것이 아닌, '5·4'시대에 유행했던 관점인 "동서 문화가 다른 것은 그 근본사상이 다르기 때문이고, 그들의 근본사상은 바로 그들의 철학(가치관)"[17]이라는 것이었다. 다

---

12 위의 글, p.24.
13 위의 글.
14 馮友蘭, 「自序」, 『全集』 第一卷, p.189.
15 馮友蘭, 「爲什麼中國沒有科學」, 『三松堂學術文集』, p.39.
16 위의 글.
17 馮友蘭, 「自序」, 『全集』 第一卷, p.188.

만 펑유란은 이러한 관념을 사용해서 동서 문화의 '유형[類]'의 차이를 평범하게 설명하는 것이 아니라, 더 나아가 동서 문화의 '수준' 차이의 원인을 설명하고자 했다. 펑 선생은 동서 문화 핵심적 가치 지향取向의 차이는 문명시대부터 이미 존재했고, 단지 이러한 차이가 오랜 역사 기간 동안 순수하게 '유형의 차이'로 유지되다가 근대 이후 비로소 정도와 수준의 차이가 나기 시작한 것이라고 했다.

더 재미있는 것은 그가 이 글의 결론에서 말한 내용이다. "추상적이고 일반적인 언어로 사물事物에 대해 말하는 것은 언제나 위험하다. 그러나 여기에서 나는 서양은 외향적이고 동양은 내향적이며, 서양은 우리가 무엇을 가지고 있는지 강조하고, 동양은 우리가 무엇인지 강조한다고 말해야겠다. 이 둘이 어떻게 조화를 이루어서 인류 전체를 행복하게 할 것인가, 이 문제에 대해서는 대답하기 어렵다. 어쨌든 중국의 인생관이 틀렸을 수 있지만, 중국의 경험이 실패는 아니다. 만약 인류가 갈수록 총명해지는 것이라면, 그들이 마음의 평화와 행복이 필요하다고 느끼게 됐을 때, 그들은 생각을 바꿔서 중국의 지혜에 관심을 가지게 될 것이고, 분명 얻는 바가 있을 것이다."[18] 이렇게 중국의 문화정신이 미래사회에 어떤 의미가 있을지에 대한 가정을 통해서 중국문화의 가치가 공리주의적 판단 바깥의 영역에서 인정받게 하는 방법은 20세기 전반 지식인들의 문화에 대한 생각에서 종종 드러났다. 1922년 초 펑유란은 「중서中西 비교를 논함[論比較中西]」이라는 글도 썼는데, 이 글에서 '중서문화'와 '민족성'에 관한 추상적 토론에 대해 피로감을 드러내기도 했다. 그는 베이징이 서단, 동단, 전문 등의 총체적 결합체이고, 이것 말고는 단독으로 베이징이라고 할 수 있는 것이 없는 것처럼 '중국문화'는 중국의 역사, 예술, 철학 등의 총체적 결합체일 뿐, 이것 말고는 중국문화라고 할 것이 없다고 지적했다. 이런 의미에서 '중국문화'에 대해서 논하려면 많은 전문가와 긴 시간, 그리고 매우 심화된 연구가 필요하다.

---

18 馮友蘭, 「爲什麼中國沒有科學」, 『三松堂學術文集』, p.42.

추상적으로 중서문화의 우열을 논하는 것은 저마다 자신의 논리를 주장하는 공론에 불과하므로 문제를 해결할 수 없다. 또 다른 측면에서 그는 중국문화가 이미 만들어져 있는 것something made이 아니라, 지금도 만들어지고 있는 것something in the making으로서 살아있는 중국인이 바로 그것을 만드는 사람들이므로 그것의 좋고 나쁨에 책임이 있다고 했다.[19] 이 관점은 얼마 전에 있었던 문화토론 중, 전통문화와 문화전통의 구분을 강조하거나, 전통이 가지는 시간상의 일차원적 개방성에 관한 관점과 일맥상통한다. 이러한 주장은 1920년대 초기 평유란의 문화 관념이 일반적인 인식처럼 단순한 것이 아니었으며, 그의 문화사상에 대한 통찰 범위가 상당히 포괄적이었음을 보여준다.

1923년 여름, 평유란의 박사논문 「인생철학 비교연구[人生哲學之比較研究]」가 학위논문 심사를 통과했다. 논문 각 장 뒷부분의 '여론餘論'에서, 그는 중서철학을 비교하는 관점에서 각 장의 내용을 설명했다. 예를 들어, 양주楊朱의 쾌락주의가 키레나이즘Cyrenaicism의 논의와 매우 비슷하고, 에피쿠로스와 기본적으로 같다고 하거나,[20] 스토이시즘Stoicism과 유가儒家가 상당히 유사하다거나,[21] 마르쿠스 아우렐리우스Marcus Aurelius파와 유가儒家 사이에 비슷한 점이 매우 많다거나,[22] 아리스토텔레스의 중용[中論]과 유가의 시중설時中說이 매우 비슷하다[23]고 한 것 등이다. 이후 평 선생은 이 논문에 관하여 다음과 같이 회고했다. "1922년에 나는 철학과에 논문 한 편을 제출했다 (…중략…) 그 논문에서 문화의 차이는 동양, 서양의 차이라고 주장했는데, 이것은 사실 당시 유행하던 견해였다. 하지만 이후 철학사를 조금 더 깊이 연구하고 나서, 나는 당시 유행하던 이 견해가 잘

---

19 馮友蘭, 「論比較中西」, 위의 책, pp.44~47.
20 馮友蘭, 「人生哲學之比較研究」, 『全集』第一卷, p.415.
21 위의 책, p.416.
22 위의 책, p.471.
23 위의 책, p.484.

못됐음을 발견했다. 즉 동양철학의 요소는 서양철학사에도 있었고, 서양철학의 요소가 동양철학사에도 있었다는 것을 알았다. 나는 모든 사람은 같은 본성本性을 가지고 있으며 똑같은 삶의 문제를 가지고 있음을 알게 됐고, 이러한 관점은 이후 내 박사논문의 주요논제가 됐다."[24] "나는 당시 내 관점이 스스로 찾아낸 것이며 그것만의 특징이 있다고 생각했다. 그 특징은 소위 동과 서의 구분을 깨뜨렸다는 점이다. 당시 내 생각에, 내향적임[向內]과 외향적임[向外] 두 파의 대립은 동양과 서양의 대립 문제가 아니었다. 인간의 사상은 모두 동일한 것으로서 동양과 서양이 다르지 않다."[25] 펑 선생이 말한 것처럼 그의 박사논문은 펑유란 선생의 초기 문화관이 한 차례 큰 변화를 겪었음을 보여줬다. 「중국에는 왜 과학이 없는가爲什麼中國沒有科學」라는 글에서 강조한, 중서문화는 옛날부터 다른 것이었다는 관점과 서양은 외향적이고 동양은 내향적이라는 주장은 박사논문에서 전부 폐기됐고, 최소한 이 현상을 보는 펑유란의 기본적인 관점은 동서의 차이[東西之異]가 아닌 중서의 같은 점[中西之同]에 초점이 있었으며, 이런 '같은 점 찾기[求同]'와 '다른 점 찾기[求異]'의 차이로 이후 펑유란과 량수밍의 문화론은 방향으 달리 하게 됐다.

종전에 동서 문화를 서로 다른 것으로 구분하는 틀을 깨뜨리고, 동양은 내향적이고 서양은 외향적이라는 관점을 부정하며, 그 대신 인류 본성의 같은 점으로 동서가 각각 내향적이고 외향적인 점을 다 가지고 있다는 관점은, 펑유란이 서양 문화 특히 고대 서양 문화에 대한 깊은 이해가 있었음을 보여주는 부분이다. 이것은 '유형[種類]'에 대한 설명이 그에게 설득력 있게 받아들여지지 않았다는 것을 나타내며, 그 결과 '정도程度'에 대한 설명이 그의 사고 속에서 우위를 점하게 만들었음을 보여준다. 사실이 그랬다. 1924년 펑유란의 박사논문이 상하

---

24 馮友蘭, 「答詞」, 『精華錄』, p.3.
25 馮友蘭, 「自序」, 『全集』第一卷, p.190.

이 상무인서관에서 영문으로 출판됐는데, 그는 중국어판 「서언序言」에서 다음과 같이 말했다. "최근 몇 년 동안 학계에서 가장 유행한 것은 아마 문화 문제일 것이다. 소위 신문화운동이 일어난 이래, 우리는 늘 '문화', '문명', '동서 문화' 등과 관련된 토론을 보고 들어왔다. 유럽과 아시아가 소통하는 시대를 살면서 이전 사람들이 경험하지 못한 수많은 일들이 있었고, 이전 사람들이 보지 못한 수많은 물건들을 봤다. 사물들은 크게 둘로 나뉜다. 하나는 우리에게 본래부터 있던 것이고, 또 하나는 서양에서 새로 들어온 것이다. 그것들은 매우 다르고, 또 왕왕 갈등을 빚고 충돌한다. 따라서 우리가 그것을 비교하고, 평가하고, 가늠하는 것은 자연스러운 현상이다."[26] 『서언』의 "동양과 서양東方與西方" 부분에서 그는 다음과 같이 말했다.

량수밍 선생은 각 민족이 걸어온 길은 다르며, 각각의 문화는 그것만의 특징이 있다고 했다. 하지만 후스 선생은 민족마다 시대에 따라 문제에 적용하는 "해결의 스타일樣式"이 다르며, 그래서 각 민족의 특정 시대마다 문화적 특징이 나타난다고 했다. 이 점에 대해서는 후스 선생의 의견이 옳다. 사실 량수밍 선생과 지금의 보통 사람들이 말하는 서양 문화는 사실 서양 문화가 아니라 근대의 서양 문화이다. 그리스 로마 사상이 실제로 유가 사상과 비슷한 점이 많은 것처럼 (…중략…) 소위 열심히 앞으로 나아가려는 태도가 곧 이 책에서 말한 진보주의이며, 그것은 사실 서양 근대의 산물이지, 아예 처음부터 서양 문화였던 것은 아니다. (…중략…) 이 책에서는 동서 문화 구분의 틀을 벗어나서, 다양하고 이상적인 삶을 각각의 철학 체계를 중심으로 평등하게 기술하여 비교 연구하는 것에 중점을 두었다.[27]

---

26 馮友蘭, 「人生哲學之比較研究」 「序言」, 『全集』 第一卷, p.575.
27 위의 책, p.580. 『人生哲學之比較研究』 第七章 「餘論」에도 "소위 있는 힘껏 노력하는 자의 진취적 태도는 사실 서양 근대의 산물이다(所謂奮鬥者向前的態度實西方近代之產物)" 등의 내용을 보충했다.

이 『서언』은 펑유란이 당시에 이미 일반적으로 말하는 서양 문화가 서양의 근대문화일 뿐이며, 소위 동서의 차이는 곧 중국과 근대 서양의 차이라고 생각했음을 분명하게 보여준다. 그는 량수밍의 '유형[種類]'에 대한 해석에 반대하고, "시대時代"에 대한 해석으로 방향을 바꾸었다. 그의 관점에 따르면, 동서 문화에 차이가 생긴 원인은 "서로 다른 시대의 문화 양식" 때문이다. 그러므로 『삶의 철학에 대한 비교연구[人生哲學之比較研究]』 출판은 "서로 다른 문화의 갈등과 충돌에 대한 당시 유행하던 해석을 부정"한 것이었으며, 그러면서도 "그것을 대체할 새로운 해석을 제시하지 않은" 것이 아니었다. 또한 1930년대에 출판된 『중국철학사』에서야 "동서 문화의 차이가 실제로는 중고와 근대의 차이임을 함축적으로 밝힌 것"[28]이 아니라, 1920년대 중기에 그가 이미 "동서東西를 고금古今으로 인식"하는 '새로운 해석'에 상당히 근접했었다고 해야 한다.

여기에서 펑유란의 문화관과 량수밍의 관계에 대해 잠깐 살펴보자. 인딩殷鼎은 펑유란에 관한 자신의 저작에서 펑유란이 이른 시기에 문화에 대한 관심을 갖게 된 것은 량수밍의 영향 때문이었다고 했다. "량수밍이 제기한 문제와 견해는 일찍부터 펑유란에게 큰 자극이 됐다. 당시 펑유란 역시 동서 문화의 차이와 충돌에 혼란스러워했기에, 그에 대한 합리적인 해석 방법을 찾으려고 했다. 베이징대학을 떠난 지 한참 후, 펑유란은 베이징대학 재학 당시에 접한 량수밍 선생의 문제 제기에 관심을 갖게 됐고, 이후 열심히 동서 문화의 차이와 그 근원에 대해 탐색하기 시작했다",[29] "펑유란은 베이징대학을 졸업할 때 량수밍이 제기한 이 문제에 대해 고민했고, 이후 미국에서 유학할 때도 이 문제에 대한 합리적인 설명 방법을 찾고자 했다."[30] 인딩殷鼎이 이렇게 말한 것은 『자서』의 내

---

28 馮友蘭, 「答詞」, 『精華錄』, p.3.
29 殷鼎, 『馮友蘭』, 台北東大圖書公司, 1991, p.19.
30 위의 책, p.20.

용을 오해한 것에서 비롯된 면이 있다. 사실 신문화운동의 동서 문화 논쟁은 1915년『신청년』창간 때부터 이미 시작됐고, 평유란과 량수밍의 문화 문제에 대한 관심은 모두 이 운동의 영향을 받은 것이다. 평유란은 1919년 미국으로 갔고, 량수밍의 "동서 문화와 철학"에 대한 강연은 1920년이었다. 량수밍은 1920년 10월『북경대학일간北京大學日刊』에 '동서 문화와 철학' 강연록을 연재하기 시작했고, 책으로는 1921년 정식 출판됐으므로,[31] 평유란이 베이징대학에 있는 동안에는 량수밍의 "동서 문화와 철학" 강연을 듣지 못했다. 1920년 12월 평유란은 「인도 타고르와의 담화[與印度泰戱爾談話]」라는 글에서 "며칠 전 받아본 『북경대학일간』에 량수밍 선생의 '동서 문화와 철학'이라는 강연 내용이 실렸는데, 아쉽게도 서론만 있고 본문은 없었다"고 했다.[32] 이것으로 평유란의 동서 문화에 대한 생각은 근본적으로 천두슈 등이 시작한 동서 문화 논쟁에서 온 것이며, 그것은 당시 사람들이 보편적으로 관심을 가졌던 문제이기도 했음을 알 수 있다. 량수밍의 "동서 문화와 철학" 강연은 평유란이 미국에 간 지 1년 후의 일이므로, 평유란이 량수밍이 제기한 문제를 미국으로 가져가서 답을 찾고자 했다고 보기긴 어렵다. 게다가 평유란은 귀국 후 량수밍과는 다른 방향으로 자신의 문화관을 발전시켰다.

　이상의 역사적 서술을 통해서 다음을 알 수 있다. 평유란은 1920년부터 이미 당시 유행하던 '유형[種類]' 중심의 단일한 문화 해석를 회의적으로 보고, '등급等級'에 초점을 맞춘 문화 해석을 추구했다. 1922년 그는 두 가지 해석을 결합했고, 1923년 완성한 논문에서 '동서' 구분의 틀을 깨고 '유형' 중심의 해석을 상당 부분 폐기했으며, 1924년부터 1926년 사이에 박사논문의 영문본과 중문본을 출판했다. 여기에서 그는 '동서'를 타파했을 뿐 아니라 '고금'까지 짚어냈는

31　王宗昱,『梁漱溟年表』, 台北東大圖書公司, 1992 참고.
32　馮友蘭,「與印度泰戱爾談話」,『三松堂學術文集』, p.11.

데, 이것은 1920년대 초 펑유란 문화관의 전체적인 방향이 '동서'에서 '고금'으로 전환되었고, "1920년대 중반에 이러한 전환이 기본적으로 완성됐음"을 보여준다. 당시 그의 문화 관념은 근대문화사적으로 봤을 때 그가 처음 제창한 것이라고 할 수 없지만, 분명한 것은 펑유란의 끊임없는 탐색과 진지한 고민 끝에 그러한 문화관을 확립했고, 이것은 그의 이후 문화관 발전의 기초가 되었다는 점이다.

3. 유형類型과 개체個體

『자서』 제5장 「30년대三十年代」에서 그는 1935년의 『진한역사철학秦漢歷史哲學』을 인용한 후 다음과 같이 기술했다.

나는 이 글의 대부분을 옮겨왔다. 그 이유는 이 글은 내가 1933~1934년 유럽에서 보고 들은 이론으로서, 내 사상의 전환, 즉 동서의 구분은 고금의 차이에 불과함을 인식한 것을 보여주기 때문이다.[33]

또 제6장 「사십년대四十年代」에서 『신사론』에 대하여 다음과 같이 말했다.

'5·4' 시기에 나는 동서 문화 문제에 관심을 가지고 있었고, 이후 차츰 이것이 동서의 문제가 아니라 고금의 문제라는 것을 알게 됐다. 사람들이 말하는 동서의 구분은 사실 고금의 차이에 불과하다. 내가 1920년대에 쓴 『삶의 철학에 대한 비교연구』는 이 문제를 다룬 것이다. 내가 그 책을 쓴 목적 중 하나는, 각 파의 삶의 이상이

---

33 馮友蘭, 「自序」, 『全集』 第一卷, p.226, p.240.

세계 각국의 철학사에 모두 보이며, 어떠한 이상이 서양 특유의 것이고 어떠한 이상의 동양 특유의 것인지 구분하기 어려움을 증명하기 위해서였다. 1930년대에는, 유럽에서 휴가를 보내면서 유럽 봉건 시대의 유적을 보고 시야가 넓어졌다. 그 때 확실히 깨달았다. 현대 유럽은 봉건 유럽의 변화와 발전의 결과이고, 미국은 유럽의 연장과 발전이며, 유럽의 봉건시대는 과거 중국과 상당 부분 같거나 약간의 차이만 있을 뿐이라는 것을 말이다. 일반 사람들이 말하는 서양 문화는 사실 근대문화다. 소위 '서회西化'라는 것은 '근대화近代化'라고 해야 한다.[34]

위의 내용에 의하면 "일반적으로 서양 문화라고 하는 것이 사실 근대문화"라는 관점은 펑유란이 1920년대 중반에 이미 제기했던 것임을 알 수 있다. 그가 1930년대 유럽에 갔던 것은 그가 이 점을 더욱 확실히 인식하게 했고, '근대화'라는 개념을 더욱 분명히 인식하게 된 계기이기도 했다. 1920년대 후반부터 1930년대 초반까지 펑유란의 연구는 온전히 중국철학사의 학술영역에 집중적이며, 이것으로 그는 역사적인 『중국철학사中國哲學史』를 완성했을 뿐 아니라, '옛것을 그대로 믿는[信古]' 것이나 '옛것을 의심하는[疑古]' 것과는 다른 '옛것을 해석하는[釋古]' 역사연구 방법을 창안했다.[35] 그리고 이것이 펑유란 선생이 1920년대부터 지녀왔던 중서문화 충돌에 대한 생각을 변화시켰다. 1930년대 유럽행의 중요한 의미는 바로 펑 선생이 중서문화 문제를 다시 생각하게 했고 1930년대 중반 본위문화本位文化 논쟁에서 나중에 『신사론』에서 보다 구체적으로 풀이한 '근대화' 관련 문화관을 빠르게 형성시켰다는 점이다.

펑 선생은 1935년 9월에 나온 『진한역사철학秦漢歷史哲學』이 "내 사상의 변화를 상징하고, 소위 동서의 구분이 고금의 차이에 불과하다는 점을 보여준다"고

---

34 위의 책, p.226 · 240.
35 위의 책, p.207.

했는데, 사실 이 글에서는 동서고금의 문제를 다루지 않았다. 이 글에서 설명한 유물사관의 영향을 받은 역사분석과 사회 구조 분석은 다음 절에서 체용體用 문제를 다룰 때 다시 언급하겠다. 주의할 만한 것은 1936년 8월 발표한 「중국 현대 민족운동 동향[中國現代民族運動之總動向]」이라는 글인데, 이 글에서 유럽에서 돌아와서 본위문화本位文化 논쟁의 영향을 받은 이후 펑 선생의 문화관이 어떻게 발전했는지가 명확하게 드러난다.

내용은 다음과 같다. "지금 세계의 모든 경제선진 민족은 모두 '도시인[城里人]'이 됐고, 경제가 낙후한 사람들은 모두 '시골사람[鄕下人]'이 됐다. 바꿔 말하면, 경제가 낙후한 민족국가는 모두 경제선진국의 식민지가 됐다."[36] 이 관점은 이후 『신사론』 제3편 「도시와 향촌의 구별[辨城鄕]」의 중심 내용이 됐다. 글에서는 또 다음과 같이 말했다. "공업혁명은 근대 시기 세계 모든 혁명 중 가장 기본적인 것이며, 공업혁명이 있고 나서, 기존 경제 기초 위에 세워진 여러 제도 역시 모두 변했다. 어떤 사람이 공업혁명의 결과로 '향촌이 도시에 기대게 됐고', '동양이 서양에 기대게 됐다'고 했는데, 나는 이 말에 매우 동의한다. 동양에서는 공업혁명이 일어나지 않았고, 그래서 '시골사람[鄕下人]'이 된 것이다. 이것은 기본적인 개념이다. 이 기본적인 개념으로 역사를 보면, 모든 현상을 설명할 수 있다."[37] 여기에서 말한 "어떤 사람"은 마르크스고, "기본적인 개념"은 유물사관이다. 펑유란이 『공산당선언共産黨宣言』에서 읽어낸 것은 자산가의 필연적 멸망이 아니라 낙후된 국가의 발전 전략이었고, 이것은 진화론적 역사관이었다. 그는 이어서 다음과 같이 말했다.

지금의 세계는 공업화한 세계이고, 지금의 세계 문명은 공업문명이다. 중국 민족

---

36 馮友蘭, 「中國現代民族運動之總動向」, 『三松堂學術文集』, p.387.
37 위의 글, p.387.

이 자유와 평등을 얻으려면 반드시 공업화가 이루어져야 한다. (…중략…) 하나의 민족국가가 자유와 평등을 얻으려면 결국에는 공업국이 되어야 진정한 자유와 평등을 얻을 수 있다. 그렇지 않으면 아무것도 제대로 이룰 수 없다. 우리 중국문명은 본래 농업문명이었고, 수많은 중국인이나 외국인은 중국인이 여러 가지 특징을 가졌다고 말하곤 한다. 예를 들어 '여유로움을 좋아한다'는 점이 있는데, 이것을 나쁘게 말하면 '게으르다', 좋게 말하면 '느긋하다즐길줄안다'가 된다. 사실 이것은 농업문화의 특색일 뿐이지, 특정 민족의 특색은 아니다.[38]

평유란은 유럽에 다녀와서 "경제력이 있어야 최종 결정권이 생긴다"[39]는 역사관의 영향을 깊게 받았다. 그래서 그는 더 이상 정신문화적 특성의 측면에서 중서문화 충돌을 보려하지 않았고, '공업문명', '농업문화' 등으로 사회 경제 유형에 초점을 맞춰서 문화의 문제를 설명하는 쪽으로 방향을 바꿨다. 이러한 방법 중, 생산 방식은 각 시대의 역사적 기초로 간주되었고, 문명 특색을 결정하는 기본요소로 간주되었다. 즉 중국문화와 서양 근대문화의 특색과 차이가 모두 농업문명과 공업문명의 기초 위에서 설명 가능했던 것이다. 이러한 방법상의 변화는 결코 "동서 구분은 고금의 차이에 불과하다"는 관점으로만 설명 가능한 것이 아니었다. 본래 '고금'이라는 것은 시대의 진보과정에서 일어나는 사회유형의 변화를 가정하거나 함축하지만, 단순한 '고금古今'설은 '금今'이 '지금今'인 이유와 그것이 '옛날古'과 어떻게 다른지를 짚어줄 수 없었다. 그런데 이 글에서는 평유란 문화관의 기반이 시대에서 사회유형으로 바뀌었고, 사회유형 방면에서도 경제적 생산 방식 측면의 이해를 중시했다. 그래서 그는 공업혁명을 근대화의 관건으로 봤고, 중서문화 충돌 전반에 대한 착안점을 (협의의) 문화

---

38 위의 글, pp.389~390.
39 위의 글, p.388.

에서 경제로 옮겼으며, 공업화가 중국 민족이 자유와 평등을 얻기 위한 기본적인 출로임을 명확하게 제시했다. 이러한 기본적인 사고가 바로 이후의 『신사론』에 보이는 관점이며, 그래서 『신사론』의 부제가 "중국이 자유에 도달하는 길[中國到自由之路]"이다. 이런 점에서 유럽행의 의의 혹은 그것으로 인한 펑유란 선생의 생각의 변화는 동서에서 고금으로의 전환이 아니라 사회유형으로 고금의 차이를 이해했다는 것이고, 그 중에서도 유물사관의 영향을 많이 받은 점이 결정적 특징이다.

　1930년대 중반 펑 선생의 문화관의 경우 유물사관의 영향을 받은 면이 있고, 다른 한편으로는 1920년대 후기부터 윌리엄 페퍼렐 몬터규W. P. Montague, 1873~1953 등의 신新실재론이 『신대화新對話』의 형이상학과 도덕론에 영향을 주었을 뿐 아니라[40] 문화 분석에도 반영되기 시작했다. 당시 '전반적인 서구화'와 '본위문화' 논쟁에 대하여, 그는 전반적인 서구화의 논리에 의하면 중국인은 전부 기독교로 바꾸고 서양식 의복으로 바꿔야 하며 만터우饅頭를 먹지 않아야 하지만, 사실상 전반적인 서구화를 지지하는 사람들의 주장이 모두 이랬던 것은 아니었고, 결국 '부분적인 서구화'만 이루어졌다. '부분서구화론'자들은 각각 다른 '부분'을 주장했다. '중국본위문화'를 주장하는 사람들 역시 예전의 것들을 변함없이 지켜야 함을 주장하는 것이 아니라, 남길 것은 남기고 없앨 것은 없애야 함을 주장했다. 펑유란이 보기에 이들의 논쟁은 논리가 불명확하거나예를 들어 '전반적'이라는 등 취사의 기준이 불분명했다. 앞에 인용한 글과 같은 글에서 그는 문화의 문제에서는 반드시 문화 '개체'와 문화 '유형'을 구분해야 함을 주장했다. 예를 들어서 우리가 '대학'이라고 하는 것은 '유형'으로서 말한 것이고, "칭화대학"이라고 하는 것은 '개체'를 말한다. 만약에 칭화淸華를 하나의 '대학'으로 본다

40　『新對話』(一)에서 비행기가 만들어지기기 전에 이미 비행기의 원리가 있었다는 것과 도덕적 원리는 변하지 않는다는 사상을 제기했다.

면 이것은 '개체'가 아닌 '유형'으로서 본 것이며, 이때에는 칭화가 가진 모든 성질 중 대학과 공통된 것이 중요하고 의미 있는[相干] 것이지, 칭화의 대문이 서쪽을 향해 있다거나 중간에 강당이 있다는 것은 모두 중요하지도 않고 의미 없는 것들이다. 그러나 만약에 우리가 유형이 아닌 개체로서 그것을 본다면, 칭화가 가진 여러 가지 성질 중 어떤 것이 중요하고 의미가 있으며, 어떤 것이 중요하지 않고 의미가 없는 것인지 구분지어 말할 수 없다. 칭화의 대문이 서쪽을 향해 있고 중간에 강당이 있는 것은 '개체'로서의 칭화에 있어서는 중요하면서도 사소하지 않은 성질이다.[41] 이러한 분석으로 서양 문화를 본다면, 즉 '개체'로서의 서양 문화에 주목한다면, 그 안에 있는 요소 중 어떤 것이 의미가 있고 없는지를 구분할 수 없다. 펑유란은 반드시 서양 문화를 하나의 문화 '유형'으로 봐야, 무엇을 배워야 하며 무엇을 배울 필요가 없는지 확정할 수 있다고 했다. 그는 "소위 서양 문화는 공업문화를 대표하는 유형이고, 그 중 공업문화와 관련 있는 모든 것이 의미 있는 것이고 나머지는 의미가 없다. 만약에 우리가 배우려면, 배워야 하는 것은 공업화지 서구화가 아니다. 기독교의 경우 그것이 공업화와 관련이 없으므로 그것은 배울 필요가 없음을 알 수 있다. 친구들과 같이 있을 때, 그들이 '서구화'를 말하면 나는 '공업화'를 말한다. (…중략…) 내 생각에 우리는 '공업화'를 해야 한다. 즉, 공업화와 관련된 것이면 다 필요하며, 그게 아니라면 필요하지 않다. 이러면 '전반적인 서구화'와 '부분 서구화'를 주장하는 사람들 모두 만족할 것이다. 그리고 '중국본위中國本位'를 주장하는 사람들 역시 만족할 것이다. 중국을 본위로 하여 '공업화'와 충돌하는 것은 없애고 충돌하지 않는 것은 남겨두는 것이다".[42]

얼마 후 1937년 1월, 펑유란은 제3회 중국철학회 연례회의에서 문화 문제에

---

41 위의 글, p.391.
42 위의 글, pp.391~392.

대해 언급하며, '논리'로 논쟁을 해결하는 일의 어려움을 강조했다. 그의 말은 아래와 같다.

이러한 논쟁은 논리적으로 보면 대부분 쉽게 해결된다. 논리상으로 개체와 유형의 구분이 있는데, 하나의 개체는 수많은 유형을 대표할 수 있다. 예를 들어, 공자는 수많은 유형을 대표할 수 있다. 춘추시대春秋時代 사람, 산동山東 사람, 70년 이상 산 사람, 성인聖人 등등 말이다. 하나의 개체는 다른 하나의 개체를 배울 때, 실제로 배우는 것은 그것이 대표하는 어느 하나 또는 몇 가지 유형이다. 예를 들어, 어떤 사람이 공자를 배우려고 한다면, 그것은 사실 공자로 대표되는 성인聖人 유형을 배우고자 하는 것이다. 소위 서구화라는 것은 하나의 개체로, 문화 방면에서 그것은 여러 가지 유형을 대표한다. 예를 들어서 기독교 문화, 과학문화, 공업문화 등이 있다. 우리가 서구를 배운다는 것은 사실 서구로 대표되는 어떤 문화 유형이나 몇 가지 문화 유형을 배우는 것이다. 예를 들어 과학문화, 공업문화 등이다. 중국 고유 문화 중 이것과 충돌하지 않는 것은 당연히 바꿀 필요가 없다.[43]

이렇게 유형과 개체를 구분하는 것이 바로 『신사론』 제1편 「보편적인 것[共]과 개별적인 것[殊]의 구별[別共殊]」의 주요 내용이며, 여기에서 펑유란이 중서문화를 설명하는 새로운 방법과 입장을 이미 확정하였음을 확인할 수 있다. 앞에서 말한 유형과 개체를 「보편적인 것과 개별적인 것의 구별」에서는 '보편적인 것[共相]'과 '개별적인특수한 것[殊相]'이라고 했으며,[44] 여기에서 말한 '논리' 역시 형식논리에 그치는 것이 아닌 영국의 철학자 버트런드 러셀Bertrand Russel, 1872~1970로 대표되는 논리분석 방법으로, 이것 역시 『신이학』의 기본 방식이다.

---

43 馮友蘭, 「從中國哲學會說到哲學的用處」, 載『申報』, 1937.1.24; 『全集』 第五卷, p.359.
44 『全集』 第四卷, p.217 참조.

이후 평 선생은 다음과 같이 말했다. "『신이학』은 보편적인 것[共相]과 개별적인 것[殊相]의 관계 및 일반과 특수의 관계를 설명하는 데 주력했고, 그것 간의 차이와 연관성에 대해 다뤘다. 표면적으로는 이러한 토론이 실제를 벗어난 것 같고 쓸데없는 것처럼 보이지만, 사실 쓸데없지 않고 매우 쓸모가 있다. 『신사론』은 바로 『신이학』 가운데 이 문제 대한 토론을 기초로 당시의 현실문제를 해결하고자 했던 것이었다."[45] 『신이학』은 1937년 겨울에 저술되었고, 1938년 멍쯔蒙自[46]에서 석인石印했으며, 1939년 상무인서관商務印書館에서 정식 출판됐다. 『신사론』의 12편은 1938년부터 다음 해 4월 쿤밍昆明의 『신동향新動向』 잡지를 통해 저술하는 대로 간행됐고, 1940년 상무인서관에서 출판됐다. 『신이학』 「자서」와 『신사론』 「자서」에서 모두 『신이학』의 '용처用處'[47]를 다뤘고, 이것을 보고 사람들은 평 선생이 일종의 자기변호를 하는 것으로 오해하곤 한다. 사람들은 소위 '신이학' 방법은 크게 쓸모가 있고 평 선생이 말한 '신이학'과 '신사론'의 관련성은 실제와 다르다고 생각하지만, 앞에서 인용한 1937년 1월 중국철학회 연례회의의 이 문장에서 알 수 있듯이, 『신사론』의 방법론인 "보편적인 것과 개별적인 것의 구별"은 분명히 『신이학』 전에 확립된 것이었다. 이 "보편적인 것과 개별적인 것의 구별"은 형이상학적 표현으로서, 『신이학』은 어떤 한 종류의 사물과 또 다른 종류의 사물 간의 관계[所以然]의 이치를 논한 것이며, 신新실재론에서 다루는 보편적인 것[共相]과 개별적인 것[殊相]에 관한 토론의 중국판이다. "보편적인 것과 개별적인 것의 구별"은 문화론의 방법으로서 사용된 것으로, "신사론"은 곧 "유형[類]의 관점에서 문화를 보는 것"과 "특수한 것[特殊]의 관점

---

45 馮友蘭, 「自序」, 『全集』 第一卷, p.239.

46 역자 주 : 운남성(雲南省) 홍하자치현(紅河自治州) 소재의 시(市)·

47 『新理學』 「自序」에서는 "이 책은 '실제를 다룬 것은 아니'지만 이 시대에는 수많은 현실 문제가 있고 그 해결책과 이 책의 내용은 무관하지 않다"고 했다. 『新事論』 「自序」에서도 이 내용을 인용했다.

에서 문화를 보는 것"의 구분에 대한 것이다.[48] 따라서 "신사론"적 문화분석을 "신이학" 철학 방법의 응용이라고 말하는 것은 문제가 없다. 1936년 8월 「중국 현대 민족운동 동향[中國現代民族運動之總動向]」과 1937년 1월에 발표한 「중국철학에서 논하는 철학의 쓰임[從中國哲學會說到哲學的用處]」 두 편의 글은 사실상 이후에 나온 『신사론』의 강요綱要이다.

『신사론』에서는 항전 이전 두 편의 글의 주요 논점을 상세하게 전개했는데, 그 첫 번째 편이 「보편적인 것[共]과 개별적인 것[殊]의 구별」이다. 보편적인 것 [共]은 유형類型을 가리키고 개별적인 것[殊]은 특수한 것[特殊], 개체個體를 가리킨다. 평유란은 유형[類]의 관점에서 서양 문화를 봐야 함을 주장했고, 특수개체의 관점에서 서양 문화를 보는 것을 반대했다. 그는 '중국문화', '서양 문화'에 대한 설명방식은 개체의 관점으로 문화를 보는 것이며, '자본주의문화', '사회주의문화'는 유형[類]의 관점에서 문화를 본 것이라고 했다. 그는 민국 초기 이래 사람들이 대부분의 사람들이 특수한 것[特殊]으로서 서양 문화를 봤다고 여겼으며, "그들은 자주 '중국인은 어떻다 어떻다', '서양인은 어떻다 어떻다'라고 하는데, 그들이 보기에 중국인이 어떠어떠한 것은 그들이 중국인이기 때문이며, 서양인이 어떠어떠한 것은 그들이 서양이기 때문인 것 같다고 했다. 그들은 잘 모르거나 최소한 주의하지 못하고 있다. 중국인이 어떠어떠한 이유는 중국문화가 특정 방면에서 특정 유형의 문화에 속하기 때문이고, 서양인이 어떠어떠한 이유는 서양 문화가 특정 방면에서 특정 유형의 문화에 속하기 때문"[49]이라고 했다. 예를 들어, 장삼張三은 상한병傷寒病 때문에 열이 났고, 이사李四는 말라리아 때문에 오한이 났다. 장삼이 열이 난 것은 상한병을 앓았기 때문이지 그가 장삼이기 때문이 아니고, 이사李四가 오한이 난 것은 말라리아를 앓았기 때문이지 그

---

48 馮友蘭, 「新事論」, 『全集』 第四卷, pp.218~220.
49 馮友蘭, 「新事論」, 『全集』 第四卷, p.222.

가 이사李四이기 때문은 아니라는 것이다. 이것은 곧 상한병傷寒病에 걸린 누구라도 열이 난다는 것이고, 어떤 문화라도 중국문화와 같은 유형에 속한다면 중국문화와 동일한 여러 성질을 가지게 됨을 말한다. 중국인 혹은 중국문화의 특색 및 그것의 상대적 빈약함과 서양 문화의 특색 및 그것의 상대적 부강함은 모두 그들이 서로 다른 유형의 문화 형태에 속하기 때문이다. 이런 점에서 보면, 중국문화에 어떠한 문제점이 있다고 한다면, 이 문제점은 모두 그것이 속한 문화 유형에 의해 결정된 것이다.

중서문화 유형의 차이에 대한 가장 직관적인 이해는 고금古今의 차이다. 평유란 선생은 다음과 같이 주장했다. "사람들이 말하는 서양 문화라는 것은 사실 근대 혹은 현대 문화다. 서양 문화가 우월하다고 하는 것은 그것이 서양적이기 때문이 아니라 근대적, 현대적이기 때문이다." 그는 "어떤 사람은 서양 문화가 자동차 문화이고 중국문화는 인력거 문화라고 했지만, 자동차 역시 서양에 원래부터 있던 것이 아니다. 자동차가 있고 없고는 고금의 차이이지 중서의 차이가 아니며, 일반 사람들이 생각하는 중서의 차이는 대부분 고금의 차이이다", "우리가 근래 곳곳에서 손해를 본 이유는 우리 문화가 중국적이기 때문이 아니라, 우리의 문화가 중고中古적이기 때문이다"라고 했다. 일정한 유형의 관점을 확정한 상태에서 서양 문화를 보고 배워야 핵심 내용을 파악할 수 있다. 만약에 서양 문화를 특수한 개체로 간주한다면, 우리는 서양 문화의 다양한 성질 중 무엇이 주요 성질이고 무엇이 우연 성질인지 가리기 어렵다. 또한 근대 문화나 현대 문화라는 유형처럼 서양 문화를 하나의 문화 유형으로 간주해야만, 근대성 관련 요소를 파악할 수 있으며, 반드시 '전반적 서구화'일 필요는 없다. 그러므로 중국문화가 직면한 문제는 "우리의 문화를 하나의 유형에서 다른 유형으로 바꾸는 것일 뿐, 우리의 특수한 문화를 또 다른 특수한 문화로 바꾸는 것이 아니다".[50] 아인슈타인을 특수한 개체로 보면 그는 그가 아인슈타인인 수많은 요소를 가지고 있다. 예를 들어, 그의 외모, 성격, 취미, 유태인임 등이다. 그러나 그를 물리학자로 보면 우리가 그를 배우려고 할 때 그가 특수한 개체로서 가지는 여러 성질을 배우는 것이 아니라, 그 분야의 연구 방법을 배우는 것이다. 따라서 전반적인 서구화는 필요하지도 않고, 가능하지도 않으며, 중국인이 서양을 배우는 것은 그것을 특수문화노란머리, 파란눈, 기독교를믿음등로서 배우는 것이 아니라, 중국문화를 현대서양 문화와 같은 유형의 문화로 변화시키는 것이다. 이러한 유형을 간단하게 말해서 근대화 혹은 현대화라고 한다.

마르크스의 영향으로, 펑유란은 경제 유형과 경제 생산 방식의 유형에 따라 고금의 차이를 나눴다. 그는 중국문화가 늘 오랑캐와 중화의 구별을 중시했는데, 문화상으로 보면 오랑캐와 중화의 차이는 곧 도시와 향촌의 차이와 같다고 했다. 중국인은 수천 년 동안 '도시사람'이었다가, 뜻하지 않게 청말에 이르러 '시골사람'으로 전락했다. 서양 사람들이 지혜롭고 부강한 이유는 그들이 서양인이어서가 아니라 그들이 '도시사람'이기 때문이고, 중국인이 어리석고 빈약한 이유는 중국인이 중국인이기 때문이 아니라, 중국인이 '시골사람'이 됐기 때문이다. 서양 사람들이 현대 도시인의 자격을 얻은 이유는 경제 방면에서 큰 변혁, 즉 산업혁명이 있었기 때문이다. 그는 마르크스의 "공업혁명"으로 인해 시골이 도시에 의존하게 됐고, 동양이 서양에 의존하게 됐다'는 명언을 재차 인용했다. 이것은 그가 마르크스 역사관에 의해 계발된 부분을 보여준다.[51]

마르크스 역사관의 사고방식을 따른 고금의 차이 및 도시와 향촌의 차이에 관한 설명 방식은 중국문화와 서양문화 각각이 속한 유형을 파악하는 데 있어서 추상적인 면이 있었기에, 펑유란은 추가로 "옛날[古]"에 머문 것, 서양에 비해 상대적으로 '시골스러운' 것이 된 중국문화는 사회유형으로 말하면 "생산의 가

---

50 위의 책, pp.225~228.
51 위의 책, p.244.

정화 문화"이고, 공업혁명화를 거쳐서 '지금[今]'이 되었고 상대적으로 낙후한 동양에 비해 '도시적인' 것이 된 서양 문화는 "생산의 사회화 문화"라고 했다.[52] '산업혁명'은 바로 "사회 본위本位의 생산 방식"이 "가정 본위本位의 생산 방식"을 대체한 것이며, 사회 본위의 생산제도가 가정 본위의 되는 생산제도를 대체한 것이다. 이러한 대체로 인해, 사람들의 모든 생활방식과 사회조직 및 사회도덕 기준이 달라졌다.[53] 산업혁명과 공업화는 중국문화 또는 중국이 민족국가로서 세계 여러 민족 속에서 자유와 평등을 얻기 위해 조속히 이루어야 할 과제이자 근본적인 출로였다.

『신사론』에서는 보편적인 것과 개별적인 것을 구별했고, 고금古今을 나눴으며, 도시와 시골을 분별했고, 가정과 국가에 대한 설명 등을 통해서 1930년대 중반 이래 형성된 '근대화' 관련 문화관을 총체적으로 설명하였다. 1930년대 평유란의 문화관에서는 문화의 실천적 측면을 역사적 해석보다 더 중시했다. 예를 들어서 1920년대 평유란은 량수밍이 비평하기를, 역사 해석의 각도에서 보면, 동서를 고금으로 한다고 해도 여전히 '서西'가 왜 '금今'이 될 수 있었는지, '동東'이 왜 여전히 '고古'에 머무르게 되었는지를 설명하지 못한다고 했다. 또 1930년대 평유란은 더 이상 궁극적인 역사적 해석을 추구하지 않고 어떻게 서양의 실천 방면의 것을 배울 것인가에 주목했는데, 이러한 변화는 1930년대 문화 논쟁의 초점이 이동했기 때문이기도 하다. "보편적인 것과 개별적인 것을 구별하는 것"은 서양 문화를 하나의 문화유형으로서 강조한 것으로, 모두 어떻게 서양을 배울 것인지의 문제를 해결하는 것에 집중했는데, 이 문제가 반드시 중국이 왜 '고古'에 머무는지, 서양이 왜 '금今'으로 발전할 수 있었는지를 설명하는 것과 연결되는 것은 아니었다. 마르크스의 "물질적 생산 활동"에 대한 중시

---

52 위의 책, p.252.
53 위의 책, p.259.

와 공업혁명 및 자본주의 사회화 생산에 대한 분석의 영향으로, 그는 경제생산 방면의 관점으로 방향을 완전히 전환했고, 생산 사회화 방식의 공업화를 근대 문화의 기초와 특징으로 이해하게 되었다. 1920년대의 동서東西에서 고금古今으로의 전환과 비교했을 때, 1930년대 펑유란의 이러한 변화는 유물사관의 영향을 보여주기도 하고, 동시대 지식인들이 중국 공업화 과정에서 겪은 문화에 대한 새로운 자각, 그리고 공업혁명으로 나라를 구하려는 민족이데올로기이이데올로기는 특정 공업화 노선을 근본적으로 배척하지 않는다를 반영하기도 한다.

4. 현대화와 민족화

"7·7사변" 이전 십여 년간, 펑유란 문화관의 핵심 주제는 동서 문화와 그것의 충돌이었다. 주의할 만한 것은, 이 십수 년 동안 펑유란은 기본적으로 현대화 속의 "전통" 문제와 "민족화" 문제에는 중점을 두지 않았다는 점이다. 그의 초점은 중국문화의 농업문화[古]에서 공업문화[今]로의 전환에 있었으며, 1937년까지 그의 문화관은 완전히 현대화 지향의 문화관이었다고 할 수 있다. 그는 전반적인 서구화는 반대했지만, 공업화로 대표되는 경제서구화에서 전통과 현대화 사이에는 어떤 긴장 관계도 없음을 주장한 것이었다. 이것은 결코 둘의 결합에 문제가 없었다는 것이 아니라, 전통과 민족문화 문제가 아예 '거론되지' 않았고, 문화 정체성 문제가 언급되지 않았다는 것이다. 이 역시 펑유란과 '5·4' 전후의 문화보수주의 및 초기 신유학자인 마이푸馬—浮, 량수밍, 슝스리熊+力 등의 큰 차이다. 펑유란은 이후 이렇게 말했다. "문화 문제에 관해서, 량 선생의 출발점과 나의 출발점은 근본적으로 다르다. 량 선생의 출발점은 '다른 점'을 찾는 것이고, 나의 출발점은 '같은 점'을 찾는 것이며, 량 선생이 중시한 것은 중국과 외국의 비교이고, 나의 중점은 옛날[古]과 지금[今]을 비교하는 데 있다."[54]
사실 량 선생이 차이에 초점을 맞췄던 것은 그가 문화정체성을 중시했기 때문
이다. 같음에 초점을 맞췄던 펑 선생의 근대화 관련 문화관도 나름의 긍정적 의
미가 있지만, 사실은 '같음을 찾는' 가운데 분명 문화 정체성 및 문화의 민족성
을 가볍게 여긴 면도 있었다.

그러나 1937년 항일전쟁 발발 이후, 펑 선생의 사상에 커다란 변화가 생겼
다. 1939년 2월 이후 『신동향新動向』에 발표한 『신사론』의 후반부는 대부분 '개
체個體'로서의 민족문화와 관련된 내용이었다.[55] 단순한 진화론적 관점에서, 중
국문화는 '고대古代' 농업문화의 모습을 지니고 있었고, '근대近代' 공업문화로
나아가야 했으므로, 논리상으로는 전통적인 중국문화의 전면적인 부정으로 이
어질 수밖에 없었다. 1939년 이후 펑 선생은 중국문화는 문화유형의 관점에서
봐야 할 뿐 아니라 문화 개체의 관점에서도 봐야 한다고 강조했다. 『신이학』 철
학은 본래 보편적인 것[共相]을 강조하는 것이었고, 『신사론』 전반부의 옛날과
지금[古今], 도시와 시골[城鄉], 가정과 국가[家國]의 구분 모두 문화 유형을 분석한
것으로 문화 개체를 중시하는 것이 아닌 중국문화의 현대화를 중시하는 것이었
으며, 문화 유산과 역사 전통 및 개체로서의 민족은 다루지 않았다. 『신사론』
앞뒤 두 부분의 내용이 다른 것은 항전 시기 현대화와 민족화 간의 복잡한 관계
가 반영되어 있다.

『신사론』 후반부의 사상은 이렇게 말할 수 있다. 유형[類]의 관점에서 보면,
아인슈타인을 과학자라고 말할 때 중요한 것은 아인슈타인이 과학자이게 하는
요소들뿐이며, 그의 다른 특징은 모두 관련이 없다. 그러나 개체의 관점에서 보
면, 그는 하나의 완정한 사람으로서, 각종 특징은 모두 그라는 사람에게 없어서

---

54 馮友蘭, 「經濟制度與社會制度」, 『全集』第五卷, p.450.
55 『新事論』 8편부터 12편까지를 가리킨다.

는 안 되는 성질이다. 예를 들면, 그의 외모, 성격, 취미 등은 그가 과학자라는 유형에 속하는 것과 아무 관계없지만, 아인슈타인이 아인슈타인이게 하고 다른 사람들과 구별되게 하는 중요한 성질이다. 이런 점에서 개체는 중요한 의의를 지닌다. 사실, 유형은 상당 부분 인식의 범주이지 존재하는 실체가 아니다. 반면, 개체는 서로 다른 유형[類]의 일부에 속할 수 있고, 상대성을 가지며, 실제로 존재한다. 사람들은 민족국가에서 살고, 문화 역시 민족국가를 단위로 발전하며, 민족문화의 수많은 특성은 문화라는 유형[類]의 측면에서 보면 결코 중요하지 않다. 그러나 문화정체성 혹은 민족생존의 측면에서 보면, 그것은 중요한 것이 된다. 특히 현실에서 민족이 위기에 처한 시대에는, 민족 고유의 문화가 있어야만 민족의 열정과 도덕성을 자극하고 민족해방의 투쟁에 몸을 던지게 할 수 있다. 이 때문에, 개체로서의 민족의 생존을 위해서, 펑 선생은 각 민족의 민족적 '차이'를 크게 강조하기 시작했고, 이런 '차이'들은 하나의 민족과 다른 민족을 서로 구별 짓고, 그럼으로써 하나의 민족이 독립적으로 생존하게 하는 성질이 됐다. 이것은 현대화 때문에 민족성 문제를 소홀히 할 수 없음을 말한다. 제2차 세계대전 중의 영국과 독일 모두 생산 사회화의 공업문화에 속했지만, 현실적인 민족성 문제가 문화적 측면의 '유형[類]'으로 해소될 수 없었던 것처럼 말이다.

개체성을 강조하는 입장에서, 펑유란은 문화적 민족성의 인정에 관한 몇 가지 차이를 다음과 같이 제시했다.

첫째, 민족문화를 두 부분으로 나눴다. 하나는 다른 민족과 같은 유형[同類]이지만 어느 정도 다른 것예를 들어, 중국의 마차와 서양의 기차이며, 또 다른 하나는 다른 민족과의 차이가 정도의 차이가 아니라 종류나 양식[花樣]의 차이인 것예를 들어, 중국식 건축과 서양식 건축이다. 전자의 경우 낮은 수준의 것이 높은 수준의 것이 되게 해야 하며, 이것은 기능적 도구만이 아닌 물질생산 공업화 전체를 포함한다. 후자의

경우 현대화 여부의 문제는 없다. 중국의 음식, 의복, 건축 등처럼 말이다.[56]

둘째, "~의[的]"와 "~적임[底]"의 차이이다. 복식이나 건축 등은 현대화 여부와 관계없이 형식에 대해 말하는 것이고, 옷감이나 건축자재의 개량은 서구화는 아니지만 현대화는 가능하다. 펑유란에 따르면, 변하지 않을 수 없는 형식은 각 민족이 살아가는 '스타일[式樣]', '다양한 양식[花樣]'을 가리킨다. 이러한 양식[花樣] 가운데 펑 선생이 특별히 든 예는 예술과 문학이다. 펑유란은 소위 "영국공업[英國工業]", "영국과학[英國科學]"은 "영국의 과학[英國的科學]", "영국의 공업[英國的工業]"을 말할 뿐이며, 이는 곧 영국에 사는 영국인들의 것이라고 했다. 그러나 "영국문학"은 "영국적인 문학[英國底文學]"이다. "~의[的]"는 하나의 민족국가 범위 내에 존재함을 나타내고, "~적임[底]"은 이 민족 특유의 것, 고유의 것을 가리킨다. "문학과 예술은 민족적인 것이지 민족의 것만은 아니며", 이러한 민족적인 양식[花樣]이나 스타일[式樣]은 해당 민족에게 있어 매우 중요하다. "이들에게서 다양한 양식[花樣]상의 차이가 생길 경우, 각 민족에게는 자신의 옛것을 지키는 것이 그 민족의 특색을 보존하는 것보다 중요하다." 이것은 "새롭게 변화하면서도 옛 모습을 잃지 않는 것"[57]이기도 하다.

셋째, '무늬[文]'와 '바탕[質]'의 구별이다. "한 사회의 생산 방식, 경제제도, 사회제도 등등이 '바탕[質]'이고, 그것의 문학, 예술 등이 '무늬[文]'이다." 건축에 비유하면 건축 재료는 '바탕[質]', 건축양식은 '무늬[文]'이다. 펑유란은, '바탕의 유형[質底類]'의 관점에서 보면 무늬[文]는 중요하지 않지만, 하나의 개체, 사회 또는 민족의 관점에서 보면 무늬[文]는 중요하다"고 했다. 무늬[文]는 한 민족이 정서적 삶을 가능하게 하는 것이고, 한 민족은 자신만의 문학과 예술이 있어야만 그것을 충분히 느끼고 즐길 수 있다. 각 민족들은 각자의 양식[花樣] 속에서 그들

56_ 馮友蘭, 「新事論」, 『全集』 第四卷, pp.304~305.
57_ 위의 책, pp.304~305.

만의 즐거움을 얻을 수 있으므로, "반드시 자신들만의 문학과 자신들만의 예술을 소중히 해야 하며, 이렇게 하는 것은 결코 자신들 다른 것들로부터 구별 짓기 위해서만이 아니라, 자기들만의 문학예술 속에서 그들의 삶이 훨씬 잘 표현되고 즐거울 수 있기 때문이다"라고 했다. 동시에 이런 '소중히 하는 것'은 결코 보수적인 태도로 자신들의 다양한 양식[花樣]을 대하거나, 민국 초기 국수파들이 그랬던 것처럼 이미 생명을 다한 것처럼 여기고 박물관에 넣어두는 것이 아니라, "그것들을 살아있는 것으로 간주한 후 잘 길러서 발전시키는 일이다"라고 했다.[58]

『신사론』에서는 '무늬[文]'를 다루면서 스타일[式樣], 다양한 양식[花樣]을 강조하고 그 중에서도 특별히 예술문학을 다뤘으며 일부러 철학은 논하지 않았다. 그렇다면 '무늬[文]'가 정신 문명의 범위에 가깝다면, 철학과 민족적인 것의 관계는 어떤가? 만약에 양식[花樣], 스타일[式樣]이 반드시 현대화하는 것이 아니라면 철학은 현대화해야 할 필요가 있는가? 평유란은 항전 시기 이후부터 이러한 문제에 관심을 가지기 시작했다. 항전 초기에 그는 「민족철학을 논함[論民族哲學]」이라는 글[59]을 썼는데, 이 글에 따르면 사람들은 독일철학, 미국철학은 자주 말하지만, 독일화학, 미국화학이라고 하는 경우는 거의 없으며, 독일화학과 미국화학이라고 말하는 사람은 있어도 "독일의 화학", "미국의 화학"이라고만 할 뿐, 굳이 "독일적인 화학", "미국적인 화학"이라고 하지는 않는다. "왜냐하면 화학은 하나뿐이고, 우리는 거기에 독일적임[德國底]이나 미국적임[美國底] 등의 형용사를 더할 수 없기 때문이다", 그와 달리, 우리가 자주 말하는 독일철학, 영국철

---

58 위의 책, pp.305~310.
59 「민족철학을 논함(論民族哲學)」은 『남도집(南渡集)』에 수록되어 있다. 인딩(殷鼎)의 「평유란(馮友蘭) 연표에서 이 글이 1937년에 발표됐다고 했는데 근거는 알 수 없다. 『全集』 제5권에 수록된 이 글에는 "이 점에 관한 상세한 논의는 『新理學』 서론을 볼 것"이라고 되어 있으므로 이 글은 『新理學』 완성 이후의 것인 듯하며 대략 항전 초기일 것이다.

학은 곧 독일적인 철학[德國底哲學]이나 영국적인 철학[英國底哲學]을 가리키는데, 이는 문학의 경우도 마찬가지다. 따라서 "철학 또는 문학에 대해서, '독일적임[德國底]' 혹은 '영국적임[英國底]' 등의 형용사는 붙일 수 있으며, 이것은 곧 철학 또는 문학에는 민족 간의 차이가 있을 수 있지만 과학에는 그런 차이가 있을 수 없음을 말한다"고 했다.

평유란이 보기에 철학은 문학과 마찬가지로 민족적일 수 있지만, 철학은 문학과는 다르며, 어떤 면에서 문학보다 더 과학과 비슷한 면이 있었다. 문학은 민족의 언어로 쓰고, 언어에는 각자의 어법이 있다. 이에 따라서 특정한 기교가 생기고, 특수한 느낌과 그것만의 매력[妙處] 등이 생긴다. 따라서 문학에 담긴 민족성은 쉽게 파악할 수 있다. 과학적 이치[義理] 역시 각 나라마다 각 민족의 언어로 기록되기는 하지만, "한 언어의 특수문법은 과학적 이치에 대하여 전적으로 우연적이며 연관되지 않는 것이고, 과학적 이치는 공적인 것[公共底]이자 보편적인 것[普遍底]이므로, 과학 또한 공적인 것이고 보통의 것이 된다". 문학은 객관적 보편 이치를 추구하지 않고, "좋거나 안 좋다고 말할 수 있을 뿐, 맞고 틀리다고 말할 수 없다". 평유란은 철학 역시 민족의 언어와 문법의 영향을 받지만 문학과는 다르며, "철학의 목적은 보편적이며 공적인 이치[義理]를 밝히는 데 있고, 우리는 이것을 철학사상 비평의 기준으로 삼아야 한다. 만약에 이 기준에서 멀어지면, 각 민족의 철학은 각 민족의 언어와 마찬가지로 맞고 틀리고를 말할 수 없게 될 것이다." 따라서 "철학에는 보편적이고 공적인 이치[義理]가 있으니, 적어도 철학의 목적은 이러한 이치[義理]를 밝히고자 힘쓰는 데 있고, 이러한 의리는 또한 특정 민족의 언어로 말해야 한다. 그러나 그 민족의 언어는 이러한 이치[義理]에 대해 전적으로 우연적[偶然底]이며 관련이 없는[不相干底] 것이다. 이 점에서 철학과 과학은 같은 것이고, 최소한 같은 것이어야 한다."[60]고 했다. 상당

---

60 馮友蘭,「論民族哲學」,『全集』第五卷, pp.306~308.

부분 그는 철학을 과학의 범주로 여기고 이해하였다. 즉, 철학은 동서 구분이 없고, 그것이 밝히고자 하는 문제는 같은 계열이거나 같은 체계라는 것이다. 다만 동양철학에서 논하는 것은 이 계열 혹은 체계의 일부일 것이며, 이 부분들에 대한 토론은 아직 명확하지 않다고 했다. 근대의 여러 학자들과 마찬가지로, 펑유란은 서양철학을 '철학'의 전범典範으로 여긴 듯 보인다. 서양의 자연과학을 '과학'의 전범으로 삼는 것처럼 말이다. 이 점은 1940년대에 이르러서야 변화한다.

철학이 문학과 중간의 이러한 성질을 가졌기 때문에, 그것은 현대화와 민족화라는 이중 임무를 가지게 됐다. 『중국철학사신편中國哲學史新編』 제7책 『진웨린을 논함[論金嶽霖]』 1장의 마지막 부분에서는 "현대화와 민족화" 문제를 집중적으로 다뤘다. 펑유란은 「도를 논함[論道]」의 원학元學, 즉 형이상학(形上學)은 "중국철학"중국적인 철학이지, "중국에서의 철학"중국의 철학은 아니며, 『지식론知識論』 『논리[邏輯]』는 "중국에서의 지식론과 논리[知識論、邏輯在中國]"이지, "중국의 지식론과 논리[中國的知識論和邏輯]"[61]는 아니라고 했다. 진웨린金嶽霖 역시 논리는 수학이나 자연과학과 유사한 것으로 밖에서 거리를 두고 냉정하게 연구할 수 있지만, 원학元學은 사람의 감정[情(感)], 성정[性(情)], 마음[心]까지 다루고, 좋은 원학元學은 마음을 움직이며 기분을 좋게 하고 성품을 길러줄 수 있다[62]고 했다. 『중국철학사신편中國哲學史新編』 제7책 『펑유란을 논함[論馮友蘭]』 1장에서는, "중국은 근대화가 필요하며, 철학 역시 근대화가 필요하다. 근대화한 중국철학은 아무것도 없는 상태에서 새로운 중국철학을 만드는 것이 아니며, 그렇게 할 수도 없다. 새로운 근대화한 중국철학은 근대의 논리학 성과를 이용하여 중국 전통철학의 개념을 분석하고, 그 애매모호한 개념들을 명확하게 밝혀야 한다",[63] "신이학은 송명이학의 주요 문제

---

61 馮友蘭, 『中國哲學史新編』第七冊, pp.162~163.
62 金嶽霖, 『論道』, 商務印書館, 1985, p.3·16 참고.

에 대해서 근대 논리학의 성과로써 설명했는데, 이것은 중국 철학의 근대화에 도움이 되었다"고 했다.[64] 이것 또한 중서 철학이 추구하는 것이 동일한 보편성의 이치[理]라고 생각한 것이며, 중서 철학의 차이는 문제의 차이에 있는 것이 아니고, 단지 중국 철학에서 답을 구하던 문제들에 대한 이해가 서양철학에서만큼 명확하지 않았기 때문이며, 철학의 근대화는 바로 논리적 분석 방법을 이용해서 중국철학에서 분명하게 설명하지 못한 부분을 더 분명하게 설명하는 것이라고 여긴 것이다.

이처럼 철학이 현대화했을 때, 민족화의 의의는 무엇인가? 평유란은『민족철학을 논함[論民族哲學]』에서 다음과 같이 말했다.

민족철학이 민족적인 이유는 그것의 내용이 아닌 표면 때문이다. 우리 민족철학이 민족적인 이유, 어떤 민족 철학이 그 민족의 것[民族的]일 뿐만 아니라 민족적인 것[民族底]이 되는 그 분명한 이유는, 한 민족의 철학이 그 민족 철학사를 이어받고, 그 민족의 언어로 설명되기 때문이다. 우리는 이것들을 각각 표면적인 것이자 외재적인 것이라고 할 수 있다. 그러나 소위 표면적, 외재적이라는 것은 철학에 있어서 그런 것이고, 민족에 있어서 그것들은 각각 민족의 정신적 단결과 감정적 만족에 지대한 공헌을 한다. 이러한 표면적인 것들로 인해 철학은 한 민족의 정신적 삶에 내재될 수 있게 된다.[65]

여기에서 말한 것이 바로『신사론』후반부에서 강조한 문화 개체성에 대한 생각이다. 문화 개체 유형의 측점에서 보면, 하나의 민족문화가 가진 '표면적',

63 馮友蘭,『中國哲學史新編』第七冊, p.166.
64 위의 책, p.176.
65 馮友蘭,「論民族哲學」,『全集』第五卷, p.309 참고.

'외재적'형식적인 것들은 중요하지 않다. 그러나 문화 개체의 관점에서 보면 그것은 해당 민족의 정신적 삶의 내재적 바탕이고, 민족정신생활의 발전과 만족에 있어서 매우 중요한 의미를 지닌다.

평유란의 여러 글에서 나타나는 민족주의적 입장은 당시 상황에서는 매우 자연스러운 것이었다. 그러나 이때, '전통' 문제가 민족주의 형식으로 출현하기는 했어도 문화학 이론상의 깊은 논증이 뒷받침되지는 못했다. 사실 중국문화는 그것의 각종 이데올로기 형식이든 그것의 전통가치, 정신, 경계境界든 모두 "유형-개체" 분석으로 충분히 설명되지 않으며, "민족의 정신적 단결과 감정적 만족"으로 충분히 체현되는 것도 아니다. 동서양 철학은 분명 통하는 지점이 있다. 『신이학』이라는 오래된 그릇에 새 술을 채운 것은 성공적인 사례라고 할 수 있다. 그러나 40년대의 『신원인』과 『신원도』를 서양의 논리 분석으로 중국의 개념 문제를 설명한 것으로 볼 수는 없다. 사실, 『신원인』의 하늘-땅 사이 경계, 『신원도』의 높은 식견과 중용中庸에 대한 기술, 『신지언』의 소위 '수용[負]의 방식' 모두 중국철학 정신에 스며들어 있고, 이러한 정신은 민족언어를 사용함으로써 생긴 민족정신의 "표면"도 아니요, 서양 철학의 전범이라는 표현으로도 다 포괄하지 못한다.

끝으로 논의할 점은 정신 문명 중의 도덕전통 문제다. 우리는 평유란의 문화관이 동서에서 고금으로 발전해 온 현대화 지향의 문화관이라고 했는데, 언제부터 평유란 문화관에서 중국 전통문화를 인정하기 시작했을까? 『신이학』의 순수철학 체계에서 이러한 인정을 받아드릴 수 있는가?

일찍이 1927년에, 평유란은 「중국의 사회윤리[中國之社會倫理]」라는 글에서 다음을 지적했다. 과거의 충신, 효자, 열녀가 따르던 대상은 '임금[君]', '남편[夫]'이라는 관념이며, 그 정신은 이미 플라톤의 정신세계에서도 보이지만, 현실 속 개개인에게서는 보이지 않는다.[66] 『신대화』에서도 충신의 희생은 군주 개인을 위해서가 아니므로, 그가 이 군주가 희생할 만한 인물인지를 따지지 않는 것은 그의 희생이 전적으로 그가 이 명분名分에 충성하고, 이치[理]에 충성하며, '임금[君]'이라는 보편적인 것[共相]에 충성한 것이기 때문이라고 했다.[67] 바로 1950년대에 그가 제기한 추상적 계승의 문제처럼, 그는 개별적인 것[殊相]에서 보편적인 것[共相]으로 올라가고, 개별個別에서 일반一般으로 올라가는 방식으로 전통을 어느 정도는 인정하려고 했고, 이때 그가 특히 중요시한 것이 '도덕'이다.

『신이학』의 체계에 따르면 하나의 사물은 그것이 속한 류類의 이치[理]에 따라서 어떤 류類의 사물이 되고, 어떤 류類의 이치는 공통의 류[共類]의 이치를 포함한다. 예를 들어, 고양이 한 마리는 고양이 류類의 이치에 따라서 고양이 류類의 일부가 되고, 고양이 류類의 이치는 동물動物에 이치 또한 포함되는 것처럼 말이다. 따라서 고양이는 고양이의 이치에 따라서 고양이가 되고, 또한 반드시 동물의 이치에 따라서 동물이 된다.[68] 그래서 "하나의 사물이 하나의 이치[一理]도 따르면, 무리의 이치[衆理]를 따르게 되고, 또한 반드시 그래야 한다".[69] 이러한 논리에 따르면, 하나의 개별문화는 어떤 유형에 속하든 해당 사회의 이치[理]를 지닐 뿐만 아니라, (보편적인) '사회'의 이치[理] 또한 지닌다. 전통적인 중국문화는 "생산가정화生産家庭化 기반의 문화"이며, 그것의 도덕에 관한 학설에는 일반 사회 및 인생에 적용되는 원리도 포함되며, 그럼으로써 하나의 구체적인 '보편적인 것[共相]'이 된다. 이 입장에서 보면 중국문화에는 끝까지 변하지 않는 요소들이 있다고 하겠다.

그러나 사실상, 펑유란이 새로운 실제론 체계에서 전통 도덕 문화를 인정한 것은 아니었다. 이러한 인정은 주로 그 자신의 도덕 정체성과 선택에서 나온 것

---

66 馮友蘭, 「中國之社會倫理」, 『三松堂學術文集』, p.88.
67 馮友蘭, 「新對話」(二), 위의 책, p.248.
68 馮友蘭, 「新理學」, 『全集』 第四卷, p.44.
69 위의 책, p.44.

이며, 인딩殷鼎은 그것이 그의 어머니의 도덕 규범과 밀접한 관계가 있다고도 했다.[70] 1932년 첫 번째 편 「신대화」에서 그는 "도덕에는 신구新舊가 없다"는 점을 분명히 밝혔다.[71] 그는 인류사회 조직에는 반드시 각각의 이치[理]가 있고, 사람은 반드시 이 이치에 따라서 사회를 조직하며, 하나의 건전한 조직을 만들기 위해서는 이 조직의 구성원이 반드시 준수해야 하는 조건이 있어야 하고, 이러한 조건의 일부분이 바로 인애충신仁愛忠信 등의 도덕이라고 했다. 이들 기본조건이 없으면, 인류 조직은 온전히 존재할 수 없다는 것이다. 마지막 편 『신대화』에서는 다음과 같이 말했다. "수많은 정치사회 조직들은 각각 그것만의 유형이 있다. (…중략…) 이 수많은 유형 중에는 사회조직을 아우르는 상위유형[總類型]도 있는데, 거기에 포함된 원칙과 원리는 곧 모든 사회유형이 반드시 가지고 있어야 하는 것이고, 이러한 원칙과 원리가 실제로 발현된 것이 바로 모든 사회조직의 공통의 도덕[共同道德]이다."[72] 따라서 그는 늘 이렇게 주장한다. "어떤 도덕은 사회와 함께 생긴 것으로, 사회가 있으면 그것만의 도덕이 있어야 하고, 도덕이 없다면 그 사회는 아예 조직될 수 없고, 어쩌다 조직된다고 해도 결국 와해되고 말 것이다. 어떤 도덕은 특정 사회와 함께 생긴 것으로, 그 사회라서 그것을 필요로 하는 것이지 그 사회가 아니라면 그 도덕은 필요하지 않다. 나는 전자를 '불변不變의 도덕'이라고 하고, 후자를 '가변可變의 도덕'이라고 하겠다."[73] 바로 이러한 "가변의 도덕"과 "불변의 도덕" 구분에 따라서, 펑유란은 아주 이른 시기부터[적어도 『신대화』 때부터] 분명한 도덕보수주의적 입장을 보였고, 전통적인 기본 도덕을 다시금 인정했다. 항전과 그 경험이 증명하듯, 전통 도덕은 항일전쟁 중 중화민족의 단결에 주요 정신 자원이 됐다. 그래서 『신사론』의 가장 마지막 편

---

70 殷鼎, 『馮友蘭』, pp.11~12.
71 馮友蘭, 『全集』第五卷, p.278.
72 馮友蘭, 「自序」, 『全集』第一卷, p.279.
73 馮友蘭, 『全集』第五卷, p.303.

「중화를 찬미함[讚中華]」에서 평유란은 인의예지신[仁義禮智信]의 "오상[五常]"을 지지하고, "이것은 '불변[不變]의 도덕'으로서, 신구와 무관하고, 고금에 무관하며, 중국인지 외국인지와 무관하다"고 했고,[74] 동시에 다음의 결론을 내렸다. "우리는 소위 현대화라는 것을 말하지만, 기본 도덕이라는 이 부분에 있어서는 현대화나 비현대화를 논하지 않는다. 어떤 사람들은 늘 특정 사회제도와 기본 도덕을 한데 묶어서 논하는데 매우 잘못됐다. 특정 사회제도는 가변적[可變的]이지만 기본 도덕은 비[非]가변적이고, 가변적인 것은 현대화와 비현대화로 구분되지만, 비[非]가변적인 것은 이 구분이 문제되지 않는다."[75] 바로 이러한 입장을 바탕으로, 그는 청말의 "중체서용[中體西用]"을 어느 정도 인정했다.

5. 문화론에서의 "기본바탕[體]"과 "도구[用]"

그는 『자서』에서 『신사론』을 언급하면서 마지막으로 다음을 말했다. "『신사론』은 생산력 발전을 강조하므로, 이 책의 내용이 청말 양무파[洋務派]의 "중국 학문이 기본바탕이고, 서양 학문은 이용하는 것[도구(中學爲體, 西學爲用)]" 주장에 찬성하는 것처럼 보이지만 사실은 그렇지 않다. 나는 기본바탕[體]과 도구[用]는 분리 불가능하다고 생각한다. 어떤 기본바탕[體]이 있으면 그에 맞는 도구[用]가 있고, 도구[用]가 있으면 그것이 어떤 기본바탕[體]을 가지는지 알 수 있으며, 중국철학에서 말하는 '기본바탕과 도구[體用]'의 범주를 가지고 말하자면, 내 생각에 한 사회 유형에서 생산력 등 경제 기초가 기본바탕[體]이고, 정치, 문화 등 상층 구조가 도구[用]이며, 기본바탕[體]이 바뀌면 도구[用]는 기본바탕[體]에 따라서 바뀐다.

---

74 馮友蘭, 「新事論」, 『全集』第四卷, p.359.
75 위의 책, p.364.

소위 "기본바탕[體]에 따라서 바뀐다"는 것은 사람들의 노력이 필요하지 않다는 것이 아니라, 사람의 노력은 필요한데, 사람들이 기본바탕에 따라 노력한다는 것이다."[76] 경제 기초가 기본바탕[體]이고, 상층 구조가 도구[用]이고, 기본바탕[體]과 도구[用]는 분리될 수 없다는 펑 선생의 이런 사상은 1930년대 유럽에 있었을 당시 마르크스의 영향을 받으면서부터 시작됐다.[77]

1935년 9월 펑유란은 「진한 역사철학秦漢歷史哲學」에서 다음과 같이 말했다. "유물론적 관점에 따르면, 한 사회의 경제제도가 달라지면 다른 방면의 제도 역시 그에 따라 달라진다."[78] "모든 사회의 정치 등의 제도는 경제제도를 바탕으로 성립하며, 특정 경제제도에 따라 그에 맞는 정치제도가 생긴다. 바꿔 말하면, 어떤 물질 문명이 존재하면 그에 해당하는 정신 문명이 존재한다. 이 모든 것은 하나의 세트다."[79] 그는 이렇게까지 말했다. "대가족제도에 대해 많은 사람들이 불합리하다고 하며, 옛날사람들은 어떻게 그렇게 어리석었냐고 하는데, 대가정제도와 농업경제사회를 결합해서 본다면, 대가정제도가 성립하게 된 것에는 이유가 있음을 알 수 있다. 역사 발전 과정 중 매 단계를 보면, 각 단계 별 경제사회 정치제도에는 각각의 역사적 사명이 있다. 예를 들어서 자본주의사회의 역사적 사명은 모든 사업을 집중적으로 사회화시켜서 사회주의 사회를 대비하는 것이고, 자본주의 사회가 완전히 성공하게 되면, 그 때가 바로 응당 그리고 반드시 자리를 내주어야 할 때다."[80] 이는 펑 선생이 당시 마르크스로부터 많은 영향을 받았음을 알 수 있는 대목이다. 경제정치 제도와 정신 문명이 "하

76 馮友蘭, 「自序」, 『全集』 第一卷, p.240.
77 馮友蘭은 1934년 프라하 국제학술회의에서 "마르크스의 인류발전에 관한 이론은 받아들이지만, 그의 유물론은 받아들이지 않는다"고 했다. 馮友蘭, 「中國現代哲學」, 『三松堂學術文集』, p.288 참고
78 馮友蘭, 「秦漢歷史哲學」, 『三松堂學術文集』, p.346.
79 위의 글, p.347.
80 위의 글, p.348.

나의 세트"라는 것은 바로, 나중에 말한 기본바탕[體]이 있으면 그것에 따르는 도구[用]가 있다는 "체용體用 일체론[一元體用觀]"이다.

바로 이러한 역사 유물론의 영향을 받은 기본바탕과 도구는 하나라는 관점으로, 펑 선생은 1936년 「중국 현대 민족운동 동향[中國現代民族運動之總動向]」이라는 글에서 자신의 기본바탕과 도구[體用]에 대한 생각이 청말 양무파 및 '5·4' 지식인과는 다르다고 기술했다. 그는 "공업화는 중화민족이 자유와 평등을 쟁취하기 위한 근본적인 탈출구"라는 관점을 설명한 후 다음을 언급했다.

우리가 이렇게 말하는 것은 청말 증국번曾國藩, 1811~1872, 이홍장李鴻章, 1823~1901, 장지동張之洞이 주장한 것과 유사한 면이 있다. 그들 모두 철도, 기계, 공장 등을 주장했고, 장지동은 우창武昌에서 수많은 신식 공장을 운영했다. 최근 개통 예정이었던 월한粤漢 철로도 장지동 때 공사를 착수했던 것이다. 만약에 당시 정치상의 변동사항이 없었고 그가 성공했다면, 우리는 일본과 같아졌을 것이다. 그 후 '5·4' 운동 시기에 이르러, 어떤 사람은 서양의 물질 문명만이 우리가 배워야 할 것이 아니고, 그들의 정신 문명부터 배워야 한다고 했다. 이에 분위기는 크게 변했고, 과학이론 및 철학과 문학 분야로 관심이 기울었다. 우리가 지금 주장하는 것이 청말 사람들의 주장과 비슷한 면이 있다면, '5·4'는 헛된 수고가 아니었을까? 사실 그렇지 않다. 우리의 주장이 청말 사람들의 주장과 비슷하지만 사실은 매우 다르다. 그들은 물질 문명만 있으면, 정신 문명 방면에서는 여전히 중국 것이 좋다고 여겼기 때문에, '중국 학문이 기본바탕이고, 서양 학문은 이용하는 것[中學爲體, 西學爲用]'이라고 주장했다. '5·4' 때에는 서양에는 물질 문명만 있는 것이 아니라 정신 문명도 발달됐고, 정신 문명이 기본이므로 반드시 정신 문명부터 배워야 한다고 했다. 오늘날 우리가 말하는 공업화에는 물질 문명 차원의 것도 있고 정신 문명 차원의 것도 있으며, 물질 문명을 근거로 삼는다면 어떤 하나의 물질 문명이 생기면 하나의 정신 문명은 저절로 따라온다.[81]

양무파는 근대화된 물질 문명만 있으면, 근대화된 정신 문명은 필요하지 않다고 했는데, 이것은 펑유란 선생이 반대한 부분으로, 그는 이것을 "기본바탕과 도구를 억지로 구분한 것[體用兩橛]"이라고 했다. 한편 '5·4' 관련 인물들은 정신 문명을 기본으로 삼으므로 먼저 정신 문명이 필요하다고 했는데, 펑유란은 이 점에 대해서도 반대했다. 그는 이것이 "기본바탕[體]과 도구[用]가 거꾸로 된 것"이라고 했다.[82] 그는 우선적으로 물질 문명이 필요하고, 물질 문명이 있으면 정신 문명은 자연히 그것에 따라 바뀐다고 생각했다. 그는 자신의 관점이 앞에서 말한 두 그룹의 '정正' '반反'에 대한 '합合'에 해당한다고 했다.[83] 그가 1942년 2월 쓴 「항전의 목적과 건국 방침[抗戰目的與建國方針]」에서도 중국이 근대국가가 되려면 무엇이 근대식 국가의 핵심요소[要素]인지 알아야 함을 강조했다. 그는 "아편전쟁 이래 청말 함풍咸豊·동치同治 시기 사람들은 근대 국가의 요소가 군함과 대포라고 생각했고, 광서光緒·선통宣統 시기에는 국회와 헌법이라고 생각했으며, 민국 초기에는 덕 선생德先生과 새 선생賽先生이라고 여겼다. 지금 우리들이 보기에 근대식 국가의 핵심요소는 공업화다. 공업화가 이루어지면 군함과 대포를 만들게 될 것이고, 사회가 공업화되어 사람들의 삶이 바뀌면 덕 선생德先生을 지킬 사람도, 새 선생賽先生을 독려하는 사람도 생길 것이다. (…중략…) 이것은 진리다. 이 진리를 중국은 근 10년 사이에야 확실하게 깨달았다".[84]

그러나 펑 선생의 사상이 『자서』에서 말한 것처럼 "기본바탕[體]과 도구[用]는 하나"라는 주장을 계속 유지하는 것은 아니었다. 그의 사상은 항전 전후로 약간 달라졌다. 앞에서 기술한 것처럼, 『신사론』 후반부에서는 전통문화 중 어떤 것은 현대화와 무관하므로 바꿀 필요가 없음을 강조했고, 또 "기본 도덕 방면에서

---

81 馮友蘭, 「中國現代民族運動之總動向」, 『三松堂學術文集』, pp.392~393.
82 馮友蘭, 『新事論』, 『全集』第四卷, p.248.
83 馮友蘭, 「中國現代民族運動之總動向」, 『三松堂學術文集』, p.392~393.
84 馮友蘭, 『抗戰目的與建國方針』, 『全集』第五卷, p.432.

는 현대화나 비현대화는 논하지 않는다"고 했다. 그러나 『신사론』에서 마지막으로 제기한 기본바탕[體]과 도구[用]에 관한 의견은 항전 시기 이전과 다르다. 다음을 보자.

지금까지 살펴본 바에 의해 우리는 다음을 알 수 있다. 청말 사람들의 소위 "중국 학문이 기본바탕이고, 서양 학문은 이용하는 것[中學爲體, 西學爲用]"이라는 것은 어떤 면에서는 아주 말이 안 되지만, 또 다른 면에서는 말이 된다. 만약에 "중국 학문이 기본바탕이고, 서양 학문은 이용하는 것[中學爲體, 西學爲用]"이 사서오경四書五經을 근본으로 삼고 총과 대포를 도구[用]로 삼을 수 있다는 것이라면, 이것은 정말 말이 안 된다. 사서오경四書五經을 읽는다고 총과 대포가 생기지 않기 때문이다. 민국 초기에 이런 주장을 "기본바탕과 도구를 억지로 구분한 것[體用兩橛]"이라고 한 것은 바로 이 점을 두고 말한 것이다. 만약에 "중국 학문이 기본바탕이고, 서양 학문은 이용하는 것[中學爲體, 西學爲用]"이 사회를 이루는 도덕은 중국인이 본래부터 가지고 있던 것이고, 지금 더해진 것은 서양의 지식, 기술, 공업이라는 뜻이라면, 이것은 말이 된다. 우리의 『신사론』에서 말하고자 한 것도 이와 같다. (…중략…) 청말 사람들은 이 점에 대해 분명한 인식이 없었으나 항상 중국은 뭔가 달라져야 함을 느꼈다. 하지만 그것이 무엇인지 명확하게 짚어내고 설명해 내지 못했다."[85]

이제 "중국과 서양[中西]" 및 "기본바탕과 도구[體用]"를 중심으로 펑유란의 1940년대 문화관의 구조와 변화에 대해 논의해 보자. 1930년대 중기, 그는 마르크스 역사 분석의 영향을 받아 근대 도시 공업문명이 사실상은 생산의 사회화[社會化大生産]라고 생각했다. 또한 마르크스의 "경제 기초-상층 구조"에 대한 구조분석 및 경제 결정론도 받아들였다. 이러한 입장에서 출발하여 그는 다음을

---

[85] 馮友蘭, 『新事論』, 『全集』第四卷, p.364.

주장했다. 경제제도는 기초이고, 이것이 사회 정치제도를 결정하며, 경제·사회 정치 제도는 또 관념문화를 결정한다고 말이다. 이 주장은 기본바탕과 도구[體用]라는 틀을 활용하여 경제가 기본바탕[體]이 되고 문화가 도구[用]가 되며 기본바탕[體]이 도구[用]를 결정함을 보여준 것으로 잘 정리된 '기본바탕과 도구에 관한 이론[體用論]'이었다. 이러한 '기본바탕[體]-도구[用]' 관점은 역사-사회의 구조 분석에 있어서는 유물사관이 반영된 것이고, 문화 분석에 있어서는 '유형類型'과 '등급等級'에 중점을 둔 것이었다. 총체적으로는 역사-문화 진화론이다. 여기에서 기본바탕[體]과 도구[用]는 '결정적[決定性]' 관계를 지니는데, 이 관계는 발생한 것이기도, 구성하는 것이기도 하다. 항전 시기 그는 민족성을 중심으로 개체성을 강조하는 데에서 출발하여 또 다른 분석 모식模式을 제시했다. 바로 '바탕[質]'과 '무늬[文]'이다. 그는 '바탕[質]'은 경제제도 사회 정치제도라고 했고, 이런 의미에서 '바탕[質]'의 외연은 도구[用]의 토대인 '기본바탕[體]'과 같다고 봤다. 또 '무늬[文]'는 문학, 예술 등의 양식과 형식 또는 방식을 가리키며, '무늬[文]'라는 개념은 주로 형식, 특히 민족의 모든 삶의 형식이라고 했다. 또, '바탕[質]'은 현대화하고 변화해야 하는 것이지만 '무늬[文]'는 현대화의 필요성도 없고 변하지 않아도 되는 것이라고 했다. 그래서 '바탕[質]'과 '무늬[文]'의 관계는 '기본바탕[體]-도구[用]' 관계와 다르며, 전자의 둘 사이에는 '결정적' 관계도 없다고 봤다. '바탕[質]'과 '무늬[文]' 모식은 펑유란이 '기본바탕[體]-도구[用]'를 완전히 대체하는 것으로 내놓은 역사 문화관이 아니다. '무늬[文]'는 '도구[用]'의 한 부분일 뿐 전체가 아니기 때문이다. 사실 항전 시기에는 펑유란 역시 "하나의 세트[一套子]"로 보는 입장을 버리지 않았다. 현대화한 문화관으로서의 '기본바탕과 도구[體用]' 모식에 비해서 '바탕과 무늬[質文]' 모식은 민족성이 두드러지는데, 이 점을 통해 펑유란의 문화관은 전보다 전면적全面的인 것이 됐다. 펑유란 문화관에서 두 모식의 위치를 정하자면, '기본바탕[體]-도구[用]' 모식이 주요 부분을 차지하고, '무늬-바탕[文質]' 모식은 보조적인 부분을 차지한다. 늘 변화하는 역사문화의 실체를 두고 말하자면, 거시적으로는 사회의 존재가 사회의 이데올로기를 결정한다는 '기본바탕[體]-도구[用]' 모식은 여전히 적용 가능하다. 그러나 마르크스주의의 유물사관으로는 사회변혁 과정에서의 문화 전통의 연속성을 적절히 확정할 수 없기 때문에, 펑유란은 '바탕-무늬[質文]' 모식으로 민족문화의 입장에서 보충하고자 했다. 따라서 경제생산 방식의 변혁에 대응하면서 문화는 서로 다른 두 가지의 부분으로 나타난다. 첫 번째 부분은 "변하는 것"이다. 예를 들어, 기물器物, 기술, 과학, 가변적 도덕, 현대화가 필요한 철학 및 사회의 생활방식 등이 여기에 해당한다. 이러한 것들은 경제생산 방식의 현대화에 따라 변하거나 현대화한다. 중서문화의 차이 면에서 보면, 이러한 방면의 옛것들은 근대 서양 문화와 '정도' 상의 차이가 있다. 또 다른 한 부분은 "변하지 않는 것"이다. 여기에는 민족의 문예, 예술, 변하지 않는 도덕, 민족화한 철학적 논의, 건축형식 등이 포함된다. 이들은 굳이 현대화가 필요하지 않으며, 그 중 어떤 것들은 현대 서양 문화와 '유형[種類]' 상의 차이가 있고, 이것들은 현대화할 필요가 없으며, 또 어떤 것들은 기본도덕과 같은 고금古今 중외中外를 넘어서는 문화 가치이다. 이렇게, 펑유란은 현대화라는 목표하에 중국"적인"[中國"底"] 문학 이데올로기, 심미적 취향, 도덕원리, 철학정신 등이 인정받을 수 있게 했다.

따라서 1940년대 펑유란의 문화관을 "중국의 것이 기본바탕, 서양의 것은 도구[中體西用]" 또는 "서양의 것이 기본바탕, 중국의 것은 도구[西體中用]"라고 개괄하기에는 무리가 있다. '바탕[質]'과 '무늬[文]' 설명법의 경우, '바탕[質]'을 단순히 '기본바탕[體]'에 대응시키고, '무늬[文]'를 단순히 '도구[用]'에 대응시킨다면, 펑유란의 '바탕-무늬[質文]' 모식은 "서양의 것이 기본바탕, 중국의 것은 도구[西體中用]"로 귀결된다. 당연히 여기에서 "서양의 것[西]"은 공업화이고, 현대화한 경제 정치제도와 민족의 문학예술 양식을 가리킨다. 그러나 '무늬[文]'는 단지 일반적으로 말하는 정신 문명의 일부로서, 일반적으로 말하는 '도구[用]'와 완전히 같은 것은 아니다. '바탕[質]'과 '무늬[文]' 사이에는 또한 글자 그대로 이해되는 그런 '결정적' 관계도 없다. 결국 '바탕-무늬[質文]' 모식을 단순히 '기본바탕-도구[體用]' 모식으로 귀결시켜서 '바탕-무늬[質文]'의 관계가 왜곡되곤 했다. 「항전의 목적과 건국 방침[抗戰目的與建國方針]」에서도, 그는 '바탕-무늬[質文]' 모식을 제기하면서 넓게 보면 '기본바탕과 도구[體用]'는 하나[一元]라는 입장을 보였다.

근대 이래 '기본바탕-도구[體用]' 삭제 논쟁 중 어떤 것은 중국철학에서의 '기본바탕-도구[體用]' 용법의 다중성 때문에 일어났다. 중국철학에서 '기본바탕-도구[體用]'는 기본적으로 두 가지 용법으로 쓰인다. 첫 번째 용법에서의 '기본바탕[體]'은 실체적 개념에 가깝고, '도구[用]'는 실체에서 파생된 작용이나 기능이다. 두 번째 용법에서의 '기본바탕[體]'은 깊이 내재되어 있는 것을 가리키고, '도구[用]'는 기본바탕[體]의 외재적 기능과 표현이다. 펑유란이 청말 양무파의 "기본바탕과 도구를 억지로 구분한 것[體用兩橛]"과 '5·4' 지식인들이 "기본바탕[體]과 도구[用]를 도치시킨 것"을 비판한 것은 경제제도 위주의 사회를 '기본바탕[體]'으로 여긴 것이며, 이는 첫 번째 용법을 따른 것이다. 펑유란이 청말 사람들이 말한 "중국의 것이 기본 바탕이고, 서양의 것은 도구다[中體西用]"라는 말을 긍정적으로 받아들인 것은 기본 도덕원리를 '기본바탕[體]'으로 여긴 것이며, 이는 두 번째 용법을 따른 것이다. 따라서 각각의 주장에 사용되는 '기본바탕-도구[體用]'의 용법이 다른 만큼, '기본바탕-도구[體用]'에 관한 주장 자체로만 그것을 주장하는 이의 실제 입장을 논해서는 안 된다. 그에 비해, '바탕[質]'과 '무늬[文]'의 용법 및 "일본의 정신과 서양의 기술[和魂洋才]" 용법은 다루는 문제가 '기본바탕-도구[體用]'에 대한 논의만큼 광범위하지는 않아도, 내용이 비교적 분명하며 혼란과 오해 발생의 여지는 적다. 특히 '바탕[質]', '무늬[文]' 또는 '정신[魂]', '기술[才]' 논의는 '기본바탕-도구[體用]' 논의에서 보이는 '어느 한 쪽의 우선성[優

^{先性}'을 강조하는 함의가 없다.

   정리하자면 이렇다. 『자서』에서 펑유란 선생이 자신의 문화관의 변화에 대해 말한 것과는 달리, '중서^{中西}'와 '고금^{古今}'을 핵심으로 하는 펑유란의 문화관은 다음 네 단계의 전개와 변화 양상을 보인다. 1920년대에는 문화 충돌의 동서 문제를 고금의 문제로 바꾸었다. 1930년대에는 생산의 사회화 정도를 통해서 고금의 사회 유형을 파악했고, 그것은 전체적으로 마르크스 역사철학의 영향을 받은 근대화(공업화)의 '기본바탕-도구^[體用]' 문화관으로 발현됐다. 1940년대에는 문화근대화 과정 중의 민족화 문제에 관심을 갖기 시작했고, '바탕^[質]', '무늬[文]' 모식을 통해서 문화형식의 민족성을 인정했다. 그 결과 그의 문화관의 구조와 특징은 "중국의 것이 기본 바탕, 서양의 것은 도구^[中體西用]"라는 모식으로 설명할 수 없게 되었고, 초기 펑유란 문화관은 성숙단계에 이르렀다. 1950년대 이후에는 1940년대 이전에 "새롭게 발전함^[新命]"에 주목했던 것과 달리, "유구한 역사의 나라^[舊邦]"로 대표되는 문화이데올로기, 즉 문화연속성과 문화정체성 문제를 부각시켰다. 중국철학사 다시쓰기는 문화관을 다룸에 있어서 역사유물론과 역사변증법을 결합하여 논증하는 작업이었으며, 이로써 '과거'가 문화와 역사 발전 과정에서 '현재'의 원인이 되는 요소로 작용한다는 필연성과 합리성을 확인하였다. 이 책에서는 1940년대까지만 다뤘으며, 1950년대 이후의 흐름에 대해서는 추후 다시 연구할 기회가 있기를 희망한다.

신이학新理學과 현대성에 대한 재고찰

이 장에서는 펑유란 문화관에 나타난 현대화 관련 사상을 다루고 다음을 주장하였다. 현대화를 공업화로만 이해하기에는 부족하다. 공업화 개념에는 합리적 시장경제에 관한 내용이 포함되지 않기 때문이다. 또한 현대성을 단지 도구적 합리성이라고만 이해해서는 안 된다. 마지막으로, 현대성 문제에 있어 특수주의적 분석방식과 실존적인 총체적 이해를 구분해야 함을 강조하였다.

1. 공업화와 근대성

대략 1920년대 중기, 펑유란은 '5·4'시기에 일반적으로 말하는 서양 문화는 근대적 서양 문화일 뿐이며, 그러므로 일반적으로 말하는 동서 문화의 차이와 충돌은 곧 전통 중국문화와 근대적 서양 문화의 차이와 충돌이라고 했다. 그가 나중에 한 말을 빌리자면, '동서'의 차이는 사실 '고금'의 차이다. 중서문화의 충돌을 이해함에 있어서 펑유란의 이런 '시대'고금(古今)에 주목한 해석과 량수밍의 '유형[種類]'동서(東西)에 주목한 해석은 중국 근대 문화관의 두 가지 대표적 경향이다.

평유란은 이런 문화관를 토대로 근대화 또는 현대화라는 '시대성時代性'을 강조하게 됐다. 사실 리어우판李歐梵, 1942~이 말한 바와 같이, 이렇게 '지금[今]'의 '시대성時代性'을 강조하는 입장은 바로 '5·4'시대 지식인들의 '현대성現代性'이해를 보여준다.[1] 30년대 초, 『중국문학사中國哲學史』 집필 완료 후, 그는 유럽에서 휴가를 보낸 후 다음과 같이 말했다. "30년대에 유럽에서 휴가를 보내는 동안 유럽 봉건시대의 유적을 보고 많은 것을 배웠다. 또한 현대 유럽은 봉건시기 유럽에서 변화 및 발전한 것이고, 미국은 유럽 발전의 연장선상에서 발전한 것임을 확실히 알게 됐다. 유럽 봉건시대는 과거의 중국과 대부분 비슷하거나 같다. 사람들이 말하는 서양 문화는 사실상 근대문화이며, 소위 서구화는 곧 근대화라고 해야 한다."[2] 평유란이 1920년대 중반에 귀국한 후부터 1930년대 초까지, 평유란의 모든 연구는 중국철학사 영역에 집중됐다. 이 기간에 그는 역사적인 『중국철학사中國哲學史』를 완성했을 뿐 아니라, 옛것을 그대로 믿거나[信古] 옛것을 의심하는[疑古] 것과는 다른 옛것을 해석하는[釋古] 방식도 확립했다. 그러나 이 때문에 1920년대 초 시작된 중서문화 충돌 문제에 대한 연구가 중단되기도 했다. 이렇게 1930년대 유럽행은 평유란이 다시 중서문화에 대한 토론으로 돌아오게 했으며, 1930년대 중기 본위本位 문화 논쟁에서는 나중에 『신사론』에서 보다 전면적으로 기술한 '근대화'에 관한 문화관이 급속히 형성됐다.

1936년의 어떤 글에서, 평유란은 유럽에서 돌아온 뒤 생긴 새로운 문화관에 대해 초보적으로 기술했다. 그는 "공업혁명은 근대 시기 세계의 모든 혁명 중 가장 기본적인 것이라고 할 수 있다. 공업혁명이 일어나면 기존의 경제 기초 위에 자리 잡고 있던 모든 제도들도 다 변하게 된다". 그는 또 다음과 같이 말했다. "지금의 세계는 공업화 세계다. 지금의 세계 문명은 공업문명이고, 중국 민

---

1   李歐梵, 「現代性及其問題-"五四"文化意識的再檢討」, 『學人』 第四輯, 江蘇文藝出版社, 1993.
2   馮友蘭, 「三松堂自序·四十年代」, 『三松堂全集』 第一卷.

족이 자유와 평등을 얻으려면 공업화를 하지 않으면 안 된다."[3] 1920년대와 달리, 펑유란은 더 이상 정신문화 방면에서 중서문화의 차이를 파악하려 하지 않았고, "공업문명", "농업문화" 등 사회 경제적 유형을 중시하는 범주로 문화 문제를 설명했다. 이 과정에서 사회의 경제생산 방식은 각 시대 별 기초이자 문명 특색을 결정하는 기본요소로 간주됐다. 이러한 설명방식의 구체적인 의미는 그것이 "동서의 구분은 고금의 차이에 불과하다"는 일반적인 설명방식에서 벗어나, '지금[今]' 또는 '근대近代'를 구체적으로 규정했다는 점에 있다. 바꿔 말하면, 그는 공업혁명을 근대화의 관건이라고 봤고, 공업화를 근대가 근대가 되는 것의 본질本質로 간주했다. 이런 의미에서 펑유란이 당시 이해한 근대성은 바로 공업화라고 할 수 있다.

펑유란은 이 방법으로 1930년대 문화 논쟁에서의 충돌을 해결했다. 그는 말했다. "친구들과 있을 때, 그들이 '서구화'를 말하면, 나는 늘 '공업화'를 말했다. (…중략…) 내 생각에 우리는 '공업화'를 해야 한다. 즉, 공업화와 관련된 것은 모두 필요하고, 그게 아니면 필요하지 않다. 이러면 '전반적인 서구화'와 '부분적 서구화'를 주장하는 사람들 모두가 만족할 것이다. 그리고 '중국본위中國本位'를 주장하는 사람들 역시 만족할 것이다. 중국을 중심에 두고 '공업화'와 충돌하는 것은 없애고 충돌하지 않는 것은 남겨두는 것이다."[4]

이뿐만 아니라, 펑유란의 유럽행 이후 문화관은 다음 두 가지 면에서의 발전이 돋보인다. 하나는 근대화를 철저히 공업화로 귀결시켰다는 점이고, 또 하나는 마르크스의 영향에 따라 공업혁명을 생산 방식의 변화로 이해한 것, 즉 근대 사회와 전통 사회의 차이를 이해한 점이다. 그는 전통 중국 사회는 사회유형으로서 "생산의 가정화 사회"이고, 공업혁명을 겪은 서양 근대 사회는 "생산의 사

---

3   馮友蘭, 「中國現代民族運動之總動向」, 『三松堂學術文集』.
4   위의 글.

회화 사회"라고 했다. 이 때문에 그가 이해한 공업화는 바로 "사회 본위本位의 생산 방식"이 "가정 본위本位의 생산 방식"을 대체하는 것이며, 사회 본위本位의 생산제도가 가정 본위本位의 생산제도를 대체하는 것이다.

공업화를 중국문화 또는 중국이라는 나라가 전 세계 다양한 민족 사이에서 자유와 평등을 얻기 위해 서둘러 이루어야 할 일이자 근본적인 출구라고 여긴 평유란의 이 사상에는 그것이 어디에서 영향을 받았든, 동시대 지식인들이 중국 근대화 과정에서 얻은 새로운 문화 자각 및 공업혁명으로 나라를 살리려는 민족의식이 크게 반영돼 있다고 할 수 있다. 그리고 이러한 이데올로기가 지배하는 상황이었다면 근본적으로 어떤 공업화 모델도 거절하지 않았을 것이다. 이것은 이후 중국 지식인들이 사회주의 노선을 받아들인 중요한 원인이었을 뿐 아니라, 제2차 세계대전 이후 수많은 낙후국가들이 국가공업화 모델로 사회주의를 받아들이거나 선택한 중요한 이유이기도 했다.

2. 보편적인 것[共相]으로서의 현대성

1930년대 중반 평유란의 문화관은 한편으로는 유물사관의 영향을, 다른 한편으로는 몬터규W. P. Montague, 1873~1953 등의 신新실재론의 영향을 받았다. 이러한 영향은 1930년대 초 『신대화新對話』의 형이상학과 도덕론에 반영됐을 뿐 아니라 1930년대 중기 이후의 문화 분석에도 반영됐다.

당시 "전반적 서구화"와 "본위문화" 간 논쟁에 대해서, 평유란은 문화의 문제에서는 반드시 문화 '개체'와 문화 '유형'을 구분해야 함을 주장했다. 만약에 칭화淸華를 하나의 "대학"으로 본다면 이것은 '개체'가 아닌 '유형'으로서 본 것이며, 이때에는 칭화가 가진 모든 성질 중 대학과 공통된 점이 중요하고 연관성

있는[相干] 것이지, 칭화의 대문이 서쪽을 향해 있다거나 중간에 강당이 있다는 것은 모두 중요하지도 않고 연관성 없는 것들이다. 그러나 유형이 아닌 개체로서 그것을 본다면, 칭화가 가진 여러 가지 성질 중 어떤 것이 중요하고 연관성이 있으며, 어떤 것이 중요하지 않고 연관성이 없는 것인지 단정 지을 수 없다. 칭화의 대문이 서쪽을 향해 있고 중간에 강당이 있는 것은 '개체'로서의 칭화에 있어서는 중요하면서도 사소하지 않은 성질이기 때문이다.[5] 평유란은 이처럼 '유형'과 '개체'의 분석 방법을 가지고 중서문화 문제를 봤을 때, 서양 문화의 개체성에 주목할 경우 서양 문화 각 요소 중 어떤 것이 중요하고 중요하지 않은지를 구분하기 어렵다는 것을 알 수 있다고 했다. 그는 반드시 서양 문화를 하나의 문화유형으로 봐야 하며, 그래야 무엇을 배워야 하며 무엇을 배울 필요가 없는지, 그리고 어떻게 배워야 하는지를 확정할 수 있다고 했다.

그렇다면 서양 문화는 어느 유형에 속하는가? 그는, "소위 서양 문화는 공업 문화로 대표되는 유형이며, 그 중 공업 문화와 관계있는 것은 모두 중요한 것이고, 나머지는 중요하지 않은 것이다. 만약에 우리가 그들을 배워야 한다면, 배워야 할 것은 공업화지 서구화가 아니다. 기독교의 경우 그것이 공업화와 관련이 없음을 확인했다면 그것은 배울 필요가 없다".[6] 1937년 1월 평유란이 제13기 중국 철학 학술회의 개막식에서 말한 소위 유형과 개체의 분석방법은 바로 논리적 분석 방법이다. 그는 문화 문제를 다룰 때 '논리'로 논쟁의 어려움을 해결해야 함을 강조했고, "개체는 배울 수 없다. 소위 서양은 하나의 개체이고, 문화상 그것은 수많은 유형을 대표한다. 예를 들면 기독교문화, 과학문화, 공업문화 등이다. 우리가 말하는 서양을 배우자는 것은 사실 그들이 대표하는 하나의 문화유형 또는 몇 개의 문화유형 ― 예를 들어 과학문화, 공업문화 등을 배우자

---

5   위의 글.
6   위의 글.

는 것이다. 중국이 가지고 있던 문화 중 이것과 충돌하지 않는 것들은 당연히 바꿀 필요 없다"고 했다.[7]

이러한 유형과 개체를 구분하는 입장이 바로 "보편적인 것과 개별적인 것을 구별하는[別共殊]" 것이다. '유형'은 다양한 개체가 공유하는 성질로서 곧 "보편적인 것[共相]"이기도 하며, 그것이 바로 『신이학』에서 말하는 "리理"이다. 『신이학』의 모든 논의는 상술한 문화 문제 해결을 위해 세운 형이상학적 기초로 볼 수 있다. 따라서 이후 펑유란 자신도 분명히 말했다. 『신이학』에서는 보편적인 것[共相]과 개별적인 것[殊相]의 관계, 일반적인 것[一般]과 특수한 것[特殊]의 관계 설명에 치중했고, 그들 간의 차이와 연관성을 논했다. 표면적으로 보면 이러한 논의는 현실과 동떨어져 있고 그다지 쓸데없는 듯 보이지만 사실 매우 유용하다. 『신사론』에서는 바로 『신이학』의 이 문제에 관한 논의를 기초로 삼아서 당시의 현실 문제를 해결하고자 했다.[8]

『신사론』에서 펑유란은 지적했다. 서양에 관한 것을 배울 때 반드시 유형[類]의 관점에서 서양 문화를 봐야지, 개체(특수)의 관점에서 서양 문화를 보는 것은 반대한다고 말이다. 그는 "중국문화" "서양 문화"라는 표현으로는 개체의 관점에서 벗어나 문제를 바라보기 어려우며, 중국문화가 속한 유형이나 서양 문화가 속한 유형을 그대로 보여주기 어렵다고 했다. 그는 다음의 예를 들었다. "A라는 사람이 상한傷寒으로 열이 나고, B라는 사람이 말라리아로 오한이 났을 경우, A가 상한으로 열이 나는 건 그가 A라서가 아니고, B가 말라리아 오한이 나는 것은 그가 B라서가 아니다. 중국문화의 특색과 서양 문화의 특색은 그것들이 서로 다른 문화형태 또는 유형에 속하기 때문이다. 그들이 속한 문화유형을 밝혀줘야만 양자의 장단점을 파악할 수 있고, 서양을 배우는 일의 방향을 분

7　馮友蘭, 「從中國哲學會說到哲學的用處」, 『三松堂全集』 第五卷, p.359.
8　馮友蘭, 「三松堂自序」, 『三松堂全集』 第一卷, p.239.

명하게 잡을 수 있다."[9]

　이런 입장을 바탕으로, 펑유란은 "일반 사람들이 말하는 서양 문화라는 것은 사실 근대 혹은 현대 문화다. 소위 서양 문화가 우월하다고 하는 것은 그것이 서양적이기 때문이 아니라, 근대적이거나 현대적이기 때문이다". "우리가 최근 수년 간 도처에서 손해를 입는 것은 우리의 문화가 중국적이라서가 아니라 옛 스러워[中古]서다"[10]라고 했다. 또한 "반드시 유형의 관점에서 서양 문화를 보고 서양 문화를 배워야 핵심[要領]을 제대로 파악할 수 있으며, 서양 문화를 특수한 개체로 본다면 서양 문화의 수많은 특성 중 어떤 것이 주요한 성질이고 어떤 것이 우연한 성질인지 가릴 수 없음을 강조했다. 또 서양 문화를 근대문화 혹은 현대 문화의 유형처럼 하나의 문화 유형으로 봐야 근대성의 본질을 파악할 수 있으며, "전반적인 서구화"는 필요 없다고 강조했다. 그는 또, 중국이 직면한 문제는 "우리의 문화를 하나의 유형[類]에서 다른 유형[類]로 바꿔야 하는 문제지, 우리의 특수한 문화를 또 다른 특수한 문화로 바꾸는 것이 아니다"[11]라고 했다. 펑유란은 중국인이 서양 문화를 배움에 있어서 그것을 하나의 특수문화노란머리, 파란눈같은로 볼 것이 아니라, 중국문화가 현대 서양 문화 같은 유형의 문화로 변화해야 하며, 이 '유형'이 바로 현대화임을 늘 강조했다.

9　馮友蘭, 「新事論」, 『三松堂全集』 第四卷, p.222.
10　위의 책, p.226.
11　위의 책, p.228.

3. 실존적 관조[實存觀照]에 따른 개체성과 종적[縱貫] 분석에 따른 도덕성

"7·7 사변"[12]이전 10여 년 동안 펑유란의 문화관은 어떻게 중국문화를 농업문화[옛것]에서 공업문화[새로운것]로 변화시킬 것인가에 집중돼 있었고, 항전 시기까지 그의 문화관은 그야말로 현대화 지향의 문화관이었다고 할 수 있다.[13] 그러나 1937년 이후 펑 선생의 생각에 분명한 변화가 생겼다. 『신이학』 철학에서는 보편성[共相]을 강조했었고, 『신사론』 전반부에서도 문화유형 분석을 강조하며 문화의 개체성에는 주목하지 않았는데 『신사론』 후반부 내용은 대부분 문화의 개체성과 관계가 있다.

『신사론』 전반부의 유형 분석에 따라 아인슈타인을 하나의 특수한 개체로 보면, 그는 아인슈타인이 되게 하는 많은 요소―예를 들면, 외모, 성격, 취미, 유대인임 등―를 가지고 있다. 그러나 그를 물리학자라는 유형으로 본다면, 사람들이 배워야 할 것은 그의 특수한 개체로서의 성질들이 아니라, 그만의 과학 연구 방법이며, 그의 다른 특징은 유형 분석에 영향을 미치지 않는다. 그러나 개체의 관점에서 보면, 아인슈타인은 한 명의 온전한[完整的] 사람이고, 그의 여러 특징은 모두 그라는 사람에게서 빼놓을 수 없는 성질이다. 외모, 성격, 취미는 과학자 유형을 구성하는 요소와 관련이 없지만, 그것들은 아인슈타인이 아인슈타인으로서 다른 사람과 구별되는 중요한 성질이다. 후자의 측면에서 보면 개체는 중요한 의미를 가진다.[14]

이렇게 봤을 때 우리는 한 가지 문제에 부딪힌다. 본래 『신이학』의 철학은 논

---

12 역자 주 : 1937년 7월 7일 루거우차오(蘆溝橋)에서 발생한 발포 사건으로 중일전쟁의 발단이 됨.
13 陳來, 「馮友蘭文化觀述論」, 『學人』第四輯, 江蘇文藝出版社, 1993, p.147 참고.
14 위의 글, p.145 참고.

리적 분석을 통해서 보편적인 것[共相]에 주목하고 개별적인 것[殊相]은 제외하는 것이었는데, 『신사론』 후반부에서는 또 개별적인 것[殊相]이 중요하다고 한 것이다. 보편성[共相]과 개별성[殊相]의 분석으로 하나의 문화적 입장을 도출하지 못한다면 이 분석은 무슨 의미가 있겠는가? 모순이 있지 않은가? 물론 보편적인 것[共相]에 주목하는 방법은 서양 문화 이해에 적합하고, 개체에 주목하는 방법은 중국문화를 인정하는 데 적합한 것이라고 할 수도 있다. 그러나 철학 체계에서는 반드시 충분한 이유를 설명해야 한다. 그렇지 않으면 사람들은 보편적인 것[共相]에 대한 분석을 중국문화에 적용하고 개체에 주목하는 방법을 서양 문화에 적용하는 것이 왜 불가능한지 물을 것이다.

평유란은 이후 『신이학』의 보편적인 것에 대한 자신의 의견을[共相說] 회고하며, 개혁을 위해서는 무엇이 필요하고 필요하지 않은지, 무엇이 가능하고 불가능한지를 해결해야 하는데, 이것은 선택의 문제이고 선택에는 정해진 기준이 필요하다고 했다. "이 기준을 어떻게 정할 것인가? 가장 좋은 방법은 보편적인 것[共相]을 아는 것이다. 세계의 강국들을 보자. 그들이 어떻게 강국이 됐으며, 그들의 특징은 무엇인가? 이러한 특징은 바로 개별적인 것[殊相]에 깃들어 있는 보편적인 것[共相]의 내용 또는 표현이다. 이러한 국가들은 개별적인 것[殊相]이고, 그들 사회의 성질은 보편적인 것[共相]이다. 그들의 머리와 눈동자 색깔은 개별적인 것[殊相]이다. 보편적인 것[共相]은 반드시 배워야 하고 배울 수 있는 것이지만, 개별적인 것[殊相]은 배울 수 없고 반드시 배워야 하는 것도 아니다."[15] 평유란은 이런 의미의 분석을 횡적 분석이라고 했다. 그는 "당시 나는 마르크스주의의 역사관의 두드러진 특징이 종적縱的이 아닌 횡적橫的으로 역사를 보는 것이라고 생각했다. 소위 종적으로 역사를 보는 것이란, 한 국가의 민족의 생성과 발전, 쇠락과 멸망에 주목하는 것이다. 횡적으로 역사를 보는 것은 사회를 여러

---

15 馮友蘭, 『三松堂自序』, 『三松堂全集』 第一卷, 河南人民出版社, 1985, p.241.

유형으로 나누고, 각종 유형의 내용과 특징에 주목하는 것이다. (…중략…) 이 이해를 통해 나는 소위 고금의 구분이 사실은 바로 사회 유형의 차이임을 알게 됐다. 더 포괄적으로 말하자면, 이 문제는 바로 보편적인 것[共相]과 개별적인 것[殊相]의 문제라는 것도 알게 됐다. 하나의 사회유형은 보편적인 것[共相]이고, 하나의 국가 또는 민족은 개별적인 것[殊相]이다".[16]

그렇다면 보편적인 것[共相]에 대한 횡적 분석이 중국 근대 이후 문화 문제를 해결하기에 충분한가? 앞서 말한 것처럼, 철학적으로는 적어도 체계 내에서 반드시 동시에 보편적인 것[共相]에 대한 종적 분석을 동시에 받아들일 수 있어야 한다. 실제로 펑유란은 확실히 많은 부분에서 보편적인 것[共相]에 대한 종적 분석 방식을 사용했고, 이것으로 얻은 결론은 펑유란에게 매우 중요한 것이었다.

이런 보편적인 것[共相]에 대한 종적 분석은 주로 도덕 영역에서 보이며, 현대화 혹은 현대성 문제와도 연관된다. 펑유란은 『신대화』에서 다음을 주장했다. 예부터 지금까지, 수많은 정치사회조직은 각각 모두 어떤 하나의 유형에 속했고, 이 여러 유형 위에 사회조직의 최상위유형[總類型]이 있다. 이 사회조직의 최상위유형[總類型]이 포함하는 원칙과 원리는 각 사회유형이 공통적으로 지니는 것이기도 하다. 이러한 원리가 곧 모든 사회조직의 공통도덕이다.[17] 이런 의미에서 그는 변함없이 "도덕에는 신구新舊가 없다"[18]고 했다. 이 분석은 분명 보편적인 것[共相]에 대한 종적 분석을 포함하고 있다. 이 분석에서 강조되는 것은 서양세계 현대성의 보편적 특징[共相]이나 "지금[今]"이 "지금[今]"이 되게 하는 특징이 아니라, 옛날과 지금[古今]이 공유하는 윤리원칙이다. 근대 말 학술용어로 말하자면, 그것은 가치합리성의 시대를 초월하는 보편성이다.

---

16 馮友蘭, 「三松堂自序」, 『馮友蘭語萃』, p.139.
17 위의 글, p.219.
18 馮友蘭, 「新對話」, 『三松堂全集』第五卷, p.278.

이것으로 신이학의 형이상학에서 전개한 '보편적인 것[共相]과 개별적인 것[殊相]' 중심의 논리분석이 그 자체로 펑유란이 견지하고자 했던 문화적 입장으로 발전할 수 없었음을 알 수 있다. 보편적인 것[共相]에 대한 분석은 어떠한 지향점[意向性]이 있어야만 문화 관련 결론에 도달할 수 있다. 예를 들면, 다른 요소가 아닌 공업문명을 서양국가의 보편적인 모습으로 보는 이유는 무엇인가? 이러한 보편적인 모습을 인정하는 것에 주관성은 작용하지 않는가? 설령 보편적인 모습이 객관성을 지니고 있다고 해도, 도대체 어떤 보편적인 모습을 사물의 본질적 특징으로 볼 것인지에는 주관적 판단이 작용하지 않을까? 신이학에서는 하나의 사물이 반드시 수많은 이理에 의해서만 그 사물 됨이 이루어진다고 했는데, 각각의 이理는 사실 하나의 보편적 모습[共相]이며, 어떤 보편적 모습[共相]을 사물의 본질적 특성으로 볼 것인지는 분명 주체가 주목하는 바에 따라 다르다.

『신이학』 철학의 관점에 따르면, 어떤 사물이 그것인 데에는 반드시 이유가 있어야 한다. 어떤 사물이 그것이 되게 하는 것을 『신이학』에서는 '이理'라고 했다. 예를 들어, 네모가 네모가 되게 하는 것이 네모의 '이理'다. 하나의 사물은 반드시 어떤 이理에 의해서만 어떤 류類에 속하는 사물이 될 수 있다. 예를 들어, 어떤 사물은 반드시 네모의 이理를 따라야 '네모난 사물'이 된다. 신이학에서는 또 어떤 류類의 이理는 공통 류[共類]의 이理를 포함한 것으로 본다고 했다. 즉 어떤 사물이 어떤 이理를 따른다면, 그 류類의 공통 이[共理] 또한 그것을 따른다. 예를 들어, 고양이류類의 이理는 동물의 이理이기도 하며, 고양이의 이理에 따라서 고양이가 되는 것은 또한 반드시 동물의 이理에 따라서 동물이 된다. 따라서 하나의 사물이 하나의 이치[一理]를 따를 때에는 무리의 이理를 따르게 되고, 또한 반드시 무리의 이理를 따라야 한다.[19]

이런 관점에 따르면, 하나의 사회는 반드시 어떤 한 사회의 이理에 따라 특정

---

19 馮友蘭, 「新理學」, 『全集』 第四卷, p.44.

사회가 되고, 또한 반드시 사회 전체의 이理에 따라서 그 사회됨이 이루어진다. 따라서 펑유란은 "사회의 이理"와 "특정 사회의 이理"를 구분했고,[20] 각종 사회는 종류는 다르지만 모두 사회이며, 특정 사회임에 있어서, 그것이 따르는 이理가 다를 수 있다고 했다. 그러나 그것이 모두 사회라는 점에서는 반드시 각종 사회 공통의 이理를 따른다고 했다. 특정 사회의 이理가 결정하는 그러한 도덕들은 '변하는 도덕'이고, 사회가 결정하지만 특정 사회가 결정하는 것은 아닌 도덕은 '변하지 않는 도덕'이다.[21] 이를 통해서, 펑유란은 "변하지 않는 도덕은 신구新舊와 무관하고, 고금古今과 무관하며, 중외中外와 무관하다", "우리는 소위 현대화를 제창하였지만, 기본 도덕 방면에서는 현대화든 비현대화든 상관이 없다"고 강조했다.[22] 이 주장에 따르면 기본 도덕의 보편성[普適性]은 시대를 초월하는 것이며, 현대화 또는 그가 이해한 현대성은 기본 도덕을 포함하지 않는다. 바꿔 말하면, 이러한 현대성은 기본 도덕을 배척하지 않는다는 것이고, 혹은 이런 현대성은 우리에게 필요한 모든 것을 제공해 주거나 우리에게 필요한 가치 전부가 될 수 없다는 것이다.

이런 "따름[依照]"설說에 의거한 보편도덕 원리에 대한 논증은 보편적인 것-개별적인 것[共相]에 대한 종적 분석을 통한 논증과 다르다. 철학에서 보편적인 것 [共相]에 대한 분석은 모두 추상적인 것으로, 실존하는 일부 성질을 배제하고 어느 한 각도에서 공통점[共性]을 뽑아내는 사유 활동이다. "따름[依照]" 설은 본체론 本體論으로서, 실존적 정체성整體性과 구조 관계에 주목함으로써 보편적인 것[共相]을 본질로 보는 임의적 사유를 피할 수 있다.

조금 더 분석해 본다면 이렇게 말할 수 있다. 소위 서양 문화 중 무엇이 가장

---

20 馮友蘭, 「新理學」, 『全集』 第四卷, pp.169~171.
21 馮友蘭, 「三松堂自序」, 『全集』 第一卷.
22 馮友蘭, 「新事論」, 『全集』 第四卷, p.364.

중요한지에 대한 문제는 본질적으로는 주체성에 관한 문제이다. 이것은 서양을 배우려는 주체의 인식에 대한 문제이며, 인식의 본질과 최우선 임무는 보편적인 것[共相]을 완전히 파악하는 일이다. 그러나 신사론 후반부에서 주목한 것은 민족 개체의 실존 문제이고, 그것은 보편적인 것[共相]에 대한 횡적 분석으로는 해결할 수 없다.

4. 현대성과 합리성 검토

현대화 이론으로 구체적이고 비이상적[非理想型] 현상에 대해 분석하면 "소위 현대화로 간다는 것은 1인 평균 수입이 매우 낮은 사회에서 과학과 기술을 중시하는 도시화와 공업사회로 나아가는 것과 같은 변화를 가리킨다"[23] 와 같은 현대화에 대한 여러 구체적인 정의를 내릴 수 있다. 이 정의는 일반적인 '공업화'에 대해서는 별 문제 없이 적용가능하다. 1989년 이전까지는 많은 사람들이 현대화에 대한 이 정의를 받아들였다. 그러나 1989년부터 동유럽 및 구소련의 변화 이후 이런 이해에 문제가 생겼다. 만약 공업화와 도시화가 현대화의 주요 내용이라면, 1989년의 구소련과 동독, 체코, 폴란드 등이 모두 현대화 국가가 됐었어야 했기 때문이다. 일반적으로 '현대화'는 사람들이 그것을 달성하고자 끊임없이 노력하며 만족을 느끼는 대상이다. 그러나 현실을 보면, 동유럽과 구소련의 경우 그곳 사람들이 자신들의 상태가 아직 "현대화"된 건 아니라고 생각하기 때문에 지속적으로 만족스러운 현대화를 이끌기 어려웠다. 이런 의미에서, 공업화가 곧 현대화는 아니다. 마찬가지로, "현대화는 바로 현대성을 끊임없이 만들어내는 역사 과정이다. 즉, 과학의 발견, 공업의 팽창, 인구의 변천,

---

23 吉爾伯特·羅茲曼(Gibert Roman), 『中國的現代化』, 江蘇人民出版社, 1988, p.1.

도시의 확장, 민족국가, 대중운동"[24] 등이 포함되고, 이것 역시 현대성을 공업, 도시, 과학 방면에서 정의한 것이다.

이렇게 보면 공업화에는 어느 정도 분명한 규칙이 있다. 즉, 산업구조에서 제조업이 주요 지위를 점한다는 점이다. 그리고 현대화에는 한 가지 변하지 않는 원칙이 있다. 바로 끊임없이 변화하고 있다는 점이다. 단지 산업구조의 비율이나 도시-농촌[城鄉] 구조의 비율 등으로는 지금 맞닥뜨린 현대화 문제를 해결할 수 없으며, 공업사회와 농업사회의 차이만 부각될 뿐이다. 사실, 구소련과 동유럽뿐만 아니라, 중국 역시 이미 전통 사회 시기는 지났다. 현상現象의 측면에서, 만약, 현대화를 이루는 요소가 고속도로, 주유소, 슈퍼마켓, 24시간 편의점, 지하철, 자동차, 오피스텔, 호텔, 학교, 회사, 공장, 연구기구, 아파트, 도시 그리고, 티비, 신문, 우편물, 전화, 컴퓨터 등등이라고 한다면, 구소련 및 동유럽과 미국 및 서유럽의 차이, 중국과 한국 및 일본의 차이는, 단지 자동차가 몇 대이고, 고속도로가 얼마나 있고 등등의 '양적量的' 차이일 뿐이다. 이러한 사실은 우리에게 다음을 알려준다. 20세기 현재, 아프리카 일부 마을을 제외하고, 세계 각지의 사회는 모두 전통의 형태를 벗어났으며, '양적量的' 차이가 현대화에 있어서는 이미 '질質'적 의미를 갖는다는 점이다.

이런 인식에서 출발한다면, 경제현대화는 공업문명을 기초로 하고, 도구와 효율 우선의 시장 기제를 통해 이룬, 1인 평균 소득 및 소비물품이 매우 풍부한 사회라고 이해해야 한다. 이렇게 이해한다면, 현대화는 산업 비중에 따라 규정되는 것이 아닌, 경제를 움직이는 기제에 따른 사회발전의 모든 결과물삶의질을중심으로한이 된다. 어떤 학자는 현대화를 살아있지 않은 동력자원과 살아있는 동력자원의 비율로 간략히 나타내며, 이 비율이 어떤 상태에 도달했을 때, 즉 살아 있는 동력인력(人力) 자원의 증가가 비非인력 자원의 감소를 채울 수 없을 정도

24　德利克,「現代主義與後現代主義」, 載『中國社會科學季刊』總第五期, 1993.

가 됐을 때 그 사회를 현대화했다고 할 수 있으며, 이 비율이 높을수록 현대화 정도도 높은 것이라고 했다. 그러나 이 학자들은 이렇게 추상적으로 기계, 전력, 전자라는 자원의 운용 정도를 강조하는 것으로는 부족하다고 생각한 것 같다. 그래서 그들은 결국 "높은 수준의 현대화 사회의 특징은 매우 풍부한 소비물품을 가진 대중시장이다"[25]라는 결론을 내렸다. 그러나 구체적으로 살펴보면 매우 풍부한 소비품을 가진 대중시장이라는 점은 단지 현상일 뿐, 그것은 도구적 합리성 우선 체제를 전제로 둔 것이다. 동시에 "생산의 사회화" 개념은 시장경제의 특징을 보여주지 못한다. 그것은 전통 사회와 완전히 다르며, 근대 공업화 사회의 한 형식일 뿐, 근대 말 현대성에 대한 이해에 도움이 되지 않는다.

이 때문에 중국 학계에서는, 근대와 현대를 구분하는 것은 필요한 일이라고 여긴다. 근대화는 바로 공업화이자 전통 사회가 근본적으로 또는 총체적으로 변화한 것이라고 할 수 있다. 이 점에서, 구소련과 동유럽이든, 중국이나 북한이나 쿠바 같은 사회주의 국가들은 오래전부터 이미 전통적인 나라 또는 전통적인 사회가 아니었음이 틀림없다. 이런 의미에서, 근대 서구 사회의 자본주의 발전과 20세기 사회주의 혁명과 개조는 모두 각자의 방식으로 전통 사회에서 벗어나서 근대화를 이룬 것이다. 이런 의미에서, 펑유란이 당시 이해한 사회 개혁과 현대화는 그의 시대에는 세계적인 추세였다. 물론 근대 말 세계의 발전이 마르크스주의와 사회주의 종결을 선언한 것임을 표명한 것은 얕고 근시안적 견해였지만, 합리화된 시장경제가 현대성의 기본요소이자 구조적 조건임이 분명했고, 이것은 인류가 20세기를 꼬박 겪은 후에 얻은 경험이었다.

펑유란이 공업화가 현대성의 본질이라고 본 관점은 사실 매우 큰 상징성을 가진다. 전후戰後 현대화 이론도 이 관점에서 발전한 것이다. 90년대인 지금, 우리는 시장경제에 있어 현대성의 의의를 더 잘 이해하게 됐지만, 상술했던 90년

---

25 吉爾伯特·羅茲曼(Gibert Roman), 앞의 책, p.1.

대 현대화에 대한 이해가 도구적 합리성을 기본으로 삼는다는 점에서, 여전히 이전 시기의 이해와 같다는 점도 인정해야 한다. 현대성에 대한 이러한 이해의 배후에는 합리성에 대한 이해상의 착오가 존재한다. 간단히 말하자면, 이러한 착오는 파슨스Talcott Parsons, 1902~1979의 "이성화理性化"를 지나치게 확장한 것, 형식합리성이 가치의 비합리성을 야기할 수 있다고 했던 베버의 중요한 통찰을 소홀히 한 것, 그리고 기본 도덕은 현대화할 필요가 없다는 평유란의 확고한 신념을 소홀히 한 것 때문에 일어났다.

앞에서 지적한 바와 같이, 베버가 말한 "이성화理性化"는 실제로는 주로 형식합리성을 가리킨다. 베버는 "합리성理性" 개념을 두 가지로 나눴다. 하나는 가치합리성실질합리성이라고도 함이고, 하나는 목적-도구적 합리성(형식합리성이라고도 함)이다. 이것이 모두가 알고 있는 내용일 것이다. 그러나 베버가 말한 "이성화理性化"는, 현대화 과정의 본질로서는 가치합리성을 포함하지 않는다. 그는 『프로테스탄스 윤리와 자본주의 정신[新教倫理與資本主義精神]』 도론導論에서 서두부터 이성적 수학 기초, 이성적 자연과학, 이성적 사학史學, 이성적 법학, 이성적 음악 기보記譜 시스템 및 이성적 교육체제·과학직업·행정 시스템·정치형태·기업조직 등을 강조했다. 이러한 이성화 경향은 서양에나 있었고, 이 때문에 그는 "경전經典적 의미의 이성화[經典意義的理性化]"라는 개념을 만들어냈다. 이 점을 통해, 그가 말한 이성화가 모두 형식합리성으로서의 이성화임을 알 수 있다.[26]

막스 베버는 현대화의 본질이 합리성화合理性化임을 주장함과 동시에, 현대 자본주의의 발전이 정밀한 기술과 계산으로 모든 것을 이성화했고, 사람을 기계, 돈, 관료제도의 노예로 만들었다고 주장했다. 그는 이와 같은 효율 추구로 인해 생긴 돈과 상품에 대한 숭배, 기계의 인간성 상실을 "형식적 합리성과 실질적 비합리성非理性", "이성화理性化가 불러온 비합리적[非理性化] 생활방식"[27]이라고 불

26　韋伯, 『新教論理與資本主義精神』中譯本, 三聯書店, 1987, pp.4~15.

렀고, 이를 통해 현대성의 모순과 변이[異化], 즉 합리성을 추구하였으나 도리어 비합리성非理性을 야기했음을 보여줬다.

합리성과 현대성 문제는 유럽의 현대 사회학자 하버마스Jurgen Habermas, 1929~의 중요한 과제였다. 17, 18세기 계몽이성啓蒙理性 신화는 20세기 두 번의 전쟁을 통해 완전히 깨졌고, 과학이성科學理性은 환경파괴와 사람에 대한 기술의 통치에 참여하였으며, 이 두 가지로 인해 "이성理性"의 총체적 위기와 비이성非理性 사조가 생겼다. 하버마스는 이성에서 비이성으로 가는 것을 반대했다. 그는 주요 문제가 지금 일반적으로 이해하는 이성에 있으며, 대부분 베버가 말한 목적-도구적 합리성으로 변했다고 했다. 그리고 도구적 합리성으로 이성개념을 이해함에 따른 편차를 벗어나 "소통이성[交往理性]"으로 이성의 의미를 다시 세워야 한다고 했다.[28] 하버마스의 이런 관점은 우리의 상황과 딱 맞아떨어진다. 사실 과현논쟁[科玄論戰] 이래 문화보수주의자들은 현대화를 거부하려던 것이 아니라, 현대성에 가치합리성을 포함시키고자 했다. 심지어 우리는 이를 통해, 만청晩淸 이래 중서체용 논쟁은 결국 어떻게 실존 차원에서 근대성 또는 현대성을 이해할 것인지의 문제였음을 알 수 있다.

전후戰後 사회학에서는 가치의 분화를 현대성의 본질로 여겼지만, 현실 세계의 전체적인 수요를 봤을 때 가치 분화가 다른 층차의 가치 정합을 대체하거나 밀어낼 수는 없다. 가치의 영역별 분화 또는 독립화는 각 영역의 독특한 규칙을 보여줬고, 그 결과 각 부문의 과학이 부단히 진보했다. 그러나 세계관과 궁극적 가치의미 상의 정합성이 완전히 무너진다면 상대주의와 허무주의가 생길 수밖에 없으며, 우리의 의미체계는 완전히 길을 잃게 될 것이다. 게다가 자본주의의 끝없는 재제宰制는 분명히 "사람과 사람 사이의 관계를 물物과 물物 사이의 관계

---

27 蘇國勳, 『理性化的限制』, 上海人民出版社, 1988, p.241 참고.
28 艾四林의 하버마스(Habermas)에 관한 박사논문(北京大學外哲所, 1994) 원고 참고.

제8장_ 신이학(新理學)과 현대성에 대한 재고찰 243

로 만들어" 버리게 되고, 우리의 삶은 돈과 상품에 지배되는 식민화에 빠지게 된다. 이것은 분명 우리가 바라는 현대성과 합리성이 아니다.

5. 맺음말

20세기의 경험을 정리하자면, 우리는 현대화를 추구하는 동시에 '현대성'이라는 '현대'와 '전통'을 대비시키는 사고방식에 대해서 검토해야 한다. '현대성' 사고방식에 따르면, '현대성'은 현대화가 현대화가 되게 하는 특징이며, 이것은 일종의 특수주의적 사고방식이고, 그것의 포인트는 현대와 전통의 다른 점을 장악하는 것으로서 물론 의미 있는 일이다. 예를 들어, 평유란은 바로 서양이 강성해진 이유라는 측면에서 서양 현대성의 보편적인 모습[共相]을 탐색했다. 그러나 만약 이런 특수주의적 사고나 현대 사회와 전통 사회의 서로 다른 특이점에 주목하는 것만이 아닌, 실존적 의미에서 그것을 파악한다면, 즉 현대 사회라는 하나의 실존적 존재가 필요로 하는 각종 조건을 완전히 이해한다면, 현대 사회의 모든 조건 중 전통과 관련 있는 요소들이 보일 것이다. 그 중 가장 중요한 것이 바로 베버가 말한 가치합리성 또는 쉴즈Edward Shils, 1910~1995가 말한 실질적 전통 또는 평유란이 말한 기본 도덕이다. 예를 들어, 모든 서양학자가 현대성의 규칙 중 공업화, 도시화를 강조했고 누구도 기독교 전통을 언급하지 않았지만, 근대 이래 실존하는 서구 사회는 문화, 도덕, 사회전체 모든 방면에서 기본적으로 기독교에 기댔어야 했고, 그만큼 "잠시도 떨어질 수 없는" 것이었다. 기독교는 베버의 생각 속에서는 표준적인 가치합리성의 형태였다. 하버마스가 "소통[交往]"과 "소통이성[交往理性]"을 어떻게 생각했든, 그것은 본질적으로 가치합리성의 범주에 속하며, 그의 소통[交往] 이론의 주요 내용은 목적-도구적 합리성의 재제에 대해 검토하여 현대성에서 가치합리성을 회복 또는 포용하고자 했던 것이다. 이런 실존적 사고와 특수주의적 사고의 차이는 다른 예시로 설명할 수 있다. 마치 사람인 우리가 다른 동물과 구별되는 특수성(이성과도덕)만을 추구할 수 없고, 반드시 실존하는 사람으로서 가지게 되는 여러 자연적 속성에도 주목해야 하는 것처럼 말이다. 특수주의적 사고방식이 의미가 없는 것은 아니지만, 그것은 대비적 사유에서 사물의 일부 속성만을 파악하는 방법일 뿐이며, 이런 한계에 대해서도 주의해야 한다.

특수주의의 틀을 벗어나서 전체적[整全的]이고 실존적으로 보고자 한다면, 철학적으로 펑유란의 '공통 류의 리이[共類之理]에 대한 설'을 빌릴 수 있다. 현대 사회는 전통 사회와 다른 어떠한 특성 또는 특색을 지니지만, 현대 사회가 이러한 특색에 의해서만 존재하는 것은 아니다. 특수주의적 현대성 개념은 인식의 한 범주일 뿐 존재의 범주가 아니다. 존재의 측면에서 현대 사회가 존재할 수 있는 것은 전통과 다른 현대 사회의 이理,(도구적합리성)를 따를 뿐 아니라, 모든 사회의 리理,가치합리성포함도 따르기 때문이다.

만약 사람 자체나 인류사회의 도덕-문화질서, 인류사회의 정의·공평·박애 등을 중시하는 가치합리성이 고전시대나 중고 내지 근현대 사회에서 모두 필요했고, 인류사회라는 공통 류의 이理[共類之理]를 반영하는 것이었다면, 중국문화의 유가라는 이상적 가치로 대표되는 전통적인 가치합리성 형식은 현대 중국 사회에도 반드시 필요한 문화요소였을 것이다. 이 점에서 동아시아와 서양의 차이는, 서양의 기독교 변화는 자연스럽게 이루어졌지만 동아시아는 서양의 군사적 압박 속에서 특수주의적 관점에 따라 서양이 동양을 이길 수 있게 한 요소가 현대성의 전부라고 여기기 쉬웠다는 점이다. 유가 가치 체계는 실천 차원에서 현대 사회와 결합 및 변화한 후에 다른 종교체계와 결합하여, 현대 사회에 의미 있는 통일성의 기초이자 도덕규범의 기초, 그리고 인류의 이상 추구의 기초 및 인류의 현실 비판을 위한 자원이 될 수 있다.

도쿄, 서울, 타이베이, 그리고 베이징 등의 물질 문명 측면에서의 실제 결과물은 갈수록 같아지고 있다. 시장경제를 기초로 하는 고도의 물질문명 건설, 이것이 바로 일반적으로 이해하는 현대화이고, 이 방면에서 동양과 서양은 다르지 않다. 그러나 개인과 가정생활에서, 인간관계와 사귐 등의 방면에서 동양은 서양과 매우 다른 특색을 보인다. 유가사상의 의미는 동아시아의 정신문명은 동아시아 자체의 문화적 기반 위에서만 건설될 수 있다는 점에 있다. "인류의 가치기준은 본래 매우 큰 공통점[共性]을 지녀야 하지만, 그것은 상당히 먼 미래의 일이며, 어떤 민족의 사회도덕이든 역사적 배경과 민족 정서의 제약을 받게 된다."[29] 미국에 사는 동아시아인 가정이 안정적인 자녀 교육과 성도덕 방면에서 좋은 면을 보여줬다면, 이것은 동아시아 문화 전통이 현대 사회의 병폐에 대항하는 남다른 역량이 있음을 의미한다. 그렇다면 동아시아 사회는 보다 자각적으로 자신의 가치 전통을 널리 알려야 하며, 이것은 동아시아 현대 사회의 전체적 수요에 부합하는 일일 뿐 아니라 향후 전 세계의 정신적 측면에도 기여할 것이다.

---

29 李慎之, 「辨同異一合東西」, 『東方』, 1993.3.

제9장

유가사상과 현대 동아시아 세계

동아시아는 가장 일찍 인류 문명이 싹튼 지역 중 하나다. 동아시아 문화는 16세기 이전에 자체적인 체계가 완성됐을 뿐만 아니라 줄곧 세계를 선도하며 세계 문명 발달에 크게 기여했다. 수백 년 사이에 과학과 거대 공업생산력을 특징으로 하는 근대문화가 서양에서 먼저 발전했고, 그 문명적 성과는 자본주의의 거센 움직임 속에서 식민植民과 패권覇權을 통해 확장됐으며, 전 세계적 정복 운동으로 이어졌다. 이 때문에 동아시아의 전통문화는 처음으로 커다란 충격을 받았다.

근대 이전의 동아시아 문명의 형성과 발전의 방향은, 동아시아 대륙의 경우 한반도를 거쳐 일본 방향으로, 서에서 동으로 진행됐다. 중국, 한반도, 일본 각 지역 모두 동아시아 지역 문화에 기여했고, 그 문화 전파의 기본 흐름[格局]은 대륙이 중심이 됐고 섬은 주변이었다. 7세기부터 17세기까지 동아시아 지역은 큰 공통점을 지닌 매우 안정적인 문화 시스템을 형성했다. 그러나 기물器物에서 부터 정신精神에 이르는 비교적 큰 차이가 생겼다. 그렇지만 각국 문화에 차이가 있다고 해도, 물건, 제도, 정신문화 등 방면에서는 분명 같은 문화적 바탕이 있고, 이것이 동아시아를 하나의 문화 공동체文化圈으로 봐야 하는 이유다.

19세기 후반 이후 동아시아 국가들은 저마다 근대화를 이루려고 애썼다. 근대화 과정의, 지역 내 흐름[格局]은 중고中古시대와 정반대로 일본이 선도했으며, 동쪽에서 방향으로 움직였다. 일본은 제1차 세계대전 전에 근대국가의 꿈을 상당 정도 이루었고, 2차 세계대전의 패배를 겪고도 빠른 속도로 현대화를 완성하여, 단번에 동아시아 현대화의 중심으로 발돋움했다. 한국, 싱가포르 그리고 타이완, 홍콩은 냉전이라는 특수한 역사적 상황 속에서, 70년대 경제 발전 시기를 지나 현대화 기본 건설을 완성했다. 이러한 새로운 발전 구도 속에서, 주변부에 있던 낙후된 중국 대륙은 전쟁國共內戰 후 구소련과 동유럽의 초급공업화를 시기를 지나, 70년대 말 시장 지향의 경제개혁을 시작했고, 동아시아 기타 지역과 비슷한 모델을 따라서 현대화의 길을 가기 시작했다. 90년대 초 발전이 보여주듯 중국 내륙지역의 개혁개방을 상징으로 하는 발전 방향은 바꿀 수 없었고, 경제성장 또한 가속화됐다. 베트남의 개혁 역시 성과가 있었다. 그러므로 북한의 개혁개방은 아직 시간이 필요하지만, 큰 틀에서 볼 때, 100여 년 동안의 발전을 통해 동아시아 지역의 현대화 국면은 어느 정도 자리를 잡았고, 동아시아 사회의 현대화 역시 안정화 됐다. 냉전시대가 끝나고 동아시아 문화의 분열 상태 역시 새로운 국면으로 접어든 만큼, 동아시아 사회 경제구조의 동질성 수준도 점차 높아질 것이며 경제와 문화 교류 역시 더욱 활발해질 것이다. 동아시아 지역과 사회는 새로운 과제에 직면하기 시작했다. 이러한 상황 속에서, 우리는 자연스럽게 동아시아 전통사상, 특히 유가사상이 지금 이 시기에 어떤 의미가 있는지 생각하게 될 것이다. 이것은 21세기 동아시아 지역의 문화와 관계에 있어 중요한 의미를 지니며, 동아시아 지식인들이 지켜보고만 있어서는 안 될 의무이기도 하다.

1. 전통과 현대성

동아시아의 100년에 걸친 근대화 과정은 '전통'과 '현대'의 극심한 긴장 속에서 전개됐다. 20세기 일본의 '탈아입구脫亞入歐', 21세기 중국에서 일어난 몇 차례의 격렬한 반反전통운동 모두 근대화로 나아가는 과정에서 일어난 필연적인 현상이다. 동아시아 전통사상에 대한 격렬한 비판은 근대화 과정에서 어려움에 부딪혔을 때 나타난 문화 현상이며, 이런 '전통'에 대한 태도는 이 시기 지식인과 리더 계층의 "현대"(및 '현대화')에 대한 이해를 기초로 한 것이기도 하다.

동아시아 지역의 근대화 혹은 현대화는 처음부터 민족국가의 존망과 연결된 것이었고, 그러므로 민족국가의 근대화는 처음부터 '부국강병'이라는 국가의 기능에 집중했다. 이런 의미에서, 근대 동아시아 국가는 국가자본주의를 택했든 사회주의를 택했든, 그 출발점이 같다. 바꿔 말하면, 동아시아 국가는 맨 처음에는 "강한 군함과 무기", 즉 근대 과학기술과 공업을 기초로 하는 군사능력의 측면에서 근대성을 이해했다. 민족국가의 민족주의 이데올로기가 아주 틀렸다고는 할 수 없지만, 근대성에 대한 이러한 이해에서만 출발한다면, 19세기 "열강"이 보이는 모습에서, 지역 관계에 적합한 소통 이성을 펼칠 수 없고, 합리적인 지역 문화와 지역 관계를 만들어 나갈 수 없으며, 이것은 제2차 세계대전 시기 동아시아 지역 관계에서 아주 명확하게 드러났다. 사실상, 전쟁 후 뒤늦게 발전한 국가들도 하나같이 무엇보다 경제 발전이 곧 현대화라고 생각했다. 이런 현대화에 대한 이해는 서양의 현대화 이론과 일치하는 것이기도 하다. 베버의 관점에 따르면, 서양 현대성의 핵심은 '이성화理性化'이고, 서양과 대비시켜 보면, 그는 동아시아 사상중국을 대표로 하는 문화에는 '이성[理性精神]'이 부족하다고 했다. 베버가 여기에서 말한 '이성'은 모두 "도구적 합리성"이며, 거기에 포함된 주요 내용은 과학이성科學理性과 경제이성經濟理性이다. 동아시아 공업화의 초기 사유는 과학기술과 공상工商 자본주의의 발전이기도 했다. 근대 과학은 동아시아로 들어올 당시 저항이 매우 적었으며, 공업화 역시 일찍부터 현대화의 본질로 간주됐다.

그러나 소비에트 '10월 혁명' 이후, 낙후국가들에게는 새로운 공업화 모델이 제공됐다. 소련의 사회주의 건설 경험은 현대화에 대한 이해의 다양화로 이어졌고, 사람들은 더 이상 베버가 말한 이성화 자본주의 경제 구조 만들기를 현대화의 유일한 길로 보지 않았다. 사회주의 공업화 모델에서는 '가치합리성'이 현대화 및 현대성의 한 요소로 이해됐지만, 이 가치합리성은 왕왕 국가계획과 국유재산권[國有産權]으로 도구적 합리성을 배척했고, 사람들은 이것이 낳을 심각한 결과를 생각하지 못했다. 이 두 가지 모델은 인류에게 더 많은 선택과 경험을 안겨줬지만 이데올로기 대립을 기초로 한 광범위한 충돌도 있었다. 2차 세계대전 이후 전 세계적 냉전구도 속에서, 동아시아에는 일본을 중심으로 한 시장공업화 모델과 중국을 중심으로 한 계획공업화 모델이 형성됐고, 그 배후에는 미국과 소련의 대립이 있었다. 냉전은 분명 가치의 충돌이면서 경제적 경쟁이었다. 80년대 말 상황이 증명하듯, 경제성장과 사회발전의 경쟁은 계획모델이 도구적 합리성 방면에서 약함을 보여줬고, 최종적으로 냉전이 종식되자 도구적 합리성의 패권이 다시 '현대성'에 대한 이해를 주도하여 시장경제체제가 다시 현대화의 유일한 길로 공인됐다. 냉전의 종식과 발전모델의 동일화 흐름은 분명 인류의 인식이 진보했음을 의미하며, 어떤 면에서는 인류를 위협하는 충돌을 피할 수 있게 했다. 그러나 냉전시기 제약받고 가려졌던 문제들이 터져 나와 계속해서 인류를 힘들게 하고 있으며, 근대 시기 도구적 합리성 팽창의 부작용이 더욱더 만연하고 있으나, 인류의 비판 자원은 갈수록 줄어들고 있다.

베버는 일찍이 다음과 같이 말했다. "현대 문명의 모든 성과와 문제는 가치합리성과 도구적 합리성 간의 긴장에서 비롯된 것이다." 한편으로는, 형식합리성이 이성적인 과학과, 합리적 법률과 행정체계 및 합리적 자본주의 노동조직 등을 낳았다. 또 다른 면으로는, 근대 문명 생활은 본질적으로는 도구적 합리성을 추구하는 것이었고, 공리주의의 강렬한 지배를 받아서 현대화 발전의 병폐, 즉 형식적 합리성과 실질적 비이성 혹은 도구적 합리성과 가치 비합리성을 만들어냈다. 현대 사회의 환경오염, 인간성 상실, 도덕적 타락은 모두 도구적 합리성의 단편적 지배와 관련이 있다. 국가와 지역 관계를 말하자면, 도구적 합리성을 추구하는 현대화는 자동적으로 민족과 문화 간의 충돌을 해소할 수 없었고 전쟁도 막을 수 없었으므로, 포스트 냉전 시대의 긴장 속에 있던 민족과 지역 간 관계에 있어서는 문화이성의 재정립이 필요하다.

동아시아 근대사상사의 뚜렷한 특징은 두 가지다. 하나는 자기 전통을 부정하는 것, 또 하나는 전통에 대해 긍정하는 바가 있을지라도 서양 현대성의 의미 속에서 전통 가운데 긍정할 만한 것을 찾고 인정한다는 점이다. 예를 들어, 문화적으로 전통문화 중 어떤 것이 서양의 것과 비슷해서 자본주의의 발전 또는 도구적 합리성의 발전에 도움이 될 것인지에만 주목한다. 그러나 일본과 "네 마리의 용"을 모범으로 하는 동아시아 경험이 보여주듯, 동아시아 현대화에는 동아시아만의 특색이 있고, 또는 자기만의 현대성이 있다. 예를 들어, 집단과 권위를 중시하고, 교육을 중시하며, 현세를 중시하는 것 등은 동아시아 전통과 관련이 있다. 더욱 중요한 것은 미래를 대비하여 동아시아가 전통적 정신자원에서 영양분을 더욱 흡수해서 시대의 과제를 해결하고 동아시아가 더욱 화합하는 현대세계를 만드는 데 도움이 되어야 한다는 점이다.

동아시아 전통가치가 지금 세계에 무슨 의미가 있는지에 대해 근대 말 토론에서는 주로 동아시아 사회의 경제적 성공의 원인이 모두 함께 누리자는 가치지향取向이었다는 점에 더 주목했다. 그리고 이런 점들은 물론 동아시아 현대성의 일부분이었다. 그러나 이것은 여전히 경제기능의 측면에서 가치문제를 다룬 것이다. 우리는 도구적 합리성의 층차를 넘어서서, 이 시대 세계의 문제에 맞서, 미래 동아시아 세계 전체가 필요로 하는 것에 주목해야 한다. 벤자민 슈워츠Benjamin I. Schwartz, 1916~1999가 말한 것처럼, 사실상 유학의 가치가 동아시아 국가의 뒤늦은 발전의 장애물이기만 했던 것은 아니지만 동아시아 현대화 과정에 도움이 된 유가윤리의 관념적 지향이 결코 유가윤리의 핵심본질은 아니다.[1] 그리고 현대화의 도구성에 대한 베버식 이해에서 벗어나서, 합리도구적합리만이아니라가치상의합리 면에서도적인 현대 동아시아 문화를 만들려면, 진정으로 유학의 핵심을 대표하는 문화적 실천과 사회이상 그리고 문화 지향의 보편적 가치에 더욱 주목해야 한다.

2. 조화[和]를 도구[用]로 삼음

90년대의 혼란스러운 세계를 앞에 두고, 우리는 먼저 유가儒家의 '조화[和]' 관념을 생각해야 한다. '조화'는 유학전통의 중요한 가치 중 하나로, 그 내용은 다섯 개의 층차로 나눌 수 있다. 하나는 하늘과 사람으로, 이것은 곧 사람과 자연 간의 화합이다. 두 번째는 나라와 나라로, 역시 나라 간 평화를 말한다. 세 번째는 사람과 사람으로, 사회에서의 관계와 화목을 말하며, 네 번째는 개인의 정신과 심리로, 경계境界와 평화를 말한다. 다섯 번째는 문화 또는 문명으로, 이는 곧 서로 다른 문화 간의 조화와 이해이다. 이 몇 가지 관계는 유사 이래 인류의 기본적 관계였고, 현대인들이 직면한 삶의 환경과 삶의 질에 있어서의 주된 도전이 여전히 이들 관계 속에서 드러나고 있다.

유가의 이해에 따르면, 사람과 자연 간의 조화로운 관계는 "천인합일天人合一"

1　*The Confucian World Observed*, ed. by Tu Wei-ming, University of Hawaii Press, 1992.9.16.

이 바탕이 된다. 기초 위에 있다. 대자연은 인류의 양육자이고 자연계의 모든 사물은 인류의 동반자가 되는 등 사람과 자연은 밀접하게 연결되어 있는 하나[一體]다. 이 때문에 사람은 자연을 쉼 없이 훼손하는 대상으로 봐서는 안 되고, 자연과 조화로운 관계를 만들어 가야 한다. 그러나 근대 이래 초기 자본주의의 이윤추구와 자본축적이라는 목적 때문에 근본적으로 생태환경 보호를 소홀히 해 왔다. 전후의 개발도상국은 앞서 공업화한 국가의 시범과 압력 속에서, 국가가 주체가 되어, 기업소유주와 협력하여 오로지 발전 속도 향상만 추구하여 공업국가의 반열에 들어섰다. 그 과정에서 사람들이 만들어낸 폐기물은 자연계의 물질적 순환 속으로 들어가지 못하고, 대규모 자원 개발로 환경의 균형이 무너졌으며, 과학기술 발전은 예상치 못한 기후변화를 가져왔다. 50년 사이에 일부 지역의 공해부터 대기오염, 해양오염, 삼림의 감소, 토지의 사막화까지 이어졌고, 전 지구적 환경조건의 악화가 기정 사실이 됐다. 환경 개념은 물론 문화 개념이 단독으로 해결할 수 있는 문제는 아니지만, 그것의 해결에는 최종적으로 일정한 문화 개념적 기초가 필요하다. 고대 유가의 '조화' 관념 중 첫 번째 의미는 사람과 천지天地 사이의 조화로서 "큰 음악은 천지와 조화를 이루고[大樂與天地同和]", "조화를 이루므로 온갖 사물이 그 성품을 잃지 않음[和故百物不失]"[2]『예기(禮記)·악기(樂記)』을 주장하여, 천지에는 자연의 조화와 자연의 법칙이 있으니 사람은 살아가면서 천지와 조화를 이루어야 하고 "조화를 이루므로 수많은 사물이 모두 화합하게 된다[和故百物皆化]"『예기(禮記)·악기(樂記)』라고 했다. 인류가 서로 협력하는 것은 온 우주의 화합을 이루기 위해서라는 것이다.

'조화'때로는'음악[樂]'으로표현함는 하나의 문화적 개념으로서 그것의 두 번째 의미는 곧 국가와 민족 간 평화이다. 유가에서는 '조화'를 이룸으로써 "무기가 쓰이

---

2 역자 주 : 원문에는 "和故萬物不失"로 되어 있으나 『禮記·樂記』 원문을 참고하여 '萬'을 '百'으로 고침.

지 않고, 형벌을 내릴 필요가 없으며, 백성에게 근심이 없음[兵革不試, 五刑不用, 百姓無患]"『예기(禮記)』에 도달해야 한다고 했고, "문덕文德을 닦아서 먼 곳에서 오게 하고 [修文來遠]"『논어(論語)·계씨(季氏)』, "서로 간의 믿음으로 화목함을 유지해야 한다[講信修睦]"『예기(禮記)·예운(禮運)』고 주장하였으며, 예의仁義를 존숭하고 왕도王道를 귀히 여기고 "전쟁을 좋아하는 자는 큰 형벌을 받게 해야[善戰者服上刑]"『맹자(孟子)·이루(離婁) 상(上)』한다고 했다. 포스트 냉전 시대의 잦은 전란은 국가 간의 정치 문화적 규범의 상실을 부각시켰다. 새뮤얼 헌팅턴Samuel Huntington, 1927~은 미래의 국제 충돌은 민족국가 사이의 충돌이 아닌 문명 간의 충돌이 될 것이라고 했다. 그도 참고는 해야겠지만, 그가 유가 문명을 충돌의 근원으로 간주한 것은 분명 무지에서 비롯한 것이다. 베버는 일찍이 유교의 평화주의 성격을 정확하게 지적했고, 량수밍은 주공周公과 공자孔子에서 시작된, 이성理性이 일찍 성숙한 유교문화는 본질적으로 평화와 안정을 숭상한다고 했다.[3] 유가의 '조화' 관념은 평화롭게 공존하는 국가 간 교류 원칙을 도출하는 데 도움이 되며, 이 시대 세계의 신 질서 건립에 긍정적인 의미가 있다.

'조화'의 세 번째 의미는 사람 간의 화목함이다. 유가는 윗사람과 아랫사람 사이의 '존경[和敬]', 이웃 간의 '따름[和順]', 가족 간의 '친밀함[和親]'을 주장했다. 고전 유가에서 다룬 인간관계의 범위가 현대 사회보다는 작지만 인간관계 처리의 원칙에는 보편성이 있다. 현대 공업사회와 포스트 공업사회에서, 인간의 소외, 가정의 해체, 고령자에 대한 무관심 등의 현상은 날로 보편화됐다. 동아시아 사회에서는 전통으로 인해 서양에 비해서는 상황이 낫지만, 이 구역 역시 사회 구조와 가정 구조의 변화 때문에 사회의 병폐가 심해졌다. 현대 사회조직에서는 법률에 따라 내부질서를 엄중하게 다스릴 수 있었지만, 위아래, 좌우 사람

---

3 韋伯, 簡惠美譯, 『中國的宗敎－儒敎與道敎』, 台灣遠流出版社, 1989; 梁漱溟, 『中國文化要義』, 台北里仁出版社, 1982 참고.

들 간의 관계까지 조화롭게 하기는 어렵다. '조화'가 이끄는 것은 결코 단방향의 행위가 아니라, 개인이 주체가 되는 것이며, 상호 간의 존중이자 이해와 관심이었다. 이것은 현대 각층 관료 사회의 인간관계를 바로잡는 기초가 될 수 있다.

'조화'의 네 번째 의미는 개인의 정신적 편안함과 즐거움[和樂]이다. 『예기禮記』에서 "마음이 잠시라도 편안하지 않고 즐겁지 않다면, 비루하고 사악한 마음이 들게 되[心中斯須不和不樂而鄙詐之心入之矣]"므로, 사람의 "마음을 편안하게 하려면[心氣和平]", "음악(즐거움)으로 마음을 다스려야[致樂以治心]" 한다. 이 때문에 '조화'는 음악[樂(악)]이기도, 즐거움[樂(락)]이기도 하다. 이런 의미에서 유교문화는 바로 조화의 문화이거나, 조화가 유교문화의 기본 지향점이라고도 할 수 있다. "공자孔子와 안지顔子의 즐거움을 탐구하는[尋孔顔樂處]" 것을 핵심으로 하는 송명宋明 유학의 정신이 바로 이 과정을 둘러싸고 전개된 것이다. 현대 사회에서 개인의 초조함, 고독, 공허, 괴로움을 해소할 수 없는 상황에서, 유학의 즐거움을 향유하는 정신[樂感精神]을 널리 알리는 것은 분명 의미 있는 일일 것이다.

'조화'의 다섯 번째 의미는 서로 다른 문화에 대한 관용과 수용의 태도다. 중국 고대에는 이미 '조화'와 '동일화[同]'에 차이가 있었다. '조화'는 전체적인 획일성을 강조하거나 일원화된 통제[宰制] 혹은 강요를 주장하지 않는다. "조화를 이루되 같아지지는 않음[和而不同]"에서 '조화'는 같지 않음[不同]을 전제로 하며, "조화를 이루면 만물이 생성될 수 있지만, 어느 한쪽으로 같아지면 다음으로 이어지지 않는다[和實生物, 同則不繼]"했으니, 이것은 넓은 품으로 다른 문화의 요소를 받아들이고, 다원적 요소들의 화해와 공존을 장려하며, 서로 다른 문화와 평화롭게 공존 및 경쟁해야 함을 말한 것이며, 자신과 다른 문화에 대한 이해와 서로 다른 문화적 관점에 대한 존중이기도 하다. 냉전이데올로기 시대에는 정치문화적인 면에서 서로 다른 이데올로기가 양립할 수 없었고, 서로를 인정하며 경쟁할 수 없었다. 90년대 포스트 냉전 시기에는 유럽의 통합이나 북미자유무역 협정 등처럼 여러 지역문화의 관계가 가까워지는 현상이 일어났지만, 다른 한편으로는 보스니아 헤르체고비나Bosnia Herzegovina나 중동中東처럼 지역문화 충돌이 심화되기도 했다. 아시아 태평양 지역에서는 새로운 지역문화로 냉전 이데올로기를 대체해야 한다. 이 점에서 동아시아 전통문화자원은 충분히 이용할 만한 가치가 있다.

3. 인仁을 기본바탕으로 함[以仁爲體]

'조화'는 유교문화의 기본 지향점이지만, 유가의 가치구조를 보면, '조화'가 유학의 궁극적 원리는 아니다. '조화'는 도구[用]이지 기본바탕[體]이 아니다. '조화'의 이면에는 또 다른 기초가 있는데, 바로 '인仁'이다. '인仁'은 기본바탕[體]이고, '조화[和]'는 도구[用]이다. "인을 기본바탕으로 삼고, 조화를 도구로 삼는[以仁爲體, 以和爲用]" 문화실천 구조는 서양 문화와 다른 유학의 정신적 특색을 보여준다.

만약에 기초가 되는 보편적 도덕원리가 없었다면, 포스트 냉전시기의 건전한 동아시아지역 문화의 수립은 불가능했을 것이다. 유가의 전통적인 '인仁'은 세계 인류의 공동 관념으로서의 도덕적 기초가 될 수 있다. '인仁'의 의미에 대해서는 고대부터 유학자들이 수많은 해설을 했는데, 여기에서는 두 가지만 취하겠다. 하나는 공자의 "마음이 어진 사람은 다른 이를 사랑한다[仁者愛人]"『논어(論語) · 안연(顏淵)』에 대하여 후대의 한유韓愈가 "박애博愛"로 인仁을 풀이하고, 주자朱子 역시 "사랑의 이치[愛之理]"로 인仁을 풀이한 것이다. 또 하나는 량수밍이 "이성理性"으로 인仁을 설명한 사상인데, 이 해석이 우리 시대에는 더 의미가 있다.

'인仁'의 의미는 포괄하는 범위가 매우 넓다. '인仁'에서 출발하면 '조화'를 포함한 수많은 규범을 다룰 수 있다. 송명宋明 유학자들이 "인은 천지만물을 하나로 여기는 것이다[仁者以天地萬物爲一體]", "인은 완전히 어떤 물物과 하나가 되는 것이다[仁者渾然與物同體]"라고 하며 인간과 자연이 하나로 화합됨을 직접 인정했던 것처럼 말이다. '인仁'은 박애적 인도 원칙으로서, 평화롭게 공존하는 국가 간 교류 원칙을 이끌어 낼 수 있고, 침략전쟁에 제약을 가할 수 있는 도의적 역량이 될 수 있다. 제2차 세계대전 이후, 도의적 역량은 세계평화 유지를 위해 빼놓을 수 없는 긍정적 힘이 됐고, 냉전 후의 오늘날에는, 국제질서의 와해, 지역문화의 균형 상실 상황 속에서, 더욱 더 지역 간 관계와 교류 확립을 위한 도덕적 공동기초로 삼을 될 필요가 있다.

민족국가 안에서의 사회생활도 마찬가지로 주체성 상실과 질서 혼란의 위기에 직면해 있다. 인간의 비인간화[物化]가 철학가의 예언이 아닌 것이 됐고, 현대사회의 심각한 문제가 됐다. 향락주의적 소비문화로 사람들은 나날이 이상을 잃고 있다. 『예기禮記』에서는 "무릇 사물에 사람이 반응하는 것은 끝이 없으니, 사람의 호오好惡를 절제하지 못하면 사람이 사물에 동화되게 된다. 사람이 사물에 동화되면 천리天理가 없어져서 사람의 욕망만 남는다. 이에 따라 거역과 거짓의 마음만 남고, 지나침으로 인한 혼란이 발생한다. 그러므로 강자가 약자를 위협하고, 다수가 소수에게 횡포를 부리며, 아는 자가 모르는 자를 속이고, 용감한 자가 겁 많은 자를 괴롭히며, 늙은이와 어린이와 고아와 과부는 있을 곳이 없어진다. 이것은 대란大亂에 이르는 길이다[夫物之感人無窮, 而人之好惡無節, 則是物至而人化物也. 人化物也者, 滅天理而窮人欲者也, 於是有背逆詐僞之心, 有淫佚作亂之事, 是故强者脅弱, 衆者暴寡, 知者詐愚, 勇者苦怯, 老幼孤獨不得其所, 此大亂之道也]"라고 했다.

인류의 역사는 이성理性이 끊임없이 성장한 역사다. 유가의 입장에서 보면, 이성은 지적[智力] 사고능력만을 가리키는 것은 아니다. 량수밍은 이성과 이지理智를 구별했고, 이 중 이성은 교류의 태도이자 상호 이해하고 소통하는 마음가짐이며, 곧 인仁이라고 했다. 이러한 이해는 어떤 면에서 하버마스가 말한 '소통이성'과 유사하다. 동시에 현대성에서 이성은 더 이상 베버의 견해처럼 '도구적 합리성'이라는 편협한 이해가 되어서는 안 되며, 반드시 '전통-현대'의 대립적 사고에서 벗어난 이해 속에서 가치합리성을 받아들여야 한다.

'인仁'은 유학의 가치이성을 대표하는 것이자 실질적 전통substantive tradition의 집약체 라고 할 수 있다. 20세기 초 동아시아 지식인들의 반성 과정에서, 평화는 연약함으로, 관용은 무능함으로, 화해는 자연정복의 장애물로, 전통적 도덕 이상과 가치는 근대화의 발목을 잡는 것으로 간주됐다. 그러나 약 한 세기 동안 인류가 목도한 안타깝고 슬픈 일들은 모두 이러한 전통가치를 뒤로 한 데에서 빚어진 결과이다. 근 수십 년간, 서양 현대성의 영향 속에서, 동아시아 사회는 도구적 합리성의 발전을 가장 우선시했고, 학자들이 중시하는 것은 세속화한 유가윤리가 동아시아경제 발전을 촉진시키기 위해 할 수 있는 역할이었고, 또 유가실학사상 중의 경험적 경향[經驗傾向]을 중시했다. 특히 동서양의 정신적 전통 가운데 보편성을 지닌 가치관념은 배척하고, 경험 형태의 관념 혹은 경험지향적이고 구체적인 조작 규범을 숭상하여, 구체적이고 경험적인 것들만이 현대화와 연관이 있다는 착오를 범했고, 보편적 가치는 현대성과 무관하며 현대화로의 전환 능력도 없다고 여겼다.[4] 이 모든 것이 '전통-현대'라는 대립적 사고로 인한 착오의 결과다. 90년대인 현재, 우리는 이런 오래된 사고방식에서 벗어나 더 높은 차원에서 현대 동아시아 사회의 문화 문제를 재검토해야 한다.

---

4   일본 신진학자들 역시 이 점에 공감했다. 黑住真, 『從儒教視角談文明』, p.552 참조(『學人』第 三輯, 江蘇文藝出版社, 1992).

제10장

유가윤리와 중국의 현대화

공업동아시아[工業東亞]는 학술문헌에서 근대 말에 출현한 단어로, 일본, 한국, 싱가포르 및 홍콩과 타이완 지역의 흥기興起를 가리킨다.[1] 유가윤리와 동아시아 경제의 현대화에 대한 논의는 미국에서만 해도 30년의 역사가 있고, 1980년에 이르기까지 많은 사람들의 주목을 받아 국제적으로 공인된 학술적 과제가 됐다. 근래, 해외에서 이것과 관련된 논의들이 산발적으로 국내로 들어왔는데, 일부 학자들은 이 논의의 역사와 현재 상황을 모른 채, 유가윤리와 동아시아 공업화 발전의 연관성에 주목한 이 논의를 "유학의 부흥"과 가볍게 연결짓고, 그것을 "신유학의 일방적인 소망"으로 여기고 비판 및 배척하였다. 진정으로 이러한 국제성 학술토론에 참여하기 위해서는, 먼저 개방적인 태도로 이 논의의 사유 과정과 역사적 유래를 이해하고, 진지한 분석을 바탕으로 중국 현대화 발전과 문화 건설에 도움이 될 만한 요소를 취해야 한다.

---

1   梁元生, 「灰飛化作鳳凰舞」, 『亞洲文化』, 1987.10.

1. 유교문화와 현대화

1960년대, 현대화 이론은 베버의 뒤를 이은 파슨스Talcott Parsons를 필두로 한때 대유행했다. 60년대 초, 미국의 일부 역사학자, 사회학자, 정치학자들은 유교문화와 동아시아 현대화 간의 관계를 연구하기 시작했다. 이 문제 제기는 베버의 기독교[新敎] 윤리와 서양 자본주의의 탄생에 관한 연구, 그리고 그의 중국종교윤리와 중국 현대화에 관한 연구와 직접적인 관계가 있다. 당시 대다수의 학자들은 베버의 주장처럼 유가윤리와 이성화理性化, rationalization로서의 현대화 과정은 기본적으로 협조 불가능한 것이라고 생각했다. 주요 논거는 다음과 같다. 첫째, 유가윤리는 개인주의에 대한 강조가 결여돼 있어서 사회변화의 동기가 될 만한 에너지가 없고, 집단성[群體性] 지향이 너무 강하다too group-oriented. 둘째, 지나치게 완벽한 인간 만들기를 강조하는 교육 때문에 세계를 주도하고자 하는 진취적인 인격이 결여돼 있다. 셋째, 경험적 지혜와 비경험적, 정량적 지식을 강조한다. 주목할 부분은, 15년 후, 이 학자들은 다시 또 이전에 그들이 비판했던 가치를 가지고 동아시아의 비약적 경제 발전과 서양에 대한 도전에 대해 설명했다는 점이다.[2]

일부 미국 학자들은 19세기 이후 일본의 발전을 보면서 북한과 중국의 유학이 중국과 북한의 현대화에 방해요소였음을 강조했고, 동시에, 일본의 유학 전통은 일본의 현대화에 공헌한 바가 있다고 했다. 유학이 어떻게 일본의 근대화에 어느 정도 참여를 했다는 것인가? 파슨스의 제자 벨라Robert Bellah는 자신의 유명한『도쿠가와시대의 종교－현대 일본 문화의 연원德川宗敎－現代日本的文化淵源』에서, 일본 근대화를 촉진한 것은 왕양명王陽明 철학과 무사도武士道 정신이 결합된 인생관이라고 했다. 일본학자 마루야마 마사오丸山眞男, 1914~1996는『일본정치사

---

2   Tu Wei-ming, *Confucian Ethics Today*, Singapore : Federal Publications, 1984.

상사(日本政治思想史)』에서 일본의 고학古學은 주자朱子 철학을 비판적으로 계승한 것이며, 신도神道와 결합하여 일본 근대화의 정신적 바탕을 이루고 메이지 유신을 촉진했다고 했다.[3]

베버의 종교사회학 이론은 50년 동안 학술계, 특히 현대화 이론 방면에 큰 영향을 미쳤다. 베버는 자본주의가 서양에서 일어난 것은 기독교 중에 신교新教, 프로테스탄트의 종교윤리와 관계가 있다고 했다. 신교에서는 신도들 스스로 하느님에게 선택되어 구원받을 수 있을지 여부를 알 수 없기 때문에 내면에 긴장감이 가득하고, 이 때문에 한편으로는 금욕적으로 절제하고, 다른 한편으로는 열심히 부를 늘려서 하느님을 영광되게 함으로써 세속에서의 직업으로 자신이 하느님에게 선택받은 사람임을 스스로 증명해 보이고자 했는데, 이것이 자본주의 발전의 '정신적' 자원이 됐다는 것이다. 그러면서 그는 전통 중국에서 자본주의 또는 근대 공업문명이 생기지 않았던 주요 원인은 중국에는 한 가지 특별한 사고방식[心態]이 없었기 때문이라고 봤다. 즉 중국 사회의 주도적인 가치 체계인 유가윤리 때문인데, 유가윤리는 일종의 낙관주의로서 기독교도처럼 하느님의 구원을 얻기 위해 열심히 일해야 한다는 조바심과 긴장이 없었기 때문이라는 것이다. 유가윤리와 기독교 윤리 모두 이성주의에 속한다고는 해도, 전자는 세계 이성에 적응하는 것이고, 후자는 세계 이성을 주재主宰하는 것으로서, 이것이 중국 전통 사회가 자발적으로 근대공업문명으로 가지 못한 근본적 원인이라고 믿었다. 1960년대 유교문화와 현대화의 토론은 기본적으로 베버 이론의 틀 안에서 진행됐음을 어렵지 않게 확인할 수 있다. 당시 학자들은 일본 유학이 현대화에 미친 영향에 대해 일부 인정했지만, 일본 유학의 일본적 특징을 주로 강조할 뿐 유학이 동아시아에서 가지는 보편적 의미는 부인했다.

베버 이론에서 내린 결론은 유교문화와 현대화는 서로 수용되는 관계가 아

---

3   杜維明, 「從世界思潮的幾個側面看儒學研究的新動向」, 『九洲學刊』, 1986.

니라는 것이다. 이것은 파슨스와 그 동료들이 60년대에 합의한 결론이기도 하다. 즉 유교문화는 현대화를 방해하는 요소였다는 것이다. 이 결론으로 고대 중국의 자본주의 미발전을 설명할 경우 상당히 설득력 있다고 할 수 있다. 하지만 이것으로 동아시아와 서양의 충돌 이후의 역사를 설명하고, 유학이라는 장애물을 제거해야 중국이 현대화할 수 있다고 하기에는 무리가 있다. 특히 베버의 유가윤리관은 1970년대 이후 계속해서 커다란 경험적 도전을 받았는데, 그것은 바로 동아시아 일본, 한국, 싱가포르 및 홍콩, 타이완의 비약적인 경제성장이다.

사실 60년대 서양의 학자들은 일본의 전쟁 후 경제성장에 주목했고, 70년대에는 거의 모든 서양 학자들이 일본의 기적Japanese miracle에 주목했다. 그러나 당시 이것은 일본만의 특별한 경제정책의 결과일 뿐이며, 동아시아 전체의 공동 경험은 아니라고 했다. 에즈라 보겔Ezra Vogel, 1930~ 역시 자신의 유명한 저서 『일본제일日本第一』에서 유교문화 요소를 일본 고도성장의 원인으로 꼽지 않았다. 그는 1985년 하버드대학 페이정칭費正淸 동아시아연구센터의 '동아시아 공업 : 문화적 특색[工業東亞－文化的特色]' 토론회에서 동아시아 전통, 그 중에서도 유가는 분명 공업화에 도움이 되는 부분이 있음을 인정했다. 여전히 구조적인 요소를 더 중시하기는 했지만 말이다. 보겔의 이런 변화는 70년대 이후 공업 동아시아 논의의 변화와 일치한다.

1970년대 말, 아시아 '네 마리 용'의 경제 발전은 전 세계를 놀라게 했다. 1980년대부터 1990년대 사이 일본 및 아시아의 '네 마리 용'은 세계에서 가장 빠른 발전을 이루었고, 이것은 모두가 인정하는 사실이다. 이 현상을 어떻게 해석할지는 1980년대 학술계에서 매우 주목하는 문제가 됐다. '동아시아의 강세[優勢]'에 대한 대표적인 해석으로는 '구조적 해석'과 '문화적 해석' 두 가지가 있다.

호프하인츠R. Hofheinz와 칼더K. E. Calder의 공저 『동아시아 강세[東亞優勢]』 및 기타 '구조적 해석'을 지지하는 학자들은 동아시아 발전의 주요 동력은 정치적 환경과 경제정책에서 비롯했다고 주장했다. 정치적으로는 가부장적 영도, 관료 지식인 관리, 교육 중시 등에서, 경제적으로는 미국의 원조, 기술 도입, 수출지향, 높은 비축율, 낮은 노동임금에서 비롯했다고 봤다. 뿐만 아니라 동아시아의 기업관리와 노동-자본 관계에 초점을 맞춘 학자들도 있었다. 그들은 집단성[群體性]과 조화원칙[諧原則]이 동아시아의 주요 특징임을 발견했다. 구체적으로는 집단적 단결, 업무규율, 고학苦學 정신, 충성심 및 실용주의, 경험주의 등이다. 한 마디로 동아시아 기업 정신에는 비개인주의적 정신이 담겨 있다는 것이며, 그 것은 베버 및 서양학술계에서 법칙으로 여기는 개인주의와 현대화 간의 관계와는 완전히 다르다.

베버의 논리를 받아들인 사람들은 자연스럽게 베버의 '문화윤리적 해석' 방법을 떠올릴 것이다. 비록 그들의 결론과 베버가 처음 내린 결론이 매우 다르지만 말이다. 사실상 1975년, 일본 경제학자 모리시마 미치오森嶋通夫[4]는 유가사상과 일본 경제 발전 간의 관계에 대해, 유가윤리가 일본 경제의 현대화에 미친 영향은 베버가 말한 프로테스탄스 윤리가 서양세계에 미친 영향과 같다고 했다. 그는 '유가자본주의'라는 개념을 제기하여, 유가는 개인주의를 장려하지 않고 이성적 집단주의에 적합하며, 일본의 발전은 유가학설의 교육을 통해 이루어진 부분이 있는 것으로 보고, 베버의 명제들에 대해 다시 생각하기에 이르렀다. 그러나 그가 말한 유가는 동아시아 지역이 공유하는 유교문화가 아니었다. 그는 일본식 '충忠' 중심의 유교문화와 중국식 '인仁' 중심의 유교문화를 구분해서 현대화를 발전시킨 것을 일본식 유가라고 했다. 그러나 근 10년 사이의 학자들은 森島道雄의 이 관점에 동의하지 않았다. 왜냐하면 서양에 도전한 것은 일본만이 아니라 동아시아 전체이기 때문이다. 호프하인츠 등도 역시 '공업 동

---

4 역자 주: 원문에는 '森嶋道雄'으로 되어 있으나 본문 내용에 근거하여 수정함.

아시아 전체'라는 관념을 강조했다.

　가장 먼저 유교문화가 동아시아 전체에 긍정적인 영향을 주었다고 주장한 사람은 미래학자 허만 칸H. Kahn, 1922~1983이다. 1979년, 그는 이들 동아시아 사회가 모두 '포스트 유교문화'post-confucian culture에 속하며, 이 지역의 성공은 주로 대다수 조직 구성원이 유가 전통의 영향으로 동질성을 지녔기 때문이라고 했다. 그는 또 "신유학의 시대new-Confuciancentury"라는 개념도 제기했다.[5]

　1980년, 영국 의원이었던 정치가 로더릭 맥 파커Roderik Mac Farquhar, 1930~2019가 영국의 유명 잡지 『이코노미스트*Economist*』에 「포스트 유가문화의 도전The Post-Confucian Challenge」이라는 글을 발표했다. 그는 공업동아시아의 배경이 유교문화라고 봤고, 공업동아시아를 포스트 유가문화 구역이라고 부르기도 했으며, 서양으로서는 1990년대 그리고 21세기에 마주할 가장 큰 도전은 소련의 군사적 도전도 아니고 중동의 경제적 도전도 아닌 동아시아의 광범위한 경제모델부터 기본가치에 이르는 도전이 될 것이라고 했다. 맥 파커는 현재역자주: 저자가 책을 쓸당시 하버드대학 교수이자 하버드대학 동아시아연구센터 주임으로, 그의 주장은 학계에 적지 않은 영향을 미쳤다.[6]

　그렇다면 무엇이 유가가치이며 공업동아시아에서 공유하는 것은 무엇인가? 허만 칸H. Kahn의 정의에 따르면 다음의 다섯 가지다. 첫째, 훌륭한 교육, 둘째, 성취에 대한 수요, 셋째, 가정에 대한 책임, 넷째, 일에의 헌신, 다섯째, 자신을 내세우지 않음이다. 그는 적당한 유교문화 교육을 받은 구성원은 열심히 일하고 책임감 있으며 기술을 중시하고 진취적이며 창의적이고 조직 내 인간관계를 중시한다는 점을 언급했다. 프랭크 기브니Frank Gibney, 1924~2006는 『일본 경제 기적의 비밀[日本經濟奇蹟的奧秘]』에서 다음을 말했다. "일본 기업계의 양심과 정신적

5　H. Kahn, *World Economic Development : 1979 and Beyond*, London : Groom Heim, 1979 참고.
6　R. MacFarquhar, "The Post-Confucian Challenge", *Economist*, London, 1980.2 참고.

스승"이라고 불리는 시부사와 에이이치澁澤榮一, 1840~1931는 유가의 노동윤리를 발전시켰는데, 그는 항상 『논어』를 가까이에 뒀고, 사람 간의 정당한 관계를 만드는 일을 강조했으며, 욕심과 명리名利를 위해 인정에 기대는 것[鑽營]을 반대했다. 미국의 전 주韓 일본, 한국 대사였던 허드슨J. P. Hodgson 역시 태평양에서 북미 칼뱅교의 노동윤리가 유가 원칙과 만나서 상승작용을 일으켰다고 했다.[7]

이 모든 것에 대해 보스턴 대학의 저명한 사회학자 피터 버거Peter L. Berger, 1929~는 "세속화된 유가윤리Vulgar Confucianism"라고 하며 다음과 같이 해석했다. 버거Berger는 진정으로 경제 행위에 영향을 준 것은 유가이론의 가르침이 아니라, 일반 사람들의 행위규범을 실제로 지배하는 유가윤리라고 했다. 즉, 유가사상은 일반 사람들의 생활 속으로 침투하여 겉으로 드러난 하나의 도덕규범이라고 했다. 그는 베버가 말한 중국 현대화에 방해가 된 유가사상이라는 것은 중화제국 이데올로기 이론으로서의 그것을 가리키지 일반 사람들의 생활윤리로서의 유가사상이 아니라고 했다. 그는 유가사상이 일반사람들의 일상윤리로 드러난 것을 "세속적 유가윤리[庸俗儒家倫理]"라고 했고, 여기에서 "세속적임"은 폄의가 아니라, 하나의 이론이 보통사람들의 일상생활 속에 스며들었음을 뜻한다. 그는 동아시아 공업 발전을 촉진한 것이 계층의식, 가정에 대한 무조건적 허용, 도덕적 질서, 근검절약 등과 같은 "세속적 유가윤리[庸俗儒家倫理]"라고 생각했다. 그는 베버가 전통 국가의 보수적 분위기에서 벗어난 유가사상이 일반사람들의 노동윤리가 되어서 현대화에 긍정적으로 작용한 것임을 알지 못했다고 했다. 결국 그는 현대화에는 두 가지 형태가 있다고 생각했다. 하나는 유대 기독교를 근원으로 하는 서양의 현대화이고, 또 하나는 유가윤리를 근원으로 하는 동아시아의 현대화다. 버거의 주장은 동남아시아 지역 경제 발전과 연관된 화교[華人] 사회를 연구하는 인류학자, 사회학자 그리고 역사학자들의 지지를 얻었다.

---

7   金耀基, 「儒家倫理與經濟發展－韋伯學說重探」, 『明報月刊』, 1983.8.

그리고 같은 문화적 소양을 지닌 중국인이, 중국의 정치사회적 환경에서 벗어나서 동남아 또는 다른 지역의 경제방면에서 뛰어난 성과를 보인 것은, 그들의 문화심리 및 가치관과 관계가 있다고 했다.[8]

중국학계에서 가장 이른 시기 이 문제에 대해 반응을 보인 사람은 홍콩중문대학 사회학자 진야오지金耀基, 1935~다. 1983년 그는 「유가윤리와 경제 발전 - 베버 학설의 재검토[儒家倫理與經濟發展 - 韋伯學說重探]」를 발표했고, 그는 동아시아에서 생활했던 경험에 근거해서, 유가윤리가 경제 발전에 도움이 됐다는 의견은 적어도 하나의 합리적 가정으로 볼 수 있다고 했다. 수많은 현상을 보면, 기독교 윤리에 비해서 유가윤리와 경제 발전 간의 관계가 더 약하다고 보기는 어렵다는 것이다. 그의 글 이후로 중국학계에는 이 문제를 전문으로 다루는 글들이 발표됐고, 이는 학술계에서 주목받는 논제가 됐다.

한 가지 덧붙이자면, '문화적 해석'은 긍정적 해석과 부정적 해석으로 나뉜다는 점이다. 긍정적 해석은 이상에서 살펴본 것처럼 유가윤리가 동아시아 현대화에 긍정적인 역할을 했다는 관점이고, 부정적인 해석은 유가윤리는 동아시아 현대화의 장애물도, 동아시아 현대화 촉진과 관계된 요소도 아니었다는 관점이다.

2. 문화적 해석과 제도적 해석

위와 같은 역사를 통해, 우리는 "유가윤리와 공업동아시아" 논의의 유래 및 발전을 확실하게 이해할 수 있다. 그리고 이러한 동아시아 역사 발전에 따라 변

---

8 A Forum on "The Role of Culture in Industrial East Asia : The Relationship between Confucian Ethics and Modernization", Singapore, 1988.

화한 학술논의에 '유학의 부흥' 또는 '신유학만의 일방적인[一廂情願]' '헛된 과장' 같은 것은 없었음을 알 수 있다. 이런 관점을 가진 사람들은 이 문제의 역사적 유래를 전혀 모르는 것이다. 1979년부터 1985년까지 6년 연속 뜨겁게 이어졌던 논의에서, '신유학'이라는 유교문화를 두둔하는 학자들은 이 논의에 대부분 참여하지 않았다. 처음 이 문제를 제기하고 논의를 이끌어 간 것은 신유학이 아니라 서양의 정치학자들이었다. 하버드 대학의 두웨이밍杜維明 교수는 당대 유학 사상의 적극적인 제창자로 알려져 있다. 그는 다음과 같이 분명히 말했다. "유가철학사상 연구자로서, 나는 당연히 유가가 현대화 정신과 밀접하게 연관되어 있을 것이라는 점이 고무적이라고 생각한다. 그러나 나의 유학 연구와 내가 받은 서양 사회과학의 학술적 훈련의 영향으로, 나는 이 문제에 대한 보다 탄탄하고 실증적인 연구가 나오기를 바라고 있다. 나는 이 관점을 널리 알리지 않을 것이며, 검토 없이 경솔하게 이 문제를 포기하지도 않을 것이다." 근대 이래의 반유학사조 때문에 우리는 매우 취약하고 예민해졌고, 유학에 대해 얘기만 꺼내도 민감해지는 정도에 이르렀다. 해외에 있는 한 중국계 학자는 중국에 와서, 유학의 가치를 두둔하는 의견을 정면으로 드러내어 수많은 학자들이 유학 전통의 창조적 변화를 거대한 위험으로 여기고 다 같이 억제해야 한다고 경계하게 만들었다. 심지어는 신문 칼럼에서 과도한 풍자나 인신공격도 했는데, 이것은 분명 문화심리상 아주 미성숙한 행위였다.

　일부 철학이나 사회학 연구자가 아닌, 국제학술계의 상황을 잘 모르는 학자들은 '유가자본주의' 및 유가윤리와 공업화 문제를 가볍게 '어리석은 이들이 허황된 얘기를 하는 것'으로 봤고, 이 문제의 이론적 배경과 현실적 근거를 전혀 이해하지 못했다. 이는 객관적으로 우리가 수십 년 동안 문을 닫아놓고 있음으로 인해서 생긴 베버 및 현대화 이론에 대한 완전한 무지와 관계있다. 더 중요한 것은, 여러 감정적 요소로 인해, 우리에겐 다양한 분과의 관점을 있는 그대로 이해하는 개방적 태도가 부족하다는 점이다. 엄밀히 말하면, 베버가 주장한 것은 유가윤리는 자본주의를 '만들어 낼' 수 없었다는 것이고, 그것은 80년대 논의됐던 유가윤리와 기준의 자본주의 간의 협력 문제와 완전히 같지는 않다. 그러나 베버의 이론에는 적어도 논리상으로는 유가윤리는 현대화와 조화를 이룰 수 없다는 사상을 포함하고 있고, 따라서 근 10년 동안 논의한 '유가윤리는 자본주의와 어우러져 성공적인 현대화 모델을 이룰 수 있다'는 내용이 베버의 이론에는 다소 도전적인 의미가 있는 것이다. 만약 유가윤리가 반드시 자본주의 또는 현대화 발전과 충돌하는 것은 아니라고 한다면, 중국 자본주의 발전에 방해가 된 주요 요소 역시 베버가 당시 단정 지었던 유가윤리가 아닌, 다른 요소(예를 들어 정치)였을 것이다. 어쨌든, "유가윤리와 공업 동아시아" 논의는 베버의 "프로테스탄스 윤리와 자본주의" 논의에서 시작하여 변화된 것으로, '어리석은 이들의 허황된 얘기'가 아닐 뿐 아니라, 두터운 이론적 배경이 있다.

피터 버거가 주장한 '세속적 유가윤리'는, 사실상 베버의 원칙에 위배되지 않으며, 오히려 베버의 방법론의 불일치성을 수정한 것이다. 베버는『프로테스탄스 윤리와 자본주의 정신』이라는 책에서 다음과 같이 말했다. "우리가 주목하는 것은 당시 이론이나 관방官方이 윤리 방면에서 전달하는 것이 무엇인지가 아니며, 교회의 규율, 목사의 역할 그리고 설교가 실제로 얼마나 실제 주요한 기능을 했는지도 아니다. 그보다 우리는 이것과는 전혀 다른 또 다른 문제, 즉 종교신앙과 종교활동이 만들어내는 심리적 구속력의 영향, 이러한 영향이 일상 행위를 지도하고 개인의 행위를 제약하는 점에 관심이 있을 뿐이다."[9] 이 때문에 베버는 교의敎義 측면에서만 기독교와 자본주의 간의 상관성을 연구한 것이 아니라, 청교도가 구체적으로 보여주는 윤리적 신념과 태도에 대해서 고찰했다. 그러나 베버는 중국 종교를 고찰할 때 교의敎義 차원에서만 유가의 사회적

---

9   韋伯, 于曉 等 譯,『新敎倫理與資本主義精神』, 三聯書店, 1987, p.73.

기능을 판단 및 비평했다. 이보다는 버거Berger가 유교문화권 사람들의 일반적 행위규범과 노동윤리를 파악한 후 유가윤리와 경제행위의 연관성을 판정했는데, 이것이 베버의 방법보다 충실한 것으로 보인다. 이 밖에 『프로테스탄스 윤리와 자본주의 정신』 제1장에서는, "다양한 종교가 혼재하는 모든 국가들의 직업 상황 통계 수치를 살펴보면 예외 없이 이러한 상황을 보인다. 즉, 상공업계의 리더, 독점자본가, 근대기업계의 고급기술자, 특히 고등기술교육과 비즈니스 교육을 받은 관리자의 절대다수가 기독교도이다."라고 했는데,(이는 베버가 이용한 자료에 근거한 것이며, 독일만 그런 것이 아니고, 헝가리, 바이에른 등이 모두 그렇다) 이는 동남아시아, 예를 들어 말레이시아, 태국, 인도네시아 등지의 화교들의 상황과 매우 유사하다. 이 점에서만 보면 베버 이론의 입장에서, 화교의 문화배경(주로 유교문화, 그리고 기타 여러 가지)과 경제적 성공을 연관 짓는 것은 가능한 일이고, 합리적이다.

"유가윤리가 공업 동아시아 현대화 추진에 도움이 된다"는 명제에 반대하는 또 다른 의견은, 이런 관점이 '허구'일 뿐이며 실증 가능한 경험적 자료가 없다는 것이다. 경험자료는 중요하긴 하다. 그러나 베버의 『프로테스탄스 윤리와 자본주의 정신』이나 『중국의 종교－유교와 도교』에는 반박을 뒷받침하는 경험적 자료가 없었어도 이 점이 상당히 많은 서양학자들이 이 이론의 가치를 인정하는데에 영향을 미치지 않았다. 이 때문에, "경험적 자료가 없음"을 가지고 베버 명제와 같은 철학 및 사회학적 관점을 반박한다고 해서, 해당 논점의 의미와 가치가 뒤집히거나 취소되지는 않는다. 만약에 우리가 베버 이론을 하나의 학설로 인정한다면(찬성하지 않을 수도 있지만), 우리는 경험적 자료 없음을 가지고 공업동아시아에서의 유가윤리의 기능을 긍정하는 관점을 비판할 수 없다. 몇 년 전, 타이완대학 심리학자 양궈수楊國樞, 1932~2018는 '중앙연구원'의 지원을 받아 대규모 사회심리 조사를 수행했다. 이 조사의 본래 목적은 사회과학적 경험을 통해서

"유가윤리와 공업동아시아" 문제를 설득력 있게 종결지으려는 것이었다. 조사 대상은 대형기업부터 중소기업까지 상당히 범위가 넓었다. 이 조사를 수행한 양귀수 교수 본인과 '중앙연구원' 측 모두 유가윤리가 도움이 된다는 관점에 찬성하지 않는 입장이었고, 설문문항의 설계 역시 결코 유가 쪽에 치우치지 않았다. 그런데 조사의 최종결과는 뜻밖에도 조사자의 예상과는 정반대였다. 조사결과, 유가윤리와 기업의 조직적 행위 사이에는 분명한 연관성이 있음이 드러났다. 내가 이 예를 든 것은 양귀수 교수의 조사가 이 논의에 정해진 답을 뒷받침했음을 인정하기 위함이 아니라, 이 문제가 일부 사람들이 가볍게 '어리석은 이들의 헛된 얘기'라고 치부해 버릴 만큼 간단하지 않음을 말하기 위해서다.

사실, '유가윤리와 공업동아시아' 논의에서, 문화론과 제도론은 어느 한 쪽을 강조할 뿐이지, 이것이 맞고 저것은 틀리다는 배척관계가 아니다. 문화론자도 제도의 구조적 요소의 기능을 인정하고, 제도론자 역시 문화적 요소의 기능을 인정한다. 일부 학자들은 이 문제를 단순화해서, 문화론자를 제도적 요소를 근본적으로 부정하거나 문화요소를 유일한 원인으로 본다는 점에 대해 비판을 전개한다. 또 일부의 학자들은 공업아시아의 발전은 자본주의 경제제도 실행의 자연스러운 결과일 뿐이라고도 주장한다. 그러나 다음을 이해해야 한다. 공업동아시아의 경제자본주의제도는 문화론자와 제도론자 모두 인정하는 논쟁의 여지가 없는 전제이고, 제도론자는 자본주의 제도가 자연적으로 공업동아시아의 비약적 발전을 일으켰다고 말하는 것이 아니라, 공업동아시아의 성공에 서양 자본주의와 다른 어떤 제도적 요인이 있었음을 작용했었음을 점이다. 예를 들면, 관료제, 정치적 리드, 일원화된 교육 등 말이다. 제도론과 문화론이 공통으로 직면한 문제는 바로 다음의 것들이다. 사회주의 경제체제가 아닌 아시아, 아프리카, 라틴아메리카 백여 개의 개발도상국 중에 왜 자원이 부족한 공업동아시아만이 비약적 발전을 했는가? 이 관점은 우리가 종종 불완전한 사회주의

체제 내에서만 문제를 보던 시각과 완전히 다르며, 그보다 더 큰 세계적 의미가 있다. 한 가지 더 언급할 만한 것은, 문화론자든 제도론자든, 동아시아경제 발전에서의 유가윤리의 기능에 대한 그들의 관점은 달라도 양측 모두 유가윤리를 현대화 발전을 절대적으로 배척하는 문화 이데올로기로 생각하지 않았다는 것이고, 이것은 60년대 현대화 이론을 크게 뛰어넘었고, 중국에서 반복적으로 추진됐던 반유사상反儒思想과는 이론적인 면에서 더더욱 큰 차이가 있다는 점이다. 로버트 벨라Robert Bellah, 1927~2013도 얼마 전 기독교만이 현대 문명과 특수 관계에 있다는 관점을 수정하고, 송명宋明 유학儒學 역시 변화를 만들어내는 기능을 지닌 형태였을 수 있다고 했다.

동아시아 경제 발전에 대한 '문화적 해석'과 '제도적 해석'은 대립 관계가 아니다. 개인적인 견해로는 제도의 수립과 구성[配套]은 여전히 중요하다. 문화 방면에서는, 유가윤리 외에 서양의 근대적 가치가 중국과 동아시아의 경제 발전에서 중요한 역할을 담당했다. 이러한 복잡한 구조를 알아야 동아시아의 발전을 제대로 이해할 수 있다.

'유가윤리와 공업동아시아'라는 논제를 접했을 때, 실용이성의 영향을 받은 사람은 이런 질문을 할 것이다. 여기에서 어떤 실천적 결론을 얻을 것인가? 유학을 발전시켜서 현대화를 가속화한다는 것인가? 라고 말이다. 이에 대한 답은 부정적이다. 왜냐하면 이것은 결론이 없는 '학술적 사고'이기 때문이다. 개인적으로 이 논의를 중시하게 된 동기는 어떻게 경제개혁을 구체적으로 촉진시켰는지 보다는 문화적 태도에 있다. 왜냐하면 설령 유가윤리가 공업동아시아의 발전에 도움이 됐다고 해도 그것이 유가윤리가 어떠한 문화적 시간과 공간에서도 이런 작용을 할 수 있음을 의미하지는 않기 때문이다. 두웨이밍杜維明은 현실 정치의 방해를 받지 않는 상인들은 유가윤리의 긍정성을 잘 활용할 수 있었지만, 정부의 관리 하에 운영되던 유가기업儒家企業은 현대화 과정에서 부정적인 역할도 했었다고 했다. 유가윤리는 자유롭고 개방적인 환경에서는 긍정적인 창조정신을 발휘할 수 있었지만, 정치문화가 결합하는 어떤 경우에는 부정적인 작용도 했다. 공업동아시아가 제공하는 새로운 경험적 사실과 베버의 명제 다시보기가 직접적으로 알려주는 것은, 유가전통과 현대화가 절대적 배척 관계라는 점은 성립하기 어렵다는 것이다. 중국문화의 영향 속에서 성장하고 또 각기 다른 방식으로 유가 가치를 수용한 사람들이 자유롭고 개방적인 환경에서 탁월한 경제적 성취를 이룰 수 있다는 쪽과, 소위 유학을 비판해야 현대화를 실현할 수 있고 전통을 부정해야 현대화를 이룰 수 있다는 각각의 주장은 그것만의 근거가 있지만, 동아시아의 경험 앞에서는 보편적 유효성이 없다. 따라서 중요한 것은 유교문화를 비판하는 것이 아니라, 구조 개혁을 심화하고 전통적 정신자원을 창조적으로 변화시킴으로써 중국인의 능력과 지혜를 충분히 발휘하고 중화민족의 현대화를 가속화 하는 데 있다.

이상의 논의는 내가 베버 이론을 무조건적으로 수용하여 유가윤리가 동아시아 현대화를 도왔다는 것을 인정함을 말하는 것은 아니다. 단지 만약 우리가 엄밀하고 진지한 학술적 태도로 베버 이론을 다룬다면, 같은 태도로 베버 이론으로부터 나온 공업동아시아 논의를 진지하게 연구해야 하며, 특히 베버 식 문화론 관점이 전통과 현대화에 대한 논의를 더 심화시켰다는 점을 말하고자 했다. 무엇보다 이 장은 베버 이론의 틀 안에서만 문제를 제기한 것, 즉 '기능 체계[功能系統]' 측면에서 논의한 것임을 강조하고 싶다. 바꿔 말하면, 전통문화가 현대화[특히 경제 발전]에 기여한 바가 있는지에 대한 좁은 범위에서의 논의를 했을 뿐이다. 유가윤리는 하나의 인문 가치로서, 현대화(경제 발전)을 촉진하거나 방해하지 않았고, 현대화와는 서로 무관하지만, 이 점이 유가윤리가 가치 없음을 의미하지는 않는다. 왜냐하면 인문 문화人文文化의 가치 판정 척도는 정치경제적 기능이 아니기 때문이다.

3. 발생[産生]과 동화[同化]

역사학자들의 관점에 따르면, 베버 식의 "서양의 영향이 없었다면, 중국은 스스로 자본주의를 발전시키지 못했을 것이다"라는 명제는 검증 불가능한 잘못된 명제다. 만약 서양의 영향이 천 년 또는 그 이상으로 늦었다면 중국 스스로 지금의 자본주의를 발전시킬 수 있었을지 여부는 확정하기 어렵기 때문이다. 따라서 엄격하게 말하자면 "중국에서 왜 자본주의가 발생하지 않았는지"는 근대 서구의 발전에 상대되는 시간적 기준 내에서만 의미가 있다. 즉 서양의 16세기 이후의 발전을 대상으로 설정할 경우, 중국의 성숙한 문명이 왜 서양처럼 자본주의로 발전하지 못하고 공업사회 이전 상태에서 그렇게 더디게 변화했는지에 대해서는 합리적 추론이 가능하다. 물론 '빠르다'거나 '더디다'는 것은 서양의 발전을 기준으로 삼고 비非서양 문화를 개별적인 예로 다룬다는 점에서 비판 받을 수 있다. 그러나 앞서 한정한 범위 안에서는, 무엇을 기준 삼든지, 설령 중국 사회가 스스로 자본주의를 발생시킬 수 있었다 하더라도, 서양에 비해 늦었을 것임이 분명하다.

한 발 더 나아가 지금 이 시대의 입장에서 본다면, 서양에서 자본주의가 발생한 이후, 공업혁명에서 정보사회로 가는 현대화 발전이 이미 필연적인 발전 방향이 되었다는 것을 알고 있으며, 그렇다면 베버의 연구처럼 중국문화 특히 종교윤리가 이 과정에서 만들어 낼 긍정적 또는 부정적 작용을 분석하는 것은 여전히 의미가 있다.

베버의 종교윤리관에 대한 일반적인 이해는 베버의 『중국의 종교―유교와 도교』, 그중에서도 제일 마지막 장인 「유교와 청교[儒敎與淸敎]」의 내용을 기초로 이루어진다. 베버에 의하면, 역사적으로 봤을 때 중국이 서양에 비해 자본주의 발생에 유리한 외재적 조건이 결코 부족하지는 않았다. 그리고 서양에 존재했던 자본주의 발생의 제도적 장애물이 주국에는 전혀 없었다. 이 때문에 중국에서 자본주의가 발생하지 않은 결정적 원인은 중국의 제도라기보다는 '사고방식[心態]' 때문으로 봐야 한다.[10] 이와 대조적으로 『프로테스탄스 윤리와 자본주의 정신』에서, 베버는 프로테스탄스 윤리가 자본주의 발생에 '사고방식'상의 조건을 제공했음을 증명하려고 애썼다.

베버의 말에 따르면 유교와 기독교의 '사고방식'은 다음 세 가지 면에서 다르다. 첫째, 둘 다 이성적 윤리이고 '공리주의'로 귀결되지만, 유교는 이 세상에 대한 긴장도를 최대한 낮추는데, 그 특징은 "세상에 적응하는 것"이다. 반면 기독교에서는 세속에 대한 긴장도가 높아서 기존의 세상을 이성적으로 바꾸려고 한다.[11] 둘째, 유교도가 재물재산을 숭배하는 마음과 청교도의 금욕주의는 다르다. 유교도의 재물에 대한 사고방식은 르네상스 시기의 현세중심 사고와 비슷하며, 세계 어떤 나라도 그들만큼 물질적 이득을 궁극의 목표로 삼고 높이 떠받드는 곳이 없다. 그러나 이것으로 자본주의적 마인드가 만들어지는 것은 아니다.[12] 누구보다 뛰어난 중국의 꼼꼼한 계산 관념은 자본주의의 체계적 경영 관념과 같지 않다. 소상인식 영리 추구와 현대 자본주의는 관련이 없다. 그저 영리를 추구하고, 재물을 중시하며, 무조건 절약하는 것, 이것으로 "현대 경제 시스템 내의 충실한 사람들에게서 볼 수 있는 '자본주의 정신'이 생긴다고 할 수는 없다."[13] 마지막으로, 현대 자본주의는 기능성 기업 중심인데, 유교는 사람을 종족이나 가족으로 묶기 때문에, 중국에서는 기업을 포함한 모든 단체의 '신뢰'의 기초는 개인, 가족, 가족 같은 관계를 바탕으로 한다. 즉 '개인적인 관계의 원칙'이 주도적 지위를 점한다. 이와 다르게, 신교는 씨족 내부의 연결을 끊

---

10 韋伯, 簡惠美 譯, 『中國的宗教－儒教與道教』, 台灣遠流出版社, 1989, p.317.
11 위의 책, pp.294·308.
12 위의 책, pp.304~305.
13 위의 책, pp.314~315.

고, 신앙공동체를 건립하여, 신뢰를 비非개인적 관계에서 만들며, 혈연공동체와 다른 공동생활윤리를 주장한다. 베버는 중국에서는 모든 공동체 행위가 모두 개인-친속 간의 관계의 제약을 받는데, 기독교에서는 모든 것을 순수한 사업관계로 이성화하고, 이성적 법률과 협정으로 전통을 대체했다고 했다.[14]

중국 학술계에서 베버의 명제를 재검토한 것은 1983년 진야오지金耀基의 연구에서 시작되었다.[15] 의심할 것 없이, 베버의 연구는 자본주의의 '발생[産生]' 문제로, 전후戰後 이래 발전해 온 '유가윤리의 동아시아 현대화 과정에서의 작용'에 대한 토론과는 그 중점이 달랐다. 1986년 토미나가 켄이치富永健一, 1931~2019는 "내적 발생[內發]"과 "외적 배움[外學]"을 구별해야 한다는 의견을 냈다. 전자는 자연발생적으로 생기는 것이고 후자는 외부로부터 배워오는 것이다.[16] 1988년 라오쓰광勞思光, 1927~2012 역시 '창조적 발생[創生]'과 '따라함[模擬]'을 구별해야 한다고 강조하며, 유가윤리가 자본주의의 '창조적 발생'에 특정한 역할은 못했지만 '따라하는' 데 있어서는 어떤 작용을 했을 것이라고 했다.[17] 이 모든 논의는 1970년대 포스트 공업동아시아의 기적적 경제발전 경험과 서양의 '신유학의 도전'에 대한 재검토의 자극 속에서 꾸준히 발전해 왔다. 이는 자본주의 '발생'과 관련된 유가윤리에 대한 베버의 '따라하는' 과정에서의 유가윤리를 다루는 데 무조건 끌어와서는 안 되며, 동시에 근대 말 '따라하는' 과정 중의 경험을 근거로 '발생'을 주로 논한 베버를 분석 없이 비판해서는 안 됨을 보여준다.

주의해야 할 것은, 중국 종교윤리와 자본주의의 관계의 측면에서, 베버 자신은 '발생'과 '동화'를 구분했다는 점이다. 『중국의 종교-유교와 도교』 끝부분에서, 그는 한편으로 "서양과 비교했을 때, 중국은 자본주의 성립에 유리한 외

---

14 위의 책, pp.304·309.
15 金耀基, 『金耀基社會文選』, 台北幼獅文化事業公司, 1985, pp.253~275.
16 富永健一, 嚴立賢 等 譯, 『社會學原理』, 社科文獻出版社, 1992, pp.300~301.
17 라오쓰광이 싱가포르 '국제유학토론회(國際儒學討論會)'에서 한 발언.

재적 요건을 가지고 있었음에도 자본주의를 발생시키지 못했다"는 결론을 내렸고, 다른 한편으로는 '발생'의 문제에 대해서가 아니라면 다음과 같이 볼 수도 있음을 짚었다.

현대 문화 영역에서, 기술상 그리고 경제상 모두 충분히 발전한 자본주의 시스템에서, 중국인은 대체로 그것에 동화될 능력을 상당히 (아마도 일본보다 더) 갖추고 있다. 이것은 분명 중국인이 자본주의에 적합한 맞는 '타고나지 않은 것'인가의 문제는 아니다.[18]

베버의 뛰어난 점은 그가 중요한 문제의 복잡성에 대해서 다방면의 고찰이 가능함을 자주 보여준다는 데 있다. 베버가 여기에서 말한 "중국문화와 중국인이 자본주의에 동화되는 능력"은 의심할 여지가 없다. 그런데 여기에서 말한 동화 '능력'이 사회 변화의 정신적 조건으로서의 유가윤리를 포함하는지에 대해서는 베버가 분명하게 설명하지 않았다.

알다시피 베버 명제에 대한 1980년대의 재고찰은 당시 유행하던 베버에 대한 이해, 즉 "유가윤리가 자본주의 발전을 막았다"는 것과 파슨스의 베버에 대한 해석, 즉 "유가윤리가 현대화를 막았다"는 해석을 대상으로 삼아 시작되었다. 그런다면 베버가 이미 '발생'과 '동화'를 구분한 상황에서, 베버를 비판하고 '발생'과 '따라함'을 하나하나 따지는 일은 불필요하고 부적절한 논의인가? 그렇지만은 않다. 왜냐하면 베버 스스로도 종종 여러 가지 관점 사이에서 왔다갔다 했고, "기독교 세계관이 이성자산계급理性資産階級의 경제 발전에 도움이 된다"[19]는 견해는 자본주의의 발생만이 아니라 자본주의에의 동화에 대해서도 적

18　韋伯, 『中國的宗敎―儒敎與道敎』, pp.315~316.
19　韋伯, 于曉 等譯, 『新敎倫理與資本主義精神』, 三聯書店, 1987, p.36.

용된다고 볼 수 있기 때문이다. 따라서 베버의 수많은 주장에서 분명 다음의 사항을 논리적으로 추론할 수 있다, 설령 이미 존재하는 자본주의에 동화되거나 따라하는 경우라도, 기독교 윤리만이 그것에 맞는 정신적 조건을 갖추고 있고, 유교윤리는 자본주의의 발생을 촉진하지 못했을 뿐 아니라 자본주의에 동화되는 과정과도 어울릴 수 없다는 것이다. 그러므로 1980년대 공업동아시아의 경험을 기반으로 이루어진 베버의 명제에 대한 재검토는 나름의 이유가 있다.

4. 세속 유가윤리와 동아시아 현대화의 초급 단계

이상의 논의를 마쳤으니, 이제 '동화同化' 혹은 '따라함[模擬]'의 문제를 집중적으로 논의해 보자.

베버는 각종 다양한 자본주의 유형을 구분했고, 재물을 추구하는 욕망과 탐욕을 전통 자본주의의 기질로 간주하여, 기독교의 금욕주의 윤리야말로 이성 자본주의를 만들어낸 규범적 조건이라고 했다. 그러나 현대 자본주의 발생의 역사는 300년이 넘었고, 발전이 늦은 국가들이 현대화로 동화하려는 지금의 입장에서 봤을 때 우리는 다음을 볼 수 있다. 설령 우리가 베버가 말한 바에 동의하여, 자본주의를 만든 정신적 요건이 금욕주의라고 하더라도, 자본주의에 동화 또는 그것을 따라하게 하는 정신적 요건은 무엇인가? 이 점에 대해서 베버는 아직 답을 내지 않았다. 그는 단지 모호하게 중국에서는 자본주의가 생길 수 없었을 뿐, 기존의 (이미 존재하는) 자본주의에 동화될 충분한 역량은 있었다고 했다. 그러나 그와는 반대로, 그가 여러 관점을 왔다 갔다 함에 따라 자본주의를 발생시키고 동화시키는 유일한 정신적 조건은 기독교 윤리라고 생각했다는 느낌을 더 많이 준다.

전후 공업동아시아 경제의 기적적인 도전의 의미는 바로 기존에 존재하던 현대 문화에 동화하는 과정에서, 적어도 그 첫 번째 단계에서, 본토의 전통 윤리가 그 과정에 적응하는 규범적 요소가 될 수 있었다는 점이다. 예를 들어『기독교 윤리와 자본주의 정신』제1장 도입부에 다음의 말이 있다. "다양한 종교가 혼재하는 모든 국가들의 직업 현황 통계를 살펴보면 예외 없이 다음의 현상을 발견할 수 있다. 상공업계의 리더, 독점자본가, 근대 기업 분야의 고급기술자, 특히 고등기술교육과 비즈니스 교육을 받은 관리자의 대부분이 기독교도다."[20] 이것이 베버의 방법이라고 한다면, 이 방법을 오늘날 동아시아 지역에 대입할 경우, 베버 말 속의 "기독교도"를 '중국인[華시]'으로 바꾸기만 하면 된다. 이는 분명 일반적으로 알려진 베버의 명제와 상충하는 것이다.

이 때문에, 만약 우리가 정말로 '발생'을 '동화'로 바꾸고, 고찰과정에서 철저하게 베버의 방법을 관철한다면, 즉, 현실생활에서 나타나는 유가윤리에 착안한다면, 우리는 유가윤리가 동아시아 공업화 과정에서 한 역할에 대해 꽤 긍정적인 평가를 내릴 것이다. 이것 역시 베버가 한 일이다.[21] 버거의 '세속 유가윤리'설은 동양사회의 고찰에 있어서 더욱 베버의 방법에 충실한 것이며, 또한 인류학의 크고 작은 전통적 구분에도 부합한다. 특히 경험적 현상을 근거로 하여 상당한 설득력이 있다. '세속 유가윤리'의 입장으로 우리는 유가의 가르침에서 나와 우리 삶에서 실제로 구속력을 발휘하는 생활 윤리를 종교사회학적 각도에서 바라보고, 경험적 현상을 더 직접적으로 해석하며, 중국 경제의 현대화 과정에서 유가윤리가 기여한 바에 대해서도 합리적으로 평가할 수 있게 되었다.

---

20 弗蘭克·帕金, 劉東 譯, 『馬克斯·韋伯』, 四川人民出版社, 1987, p.55 재인용.
21 Peter Berger, *Secularity : West and East, Cultural Identity and Modernization in Asian Countries*, Kokugakuin University, 1983.

개별적인 생활윤리로서 보자면, 중국 사회에서 사는 사람으로서 우리는 수많은 행위에서 나타나는 태도와 동기, 소양 등을 직관적으로 파악할 수 있다. 경제생활 중에 나타나는 주요 윤리 규범으로는 성실한 노동, 근검절약, 인내 등이 있으며, 이것은 중국 남방지역에서 더 두드러진다. 특히 성실하게 일하는 태도는, 종교의 금욕주의를 기초로 한 것이 아니지만, 바로 베버가 말한 "노동 자체를 인생의 목적으로 삼는다"는 그것이다. 또 다른 경험적 사실은, 매우 좋은 유가교육을 받은 사람은 자연스럽게 스스로를 절제하고, 일을 중시하며 집단생활을 즐기고, 공적인 규칙을 잘 지키고, 뭐든 잘 습득하는 자질을 갖추게 된다. 동아시아 사회가 근검절약으로 높은 저축률을 보인다는 점은 잘 알려져 있다.

　당연히, 이것이 유가의 영향을 받은 중국인은 돈을 벌겠다는 욕망이 없음을 뜻하지 않는다. 오히려 이런 욕망이 매우 강하다. 사실, 재물 추구에 대한 동기는 모든 시장경제의 가장 기본적인 원칙이고, 이것은 아담 스미스Adam Smith 자유주의 경제학의 기본원리이며, 자본주의의 발생과 동화에 있어서도 마찬가지다. 중국인의 비교적 강한 동화능력에 관한 베버의 견해는 돈을 벌겠다는 욕망이 이러한 능력의 구성 요소임을 내포하고 있다. 베버가 윤리와 욕망을 구분한 방법에 따르면, 유교문화에도 성취 동기를 윤리화한 형식이 없지는 않다. 명대明代 유학에서는 이미 이론상으로 가족주의윤리로 이러한 재물과 기타 성취에 대한 추구를 포함 및 규범화했고, 심지어 개인이 스스로를 보호하고, 삶을 아끼는 행위 모두 명확하게 윤리적으로 합법화되었다. 이런 점은 태주泰州학파에게서 가장 분명하게 보인다. 사실상 태주泰州 학파의 정통 유학으로부터의 '이탈偏離'은 결코 평민계급의 정치적 항의 같은 것이 아니었으며, 바로 유가윤리의 세속적 형태가 된 것이다.[22] 세속유가윤리는 모종의 개인주의와 공리주의를 포함하며 현대화의 초급 단계에서도 긍정적인 기능을 했다.

22　陳來, 『宋明理學』, 遼寧敎育出版社, 1991, pp.378·398.

세속유가윤리에서 가족주의는 현대 문화에 동화하는 과정에서의 기능을 따져본다면, 개인이 경제활동을 함에 있어 합법화된 윤리적 동기를 제공했다는 점만이 아니라, 현대화 초기의 기업에게는 그 당시에 적용할 수 있는 공동체 윤리, 즉 공동체 내의 관계 윤리가 될 수 있었다. 베버가 중국이 비非개인적 방식을 발전시키는 부분은 약했다고 강조한 것은 그럴만한 이유가 있지만, 중국의 구체적 현실을 고려한다면 "개인적 관계에 기반을 둔 협력 질서"가 기업 조직의 질서가 될 수 있었다.[23] 현대화 시장경제로 가는 초급 단계에서는 기업 규모가 상대적으로 작았고, 사회적 기회는 상대적으로 많았으며, 법률도 온전하지 못했다. 따라서 직원들은 심리적으로 안정화되기 어려웠고, 가족성 혹은 가족과 유사한 직원 간의 관계 구조와 가족 윤리는 이 상황과 잘 맞아떨어졌다. 가족적 분위기 속에서, 업주는 적절하게 직원의 이익을 신경 썼고, 직원 역시 기꺼이 개인의 이익을 버리고 전체를 따랐다. 이렇게 해서 기업은 최대한도로 내부의 교환비용[交易成本]을 낮추고, 안정적인 내부 질서를 유지하며 노사 간 갈등과 충돌을 완화할 수 있게 됐다. 타이완의 현대화 초기에 가족식 기업이 흥성한 것과 중국 내륙의 수많은 향진기업이 '유사 가족식[擬家族式]' 경영을 한 것은 그 이유가 있다.

이 밖에, 공동체 간의 관계때로는 사람과 사람 간 관계의 사회윤리와 겹치기도 한다도 이 단계에서 전통적인 세속 유가 윤리를 규범으로 삼아야 했다. 사회적 행위의 효율성 측면에서, 어떤 규범이든 규범이 없는 것보다 좋기 때문이다. 일정한 규범 구조가 있어야 사람들의 행위가 질서 있는 행위가 되고, 사람들은 사회 내 경제활동 과정에서 믿을 만한 예상에 따라 확신 있는 선택과 결정을 할 수 있다. 현대화한 시장경제에서 건전한 시장체계와 법률체계가 필요함은 당연하지만, 제도의 전면적 이성화에는 상당히 긴 과정이 필요하다. 공상工商 기업은 하나의 단체로서,

---

23　汪丁丁, 「談談"能用數目字管理"的資本主義」, 『讀書』, 1993.6.

노동자에게 '부지런함[勤]'이라는 노동윤리를 요구하는 것 외에도 '화합[和]'이라는 내부단결도 요구하고, 외부와의 교류에서는 '신용[信]'도 요구한다. 중국에서 시장경제가 발전하기 시작한 초급 단계에, 이 세 가지 방면은 왕왕 전통 윤리의 도움을 받거나 전통 윤리를 활용해야 했다. 이 때문에 공동체 내부에 대해 말하자면, 중국 윤리 전통에서 '화和'는 기업 내부 단결의 중요한 자원이었고, 이는 가족과 비가족기업 모두 마찬가지였으며, 그것은 업주와 직원 모두에게 규범으로서의 의미가 있었고, 그것이 잘 운용되면, 기업의 내부 교역비용을 줄일 수 있었다. 공동체 간의 관계에 대해 말하자면, 중국 전통 세속 사회의 '성誠'과 '신信', 그리고 짙은 강호江湖의 색채가 담긴 '의義'등이 모두 오늘날 중국 사회에서 자주 보이는 대외교류의 규범이다. 특히 후자는 일종의 구속력을 가지는 문화현상으로 나타나곤 한다. 비록 '의義'가 비이성적 요소를 내포하고 있다고 해도, 일정한 단계 혹은 환경에서 그것은 가장 적절하고 편하게 이용되거나 혹은 어쩔 수 없이 이용되는 규범자원이다. 그것이 드러나는 것이 개인 또는 단체의 도덕적 명예와 밀접한 관련이 있는 경우라면 어떻겠는가? 기업의 비즈니스 교류에 있어서의 이미지에 영향을 줄 것이고, 그렇기 때문에 기업의 경영 및 교역비용과 연관될 것이다.

이상의 간추린 분석을 통해 공업 동아시아 경제 발전 초기의 유가윤리의 기능을 살펴보았다. 또한 여기에서, 개인의 직업윤리, 공동체 내의 윤리, 공동체 간의 윤리 세 가지 측면에서, 반反전통 심리의 지배 속에서, 가볍게 현대화 과정, 특히 그 초기에, 전면적으로 전통 윤리를 없애는 것은 해로운 일이었고, 그것을 적절히 이용하고 점진적으로 변화시키는 것이 득이 되는 일이었음을 확인하였다(사실, 중국 내지에서는 근 40년 동안 모두가 아는 이유로 전통 윤리가 크게 파괴되었고 투기심리가 사회에 만연했는데, 그것은 현재 큰 문제가 되고 있다). 설령 보다 더 발전된 단계에서, 가족식 기업이 더 이상 세상의 변화와 맞지 않고, 세속유가윤리가 합리성을 지닌 현대 시장경제 규범으로 바뀌어야 하더라도, 유가윤리는 기업문화에서 여전히 유효하다. 유교문화는 현대 시장경제에 서양 기업문화와 다른 정신적 요소를 불어넣을 수 있으며, 그로 인해 관리자들은 인간관계의 조정을 중시하고, 직원들은 집단의 이익을 중시하여, 사람들 사이에 정이 있는 기업정신을 형성한다.

이상에서 말한 '현대화'는 파슨스 이후의 논의를 따른 것이고, 이 맥락 속에서 '현대화'는 단지 경제적 기능에 치중한 개념일 뿐이다. 사실상, 문화의 가치는 경제적 기능으로만 판단할 수 없다. 따라서 설령 기독교와 유가의 윤리가 자본주의 발생 혹은 동화와 관계가 없다고 해도, 기독교 윤리와 유가윤리가 '현대' 사회에서 가치가 없음을 의미하지 않는다. 물론, 유가윤리가 경제 발전을 촉진하는 기능이 있다고 해서 기타 방면에서 받게 되는 비판으로부터 자유로울 수 있는 것은 아니다. 또 다른 측면에서, 이상에서 말한 유가윤리는, 베버가 논의한 층차와 많은 부분 일치하는데, 세속유가윤리의 차원에서 보면, 중국문화의 핵심으로서의 유가가치 체계를 전면적으로 논의할 수가 없다. 그래서 "중국문화와 현대화" 혹은 "중국문화 전통과 현대화"는 그 범위가 경제 발전문제를 훨씬 넘어서는 과제다. '5·4' 이래 계속해서 강해진 반유사조反儒思潮의 영향을 받는 지금 내가 강조하고 싶은 것은, 수차례 반성을 거쳐 더 풍부한 함의를 지니게 된 '현대화'한 문화가 자리잡은 상태에서, 현대인들은 여전히 궁극적 관심[終極關懷], 이상적 가치, 인생의 의미, 사회적 교류 등이 필요함에 주목하고 있으며, 유교문화 가치 체계의 계승과 변화는 최소한 중국문화가 주도하는 사회에서는 여전히 매우 중요한 의미가 있다는 점이다. 따라서 인문학자로서 중시해야 할 것은 이미 일어난 현상을 설명하는 것뿐 아니라, 현실을 반성하고 미래를 고민하는 것이다. 시장경제로의 방향 전환은 근본적으로는 도구적 합리성을 중시하는 '이성화'한 발전이고, 도구적 합리성은 필연적으로 가치 합리성을 배제할 뿐 아니라, 가치의 비이성을 야기한다. 변화의 이 시기에는 자본주의의 만연과 가치합리성의 전면 상실에 맞서 사회의 각종 병폐를 두루 살펴보고, 시장의 방향 전환을 독려하고 이성화 정도를 나아지게 만드는 동시에, 더 너른 시각으로 유교문화 전통과 중국화한 현대화 발전의 문제를 바라봐야 한다. 사실 모든 종교 전통은 현대화와 충돌하는 면이 있고, 필연적으로 현대화 발전 과정에서 나타나는 물욕의 횡행, 가치의 해체, 인성의 변화[異化], 인간관계의 소원, 문화의 상업화 등 부정적 요소에 대해서 비판적일 수밖에 없다. 동시에, 우리는 현대화는 피할 수 없는 발전이라는 것도 인정해야 하는데, 이런 상황 속에서 세속적 세계와 지나친 긴장 관계에 있는 종교는 적응이 어려울 것이다. 그러나 세속에서 신성神聖을 추구하고, 세계와 맞춰가는 것을 중시하며, 도덕과 문화를 중시하는 유교의 세계는 동화의 과정에서 시장의 도구적 합리성과 어느 정도 합리적인 긴장 관계를 이룰 것이다.

제11장

현대윤리론 관점에서의 동아시아 전통

파슨스의 수제자인 캘리포니아주 버클리대 로버트 벨라의 명저『도쿠가와시대의 종교－현대 일본 문화의 연원德川宗敎－現代日本的文化淵源』은 오랫동안 화제였고, 저자는 2년 전 그 책의 중국어 번역본을 받자마자 읽고 매우 큰 도움을 받았다.

1

『도쿠가와시대의 종교－현대 일본 문화의 연원』은 저자가 1955년에 하버드대학에서 완성한 박사논문으로, 이것으로 동아시아학과와 사회학과에서 동시에 박사학위를 받았다. 이 사실로 이 책의 특색이 설명된다. 즉, 역사 연구 방법과 사회학 이론을 결합한 것이다. 저자가 당시 활용한 사회학적 연구의 방법은 주로 막스 베버의 사회학 사상과 그것을 계승한 파슨스의 현대화 관련 분석틀이었다.

모두가 알다시피 베버의 종교사회학 연구는『프로테스탄스 윤리와 자본주의 정신』에서 시작했고, 중국의 유교와 도교, 인도의 종교 등에 대해서 같은 방법으로 연구했었다. 이 방법은 바로 종교윤리가 경제의 이성화理性化 과정에서 하는 역할긍정적이든 부정적이든에 주목하는 것이었다. 베버의 관점을 간단히 말하자면, 기독교 윤리의 금욕주의적 근검勤儉과 직업 관념이 서구의 초기 자본주의에 정신적인 면에서 힘이 됐으나, 중국종교와 인도종교에는 이와 유사한 정신이 없었으며, 이것이 아시아에서 자본주의가 자연적으로 생기지 못한 중요한 원인이라는 것이다.

베버가 살아있을 때 일본의 근대화 성공은 이미 큰 주목을 받고 있었다. 그러나 베버가 일부러 회피한 것인지 아니면 다른 이유가 있어서인지 알 수 없지만, 그는 일본의 예로 자신의 이론을 검증하지 않았다. 그리고 로버트 벨라의 책에서도 다음과 같이 말했다. "이 책에서 끊임없이 노력하고자 했던 부분은, 베버의 사회학 관점을 사용하여 실제 예를 분석한 것이며, 이 예는 베버 역시 제대로 연구하지 않은 부분이다"라고 했다. 1950년대 초까지도 일본은 스스로 현대화 공업국가로 개조한 유일한 비非서양국가였다. 1950년대 현대화 관련 논의의 분위기 속에서 베버 이론의 영향을 받은 학자들은 자연스럽게 다음의 방식으로 사고했다. 일본의 성공은 일반적으로 말하는 '일본인의 어떤 신비한 모방능력' 때문이 아니라, 후천적 발전으로 기초가 다져진, 전근대 시기의 어떤 문화적 요소 때문이라고 말이다. 로버트 벨라가 바로 그러했다. 그는 자신 책의목적은 바로 "일본의 전근대 문화가 그들이 성공을 해석하는 데 어떻게 도움이 되는지를 보여주는 것"이라고 했다. 확실히 로버트 벨라는 베버의 방식 그대로 일본의 전근대문화가 일본 근대화 성공과 관련이 있다고 가정하고, 이를 토대로 일본의 성공 사례에서 종교적 요소를 찾고, 일본 종교 중 기독교 윤리와 "기능적으로 유사한 것"을 찾았다. 이것이 로버트 벨라 책 내용의 주요 흐름이다.

2

이론 방면에서, 베버의 이론 외에도 로버트 벨라의 해석 틀은 파슨스의 "유형변수[類型變量]", "행위차원[行爲維度]" 관련 사회분석 방법을 차용했다. 그는 일본문화는 기본적으로 정치적 가치를 우선시한다는 특징이 있지만, 유럽 중세에는 종교적 가치를 우선시한다는 특징이 있었고, 현대 미국은 경제적 가치를 우선시한다는 특징이 있다고 했다. 비공업사회에서 공업사회로의 발전 과정에는 두 가지 변환 방식이 있는데, 하나는 기본 가치유형의 변환 속에서 공업사회가 완성되는 것이다. 예를 들어, 유럽이나 미국이 종교가치우선에서 경제가치 우선으로 변함에 따라 공업사회로의 전환이 실현된 것처럼 말이다. 또 하나는 기본가치가 변하지 않는 상황 속에서 공업사회가 발전한 경우다. 그러나 후자의 상황일지라도, 경제가치가 일부 영역에서 아주 중시되면 전체적인 경제가 이성적 발전을 하게 된다. 로버트 벨라가 보기에, 일본은 후자에 속하는 경우로서, 전근대에서 근대로 발전하는 과정에서 줄곧 정치적 가치가 경제적 가치보다 우선시되었다는 특징이 있었다.

로버트 벨라가 말한 "정치적 가치 우선[政治價値優先]", 그 중 '정치'라는 이 단어는 광의의 의미로 사용한 것이다. 이런 정의하에서, 정치적 가치의 우선은 "사회적 목표의 달성"이 모든 것을 압도함을 의미한다. 바꿔 말하자면, 일본문화에서의 중심 가치 체계의 지배의 차원[維度]과 다른 나라에서의 중심 가치 체계 지배의 차원이 다르다는 것이다. 로버트 벨라는 파슨스의 이론에 따라 사회 구조를 네 가지 차원으로 나눴다. 첫째는 경제 시스템으로, 그것에 상응하는 가치는 경제적 가치이고, 상응하는 차원은 '적응'이다. 둘째는 정치 시스템으로, 그것에 상응하는 가치는 정치적 가치이고, 상응하는 차원은 '목표의 달성'이다. 셋째는 문화 시스템으로, 그것에 상응하는 가치는 문화적 가치이고, 상응하는 차원은 '잠재성潛在性'이다. 넷째는 통합체계[整合體系]로, 그것에 상응하는 것은 각각 통합적[整合] 가치와 '통합적[整合] 차원'이다. 이런 측면에서 보면, 일본은 정치적 가치를 우선시하고, 이는 곧 "사회 구조 중에서 목표의 달성이라는 차원이 특별히 중요한 의미를 지니며", "사회 구조를 지배하는 나머지 세 개의 가치는 주도적 가치에서 파생된 것이다." 따라서 일반적으로 사회의 중심적 가치 체계란 사회 구조 중 어느 한 차원을 무엇보다 우선시하는 경향을 가리킨다. 내가 이해한 바에 따르면, 로버트 벨라는 일본인이 중시하는 것은 집단적인 목표가 아니라 목표달성 자체를 가장 우선시하는 성향이라고 본 것 같다. 물론, 이 목표가 완전히 의미 없는 것은 아니다. 집단 목표는 언제나 집단의 역량과 희망을 강화하는 것이며, 그것은 경제 발전일 수도, 전쟁승리 또는 제국주의적 확장일 수도 있다. 한마디로 집단의 이익이 목적인 것이다.

3

로버트 벨라는 일본의 제도 체계의 특징은 종적 관계를 매우 강조하는 것이며, 횡적 관계에는 비교적 적게 의지한다고 했다. 즉 제도의 구조가 주로 상급-하급 간의 충성 관계를 통해서 그 통일성이 유지된다는 점이다. 이런 고도의 충성을 통해, 정치체계의 제도체계에 대한 조정력이 더욱 강화됐다. 일본의 현대화와 공업화의 경우, 정치체계의 강력한 통치력과 이러한 통치에 대한 민중들의 반응이라는 특징이 그것의 추진을 가능하게 한 주요 요인으로 작용했다. 일본의 전근대 사회의 '목표 달성'이라는 정치적 가치 우선의 구조는 도쿠가와德川 시대 무사武士 윤리로 대표되는 '충성'이라는 덕행과 표리관계였다. 이런 충성은 자신이 속한 집단의 수장에게만 국한되므로, 그것충성은 일종의 특수주의적 윤리다. 가정家庭, 번부藩部는 특수체계 혹은 집체集體일 수 있고, 사람은 그 중 하나의 구성원이며, 사람들의 이런 특수체계 또는 집체에 대한 인정은 진리와 정의에 대한 인정보다 우위에 있다. 도쿠가와德川시대는 특수주의가 통치지위를 점하는 때였다. 벨라는 또, 이런 충성은 자신의 집단 수장에 대한 충성이며, 그가 누구인지는 무관하다고 했다. 이는 곧, 개인이 자신과 아무 관계없는 사람에게도 충성할 수 있음을 의미한다. 천황이나 장군처럼 말이다. 이 때문에 정치적 관계는 개인적 관계의 영향을 벗어남으로써 특수주의를 보편화시키고 일종의 보편주의적 기능을 획득한다. 베버가 본래 주목했던 것은 경제 이성화 과정인데, 파슨스는 1950년대에 정치 이성화의 과정 역시 그만큼 중요하며, 경제 이성화 과정과 동일한 역사적 의의가 있을 것이라고, 즉 정치적 가치 우선인 사회에서 권력이 보편화되고, 상대적으로 전통주의의 속박을 벗어나 이성화한 규범의 지배를 받을 때, 공업사회 발전에 있어 중대한 의미를 가지게 될 것이라고 했다. 벨라는, 주관적 의도가 어떠하든, 일본 국학파의 정치학설은 강한 중앙집권적 군주제를 수립하고자 했고, 그들이 정치영역에서 설득한 결과로 권력의 급격한 확대와 권력의 이성화가 이루어졌을 것이라고 했다. 또한, 미토水戶 학파의 존왕尊王과 국체國體 사상에서 천황에 대한 절대적 충성과 천황 집권을 지지했던 것이 일본 정치의 이성화를 촉진한 것이라고 했다.

무사武士 윤리에서 특히 중요한 것은 봉건 영주의 보은報恩과 헌신獻身 의식으로, 이 의식은 "매일 죽기를 각오함"이라는 것으로 집중되어 나타나고, 무사의 수행 역시 죽음에 맞서기 위한 것이다. 18세기 초의 무사도武士道를 보면, 무사는 "매일 아침 어떻게 죽을지 고민하고, 매일 저녁 깨끗한 마음으로 죽을 것을 생각해야 한다", "무사도는 곧 죽음을 의미한다"는 것을 보여준다. 이런 죽음의 윤리적 지향점은 군주에 대한 철저한 헌신의식이다. 무사의 직책은 각종 공무를 보는 것이나, "어쩌다 고요하게 쉬게 되면 반드시 죽음의 문제를 고민하며,

어느 때든 진지하게 죽음을 생각해야" 했다. 동시에, 죽음에 대한 명상 역시 탐욕적인 자아를 깨끗이 하기 위함이었다. 또 다른 면에서, 무사로서 최고 의무와 최후 행위인 헌신獻身에 대한 의식은 일상 속 금욕에 가까운 생활방식에서 드러나야 한다. 따라서 무사 윤리에서는 절도와 절제 그리고 검소하고 소박한 생활을 강조했다. 무사 윤리는 일본의 중심적 가치를 보여주는 것이었으므로 도쿠가와德川시대에 국민 도덕의 기초가 됐다. 엄숙함과 근검, 나태하지 않음과 신중함이 무사의 생활방식이었다. 벨라는 이런 금욕주의적 생활방식은 절약과 근면이라는 두 가지 중요한 특징이 있으며, 절약은 개인적인 소비를 최소화해야 하는 의무이고, 근면은 주인을 최대한 잘 섬기기 위한 의무라고 했다. 이런 무사 윤리는 정치의 이성화를 강화시켰고, 경제 이성화에도 분명 의미 있게 작용했다. 무사 윤리는 도쿠가와시대에 이미 사회적 윤리 운동으로 보편화했으며, 당시 상인계급도 무사도와 본질적으로 동일한 윤리를 전수했기 때문이다. 즉 "충효, 복종과 정직, 절약과 근면을 강조"했으며, 상급자를 헌신적으로[無私] 받들고, 개인 소비를 최소화하고 일상 업무 시의 윤리를 엄격히 이행해야 했다.

4

경제윤리와 경제 이성화가 해당 책의 주요 내용이지만, 이런 고찰은 베버가 그랬던 것처럼 종교의 측면에서 이해한 것이다. 벨라는 스즈키 다이세츠鈴木大拙, 1870~1966를 연구를 통해 "하루 일하지 않으면, 그 날은 먹지 않는대一日不作, 一日不食]"가 선사禪寺 생활의 제1원칙이라는 것을 알게 됐다. 선종禪宗은 소박하고 절약하는 생활을 중시했고, 생산적인 노동을 강조했지만, 그는 정토진종淨土眞宗에 대해 보다 많이 기술했다. 그가 보기에, 진종眞宗은 사실상 일본에서 서양의 기독교와 성격이 가장 비슷한 종파였으며, 그것의 윤리는 신교 윤리와 가장 비슷하다. 그가 인용한 문헌으로 보면, 진종 가운데 부지런함, 절약, 게으르지 말 것에 대한 강조가 눈에 띄고, "사농공상 모두 가업[家職]에 우선 주목해야 함"을 주장했으며, 진종은 직업 중 상인의 노동을 포함한 노동을 신성한 의무로 받들어서 이윤의 획득과 연결되게 했다. 진종은 이윤을 이타적인 소득으로 간주했고, 공상工商 모두 다른 사람을 이롭게 하는 데에서 기뻐해야 할 뿐이며, 이것이 자신을 이롭게 하고 타인도 이롭게 하는 원만한 공덕이라고 했다. 한편 이타심이 곧 보살심이고, 그러므로 보살행은 상공업이며, "모든 상공업의 비결은 보살행에 따라서 신용을 얻는다고 주장"했다. 진종을 믿는 오미近江 상인의 전기傳記에는 "근검을 피와 살처럼 중시하고, 인내를 근육과 뼈대로 여겼다", "새벽에 나가서 밤에 돌아오고, 비바람을 피하지 않았으며, 고통을 두려워하지 않고, 솜옷으로 몸을 두르고, 푸성귀로 입에 풀칠하는 등, 한 푼도 허투루 쓰지 않았던" 상인의 행적이 기록돼 있다. 벨라는 진종의 영향을 받은 상인의 가훈에서 "가족이윤주의家族利潤主義"라는 경제윤리를 확인했다. 이런 윤리 때문에 가업으로 하는 노동이 신성한 의무가 되는데, 그 이유는 이렇게 하는 것이 선조의 은혜에 대한 보답이기 때문이다. 여기에서 종교와 세속의 동기가 하나로 합쳐진다. 가정은 하나의 정치 집단과 같아서, 가족에 대한 의무와 가정의 상징(선조들)에 대한 의무가 동일시된다. 여기에서 출발한 경제적 동기는 자신만을 위한 이윤주의가 아니라, 가족을 위한 이윤주의이며, 이런 가족이윤주의는 상인 개인의 부지런함과 절약, 자기를 내세우지 않고 공적인 것을 받드는 행위와 모순되지 않을 뿐만 아니라, 서로를 설명해줄 수 있다. 게으름, 사치, 부정직함은 가족의 생명과 생업에 해를 주는 것으로 간주되었고, 가족 명예에 대한 극도의 존중은 신용 창출에 매우 유리했다. 따라서 가족을 반半 신성적神聖的 실체로서 강조하는 것은 경제행위를 고도로 강화하는 데 도움이 된다. 벨라는 이러한 가훈에서 보이는 상인의 윤리는 부지런함과 절약을 강조하고, 세속에서의 금욕주의를 강조한다는 점에서 초기 신교주의와 매우 닮았지만, 이러한 것들은 모두 노동 개념의 맥락에서 이성화됐고, 노동은 한 단계 더 높은 실체(사회 혹은 가족)이 필요로 하는 서비스로 여겨졌는데, 이것은 일종의 '직업'과 유사한 개념이라고 했다.

수많은 서양학자들과 마찬가지로, 벨라 역시 유교를 하나의 종교로서 다루었다. 종교가 상인윤리에 미친 영향을 설명하기 위해서, 벨라는 이시다 바이간石田梅岩, 1685~1744과 그가 창시한 심학心學 운동에 대해 비중 있게 기술했다. 심학은 18세기 전기부터 19세기 초엽 사이에 있었던 일본의 종교 및 도덕 운동이다. 심학이 도쿠가와시대 민중의 도덕에 미친 영향은 그 범위가 매우 넓다. 이런 영향은 주로 공개 강연과 설교, 작은 책자의 대량 발행, 가훈의 책자제본, 자선사업 등을 통해서 실현된다. 이시다의 사상은 『역易』, 『맹자孟子』 그리고 주자학朱子學의 천인합일天人合一 관념에서 큰 영향을 받았고, 그의 주된 뜻은 정좌靜坐의 방법과 금욕주의의 실천, 의무와 직업에 헌신하는 것을 통해서 이기심을 없애고 '본심本心'을 찾아야 한다는 것이다. 그는 40세 때 문득 깨달음을 얻었고, 1년 후 명상을 하다가 신비로운 체험을 했는데, "누워서 자던 중에 뒤쪽의 숲에서 참새 소리가 들려왔는데, 그 순간 뱃속이 큰 바다처럼 고요해졌고, 맑은 하늘이 끝없이 펼쳐진 듯" 성性과 합일된 경지에 이르렀다고 했다. 벨라는 그 사상을 "현세적 신비주의"라고 했고, 심학心學의 이런 주장은 충성과 효도 그리고 직업에 있어서 고되게 일하는 헌신 정신을 강조하는 데 유리하다고 했다. 중요한것은, 이시다가 완전히 세상을 피해 숨어서 명상할 것을 주장하지 않고, 여가 시간에 집에서 조용히 앉아있기만 하면 된다고 한 점이다. 즉 사람들이 진정으로 해야 할 일은 날마다 절약과 절검을 하고 일에 헌신하는 것이다. 이것은 종교생활과 배치되지 않을 뿐 아니라, "깨달음을 얻는 데"에도 도움을 준다. 따라서 "현세적 신비주의"는 현세적이고 실천적인 윤리로서의 특징을 지니며, 그로 인한 동기가 경제의 이성화에 도움을 주었다고 했다. 이시다는 절약이 곧 타고난 정직함이며, 무사 윤리가 상인 윤리의 본보기라고 했다. 모두가 알고 있듯이, 이시다는 사민일리四民一理의 윤리사상을 강조했고, 그것으로 세상에 이름을 알렸다. 그는 사士의 도道가 공상工商에게 통하고, 공상의 도道가 사士에게 통하며, 사농공상 모두 제국의 "신臣"이므로, 상인계급은 그들이 응당 가져야 할 지위와 명예를 누려야 한다고 했다. 그는 "기술자에게 지불하는 비용이 곧 기술자의 봉록이다", "상인의 매매 이윤은 곧 하늘이 준 봉록"이고, 그래서 "왕이 상인들에게 이익을 취할 수 있게 한 것이다."라고 했다. 상인[行商]들이 이익을 취하는 것은 지극히 합법적인 일이며 상인의 이익은 무사의 봉록[分祿]과 같으므로, 무사가 봉록을 받는 것이 탐욕이 아니듯, 상인이 이익을 취하는 것 역시 탐욕이라고 할 수 없다고 했다. 그는 "사고팔지 않으면 하루도 살아갈 수 없다", "사고파는 것은 수치스러운 일이 아니며, 상인의 돈을 빌렸다가 갚지 않는 일이야말로 매우 수치스러운 일이다."고 강조했다. 그러나 벨라는 "이시다가 상인계급을 변호했다는 이유만으로 그가 시민의 자유를 수호하고 '봉건주의'를 반대한 사람"으로 보는 것은 전혀 근거 없는 판단이라는 점도 지적했다. 이시다는 결코 어떠한 방식으로도 그 시대 통치 시스템의 기초를 의심하지 않았고, 천황과 귀족과 무사에 대한 경외와 존중의 마음이 변한 적이 없다.

　이시다 바이간 이후의 심학 운동은 막부와 긴밀하게 연결됐었고, 이는 심학에서 말하는 도道로 막부의 공문서[文告]를 해석한 점에서도 드러난다(이 점은 명대 사학社學의 상황과 비슷하다). 그러나 이러한 공문서는 주로 윤리적인 내용이었고, 충성과 효도에 관한 훈계로 가득했으며, 사람들에게 자신의 가업에 힘쓸 것을 권하고, 오락과 도박을 멀리하고, 특히 극도의 절약과 상사에 대한 존경을 강조한다. 실제로 18세기 전기 요시무네吉宗는 장군이 되자마자 무사들이 스파르타 정신을 회복하려면 그 무엇보다 절약과 검소함에 힘써야 한다는 점을 강조했다. 그는 스스로 모범을 보이고자, 집안의 지출을 줄이고, 대부분의 궁녀[女官]를 없앴다. 그러므로 심학운동의 윤리적 요구는 막부의 윤리적 요구와 일치하는 것이었고, 이런 일치는 바로 이성화라는 결과가 심학운동에서 "예상하지 못한" 것일 수 있음을 말해준다. 후기 심학운동에서, 와키사카 기도우脇坂義堂의 저명한 훈계가 심학의 윤리관을 설명하는 데 사용됐는데, 그 일곱 가지 가르침은 다음과 같다. 첫째, 신불神佛을 숭상함, 둘째, 욕구의 절제 원칙을 지킴, 셋째, 가업家業과 가직家職을 중시함, 넷째, 충의와 효도를 중시함, 다섯째, 자비와 음덕을 중시함, 여섯 째, 자신을 잘 돌봄, 일곱 째, 부지런함에서 복을 얻음이다. 그 중심관념은 충성, 효도, 근면, 검소이다. 따라서 벨라는 이시다의 기본윤리관에서 요구하는 것은 바로 집단에 대한 헌신이며, 부지런함과 절약 그리고 이성적 자질이 이런 헌신을 보여주는 부분이라고 했다.

결론적으로 심학운동은 본질적으로 중소 상인 계급의 운동이었지만, 그것의 목적은 정치권력의 획득이 아니라, 자각적으로 무사 윤리를 받아들인다는 전제 하에 상인들로 하여금 경제 영역에서 무사와 비슷한 역할을 하게끔 하려는 것이었다. 그 결과 심학은 경제적으로 검소함과 절약을 강조했고, 정직을 제창했으며, 계약을 중시하였다. 도시 계급에서 심학의 이러한 영향은 세속의 일에 대한 엄격하고 실제적인 태도를 기르는 데 도움을 주었고, 기업가와 노동자 모두에게 매우 중요했다. 벨라는 이 모든 것이 이루어진 것은 심학이 멀리는 동양에서 가장 오래되고 힘이 있는 종교유교포함 전통을 이용했기 때문이며, 그 사상은 위로 맹자孟子까지 거슬러 올라간다고 했다.

5

이제 보다 흥미로운 문제로 넘어가 보자. 바로 중일 문화 비교의 문제다. 우리는 벨라가 쓴 앞의 글을 읽은 후 자연스럽게 의문을 가지게 된다. 일본의 전근대 문화 중에 그러한 윤리 요소는 전 현대의 중국문화에도 똑같이 존재했을 뿐만 아니라 상당히 광범위하게 존재했는데특히 세속의 유교문화에서 그렇다, 이것이 중일 근대문화 과정에서 서로 다르게 발전한 것은 또 어떻게 설명한단 말인가? 이 문제는 베버 이론만으로는 답을 찾기 어렵다. 이 책의 이론적 의의 중 하나는 벨라가 가치유형과 가치구조 분석을 이용했고, 또 행위체계 이론을 차용하여, 이 문제들에 대해 스스로 만족할 만한 설명을 해냈다는 점이다. 그는 정치경제학 영역에서 나타나는 "중국식 관점"과 "일본식 관점"의 차이가 여기에 있다고 했다. 즉, 중국은 안정과 화해라는 이상을 강조했고, 일본은 목표에 도달하는 동안의 단방향적 동력과 집단의 모든 구성원이 이 목표에 도달하기 위해 자신을 잊고 따라가는 것을 강조했다. 요네자와米澤의 군주 우에스기上杉의 개혁과 향촌 교육운동에서 그렇게 반복적으로 근면함과 성실함, 절약과 유교적 예의를 선전했던 활동은, 그것이 중국의 유교 모델과 얼마나 비슷하든, 거기에 담긴 엄격한 규율과 제도, 그리고 위에서부터 아래로 내려오는 엄격한 관리가 모두 무사도에서 보이는 것과 관련이 있다고 느끼게 한다. 동아시아의 "윤리신비주의"는 위로 맹자까지 거슬러 올라갈 수 있는 것이지만, 중국에서는 이런 종교 전통이 기본적으로 문인학사文人學士, 신사관료紳士官僚 계급의 전유물이었다. 그러나 일본 심학은 이 종교 전통을 상인계급의 수요에 적용하였고, 그럼으로써 중국에서는 불가능했던 광범위한 전파와 발전을 이룰 수 있었다. 유교는 일본의 무사 윤리 형성에 미친 영향은 매우 컸지만, 그렇다고 구조에서부터 중요한 요소까지 완전하게 일본에게 받아들여진 것이 아니라, 일본 고대 사회 구조와 역사 문화적 제약에 의해 선택적으로 받아들여졌다. 일본 사회는 중국 진秦 이전의 사회와 매우 비슷했지만, 진秦 이후의 중국 사회와는 유사성이 거의 없다. 중국에서는, 군사軍事 방면이 점차 축소되는 경향을 보였고, 주군主君에 대한 특수주의적 충성이 중시되면서도 가장 우선시되지는 않았다. 그러나 일본에서는 군사를 중요하게 생각했고, 주군主君에 대한 충성 개념이 기타 모든 윤리적 개념들보다 우위에 있었다. 유교의 효도가 일본의 가족 관념의 이성화에는 도움이 됐지만, 가족주의라는 가치가 중국에서처럼 일본사회에 중심적으로 자리 잡지는 못했다.

벨라는 일본의 가치는 부족사회와 군국사회의 근원과 관계가 있으므로 문화와 종교적 전통 여러 방면에서 중국과 일본은 통하지만, 파슨스의 개념을 빌려 말하자면, 중국은 통합적[整合] 가치를 가장 중시하는 반면, 일본은 정치를 중시하거나 혹은 목표를 달성하는 것이 특징이라고 했다. 통합적 가치를 가장 중시하는 특징을 지닌 사회는 권력이나 부富가 아닌 일치단결에 더 많은 관심을 둔다. 시스템의 유지는 일본에서도 중요하지만 조금 덜 중요한 가치에 속한다. 능력의 표현이 중국에서 중요하지만 덜 중요한 가치인 것처럼 말이다. 중국과 일본의 정치적 가치와 통합적 가치, 정치 시스템과 통합 시스템을 비교하면 두 나라의 차이점이 드러난다. 중국에서는 효孝가 가장 우선시되며, 그것은 사회도덕 원리의 기초로서 효라는 가치가 충忠보다 위에 있고, 충은 심지어 신사계급 전체에 적용하기 어렵고 관리官吏에만 적용됐다. 관리官吏의 경우에도, "뛰어난 새는 나무를 선택해서 서식한다"는 말처럼 선택이 가능함은 물론이고 관리官吏의 길을 가지 않을 수도 있다. 이때 "그는 '천자가 신하로 여기거나 왕자가 친구로 여길 수 없는' 사람이며, 위대한 자유인이고, 세금을 내는 일 외에는 황제에 대해 어떤 의무도 지지 않는다". 그러나 이와 같은 정치상의 권위적 태도는 일본의 가치 체계에서는 절대로 지지받지 못한다. 일본 정치권력은 사회의 가장 아래층까지 침투하며, 이 점은 중국에서는 매우 제한된다. 일본의 가치구조에서 충忠은 분명 효孝의 지위를 대신했고, 충은 사회 전체에 스며들어 모든 계급의 이상理想이 됐다. 그래서 파슨스의 "구조-기능" 좌표 안에서는 일본의 가치구조에 이성화 기능이 더 많다고 보았다. 그러나 이런 이성화 정도의 측정은 분명 도구적 합리성에 대해서만 말하는 것이다. 한 가지 더 짚어야 할 것은, 벨라가 효의 중국에서의 지위를 중시한 것에는 당연히 이유가 있지만, 중국문화의 가치구조의 측면에서는 효보다는 인仁이 가장 우선시된다고 보는 것이 타당하다. 효孝는 인仁의 특수한 표출방식이라고 할 수 있다.

6

결국 벨라가 내린 첫 번째 결론은, 일본의 강력한 정치 시스템과 정치적 가치가 최고 우위를 점하는 가치구조가 공업사회 발흥에 도움이 됐다는 것이다. 그는, 중국에서는 유교가 일종의 이성적이고 세속적인 성질을 가지고 있었지만, 그것은 기본적으로 문인들의 윤리였고, 이런 윤리적 목적은 부를 축적하거나 국력을 키우기 위함이 아닌 사회의 안정 유지에 있었고, 그렇기 때문에 대중의 전통주의를 타파하거나 가족에 대한 충성을 그보다 더 큰 집단에 대한 충성으로 변화시킬 힘이 부족했다고 했다. 벨라는 유교윤리 고유의 이성주의가 현대화에 영향을 주려면, 중국의 가치구조는 정치적 가치가 가장 우선시되는 가치체계로 변해야 한다고 했다. 그는 구소련이 큰 틀에서는 목표 달성을 강조하는 사회였고, 50년대 이래의 중국이 바로 이러한 방향으로 변화해왔으며, 이것이 향후 공업사회의 발흥에 도움이 될 것이라고 했다. 정치적 가치 우선과 힘 있는 정치체계는 낙후지역의 공업화에 매우 유리한 요소다. 왜냐하면 기술의 측면에서 중공업은 경제적이지 않으며 현대 공업화에 필요한 자본은 너무나 방대하여, 이 모든 것을 정부가 안배해야 하기 때문이다. 벨라는 물론 강력한 목표 지향의 사회는 극단적 권위주의[極權主義] 로 갈 수 있다는 점을 강조하는 것도 잊지 않았다. 그의 두 번째 결론은, 일본의 정치와 경제의 이성화 과정에서 종교가 중요한 역할을 했다는 점이다. 종교는 중심가치의 실천을 지지하고 강화했으며, 필요한 정치 개혁에 대해서 동기와 합법성을 부여함으로써, 부지런함과 절약을 강조하는 세속 금욕주의 윤리에 종교적 의미를 부여하였고, 이는 정치와 경제의 이성화에 매우 유리하게 작용했는데, 벨라는 동아시아 전통 사회의 이성화 경향으로 인해 자발적으로 근대로의 발전이 가능했다고 여기지는 않았지만, 이러한 이성적 경향은 서구의 자극에 맞서 창조적 발전을 만들어 내기에 충분했다고 했다. 그는 아시아의 경험을 통해 이런 금욕주의 윤리가 "설령 공업화 실현에 필요한 것은 아니었을지라도 최소한 공업화 초급단계에는 확실히 도움이 됐고, 이런 현상은 기독교주의와 일본에서만이 아니라 공산주의에서도 나타났음"을 알 수 있다고 했다. 이 두 가지 결론 중, 전자는 파슨스의 영향을, 후자는 베버의 영향을 받은 것이다. 그리고 벨라의 이 책은 이후 동아시아 및 중국 정치문화와 경제윤리 연구에 있어 선도적인 역할을 했다.

『도쿠가와시대의 종교-현대 일본 문화의 연원』은 베버-파슨스의 경제 기능의 틀로 현대 이전 문화에 대해 고찰한 것이고, 이 때문에 일본 전통문화의 긍정적 부정적 요소들을 전면적으로 분석할 수가 없었고, 또한 인문학적 각도에서 요소들이 현대 사회에서 가지는 의미를 파악할 수 없었다. 이는 베버부터 파슨스에 이르는 사회 이론의 결정적인 한계이기도 했다. 이와 관련하여, 마루야마 마사오 丸山眞男, 1914~1996, 일본의 정치학자가 당시 예리하게 포착한 부분이 있다. 그가 보기에 경제윤리와 노동윤리 측면에서 현대 이전의 일본문화가 일본의 현대화에 미친 긍정적 영향을 고찰하는 것은 도리어 현대 이전 일본 종교에 대한 비판, 특히 민주와 보편적 윤리의 발전 측면에서의 비판을 가려버렸다. 마루야마丸山의 비판은 일리 있다. 벨라가 그 책의 마지막 한 페이지에서만 다음의 비판을 했기 때문이다. "만약에 우리가 일본 종교에 현대 일본의 기적적인 발전을 촉진했다는 '영예'를 주려고 한다면, 반드시 일본의 종교에 1945년 최고조에 달했던 불행한 재난을 조장했다는 '질책[責難]'을 가해야 한다." 그러나 일본문화의 가치 구조가 근대 일본의 침략과 확장의 역사에서 어떤 역할을 했는지는 분석하지 않았다. 사실, 벨라의 가치구조에 따라 분석해보면, 논리적으로는 자연스러운 결론이 나온다. 바로 일본의 가치구조 중에서 목표 달성과 특수주의적 충성이 기타 보편윤리 원칙 —예를 들어 박애, 평등, 자유 등을 능가했기 때문에 이후의 발전 방향으로 가게 되었다는 것이다. 베버식으로 말하자면, 일본의 가치구조는 강한 도구적 합리성의 기능을 발휘할 수 있었지만, 가치 이성의 기능은 확립할 수 없었다. 이 때문에 기능적 분석에서는 정치민주화 방면에서의 현대 이전 종교에 대한 비판을 가려버려서는 안 되며, 그것으로 현대 이전 종교의 의미에 대한 가치 이성 방면의 심화 연구를 대체할 수도 없다. 후자에 대해서는 마루야마도 마찬가지로 결론을 못 내렸다. 마루야마는 계몽사상가의 입장으로, 그는 진종眞宗이나 심학心學을 기독교 윤리의 매개물로 여기는 것에 반대했다. 왜냐하면 그는 일본의 윤리가 특수한 신분 중심의 윤리이고, 기독교와 기독교윤리는 보편주의적이라고 봤기 때문이다. 마루야마는 또, 일본 특수주의적 윤리가 일본 경제 발전을 촉진하기는 했지만, 그것으로 인해 정치 민주와 윤리의 보편화가 일어난 것은 아니며, 경제의 추가적인 발전에 타격을 줄 수도 있었다고 했다. 여기에서 마루야마의 민주 발전을 강조하는 비판은 긍정적이며 진보적 의의가 있다. 다만 그는 이론적으로 서구중심주의를 벗어나지 못했고, 이 점은 그가 기독교 윤리를 높이는 데에서 확인할 수 있다. 동시에, 마루야마의 비판은 여전히 '현대성'에 기반한 비판이며, 인문 가치와 궁극적 관심에 기반하여 기능주의를 비판하는 내용은 포함돼 있지 않다.

이 책이 완성된 지 30년이 지난 후인 1985년 평장본平裝本 『전언前言』에서 벨라는 다음과 같이 말했다. 30년간의 역사가 증명하듯, 일본의 현대화 과정에 그 기능을 발휘한 특수주의 윤리는 이후의 경제 발전을 해치는 요소가 되지는 않았으며, 일본은 이런 문화적 지향 속에서 빠르게 경제 초강대국이 됐고, 충성을 특징으로 하는 집단 공리주의와 일본식 전제專制 모두 일본 사회를 떠받치는 데 유효했다. 그러나 1980년대 벨라도 일본에 대해서 문제를 제기했다. 일본 전통이 만들어낸 현대화한 경제 성과가 지금 이 전통 자체를 부수고 해체하기 시작한 것 아니냐는 것이다. 그가 보기에 현대화가 완성되는 과정에서 전통적 생활방식은 위협을 받았다. 시간이 갈수록 아파트가 집의 정원을 대신했고, 아버지의 일이 고스란히 다음 세대에게 전해질 수 없었으며, 사람들과 농촌의 연결고리는 갈수록 줄어들었고, 신도神道의 영향력은 크게 약해졌다. 도쿄 등 대도시 토지 가격은 천문학적으로 올랐고, 이 때문에 일본 중산계급도 더 이상 전통적인 생활방식으로 생활하기를 바랄 수 없었다. 비록 많은 것들이 계속 남아있을 수는 있지만, 그 자랑할 만한 직업윤리노동윤리와 사회 준칙이 얼마나 지속될 수 있을 것인가? 또 다른 측면에서, 마루야마와 여전히 '현대성'의 입장에서 다른 의견을 보였던 1980년대 벨라의 생각은 이랬다. 이 책의 가장 큰 약점은 그가 응용한 현대화 이론에 문제가 있다는 것이다. 그는 이 책을 쓰던 당시에는 부와 권력의 끝없는 축적으로 이상적인 사회가 만들어지지 않을 뿐만 아니라, 각각의 현실사회에 필요한 조건을 근본적으로 파괴해 나갈 것이라는 점을 파악하지 못했음을 인정했다. 수단이 목적이 된 것, 이것이 현대화 병폐의 근원이다. 수단으로서의 부와 권력은 이제 목적이 됐다. 만약 다시 한번 목적을 전복시켜서, 이제는 목적이 된 부와 권력을 수단으로 바꾼다면 또 어떻게 될까? 이것이 벨라가 마지막에 던진 질문이다.

최근 이런 말을 자주 듣는다. 유학에는 본래 천리天理-인욕人欲 사이의 내재적 긴장이 있으므로, 유학에는 정신적 긴장이 부족하다는 베버의 의견은 타당하지 않다는 것이다. 이 점에 반대하는 사람들은 "신유가의 일방적인 바람"이라며 곧바로 반박했고, 찬성하는 사람들 역시 각자의 시각에서 논의를 시작했는데, 이런 것들은 여기에서 자세히 다루지 않겠다. 다만 한 가지 짚고 넘어가야 할 것은 이러한 의견을 처음 주장한 것은 중국인이 아닌, 미국에서 중국 사상사를 연구한 학자라는 점이다.

1

1977년 토마스 메츠거Thomas A Mazger, 1933~는 『위기에서 벗어나다』라는 책부제: '신유학과 중국 정치문화의 변화'을 출판했고, 순식간에 미국 학술계의 주목을 받았다. 작가는 '신유학'을 영어로 "Neo-Confucianism"이라고 했는데, 이는 송宋, 명明, 청淸 시기에 주도적 위치를 점했던 유학 정신의 전통, 즉 우리가 일반적으로 말하는 '이학理學'이다. 영어로는 최근에 "New-Confucianism"이라는 표현도 생겼고, 그것은 중국어로 '신유가新儒家'로 번역하는 경우가 많다. 그러나 이것은 '5·4' 시기부터 지금까지 유학 전통을 이어온 현대의 사상적 유파, 즉 현대적 신유가現代新儒家]이다. 하지만 책의 부제에서 보이듯이, 이 책은 이학理學 또는 이학사理學史에 관한 전문학술서적이 아니며, 근래 중시되는 유학과 경제문화 간의 연관성에 초점을 맞춘 것도 아니었다. 이 책의 목적은 이학理學과 당대 중국 정치문화 간의 연관성을 분명히 밝힘으로써 중국 정치문화의 특징을 파악하는 것이었다.

메츠거는 1960~1970년대 중국의 정신과 현대화 과정을 연구하면서 두 가지 주요한 방법적 경향에 주목해야 한다고 했다. 하나는 '신新베버주의'의 행위주의 학파이고, 또 하나는 인본주의다. 전자는 문화 연구 방법이고, 후자는 철학 연구 방법이다. 메츠거가 말한 문화 연구 방법으로서의 '신베버주의'는 주로 행위주의 학파를 가리키고, 위 책에서 말한 '의존依賴]'와 '걱정焦慮]' 두 관념 모두 행위주의 학파의 것이다.

로버트 솔로몬Robert C. Solomon, 1942~2007은 같은 일부 미국학자들은 중국문화는 유가 이데올로기의 영향으로 아이들이 어릴 때부터 가정에서 엄격하게 가르치고 권위주의와 그에 대한 복종 의식을 주입함에 따라, 아이들은 자신의 감정과 충동을 절제하게 되었고, 그 결과 사회적으로 자존감의 부족과 권위 있는 사람들에 대한 의존심리依賴感]가 조성됐다고 했다. 개인의 의존적 심리와 권위 앞에서의 무력감 때문에, 중국에는 전반적으로 권위주의 정치문화가 형성됐고, '의존적 사회 경향'이 뚜렷하게 나타났다. 이런 걱정은 또 권위에 의존해야 할 필요를 가중시켰다. 메츠거의 책은 전체적으로 이런 관점에 대한 대답이다. 중화권 특히 1960년부터 1970년대 사이 타이완의 사회학, 심리학, 인류학자들 역시 중국인의 국민성을 연구하면서 의존성 등의 개념을 활용하는 것을 분석 범주로 삼았다.

베버 이론에 따르면, 유가 윤리에는 윤리적 요구와 인류의 결함 사이의 긴장이 부족하다. 그래서 개인에게는 세상에 맞설 자주성이 없다. 유가 사상에는 '타인에게 자신 있게 나서고, 세상의 나쁜 것에 대하여 격렬하게 투쟁하는' 의식이 없으며, 유학자 개개인에게는 청교도들의 '자신의 부도덕한 악한 본성을 완전히 통제하는 것' 같은 내재된 투쟁 의식이 없다. 행위주의 학파의 의존과 걱정 이론은 베버의 그것을 기본적으로 일치한다. 다른 점이 있다면, 1960년대부터 1970년대 사이에 미국과 중국의 행위주의 학자들은, 유가에서의 인격은 세상에 대한 긴장감을 지니지 않지만, 도덕적인 면에서의 긴장감은 있고, 이런 긴장감은 일종의 걱정이며, 상층의 권위에 기대야 하는 걱정이라고 했다. 그래서 결론적으로 행위주의는 중국문화가 권위를 숭상하고 정체된 채 앞으로 나아가지 못했음을 논증하려고 했던 베버의 기조를 벗어나지 못했다. 이것이 바로 '신베버주의'적 입장이며, 메츠거가 비판했던 주요 대상이다.

행위주의 학파가 중국문화에서의 인격을 설명하기 위해서 만든 모형과 달리, 인본주의적 해석은 또 다른 방식의 사유를 보여줬다. 양마오춘楊懋春, 1904~1988 은, 행위주의자들이 제시한 중국문화의 단점이 전혀 근거 없는 것은 아니지만, 그들은 아이들이 가정에서 자유롭게 의사 표현은 못 해도, 그들이 살아가며 느끼는 '감정[情操]'에 스스로 만족하고, 그에 따라 자존감과 자기 존중, 자기애 등의 느낌을 얻는다는 점을 파악하지 못했다고 했다. 아이들은 권위에 복종해야 함을 어렵게 받아들이지만, 자신이 배워야 하는 것들에 반응하고 적극적으로 임한다. 그래서 인본주의 입장에서 보면 인간의 행위는 본질적으로 재물과 욕망 등 유형적 대상에 대한 추구일 뿐만 아니라, 무형의 가치에 대한 추구이기도 하며, 따라서 중국 가정이 유형의 만족을 억압하기만 한다고 할 수 없으며, 무형의 만족감도 많이 존재함을 인정해야 한다. 행위주의의 유학윤리에 대한 비판과 대조를 이루는 것으로 철학 분야의 현대 신유학이 있는데, 그 중 탕쥔이唐君毅,

1909~1978는 메츠거가 특히 주목했던 대상이다. 탕쥔이는 인생의 도덕체험을 통해서 우주 본체[宇宙本體]를 인식할 수 있고, 개인의 인생 경험 과정에서 알게 된 감정이 본체를 구성하는 부분으로, 이것은 궁극적인 실재에 뿌리를 둔 것이라고 했다. 사람은 체험을 통해서 물아일체에 도달할 수 있으므로, 경험을 통해 충돌과 긴장으로 인한 걱정을 없앨 수 있다. 서양인의 입장에서 개인주의와 자아확인은 같은 것이므로, 개인주의가 없는 상태에서 자아확인을 강조하는 사회는 매우 상상하기 어렵다. 그러나 신유학에서는 도덕적 경험[體認]을 통해서 일종의 자아확인에 도달할 수 있다고 봤다. 이 입장에서, 사람은 자신의 역량으로 공정사회를 만들 수도 있으므로, 유가의 자아확인과 자아완성이라는 도덕적 자주 개념은 자주성 결핍으로 설명되어서는 안 된다. 인본주의와 현대 신유학 사상은 메츠거의 "신베버주의" 비판의 중요한 자원이었다.

2

이 책을 쓴 배경과 그것이 안고 있는 문제를 이해해야만 우리는 전체적으로 저자의 입장과 사고를 이해할 수 있다. 기본적으로 저자는 베버와 행위주의를 반대하는 입장이며, 인본주의 사회학자와 현대 신유학의 일부 긍정적인 영향을 받아들였다. 그러나 그와 '신베버주의'가 주목하는 점은 동일했는데, 그것은 바로 문화를 중시하는 경향이었다. 그가 보기에 유가에 대한 인본주의적 해석과 철학적 해석은 자족自足과 자강自强의 심리학 모형을 보여줬고, 이는 의존성[依賴性]을 강조하는 행위주의 학파에서 말하는 의존성[依賴性], 걱정[焦慮感]과 상충될 수 있었다. 이 점과 관련하여 그는 현대 신유학을 끌어와서 인본주의 해석을 강화함으로써 의존과 걱정에 대한 문제를 처리하였다.

뿐만 아니라, 메츠거는 송명 유학의 "위기의식" 및 위기를 벗어나려했던 노력을 강조했다. 이것 역시 『위기에서 벗어나다-신유학과 중국 정치문화의 변화』의 핵심이다. 동시에 그는 걱정[焦慮]과 의존[依賴] 개념도 완전히 버리지 않았다. 그는 행위주의에서 중국문화를 부정적으로 바라보며 제기한 '걱정'은 인정하지 않았지만, 위기의식이라는 의미에서 유가에는 베버가 말한 긍정적 '걱정'이 있음을 인정했으며, 유가의 이러한 '스스로를 완성시켜야 함에서 오는 걱정'을 가지고 유가에는 내재적 긴장이 없다고 한 베버의 주장을 반대했다. 결국 그는 '상호의존[互相依賴]'이라는 개념을 제기했다. 이는 유가윤리나 중국문화에서 의존관계는 사회 상층부의 권위에 기대는 것이 아니라 개인이 초월성 원천과 맺는 상호관계, 개인이 집단과 맺는 상호관계다. 자신이 어떤 초월성에 의존한다면, 이 초월성은 나 자신의 내재화된 존재로서 이는 곧 자신에게 의존하는 것이기도 하다. 따라서 개인이 우주 또는 사회와 맺는 모든 관계는 일방적 의존관계가 아닌, 상호관계다. 이 때문에 유가윤리는 '의존적 사회 지향'이 아니라 '상호의존하는 정신적 기질氣質'이며, 바로 이 상호의존의 정신적 기질은 당대 중국의 정치문화, 특히 마오쩌둥주의에 영향을 미쳤다.

이른바 위기의식이란 다음을 가리킨다. 유가사상의 영향을 받은 중국인의 의식 속에서 재물과 권력에 관한 고민은 중요하지 않다. 그러나 그에 대한 뿌리 깊은 불편함은 있어 왔다. 유가에서 개인은 신성한 도덕적 자아로서의 힘을 가지는 동시에, 도덕적 실패에 대한 걱정도 가지고 있다. 그것은 곧 내재된 도덕적 힘을 실천으로 옮기지 못할 것에 대한 걱정이다. 이 둘 사이의 고민이 일종의 위기의식을 만들어냈다. 유가 세계관에서 위기의식의 근원은 다음과 같다. 형이상학적 방면에서 유가는 우주는 선한 실재라고 믿지만, 형이하학적 세계는 그것을 관장하는 '기氣'가 있고, 이것은 종종 자기 자신의 궁극적 본질을 상실하는 세계라고 여긴다. 사람의 정신세계 또한 이와 같다. "아직 발하지 않음[未發]"

은 일종의 이상적 정신세계를 의미하며, "이미 발함[已發]"은 비이상적 정신세계로서 상실된 상태로부터 회귀해야 한다. 여기에서 신유학의 '선'과 '악'에 관한 긴장적 이데올로기가 생겼으며, 메츠거는 이것이 베버가 잘못 이해한 중요한 특징이라고 했다. 유학자들에게 외재적인 형이하학 세계와 사람의 현실 이데올로기는 보통 주희朱熹가 말한 것처럼 "기가 강하고 이는 약한[氣強理弱]" 상태다. 그러나 역사는, 왕양명王陽明이 말한 것처럼 주로 사람의 욕심에 따라 좌우된다. 따라서 우주는 결함이 있는 것이고, 나쁜 기운은 우주의 산물이다. 이런 안팎의 세계에 대한 신유학의 속마음은 화해가 아닌 투쟁이었다. 우주의 악으로 인해 바꾸기 어려운 외부의 세속사회와 기氣는 강하고 이理는 약한 의식세계로 인해서 유자儒者들은 취약하고 연약해졌다. 특히 나쁜 세계는 단순한 기정사실일 뿐 아니라 우리가 이상적으로 여기는 문화적 의의에 대한 부정이다. 왜냐하면 그것으로 인해 유자들이 도덕적 실패라는 위기에 직면했기 때문이다. 이러한 위험에 대한 걱정이 유자들이 느낀 위기의식이었으며, 이것은 유자들로 하여금 일종의 도덕적 실패라는 위기에서 벗어나려고 노력하게 만들기도 했다. 이러한 위기의식과 위기에서 벗어나려는 노력이 분명하게 드러나는 것이 "천리를 따름[存天理]"을 경외와 두려움으로 삼은 과정이었으며, 마치 언제라도 잃어버릴 것처럼 꼭 붙들고 있는 것 같이 했다. 이 때문에 베버가 유가에서는 자신과 세상의 나쁜 에너지에 대항해 격렬히 투쟁하려 하지 않았다고 본 것은 정확하지 않다. 메츠거는 안원顔元이 도덕적 실천 과정에서 매 순간 생길 수 있는 사념, 즉 적대적인 힘에 의해 정복당할 것에 대한 두려움과 걱정을 전력을 다해 없앤 것이 위기의식의 전형적인 예라고 했다.

이런 위기의식과 전통 또는 현대 정치문화 사이에는 어떤 관계가 있는가? 메츠거에 따르면, 중국문화에는 급진주의[激進主義]와 온건주의[溫和主義]라는 두 개의 기본적인 정치 관념 모식이 있다. 급진주의는 군주와 중앙집권을 강조하며 정확한 원칙의 관철을 통해서 사회가 바뀔 수 있다고 믿는다. 따라서 국가는 사회에 대해 전면적인 통제를 실시하고 직접 군중을 동원하며, 모든 사적 이익을 국가와 민중의 수요에 따라 양보하고, 국가는 법률 제정과 도덕 강화를 통해 인민을 계도하고 전 사회의 도덕수준을 제고해야 한다. 이와 달리, 온건적 현실주의는 지방 관리를 강조하고, 사회는 잘 바뀌지 않으며, 정치행동은 점진적이어야 한다는 입장이다. 따라서 국가는 사회에 대해 느슨하고 불완전한 통제만 가할수 있으며, 군중의 동원은 국가가 아닌 지식인이 주체가 되어야 하고, 사유재산에 대한 권리도 존중되어야 하며, 국가의 적극적인 경제 행위도 반대하고, 풍속습관을 존중하며, 사람들이 법을 따르도록 권유하고, 민중이 아닌 고급 관료들의 수준 제고에 힘써야 한다는 입장이다. 한당漢唐시대의 유자들은 모두 군자의 정치참여와 유자들의 정치적 조치로 사회를 바꿀 수 있을 것이라는 낙관적 기대를 했고, 이런 낙관적 급진주의는 왕안석王安石의 변법變法에서 정점에 도달했다. 변법의 실패는 역사적으로 큰 사건이었다. 그 사건 이후, 유가에서는 제도로써 직접 사회를 바꾸겠다는 희망은 더 이상 품지 않았고, 그 결과 유가는 학술적인 면에서는 마음 수양[內心生活] 쪽으로 완전히 방향을 바꾸었고, 실제 업무[事務]에서는 온건현실주의[溫和現實主義]로 방향이 바뀌었다. 물론 이것이 유가가 조화롭고 깨끗하며 번영한 사회에 대한 이상을 포기했음을 의미하는 것은 아니었다. 따라서 온건현실주의로의 전향이 강하고 악한 현실과의 타협이기는 했지만, 이로 인해 도덕적 이상 측면에서는 긍정과 부정 사이의 팽팽한 위기감도 생겼다. 메츠거는 이학理學 내부에서 주희朱熹로 대표되는 학파와 왕양명王陽明으로 대표되는 학파가 나뉜 것은 어느 정도는 또 다른 분기, 즉 외부 세계의 행위방식에 관한 분기에서 기인한다고 주장했다. 주희는 왕양명보다 급진주의에 가까우며, 실제 행동에 참여함으로써 최종적으로는 정치세계를 주도하고자 했던 반면, 왕양명은 낙관적이지 않은 정치적 입장으로 완전히 전향하였고, 그 사상은 특히 개인과 지방 활동만을 하려는 유자들의 수요에 부합했고, 지방주의의 수요에도 부합했다. 여기에서 이학理學 및 그 내부 갈등을 11세기 이후 유학의 사회에 대한 행동 방식과 연결 지었다는 점은 주목할 만하다. 또 그는, 위기의식에 대한 연구가 베버에 반대하기 위한 것 외에도, 20세기 중국 개혁운동이 동서양의 경제적 격차 때문만이 아니라 근대 이전의 중국이 본래부터 가지고 있던 심리적 위기 때문이었으며, 서양의 출현으로 마침 유가가 오랫동안 시도했던 외부 세계의 개조에 대한 실망과 괴로움을 해결하는 데에 때마침 도움이 됐음을 설명하기 위해서였다고 했다. 이것이 20세기 중국의 전반적인 변화 과정에서 있었던 내부 동력이다.

전통적인 정신구조가 현대 중국 정치문화에 미치는 영향을 확정해 보는 것은 정치문화 연구 영역의 전통-현대의 문제이다. 1970년대 중기에 이 책을 지은 저자가 자신에게 다음의 질문을 던졌다. "도대체 왜 중국인들은 그런 독특한 집체주의를 받아들였는가? 제3세계가 보다 선호하는 것은 서양의 기술과 조직인데, 중국은 8억 농민을 포함한 사람들을 동원하여 현대적 조직을 현실화 할 수 있었다. 그들의 성공 비결은 무엇인가?" 이는 저자가 중국이 혁명 후 거둔 성과, 특히 현대화 과정에서 대규모의 사회적 동원으로 거둔 성공을 비교적 높게 평가함을 보여준다. 따라서 그는 자신과 베버는 출발선에서 한 가지 다른 점이 있다고 했다. 베버는 중국은 왜 실패했는지 설명하려고 했고, 자신은 중국이 왜 성공했는지 설명하려고 했다는 점이다. 바로 이러한 출발선상의 차이로 인해, 그 역시 정신적 지향점에 집중했음에도 불구하고 그 결론은 자연스럽게 베버 또는 "신베버주의"와 전혀 다른 것이 되었다.

중국의 전통과 정신적 지향점은 메츠거가 보기에 "상호의존[依賴]의 정신적 기질"로 귀결되는 것이다. 이런 정신적 기질은 다섯 가지 방면을 포함하는데, 그 중 핵심은 개인과 집단 간의 상호의존과 개인과 사회 간의 상호의존이다. 사람들은 내재적 초월성과 자주성을 지니면서도 도덕적 집체에 의지하고 싶어 한다. 그들은 바깥에 있는 도덕 에너지에 의지하려고 하지만, 이 에너지는 특정한 사회 역할에 속하지 않으며 상당 부분 내재화되어 있다. 개인은 집체에 대하여 자주적이면서도 종속적이고 권위에 의지하면서도 선택적이다. 이것이 바로 상호의존이며, 개인과 그것의 맞은편에 있는 모든 것은 상호 간에 영향을 미치고 상호 간에 연결돼 있다.

'상호의존'의 철학적 의의는 서로 간에 기대고 영향을 미친다는 점으로, 그것은 윤리와 정치적 상호 관계 위에서 성립하는 '합일合一', '통일統一', '군체群體', '집권集權'을 지향한다. 집체적이고 상호 협조적이며 도덕적으로 성공한 대동사회가 바로 이런 정신적 기질의 구체적 함의이다. 이러한 이상에서 도덕관은 중요한 요소이며, 이상적 사회는 군체와 개인이 상호의존하며 도덕적으로 성공한 사회이고, 이 점은 중국 지식인들에게 흡인력 있게 받아들여졌다. 이런 정신적 기질이 20세기 혁명운동에 미친 영향은 "보편적 도덕 정신을 자극하고 쉽게 사회를 변화시키는 수단이 될 수 있음"인데, 이는 유가 고유의 이상 중 하나일 뿐만 아니라, 20세기 중국인이 혁명을 받아들이는 중요한 방식이 됐다. 그와 비교해서 보자면, 20세기 혁명운동은 "인류의 열악한 물질적 조건의 기초 위에서 이상적이고 도덕적으로 완성된 정치사회를 만드는 것이 전적으로 가능하다"고 믿었다. 이는 '신新낙관주의'로 드러났으며, 그것은 서양 주도의 관념 전통과 근본적으로 달랐고, 신유학의 위기의식과도 달랐다. 그러나 상호의존의 정신적 기질과는 여전히 연결돼 있었다. '신낙관주의'는 중국 정치문화의 비연속성을 보여주었지만, 상호의존적 기질의 영향은 정치문화 변화의 연속성으로 나타났다.

이러한 관점에서 마오쩌둥 사상을 보면, 신유학이 내향內向으로 방향을 바꾸고 개인의 도덕적 상황에만 주목하느라 자아실현이 어떻게 사회를 변화시키는

지에 대한 외재적 노력에는 관심을 가지지 않았던 것과 달리, 마오쩌둥 사상은 개인의 노력을 더 이상 자신만의 것이 되지 않게 하였고, 개인의 도덕성이 사회적 실천에의 참여와 성과에 기대게 하여 개인의 개조와 사회의 변혁이 일체가 되게 했다. 마오쩌둥 사상의 의의에 대하여, 초기 혁명가들이 부강富强의 문제를 논하면서도 그것을 우주, 사회, 도덕 3자가 통일되는 과정의 일부로 보지는 못했고 도덕상으로는 공허한 주장을 했다는 점에서 중국 고유의 정신자원 운용은 실패한 데 반해, 마오쩌둥 사상은 중국의 전통적 정신 기질에 부합하면서도, 중국이 오랫동안 이루지 못한 숙원의 실현도 포함하고 있었다는 점에서도 의의가 있다. 그것은 우주론을 기초로 하는 도덕상의 상호의존과 철저한 집권으로, 외재적 문제가 있는 사회를 효과적으로 이끌 수 있는 사회다. 따라서 마오쩌둥이 강조한 이 정신은 서양에게는 낯선 것이었지만 문제적인 것은 아니었으며, 마오쩌둥이 이런 거대한 농촌인구의 사회적 동원에 성공할 수 있었던 것은 그의 사상이 중국의 도덕적 이상理想에 부합했고 그것을 계승했기 때문이다. 이 유산遺産 덕분에 정부는 복잡한 수요에 부응할 수 있었다.

3

처음 제기한 문제로 돌아가서 정리해 보면, 메츠거의 베버에 대한 반대 의견 세 가지는 다음과 같다. 첫째, 베버는 유가 사상에는 인간 자신과 세상의 나쁜 에너지에 대한 격렬한 투쟁의식이 없다고 봤으나, 메츠거는 유가에는 사람이 하늘과 통하여 나쁜 것을 잘 극복하는 힘이 있다고 믿으면서도 안팎의 부정적인 힘과 그것으로 인한 도덕적 실패의 위험이 있음을 인정하고, 그로 인한 두려움과 걱정이 있었다고 했다. 둘째, 이런 걱정은 단순히 권위에 대한 일방적인 의존으로 이어지지 않았으며, 유학 자체가 인정하는 자주성과 '정당한 항의抗議'에 영향을 주지도 않았다. 신유학의 보편이념과 현실의 권위구조는 결코 같지 않았다. 셋째, 이런 위기에서의 걱정은 "분발하고 힘쓰는[奮勉]" 정신을 만들어냈고, 이는 비도덕적인 힘에 대해 투쟁하는 도덕적 용기이자, 일상적인 일에 열심히 임하는 태도가 되었다. 이 책이 나온 때를 고려한다면, 이러한 주장은 매우 과감하고 새로운 것을 일깨워주는 것이었다.

그런데 그의 주장이 베버의 유교에 대한 논점과 대립한다고 해서, 베버 이론의 기본 설정과 서로 충돌하는 것은 아니다. 위기의식에 대한 긍정은 여전히 베버가 증명하지 않은 신념, 즉 개체에 내재된 긴장은 사회의 외재적 발전의 중요한 추동력이라는 신념을 근거로 한 긍정이다. 위기의식과 상호의존에 관한 주장은 아직 "걱정-의존" 모식을 벗어나지 못했다. 왜냐하면 중국의 전통 정치문화를 상호의존적 기질로 귀납시킬 수 있다고 해도, 그것이 반드시 위기의식에서 비롯하는 것은 아니기 때문이다. 도덕적 실패를 두려워한다는 의미에서, 안원顔元 같은 일부 유자들이 이러한 위기의식을 가지고 이학理學의 엄숙주의에 대해 풀이한 내용에는 뭔가를 일깨워주는 것이 있었을 것이다. 그러나 이 점이 신유학 전체를 포괄하지 못하므로 보편성을 가지지는 못한다. 분명 주돈이周敦頤, 소옹邵雍, 정명도程明道, 진백사陳白沙, 왕양명王陽明 같은 높은 경지에 이른 이들은 소탈하고 낙천적이었으며, 그 정신은 바로 긴장과 걱정을 최대한 없애는 것이었기 때문이며, 정이程頤와 주희朱熹의 경우에도 "스스로 만족을 느끼며" 걱정하지 않았다. 사사로운 욕심이 많고 도덕적 경지가 낮은 세속의 유자들은 더더욱 도덕적 성공을 가장 중요하게 여기지 않았다. 도덕적 경지가 높을수록 도덕적 성패를 중시하기 때문이다. 유학의 내재적 기준에 의하면, 도덕적 경지가 높을수록 "중도中道를 따를" 수 있다. 따라서 대다수 유자들 개인의 마음에는, 기독교 윤리와 같은 긴장은 존재하지 않는다. 윤리학 원칙상 "천리-인욕天理-人欲" 간의 긴장은 개체의 마음에 실재하는 느낌이 아니다. 이런 구분이 바로 베버 방법론의 특징이다. 하물며 도덕적 성공에 대한 바람이 진지하다고 해도 그것이 곧 도덕적 실패에 대한 두려움은 아닌 상황은 어떻겠나. 송명 유자들이 일정 정도 이성을 통해 엄격한 자기반성을 강제했지만, 이러한 내재적 근심걱정을 광범위하게 가지고 있었음을 보여주는 증거는 없다. 마치 '문혁文革'시대에 두드러졌던 공公—사私 간의 긴장과 광범위하게 행한 "사리私利에 맞서 투쟁하고 수정주의를 비판하자[鬪私批修]"는 검열[檢省]에 도덕적 실패에 대한 걱정이 없었던 것과 같다. 사실상, 베버 자신 역시 전형적인 칼뱅교도에게 실제로 이런 걱정이 있었는지는 명확한 증거를 통해 보여주지 못했다.

신유학 철학 연구라는 전문 학술 입장에서 보면, 이 책은 송명宋明 이학가理學家들의 의식을 비중 있게 다루는 과정에서 여러 가지 뛰어난 부분을 보여주었다. 그러나 종합적으로 보면, 그 서술이 하나하나 고심하여 적은 듯 보이지만, 대상에 대한 완전한 이해가 이루어지지는 않은 듯하다. 그래서 독자들이 이해하는데 어려움을 주기도 한다. 예를 들어, 이학의 "아직 발하지 않음[未發]"과 "이미 발함[已發]"에 대한 논의를 "서로 다른 정신적 발전 단계를 거친 수양 과정"이라고 서술한 것 등이 있다. 이는 저자가 이학理學의 심성론心性論과 공부론功夫論의 내적 논리를 깊이 이해하지 못했기 때문일 것이다. 그러나 국내 학자 역시 대부분 이와 같음을 고려한다면 그에게만 엄격한 요구를 하기도 어렵다.

1970년대 말 이후 중국은 개혁개방이라는 위대한 여정을 시작했고, 이 책의 일부 문제는 이미 지난 얘기가 됐다. 그러나 다른 한편으로, 일본과 동아시아 신흥공업지역의 경제 발전은 베버 명제에 대해 다시 생각하게 만들었고, 이 때문에 이 책의 논의는 여전히 의미가 있다. 그러나 1980년대 동아시아 문화적 지향에 대한 연구는 더 이상 정치문화에 대한 이해에 주목하지 않고, 경제성장과 기업문화에 대한 해석에 집중했다. 우리가 1980년대 미국의 일본과 동아시아 경제 관리 관련 연구 서적에서 이 책에서 강조한 "상호의존"을 보게 되는 일은 전혀 이상하지 않다. 사실상, 1980년대에 보는 입장이라면, 1970년대에는 주의하지 못했던 점을 확인할 수 있다. 예를 들어, 송명 유가사상에는 정통 이학 외에 적어도 8개의 서로 다른 유형이 있다고 했는데, 그것은 각각 한당경학漢唐經學, 공리주의功利主義, 유협遊俠전통, 불교, 도교 및 고거학考據學 영향을 받은 6개의 분파 외에도, 실학 전통의 영향을 받은 "유가세속주의"와 대중문화가 있다고 한 것처럼 말이다. 이 대중문화는 가족주의와 경제주의좋은 가정을 꾸리고 경영하는 것를 핵심으로 일종의 종합적 철학을 이루었으며, 그것과 이학의 도덕적 실천은 구분될 수 있다. 그러나 그것은 중국인 다수의 생활 규범으로 작용하여 사실상 경제 기초를 만들고 사회문화에 참여하게 하는 과정을 만들었을 뿐 아니라, 부분적으로는 온건적 현실주의를 특징으로 하는 신유학의 관료 정치 사상의 적지 않은 관점과 매우 잘 어우러졌다. 이 관점 (및 앞에서 말한 "분발하고 힘쓰는[奮勉] 정신")이 책 전체에서 다룬 것은 아니지만, 1980년대 피터 버거의 "세속유가윤리"에 비추어 보면, 선견지명이 있었다고 하겠다.

보다 보편적인 의미에서, 메츠거는 공업 동아시아가 아닌 중국으로, 직업윤리가 아닌 정치문화를 연구 대상으로 삼았지만, 그는 모든 현대화된 사회 프로젝트에서, 신유학이학이 제공한 정신자원, 혹은 그것에 영향을 준 이전 시기의 모든 전통이 이 과정에서 장애물로 작용하지만은 않았을 것이며, 일정한 조건 혹은 일정한 방식으로, 현대화를 추동하는 내부동력이 됐을 것임을 강조했다. 강하게 표현하자면, 현대화 과정에서 생긴 대규모 사회변혁에는 반드시 혹은 필연적으로 고유한 정신적 유산을 계승하고 운용해야 했으며, 그것은 근본적으로 구성원 공통의 문화지향 혹은 정신적 기질과 상충할 수 없을 것이다. 이 논점의 방향은 1980년대 이후 갈수록 많은 지지를 얻었다. 1990년대 중국의 경제 발전 속도가 빨라지는 만큼, 우리는 갈수록 중국이 어떻게 성공하게 됐는지에 대한 많은 해석을 접하게 될 것이다. 이런 상황에서 메츠거의 이 책을 다시 읽는 것은 의미가 있다.

제13장

중국문화에 대한 량수밍梁漱溟과 막스 베버Max Weber의 견해

1920년 여름 막스 베버가 갑자기 세상을 떠났다. 같은 해 가을,『북경대학일간北京大學日刊』은 '동서 문화와 철학'에 관한 량수밍의 강의 기록 연재를 시작했다.[1] 두 사건은 아무런 연관성이 없고, 두 사람의 사상에도 서로 영향을 주고받은 부분이 안 보인다. 그러나 이 두 학자가 현대 사회 발전의 측면에서 바라본 중국의 역사와 문화에 대한 관점은 20세기 중국과 서양 학술계를 대표하며, 그들의 논의는 서로 밀접하게 연관되어 있다.

1916년에 출판된 베버의『중국의 종교−유교와 도교』와 1949년에 출판된 량수밍의『중국문화요의中國文化要義』는 중국 본토에서도 오랫동안 세상과 단절되어 있다가 1980년대 중반에야 해외 학계에서의 논의로 인해 국내 지식인들의 주목을 받았다. 20세기 서양 학계에서 베버의 중국문화관은 중국학 분야에서 중요한 위치에 있었다, 특히 근대 말 중국학 연구 종사자들 대부분이 베버에서 출발했다. 20세기 중국 학계에서는 량수밍의 중국문화관이 특수한 위치에 있었다. 그의 견해가 대부분의 학자를 대표하는 것은 아니었지만 그 깊이는 베버의 견해 못지않았다.『동서 문화와 철학』출간 이후 량수밍은 학계에서 문화

---

1   王宗昱,『梁漱溟年表』, 台北東大圖書公司, 1992, p.308.

철학자로 인식됐고 그의 저서는 사회과학 서적으로 간주되는 일이 없었다. 그러나 사실, 량수밍 사상의 정수가 담긴『중국문화요의』는 고대 중국의 사회 구조와 가치지향에 관한 연구 서적이다.[2] 그 내용은 사회학 및 문화인류학과 밀접하게 연관되어 있으며, 그의 논의와 강조점은 많은 부분 베버의 것과 비슷하다. 특히 중국문화에 대한 량수밍의 견해와 이해는 베버의 것보다 깊이 있고 정확하다. 따라서 량수밍 연구에서『중국문화요의』를 사회과학 서적으로 보고 베버의『중국의 종교 – 유교와 도교』와 비교하여 량수밍 중국문화관의 의의를 재인식하는 일은 의미 있는 작업이다.

1. 중국문화의 특징

량수밍은『중국문화요의』이하『요의』라고함의 시작 부분에서 중국문화에는 다음 7가지 특징이 있다고 했다. 첫째, 자주적이고 창조적임, 둘째, 스스로 체계를 만듦, 셋째, 오랜 기간 독립적으로 생존해 왔음, 넷째, 강력한 동화력, 다섯 째, 민족의 강한 통합력과 팽창력, 여섯 째, 문화 성숙기 후 2,000년 동안 더 이상의 진보가 없었음, 일곱 번째, 주변에 미치는 영향력이 큼 등이다.[3] 그리고 그는 사람들이 자주 언급하는 중국문화의 특이한 점 14가지도 열거했다.

① 땅이 넓고 인구가 많음

② 거대한 민족이 동화되고 융합되어 있음

---

2   알리토 역시 1940년대 후반에 이르러 "량수밍 분석의 주요 방법과 관점이 철학에서 사회학 및 역사학으로 이동했다"고 했고, "그의 문화 이론 두 번째 항목은 '중국과 서양의 문화와 사회'라고 할 수 있다"고 했다.『最後的儒家』, 江蘇人民出版社, 1993, p.182.
3   梁漱溟,『中國文化要義』(이하『要義』), 台北裏仁出版社, 1982, p.3.

③ 전 세계 어디와도 비교할 수 없는 오랜 역사를 가지고 있음

④ 중국문화의 강한 힘이 어디에서 나오는지 알기 어려움

⑤ 사회가 오랫동안 변하지 않고 문화가 정체되어 있음

⑥ 종교가 없음

⑦ 가족제도가 중국문화 전체에서 중요한 위치를 차지함

⑧ 과학이 발전하지 않음

⑨ 민주주의, 자유, 평등에 대한 요구와 관련 제도가 없음

⑩ 도덕적인 분위기를 중시함

⑪ 국가 같지 않음

⑫ 군대 문화가 없음

⑬ 효의 문화

⑭ 은사隱士의 문화[4]

이 14가지 특성은 세 그룹으로 나눌 수 있다. 첫 번째 그룹은 중국문화와 중화민족의 외적 특성, 즉 광활한 땅과 인민, 오랜 역사, 문화 정체 등이며, 두 번째 그룹은 중국문화의 긍정적 특성, 즉, 가족제도 및 도덕적인 분위기를 특히 중시한다는 점이다. 세 번째 그룹은 중국문화의 부정적 특성, 즉 종교의 부재, 과학의 부재, 민주주의의 부재, 국가 같지 않음 등이다. 첫 번째 그룹에는 위의 항목 중 7가지 특성이 해당하며, 중점은 문화 현상에 있다. 두 번째 및 세 번째 그룹은 중국문화의 보다 본질적인 요소인 사회문화 구조의 특성이다. 물론 이 특징들은 분명 문화 현상의 '정체', 문화 구조상의 '부재' 등과 같이 관찰 주체의 참조 체계와 관련이 있으며, 모두 서양 문화와의 비교를 통해 도출된 결론이다. 동시에 위에 나열한 중국문화의 개성과 특징은 량수밍이 단독으로 발견한

4   위의 책, p.3.

것이 아니라 중화민국 초기 이래 다양한 분야의 학자들이 중국문화를 비판적으로 검토하는 과정에서 끊임없이 제기해 왔던 것이다. 량수밍만의 독창성은 위에 나열된 모든 특성의 기원에 대한 설명에 있다.

펑유란 역시 중국 전통문화의 특성에 대한 일관된 설명 방법을 찾으려고 노력했다. 그는 "생산의 가족화"로 이러한 특징을 설명했다.[5] 그런데 량수밍의 설명은 훨씬 더 복잡하다. 그는 다음과 같이 말했다.

> 중국인의 가족이 특별해 보이는 것은 중국문화의 강한 개성 때문이지 생산의 가족화에 따른 결과인 것만은 아니며, 펑유란 선생이 말한 '보편적인 것[共相者]'[6]처럼 생산 가족화 사회의 일반적인 예도 아니다.

량수밍은 "중국인에게 가족은 매우 특별"하며, 펑 선생이 그것을 산업 혁명 이전에 어디에서나 볼 수 있었던 일반적인 예로 간주한 것은 잘못된 것이라고 했다. 그는 펑 선생의 주장이 유물론적 역사관에 따라 생산 방식의 변화와 진보에 초점을 맞춘 것으로, 이것으로 중국문화의 특성을 설명할 수 없다고 지적했다. 그가 더 주목한 것은 "사회 구조"였다. 량수밍은 다음과 같이 지적했다.

> 특정 시기와 특정 지역의 사회 구조는 사실 그 시기와 그 지역 전체 문화의 중심축[骨幹]이며, 그 밖의 것은 중심축에 붙어 있는 피부[皮肉]일 뿐이다. 사회 구조가 비슷하면 문화도 거의 비슷하고, 사회 구조가 다르면 기타의 것들도 다를 수밖에 없다. 그렇다고 기타의 것들 전부가 '(다른 것에 의해) 결정되는 것'임을 말하는 것은 아니다. 여기에서 강조하는 것은 문화의 핵심[要領]이 어디에 있는가 하는 점이다.[7]

---

5   馮友蘭, 「新事論」, 『三松堂全集』 第四卷, 河南人民出版社, 1986, p.256.
6   梁漱溟, 『要義』, p.36.

이것은 펑유란의 주장이 "고금古今의 차이"를 설명할 뿐 "동서東西의 차이"는 설명하지 못함을 보여준다. 사실 바로 이러한 관점의 차이 때문에 두 사람의 문화관에 차이가 생겼다. 량수밍의 입장에 따르면, 문화학과 역사발생학의 관점에서 동서양의 차이와 그 차이의 기원을 설명해야 서양이 '근대'로 나아가고 동양이 '고대'에 머무르게 된 이유를 설명할 수 있다. 그는 중국문화와 서양 문화의 차이가 오늘날 우리가 말하는 '사회 구조의 차이'에 의해 결정됐다고 생각했다. 그가 말하는 '사회 구조의 차이'는 근대 이후 중국과 서양의 사회 구조의 차이를 말하는 것이 아니라 중국과 서양의 전통 시기 사회 구조의 차이다.

량수밍은 중국과 서양의 전통 시기 사회 구조의 차이가 오늘날 이른 바 "축의 시대"라고 불리는 중국과 서양의 종교 발전의 차이에서 비롯된다는 점도 지적했다.

> 내가 보기에 종교 문제는 중국과 서양 문화의 분수령이다. 고대 중국 사회와 고대 그리스·로마 사회는 차이가 심하지 않았다. 그러나 이후 서양은 문화를 발전시킬 때 기독교와 같은 거대 종교를 중심으로 삼았고, 중국은 비종교적인 유교를 중심으로 삼았다. 양쪽의 사회 구조 변화의 차이는 여기에서 비롯됐다.[8]

량수밍은 종교와 사회 구조를 특히 강조했는데, 여기에서 베버가 연상된다. 먼저 량수밍이 어떻게 중국문화와 사회 구조의 상호작용으로 중국문화와 사회를 분석했는지 살펴보자.

---

7   위의 책, p.45.
8   위의 책, p.49.

2. 윤리 기반[本位]과 집단 기반[本位]

중국의 사회 구조에 대한 량수밍의 견해는 서양사와의 비교를 통해 얻은 결론이다. 그는 사회 구조 면에서 가족 기반 사회, 개인 기반 사회, 사회 기반 사회 및 윤리 기반 사회 등 몇 가지 유형의 사회가 있다고 했다. 량수밍은 "근대 서양 사회는 개인 기반 사회이다. 영국과 미국이 그 예다. 최근 서양의 추세는 사회 기반 사회이다. 소련이 그 예다. 그렇다면 중국은 '윤리기반 사회'라고 할 수 있다. '가족 기반'이라는 표현은 적절하지 않고, 그것만으로는 설명이 되지 않는다. 가부장제 사회만이 가족 기반이라고 할 수 있다. 관련 내용은 에드워드 젠크스Edward Jenks의 『정치학사[社會通詮]』를 참고할 수 있으며, 중국은 생각보다 오래전에 가부장제 사회를 벗어났다"고 했다.[9] 펑유란은 고대 사회를 가족 기반의 사회로 봤고, 동양과 서양 모두 그러하며, 근대 서구 사회는 사회 기반의 사회라고 했다. 그러나 량수밍은 근대 사회에서 영국과 미국은 개인 기반 사회이고 소련은 사회 기반 사회이며, 고대 사회는 중국과 서양 모두 가족 기반 사회가 아니었고, 가족 기반 사회는 동서양의 상고上古시대(중국은 주周 나라 이전, 서양은 고대 그리스와 로마 이전)만 해당한다고 했다. 량수밍의 견해에 따르면 상고 시대 가부장제 사회는 '가족 기반의 사회'이고, 근대 서구의 자본주의 사회는 '개인 기반의 사회'이며, 당시 소련의 사회주의 사회는 '사회 기반의 사회'이다. 고대 중국이 '윤리 기반의 사회'라면 고대 서구는 가족을 넘어서는 '집단 기반의 사회'다. 량수밍이 명확히 '집단 기반'이라는 용어를 사용하지는 않았지만, 그가 서양의 집단생활을 강조한 것을 보면, 고대 서구 사회를 집단 기반 사회로 봤음이 분명하다.

---

9   위의 책, p.80.

	중국	서양
상고(上古)	가족 기반(가부장제)	가족 기반
고대(古代)	윤리 기반	집단 기반
근대(近代)	개인 기반	사회 기반

량수밍은 고대 그리스·로마시대부터 서구 사회는 집단 기반 사회였다고 했다. 집단 기반 사회란 무엇인가? 첫째, 관계만이 아닌 다른 조직이 존재해야 한다. 둘째, 그 범위가 가족을 넘어서며, 가족에 의존하지 않는 것을 조직의 출발점으로 삼는다. 셋째, 집단의 테두리 안에서 모든 구성원이 어느 정도 구속을 느낀다.[10] 량수밍은 다음과 같이 지적했다. "가부장제 시스템이 무너졌으므로 '집단'은 곧 가족 기반을 넘어선 것이다. 가족 기반을 넘어선 조직만이 '집단'이라고 부를 수 있다."[11]

그는 당시 참고한 역사학 저서에 근거하여, 고대 그리스·로마시대에는 가부장제 체제가 붕괴됐지만 대규모 집단은 아직 형성되지 않았다고 했다. 그는 "고대 그리스·로마 사회는 집단생활 사회로 봐야 한다. 가족이 중심이 되기는 해도, ① 대부분의 사람들이 어딘가에 속해 있었고, ② 계급이 분화됐으며, ③ 가장의 권위가 있었고, ④ 다양한 산업이 발달하는 등 당시의 생활은 집단 기반일 수밖에 없었다. 그러나 정신적 기반과 의식이 얕았으므로 거대 집단을 이루지는 못했다. 거대 집단에게 같은 성姓의 가족은 더 이상 중요한 요소가 아니었다. 그것은 기독교와 이슬람교 출현 이후에야 형성될 수 있었다"[12]고 했다.

기독교 정신이 어떻게 가족을 벗어난 거대 집단을 만들 수 있었던 것일까? 량수밍에 따르면 기독교 정신은 세 가지로 요약할 수 있다. 첫째, 과거에는 나라 수만큼 많은 신들이 있었지만, 지금은 신이 절대적이며 유일하고, 세상 모든

---

10 위의 책, p.70.
11 위의 책, p.52.
12 위의 책, p.51.

것을 주재한다. 둘째, 모두가 하느님을 자신의 아버지로 여기고 서로를 형제처럼 생각하여, 내 가족인 사람과 아닌 사람을 구분하지 않는다. 셋째, 세속과 멀어짐으로써 종교와 정치가 점차 분리되어 국가의 정부가 독립할 수 있게 됐다. "가부장제의 붕괴와 가족 기반을 넘어선 조직의 출현은 사실 이 새로운 정신에 의해 시작되었다."[13] 한편, "거대 규모의 집단생활이 종교가들의 의식적인 필요에 의해서 형성된 것으로 오해해서는 안 된다. 서양인의 집단생활이 이루어진 것은 '사실'이지 '관념'이 아니다. 이 사실들은 특히 기독교와 관련이 있다".[14] 량수밍에 따르면 정신적인 것은 역사적 과정의 필요조건일 뿐이며, 기독교는 가족과 계급제도를 깨고 개개인이 형제가 되는 초超가족 집단인 교회를 조직했다. 집단생활은 차츰 단체의식을 만들어냈고, 거기다가 다른 종교에 대한 기독교의 배타성이 매우 강했던 점 때문에, 그로 인한 피의 전쟁이 이 집단정신을 더욱 강화시켰다.

중세 이후 서구에서 집단생활이 확고히 자리 잡은 데에는 몇 가지 다른 역사적 조건이 있다. "정치적으로는 대제국이 무너짐에 따라 각 지방이 일어날 수 있는 기회가 생겼고, 작고 약소한 이들은 생존을 위해 각자 의지할 곳을 찾게 되었다. 이렇게 하여 수많은 봉건 집단이 형성됐다." 경제적으로는 이슬람이 지중해 삼면을 정복했기 때문에 주요 교통망이 단절되고 도시가 몰락하여, "서구 전체가 8세기 말부터 농경사회로 돌아갔다. (…중략…) 봉건제도 속에서 자급자족 하던 크고 작은 그룹들은 뜻밖의 집단적인 생활을 하게 됐다."[15] 량수밍은 여러 역사가들을 인용하여 "중세시대 서구인들의 농경생활은 당시 집단적이었다"고 했다.[16] 그는 이상의 사항들을 통해 "서구 중세 사회의 집단성이 지나치

---

13 위의 책, p.53.
14 위의 책.
15 위의 책, p.56.
16 위의 책, p.59.

게 강했음"을 강조하고, 이로써 서양 중세 사회의 사회 구조와 문화적 특성을 드러내고자 했다.

집단생활에서 개인과 집단의 관계는 개인이 가족 안에서 맺는 관계와 다르다. "첫째, 집단생활에서 개인은 단체에 속하고, 단체는 개인을 직접 통제한다. 둘째, 집단생활에서 단체 속의 개인은 모두 동등하다."[17] 집단생활의 교훈과 훈련 속에서 "첫째, 공공개념, 둘째, 규율과 습관, 셋째, 조직력, 넷째, 법치주의 정신 등이 생겨났으며, 이 네 가지는 '공덕公德'이라는 말로 포괄할 수 있다".[18]

그렇다면 중국의 사회 구조는 서구의 사회 구조와 어떻게 다른가? 량수밍은 고대 중국 사회가 집단 기반 사회가 아니었음이 핵심이라고 했다. 동시에 그는 대개 중국 전통 사회를 가족 기반 사회라고 하는데 이러한 견해는 매우 일반적이지만 적절하지는 않다고 했다. 그는 중국 전통 사회가 '윤리 기반의 사회'라고 했다.

윤리사회란 무엇인가? 량수밍은 다음과 같이 말했다.

사람이 태어나면, 혈연관계로 맺어진 사람들부모, 형제 등이 생기고, 일생을 사람들과의 관계 속에서 산다(사회에서 벗어나지 않음). 이처럼 인간의 삶은 사실 각종 관계 위에서 이루어짐을 알 수 있다. 이 각각의 관계가 곧 각각의 윤리다. '윤倫'이라는 것은 누군가와 한 무리가 되는 것, 즉 사람들과 어우러지는 것을 가리킨다. 서로 어우러지다 보면 관계가 생성된다. 가족인 아버지와 아들은 하늘이 맺어준 기본적인 관계이므로 윤리에서 가족을 가장 중시한다. 언제나 부모가 가장 우선이고, 그 다음이 형제자매, 시간이 지나면 남편과 아내가 생기고 자녀가 생긴다. 배움의 터나 친척들 무리에서도 관계가 생성된다. 거기에서 나와 사회로 나가면, 배움에 있어서는 스승과 제자가 있고, 경제 방면으로는 동업자가 있으며, 정치적으로는 임금과 신하[君臣]

17　위의 책, p.62.
18　위의 책, p.65.

그리고 관리와 백성[官民]의 관계가 있다. 평소에 왕래가 잦거나, 일이 있을 때 서로 도우면 이웃 친구가 생긴다. 한 사람이 나이를 먹으며 살아가는 과정에서, 가까이든 멀든 다양한 방면에서 수많은 관계를 맺게 된다. 이 모든 관계가 윤리이며, 윤리는 가족에서 시작되지만 가족에만 국한되지 않는다.[19]

량수밍의 윤리에 대한 정의는 엄밀하지 못하다. 사람 사이의 관계가 윤리라면, 사람 사이의 관계가 있는 어떤 사회라도 윤리사회라고 할 수 있기 때문이다. 사실 량수밍이 언급한 '윤리적 관계'는 가족 그리고 가족 비슷한 관계를 의미하며, 그가 언급한 '윤리사회'의 특징 역시 이런 관계 속에 있는 사람들 사이에 정[情分]과 마음[情義]이 있다는 것으로, "윤리적 관계는 곧 우정[情誼] 관계"[20]이며, 이런 관계에는 의무가 작동한다고 했다. 그러므로 이러한 의미에서 가정과 가족만이 아닌, 의무가 작동하는 모든 우정 관계는 본질적으로 윤리적 관계에 속한다. 그는 다음과 같이 주장했다.

사회 전체의 모든 관계가 가족화하면 서로 간에 더 친밀하고 무거운 관계가 된다. 따라서 사회 구성원 모두는 자신 주변의 윤리적 관계에 대하여 관계에 맞는 의무를 지며, 동시에 그 사람과 윤리적 관계를 맺고 있는 주변 사람 역시 그에 대한 의무를 진다. 사회 구성원 전체가 생각지 못하게 돌고 돌아 서로 연결되고, 보이지 않게 하나의 조직을 이루는 것이다.[21]

그러한 사회가 바로 '윤리 기반' 사회이다.

---

19 위의 책, p.80.
20 위의 책, p.81.
21 위의 책, p.81.

윤리사회의 주요 원칙은 법률[法律]이 아니라 정리[情理]다. 예를 들어, "가족 내에서는 노인과 어린 아이, 윗사람과 아랫사람, 남자와 여자, 강한 자와 약한 자 등 각자의 상황이 분명하게 파악된다. 다른 사람들로 인한 고민 없이 사안에 맞게 그 일을 논하여 적절한 결정을 내리면 된다. 또한 공간적으로 가깝게 지내므로 개인적이고 세세한 어려움을 서로 다 아는 만큼 그것을 외면하기 어렵다. 내 몸의 일부처럼 친밀하고, 서로 도움이 필요한 관계에서는 세심한 위로와 보살핌이 있어야 관계가 원만해지고 생활이 순조로울 수 있다. 이 경우 법치[法治]보다는, 오히려 '법 아닌 것'이 해결에 도움을 줄 수 있다."[22]

윤리사회의 출발점은 가정이나 가족(친척을 포함한)이다. 중국에는 서양처럼 초[超] 가족적 집단생활을 만들어낸 정신적 물질적 조건이 없었기 때문에 집단생활 및 집단생활에 따른 생긴 습성이 없었다. 그 결과 가족과 가족생활을 중시하게 되었으며, 이로 인한 습성과 지나친 편중 현상이 생겼다. 경제와 정치 모든 방면에서도 이러한 사회 구조의 영향을 받았다. 윤리사회는 우정을 중시하고 상호의존적이며 의무에 따라 움직이는 사회이므로, 정치나 경제 방면에서 '권리[權利]' 개념은 발달하지 않았다. 정치에서 "나라의 임금은 종갓집 장자이고, 지방의 관리는 부모이며, 나라는 하나의 대가족[大家庭]이다. 그러므로 '효는 임금을 섬기는 것이고, 공경함은 어른을 섬기는 것이며, 자애로움은 여러 사람[衆]을 섬기는 것'이라고 하며, 정치를 하는 것은 '갓난아이 돌보듯' 함에 있다'고 한 것이다. 옛날부터 전해져온 이 생각은 2~3천 년 동안 변함이 없었다. 여기에서는 임금과 신하, 관리와 백성 간의 윤리적 의무만을 알 수 있을 뿐 백성과 집단으로서의 나라 사이의 관계는 파악되지 않으며", "정치구조 전체가 윤리적 관계로 귀결될 뿐만 아니라 그 정치적 이상과 방법 역시 모두 윤리에서 파생되고 윤리로 귀결된다."[23]

---

22 위의 책, p.66.

3. 직업 분화와 계급의 대립

량수밍은 고대 중국의 사회 구조에는 두 가지 특징이었다고 했다. 하나는 '윤리 기반'이고 다른 하나는 '직업의 분화'다. 윤리 기반은 서양의 집단 기반과 개인 기반에 상대되는 특징이고, 직업 분화는 서양 사회의 계급 분화에 상대되는 특징이다. 그는 다음과 같이 말했다.

윤리 기반은 중국 사회 구조의 한 면만을 논한 것이며, 그 밖에 다른 면도 있다. 서양 중세 사회는 귀족 지주와 농노의 두 계급이 대립했고, 근대에는 자본가와 노동자의 두 계급이 대립했다. 중국 사회는 이 점에서는 또 전혀 다르다. 서양을 계급 대립의 사회라고 한다면 중국은 직업 분화의 사회다.[24]

량수밍은 넓은 의미에서 인간 사회가 귀하고 천한 사람, 부자와 가난한 사람들로 나누며 그것을 계급으로 볼 수 밖에 없음을 인정했다. 그러나 그가 이해한 계급은 서양 중세를 예로 든 것이며, 그가 중국에는 계급 대립이 없다고 한 것 역시 서양과 같은 계급이 없음을 가리킨다. 량수밍의 이러한 견해는 그의 문화적 신념 외에, 주로 중국 화북華北지역주로딩현[定縣]과쩌우핑[鄒平]의 농촌 토지 분배 상황에 대한 이해에 근거한 것이다. 그는 중국의 전통 농업 사회에는 계급이 없었다고 했다. 그 근거는 다음과 같다.

첫째, 토지를 자유롭게 매매하여 사람들이 토지를 소유할 수 있었다.
둘째, 토지 독점 현상이 거의 없었고, 토지 소유자의 비중이 꽤 높았던 것으로 보인다.[25]

---

23 위의 책, p.84.
24 위의 책, p.143.

량수밍은 쩌우핑[鄒平]의 향촌 건설 프로젝트와 딩현[定縣]의 사회 조사가 보편적인 것이라고는 할 수 없지만, 임의로 표본을 추출한 이 작업과 소작농이 많은 남부 지역 상황을 절충하여 따져보면, 위의 두 근거는 성립 가능하다고 했다. "이 점을 고려한다면 어떤 사람은 토지를 소유해도 농사는 짓지 않는 사회와 어떤 사람은 농사는 짓지만 토지는 소유할 수 없는 계급사회, 이 둘 사이의 거리는 너무 멀다."[26]

량수밍에 따르면 중국 사회는 경제 방면의 계급 대립이 없었을 뿐만 아니라, 정치 방면에서의 대립이 더욱 뚜렷했다. "전국戰國시대 이후 중앙에서 지방까지, 정치를 함에 있어 백성을 직접 대하는 사람들은 모두 관리들이었고, 관리들이 귀족과 크게 달랐던 점은 그들은 자신을 위해 통치하지 않았다는 것이다. 그들은 통치 권한을 가지고 있었지만, 그것은 세습되지도, 평생 가지는 것도 아니었으며, 잠깐 동안 대리인으로서 그 자리에 있을 뿐이었다. (…중략…) 자신이 통치계급으로 여기고 자신을 위해 다스리는 것은 대리인으로서 잘못된 것임이 분명하다. 관리의 기회가 누구에게나 열려 있던 때이니 더욱 그렇다.[27] 따라서 중국 역사에서 전국시대 이전에는 경卿, 대부大夫, 사士의 계급사회였으나, 전국시대 이후에는 통치자가 학자와 관리 등으로 변하였고 직업화되었다. 그들은 농민, 노동자, 상인과 마찬가지로 "사회 구조 속에서 그들만의 직책과 업무를 가졌으며, 없어서는 안 될 구성원이었다."[28] 이것을 '직업의 분화'라고 한다. 량수밍의 이 견해는 확실히 사회의 계층화와 사회적 이동에 대한 사회학적 분석에 가깝다.

종합하면, 중국 진한秦漢시대 이후 계급이 없었으며, 그것은 중국 중세 시기의 특징이다. 이러한 현상의 근거는 ① 다수의 독립 생산자가 존재했고, ② 토

---

25 위의 책, p.150.
26 위의 책, p.152.
27 위의 책, p.156.
28 위의 책, p.159.

지와 자본이 어느 한 곳에 집중되지 않고 분산되어 늘 움직였으며, ③ 정치적 기회가 열려 있었다는 점이다.[29]

중국 사회에는 계급 대립이 없었기 때문에 '국가 같지 않다'는 특징이 생겼다. 예를 들어, 국가라면 지녀야 할 기능이 결여된 채 정치적으로는 소극적이며 하는 일이 없었으며, 국가 구성원과 정부의 관계에서는 곡물을 거둬들이는 일이 주를 이루고, 대외적으로 국제적으로 대항하는 일도 없었고, 국방에 소홀하고 호적 관리도 안 했으며, 문文만 중시하고 무武는 경시했다. 특히 중국인은 국가 개념이 없어서 항상 '천하天下'라고 말하길 좋아했다. 서양인의 의식과 생활에서는 개인과 집단 이 두 가지가 가장 중요했지만, 중국인의 의식 속에서는 가족과 천하 이 두 가지가 가장 중요했다.

중국은 하나의 국가로서 존재 및 발전하지 않았기 때문에, 량수밍은 중국에는 국가가 아닌 사회만 있다고 했다. 더 정확하게 말하면 중국은 "국가가 사회로 융합되었고", "단지 사회일 뿐, 국가 같지 않으며", "사회가 곧 국가인" 나라다.[30] 그가 보기에 국가는 계급 통치에 의해 구성되는데, 중국은 계급이 없었고 무력 사용의 주체가 없었다.

사회가 곧 국가가 된 것은 중국 봉건제 해체의 특징에 따른 결과다. 량수밍에 따르면 봉건제는 토지 소유자가 경작자에게 가하는 강제 착취로서, 경제적 예속 관계와 정치적 분권화 그리고 이념적으로는 종교적 미신 등이 결합된 제도다. 중국은 봉건제 해체시기에 유교에서 주장하는 이성理性에 따라 예교禮教를 법률 삼았고, 정치를 윤리로 삼았으며, 직업으로 계급을 대신하고, 도덕으로 종교를 대신하는 등 계급 국가의 요소들을 윤리사회에 융합시켰다. 따라서 "지난 3천년 동안 중국의 일관된 정신은 '국가'가 아닌 '사회'를 향해 걷는 것이었다".[31]

---

29 위의 책, p.158.
30 위의 책, p.171.

4. 사회 진보와 자본주의 출현의 문제

량수밍이 중국 역사 문화 분석을 통해 해결하고자 했던 주요 문제 중 하나는 중국 역사 발전의 정체停滯와 자본주의가 출현할 수 없었던 '문화적', '구조적' 이유를 찾는 것이었다.

량수밍은 중국 봉건제가 붕괴된 후 2천 년 이상 중앙집권이 끝나지 않았던 점, 경제적으로 오랜 침체기를 겪은 점, 이 두 가지가 "가장 설명이 안 되는 부분"이라고 했다. 그는 "연구자들의 설명에 따르면, 진한秦漢 이래 2천 년은 혼돈의 시대이다. 중국사회사를 다루면서 이 시기를 명확하게 설명하지 못하면 다른 것도 다 의미가 없다. 이 시기를 소홀히 다루거나 그냥 넘기는 것은 더욱 우스운 일이다"[32]라고 했다.

고대 중국 사회에서 아버지의 유산은 장남만 물려받는 것이 아니라 모든 아들이 동등하게 나눠받았다. "이런 윤리사회의 특징은 서양과 일본에서는 거의 보이지 않았으나 중국에서는 2천 년 동안 유지되었다. 윤리 기반의 경제에서 재산은 가깝게는 부부夫婦, 부자父子가 공유하고 멀리는 윤리적 관계로 이어진 사람들 전부가 공유한다. 이 때문에 형제가 재물을 나눠가지고 친척과 친구가 재물을 주고받으며, 같은 조상 아래의 사람들은 공동의 부를 더욱 늘려간다. 재산이 많을수록 그것에 대한 부담과 공조의 의무 역시 더욱 커진다. 이렇게 함으로써 경제적 편중을 막고 분권화로 나아갔으며, 자본주의의 확대와 재생산을 막음으로써 소비 위주의 흐름이 생겼다. (…중략…) 어떤 사람은 봉건사회의 핵심이 장자 승계 제도에 있으며, 영국 사회에서 자본주의가 출현할 수 있었던 이유는 장자승계 제도로 경제적 힘을 미리 집중시킬 수 있었기 때문이라고 주장하기도 했다."[33]

---

31 위의 책, p.224.
32 위의 책, p.175.

이러한 윤리사회는 로마법과 같은 소유권 기반의 법 제정이 필요 없고, 개인의 권익을 보호함으로써 국민의 이기심과 자유경쟁을 촉진하기 어렵다. 따라서 "이 윤리 기반의 사회조직은 한 개인이 경제적 성공을 이루는 데 절대적인 걸림돌이 될 뿐만 아니라, 근본적으로는 경제적 성공을 이루려는 마음도 생기지 않게 만든다. (…중략…) 윤리사회인 중국 땅에서 자본주의가 싹트고 자라나기 어려웠을 것임은 매우 당연하다".[34]

윤리사회는 집단생활이 아니기 때문에 집단생활에 필요한 법과 최후의 결과물인 민주주의 개념이 없다. 윤리사회에서 생길 수밖에 없는 짙은 도덕 중시 분위기와 내적 수양을 권장하는 분위기로 인해 과학은 발전하기 어려웠고, 직업 분화가 계급의 대립을 대신함에 따라 계급은 없고 국가답지 않았으며, 정치는 진보하지 못했다. 이러한 것들 때문에 중국은 서양이 걸었던 길을 걸을 수 없었다.

량수밍의 견해에 따르면, 중국에서 과학, 민주주의, 산업혁명이 발전하지 못한 것은 중국의 발전이 더뎌서가 아니라, 애초에 중국이 서구와 다른 길을 걸었기 때문이다. 그는 말했다. "천천히 걷는 자는 천천히 걸어도 언젠가는 도착지점에 이른다. 그런데 아예 다른 길로 가면 도착하려던 곳에 영원히 이르지 못한다. 중국이 바로 후자에 해당한다. (…중략…) 중국은 과학으로 나아가지 못하고 있는 것이 아니라, 이미 과학으로 나아갈 수 없게 된 것이다. 중국은 자본주의로 나아가지 못하고 있는 것이 아니라 자본주의로 나아갈 수 없게 된 것이다. 중국은 민주로 나아가지 못하고 있는 것이 아니라 이미 민주로 나아갈 수 없게 된 것이다." "중국은 서양과 다른 길로 들어섰고, 이 길에서 벗어나지 못한 채 빙빙 돌며 정체된 상태에 빠졌다."[35] 펑유란은 중국과 서양의 차이는 사실 중세

---

33 위의 책, p.197.
34 위의 책, p.198.
35 위의 책, p.42.

와 근대의 차이라고 했다. 그러나 량수밍은 중국의 문제는 인류 진화의 유일한 길을 걷다가 중고시대에 와서 정체된 것이 아니라, 시작점에서부터 서양과 다른 방향의 길을 걸은 것이라고 했다. 그는 "이 차이는 사실 중국과 서양의 문화 경로의 차이이다. 그러나 비평가들이 근대 산업의 발전에만 주목하면서 가족생활에는 주목하지 않았고, 동시에 인간의 독립과 자유 역시 근대 사조 이후에 강조되면서, 중국처럼 개인이 가족이나 가족생활에 묻히는 것이 문화적으로 덜 진화한 것의 상징이 되고 서양의 중고시대와 같은 것으로 취급되었다. 그리하여 중국과 서양의 차이를 사회가 더 발전하고 덜 발전한 것의 차이로 봤다".[36] 그는 중국과 서양의 차이를 고금古今의 차이로 설명하는 사람들은 의식적이든 무의식적이든 단선적單線的 진화론을 지지하는 입장이라고 했다. "왜냐하면 중국과 서양이 다른 길을 갈 수 있다는 것을 인정하지 않고, 사회 진화가 오직 하나의 길만을 따라가는 것임을 고집하며, 역사는 늘 진보한다고 믿기 때문이다. 진보하는지 아닌지는 알 수 없는 것임에도 말이다"라고 했다.[37]

5. 이성理性과 문화의 이른 성숙[早熟]

윤리사회는 '생각'과 '제도'라는 측면에서 자본주의에 유리하지 않다. 이 의미에서 사회 구조의 작용은 결정적이다. 그러나 중국 역사 발전 과정에서 이러한 사회 구조가 형성되고 서양식의 사회 구조가 발전하지 못한 것, 그리고 서양의 발전 방향과 다른 방향의 길-윤리사회의 길-을 걸은 것은 주요 시기의 문화 발전과도 관계가 있다. 이 점에서 고대 종교사상에서도 그 근원을 찾을 수 있다.

---

36 위의 책, p.79.
37 위의 책, p.177.

서양은 집단생활 중심이었고 중국은 가족생활 중심이었으며, 이로 인해 두 개의 상반된 문화를 형성했다. 그 기원을 거슬러 올라가면, "서양의 길은 기독교에 의해 열렸고, 중국의 길은 주공周公과 공자孔子의 가르침에서 시작되었다."[38] "중국이 이 길을 걸은 것은 옛 성인聖人의 선도先導에 의한 것이지 가부장제 사회에서 자연적으로 진화한 것은 아니다. 즉 중국 사회가 윤리로 조직되게 된 것은, 통찰력 있는 누군가가 인류의 참되고 아름다운 감정을 알아보고, 가정에서부터 그것이 만들어지고 길러지게 한 데에서 시작했다는 것이다. 그는 수시로 효와 공경, 자애로움, 우정과 공경 등을 일깨웠으며, 또 한편으로는 가정의 구조가 바탕이 되는 사회 구조를 만들기도 했는데, 이것이 바로 '윤리'다."[39] 여기에서 말한 가장 통찰력 있는 사람이 바로 주공周公과 공자孔子다.

량수밍은 윤리사회가 고대 가부장제 사회로부터 생겨난 것이라고 했다. 예악禮樂 제도가 고대 종교에서 나온 것처럼 말이다. "고대 종교가 예악禮樂이 됐고, 고대 가부장제가 윤리가 된 것은 분명 같은 방식에 의한 것이다."[40] 그는 중국 문화 발전의 초기 역사에서 예악은 대부분 주공周公으로부터 나왔고, 윤리는 대부분 공자로부터 나왔다고 했다. 량수밍에 따르면, 중국 윤리사회 질서는 대략 서한西漢 때 수립되었지만, 그 근원에는 결국 주공과 공자가 있다. 주공과 공자의 주요 업적은 다음 두 가지다.

첫째, 사람들의 이성理性을 깨워서 모든 오래된 습속과 관념의 독단성을 깨뜨리고 마음의 이치[情理]로 그것을 가늠하게 만들었다. (…중략…) 둘째, 효제孝悌를 잘 지켜서 가족이나 부자父子 간에 마음을 돈독히 하고, 가까운 곳에서부터 멀리까지 그것을

---

38 위의 책, p.96.
39 위의 책, p.89.
40 위의 책, p.115.

널리 행함으로써, 사회 내의 관계가 서로의 마음[情誼] 위에서 맺어지도록 했다.[41]

그리하여 사람 마음이 받아들이는 것으로 봉건 질서의 억지스러움을 없앨 수 있었고, 결국에는 윤리가 봉건제도를 대신하고, 윤리로 사회를 조직하게 되었다.

량수밍이 말한 '이성理性'은 사람 마음의 이치[情理]이다. 그가 말한 이성은 생각이나 인식의 능력 및 작용이라는 일반적인 이해와 다르다. 량수밍은 생각이나 인식의 능력 및 작용을 '이지理智'이라고 했다. 그는 "'이지理智'와 '이성理性'은 마음 작용의 두 가지 모습이다. 앎[知]에 관한 것이 '이지理智'이고, 마음[情]에 관한 것이 '이성理性'이다"[42]라고 했다. 그는 "이성理性이 어디에 있는지 알고 싶은가? 타인을 관찰하거나 자신을 돌아보자. 기분이 편안하고, 마음에 걸리는 특별한 일이 없으며, 다른 사람이 하는 말을 잘 들을 수 있고, 두 사람의 대화가 가장 잘 통할 수 있는 때가 바로 그 사람이 이성을 갖춘 때이다. '이성'이라는 것은 결국 차분한 상태로 통달한 마음이다".[43] 량수밍이 말한 '이성'은 하버마스가 말한 "소통 이성communicative rationality"에 매우 가깝다. 즉, 서구에서 기독교에서 비롯된 초超가족 정신으로 인해 집단 기반 사회가 발전했다면, 중국에서는 주공과 공자의 가르침이 사람들의 마음을 깨우고, 그 결과 윤리 기반 사회의 길을 가게 됐다는 것이다.

앞서 언급했듯이 주공과 공자의 가르침은 사람들의 이성을 깨웠고, 이 이성은 인간이 모든 일을 마음[情理]으로 가늠하게 만들었다. 서양과 일본에서 장자승계제를 시행한 것처럼 중국도 상고시대에 이 제도를 시행했지만, 봉건제가

---

41 위의 책, p.118.
42 위의 책, p.128.
43 위의 책, p.125.

붕괴한 이후에는 유산을 똑같이 나누었다. 량수밍은 "이것은 사소한 일도 아니고 우연도 아니다. 이것은 사람 마음이 받아들이는 것으로 봉건 질서의 억지스러움을 없앤 것이다. 소위 윤리로 봉건을 대신했다는 점이 여기에서 분명하게 드러난다".[44] 중국에서 봉건제가 붕괴한 이후 계급 국가의 길을 가지 않고 윤리 사회의 길을 간 것은 바로 이성理性이 일찍 계발됐기 때문이다. 량수밍이 말한 중국의 문화적 조숙무熟은 바로 이것을 가리킨다.

이른 시기에 이성이 깨어났고 문화적으로 조숙했다는 량수밍의 주장은 역사를 관찰하는 두 가지 기준, 즉 역사 기준 그리고 가치 기준과 연관된다. 중국 사회사에 대한 량수밍의 기본적인 관점은 중국의 봉건제가 해체된 이후 계급이 직업으로 바뀌고, 사회는 윤리에 의해 조직되었다는 것인데, 이 두 가지는 중층적이다. 즉 하나는 '이성'에 대한 것이고, 또 하나는 그 출현이 너무 일렀다는 것이다. 간단히 말하자면, 중국문화의 특징을 '합리적'이라고 하는 것은 가치를 기준 삼은 것이고, '발전이 너무 이름', "진보적 흐름에 부합하지 않음"이라고 하는 것은 역사를 기준 삼은 것이다.[45] 또는, 두 개의 '진보' 개념이 있다고 했는데, 하나는 가치적인 것, 하나는 역사적인 것이다. 중국문화의 특색과 그 안에 담긴 이상理想은 인류의 이상에 부합하지만, 그것이 현실이 되기 위해서는 국가를 사회에 융합시키고 계급을 직업으로 변화시키는 등의 일정한 역사적 조건이 필요하며, 고도로 발달된 문명의 토대 토대가 되어야 한다. 그러나 그것이 너무 이른 시기에 출현하면, 그 자체의 합리성으로 인해 변화하기 어렵고, 역사에 필요한 발전을 가로막는다. 윤리학의 관점에서 보면 선善, 합리성(合理性)이 진보적인 것이자 합리적인 것이지만, 역사적 관점에서 보면 악惡, 비이성(非理性)은 필요한 것이고, 합리적인 것이기도 하다. 이 두 가지 합리성이 바로 어떤 의미에서

---

44 위의 책, p.119.
45 위의 책, pp.246~247.

베버가 말한 가치합리성과 도구적 합리성이다. 량수밍의 문화적 관점은 이 두 합리성의 모순과 갈등을 분명하게 보여준다.

6. 베버의 중국문화관

먼저 중국 사회의 구조와 제도에 대한 베버의 이해를 살펴보자.

(1) 부역제賦役制 재정과 가산제家産制 국가

베버에 따르면, 부역제賦役制, liturgy는 전통 시기 중국의 국가재정 확보를 위한 주요 방식으로서, 관개, 군사, 식량 공급, 국고國庫 같은 다양한 공적 부담이 모두 부역賦役을 통해 이루어졌다.[46] 물론 중앙에서도 사업을 통해 재정의 일부를 마련했다. 역사적으로 지방에 대한 중앙 정부 통제력의 한계로 인해, 지방이 부담하는 부역은 일정 시기 이후 관습에 따라 '일정부분을 할당 받는' 형식이 됐다.[47] 화폐의 유통이 활성화됨에 따라 부역 및 조세 할당 부분은 화폐 지불 방식으로 바뀌었다. 화폐 경제와 관리들의 봉록제俸祿制의 결합으로 지배 계층이 이득을 볼 수 있는 특수한 기회가 마련되었고, 그들의 기득권 유지의 심리도 강화되었다.[48] 가산제와 봉록제 결합의 공고한 구조는 대대적인 군사혁명이나 종교혁명을 통해서만 와해될 수 있었다.[49]

가산제家産制, patrimonialism는 통치자가 정치권력을 본인 사유 재산의 유용한 부속품으로서 이용하는 제도를 가리킨다.[50] 베버는 중국을 '가산관료제家産官僚

---

46 韋伯, 簡惠美 譯, 『中國的宗教－儒教與道教』, 台灣遠流出版社, 1989, p.115.
47 위의 책, pp.117~121.
48 위의 책, p.124.
49 위의 책, p.125.

制'의 국가로 규정했다. 즉 통치자가 국가를 개인의 재산으로 간주하고 관료제 행정으로 그것을 관리하는 방식을 채택했다는 것이다. 가산제는 봉건질서를 대신하여 생긴 것으로, 여전히 신분제 구조를 유지하고 신분에 맞는 교육을 강조했지만, 기본 원칙은 공로와 교육 관련 자격에 근거하여 사회 모든 구성원에게 관직을 개방하는 것이었다.[51] 관리들에게는 원래 국가가 실물로 봉록을 주었지만 나중에는 화폐로 급여를 주었다. 그러나 사실 관원들은 급여로 생활을 꾸릴 수 없었고, 자신의 급여로 행정 비용을 지불할 수도 없었다. 그 결과 영주領主나 총독總督 같은 각급 행정 수반은 수도나 중앙에 일정한 세금을 납부하고 그 자신은 실제로 거둬들인 세금에서 행정비용을 지출한 후 남은 것을 자기 것으로 챙겼다. 이렇게 가산제는 관료제 전체를 관통하는 원칙이 됐다. 베버는 다음과 같이 말했다. "가산제의 성격을 한 마디로 표현하자면, 관료들이 관할 지역 내에서 벌어들인 수입을 급여로 간주했고, 이는 사실 개인의 수입이나 마찬가지였다는 점이다. (…중략…) 가산제 원칙이란, 관리들이 자신의 수입에서 본인이 속한 행정구역에서 일어나는 민정民政 및 사법司法 관련 업무 비용을 지출해야 할 뿐만 아니라, 자신을 돕는 행정 직원의 급여도 직접 지급해야 하는 것이었다."[52]

(2) 씨족 사회와 마을 자치

베버는 가족이나 씨족이 중국 전통 사회에서 가장 자주적인 조직이며 가산제 정권을 억제할 수 있는 몇 안 되는 세력 중 하나라고 했다. 가족은 구성원에게 법을 초월한 권력을 행사할 수 있을 뿐만 아니라 법에 항거할 힘도 가지고 있었다.[53] 그 결속력은 서유럽과 인도를 훨씬 능가한다. 부역賦役의 의무로 토지

---

50 위의 책, p.333.
51 위의 책, p.107.
52 위의 책, p.121.
53 위의 책, p.153.

매매의 상속권을 공동으로 부담한다는 점에서 보면, 가족은 일종의 생산조합으로서의 씨족 공동체, 재산 축적형 가족공동체, 영리營利 목적의 공동체가 될 수 있다.[54] 중국 전통 사회의 관료에게는 재산을 축적할 수 있는 최적의 기회가 주어졌기 때문에, 가족이라는 영리 공동체의 목표는 열심히 공부해서 관직을 얻는 것이 됐다. 즉 가족 중 우수한 이들을 학교에 보내거나 과거시험에 합격시키거나 돈으로 관직을 샀다. 이들은 관직에 오른 후, 가족의 재산을 늘릴 방법을 모색하고, 가족 중 다른 구성원들도 관리로 발탁했다.[55] 가족의 결속력은 조상숭배를 통해 강화된다. 가장家長은 최고 권위자이며 각 구성원은 가장의 뜻을 잘 따라야 한다. 가장은 그 집안의 제사, 결혼 및 장례를 주관하고 가족 내부의 갈등이나 소송에 대한 심판권을 행사한다. 집안 재산은 가족 구성원이 공동으로 소유하고, 씨족 전체는 사당, 묘지, 학교 등의 공공 재산을 소유하며, 각 가족은 노동과 그 밖의 의무를 제공할 의무가 있다.[56]

　중국의 마을은 도시와 다르게, 법률적으로 실질적으로 지방자치단체로서의 지위와 능력을 가지고 있다. 같은 지역에 사는 가족들은 지역 기반의 촌락 공동체[鄉]를 형성하며, 그것은 공통의 관습과 도덕규범으로 연결된 자치단체이다. 정치적으로 향鄉은 국가의 기층基層 행정기구이며, 상급 단위인 현縣의 관할 하에 있고, 세금을 내는 것 외에는 내부적으로 자급자족하는 자연경제 조직이자 전통에 입각한 자율적 사회생활 조직이다.[57]

54　위의 책, p.150.
55　위의 책, pp.150~151.
56　위의 책, p.153.
57　위의 책, pp.156~159.

(3) 자주권이 없는 도시와 실질적 정의를 위한 법

서구와 달리 중국과 동양의 여러 도시들은 정치적 자주권이 없다. 고대 중국에는 서양 고대처럼 도시국가나 중세처럼 도시법이 없었다. 그 자체로 정치적 특권을 가진 공동체가 아니었고, 스스로 무장한 시민계급도 아니었으며, 시민으로 구성된 정치 조직과 집단 자치도 없었기 때문이다.[58] 표면적으로는 중국에도 영국의 상인 길드와 유사한 수공업 길드와 상업 길드가 있었고, 그들 역시 도시경제에 광범위한 영향력을 행사했다. "그러나 결정적인 차이점은, 그 시기에도 영국 도시에는 자유를 보장하는 '특별허가서[特許權狀]'가 있었지만, 중국에는 그런 것이 없었다는 점이다."[59] 중국에서는 서양 중세 도시의 신흥 시민계급의 힘으로 촉발된 각종 제도의 독특한 발전이 일어나지 않았다.

가산제 배경 위에서 결정된 법의 성격은 서구의 형식법과는 달랐다. "윤리 기반의 가산제에서 추구하는 것은 언제나 실질적 정의[公道]이지 형식법이 아니다."[60] 사법 조항이 거의 없고, 개인의 자유권이 보장되지 않고, 행정부와 사법부가 분리되어 있지 않고, 관리들은 가산제 방식에 따라 자비로 사람을 고용했다. 중국의 법은 윤리규범이 법전화法典化한 것에 가깝다. 그것은 '실질적인 윤리법'이지, 자본주의 경제 발전을 보장하는 형식법이 아니다.

(4) 자본주의를 발생시키지 못한 제도에 대한 분석

베버는 제도적 관점에서 합리적인 자본주의가 중국에서 출현하지 못한 이유는 상당히 복잡하다고 했다. 가산제 국가와 화폐 봉록제의 결합은 지배 계층의 기득권 강화 심리를 부추겼고, 그들은 자신의 이익과 이미 가지고 있던 경제적

---

58 위의 책, p.77.
59 위의 책, p.79.
60 위의 책, p.166.

조건을 유지하는 데에만 관심을 쏟았다. 그 결과 사회 발전은 경직되었고, 전통주의의 주도적 지위가 지속됐다. 가산제에 의한 권력독점은 행정운영, 재정관리, 경제정책의 합리화를 억제했다. 영리 목적의 가족공동체의 본질은 합리적 경영공동체와 배치되는 약탈적 자본주의이다. 가족의 단결은 자본주의의 자유노동력을 겨냥한 배제와 통제를 강하게 억제하는 작용을 한다. 거대한 혈연 조직은 사람들의 자주성과 개인의 발전을 방해한다. 가족조직과 마을의 자치는 중앙 권력이 변방과 최하층까지 들어와서 효과적인 정치적·법적 질서 세우는 일을 불가능하게 만들었다. 도시에는 정치적, 군사적 자주성과 공동체 조직상의 단일성이 없는데, 합리적 자본주의 발전의 재정적 법률적 배경은 바로 이러한 자주성과 단일성을 기반으로 확고해질 수 있다. 중국에는 법률 체계 전반에 자본주의 경제 운영을 보장하는 형식법과 합리적 사법 절차가 없었으며, 실질적인 윤리법은 세습 군주의 이익과 혈연 조직에만 적합했을 뿐이다.

또한 제국이 통일되면서 광활한 영토에서 인구와 물자가 자유롭게 이동 및 유통되었는데 이 과정에서 정치적인 장애물도 없었다. 그러나 동시에, 통일과 평화가 봉건 국가들 사이의 적대감과 투쟁을 대신했다는 것은 관료제와 경제조직의 합리적 개선에 대한 압력이 더 이상 없음을 의미하기도 했다. 황제와 그의 신하들은 종교를 관장했고, 이로 인해 세속 정권과 맞설 수 있는 종교지도자 계층의 위상이 약화됐다. 결국 사회 경제적 질서가 극적으로 바뀜으로써 자본주의를 발전시킬 만한 독립적인 종교적 역량 하나 없는 상황이 되었다. 베버는 중국의 2천 년 동안의 토지 개혁으로 인해 토지가 여러 개의 소규모 경작지로 나뉘었고, 그 결과 대규모의 합리적 농업 경영이 불가능했으며 기술 진보 역시 가로막혔다고 지적했다.

한 가지 주목해야 할 점은, 베버가 중국 사회에서 자본주의가 발생하는 데 방해가 된 제도 측면의 요소를 나열함과 동시에 자본주의 발생에 유리했던 점 역시 열거했다는 것이다. 이 장에서는 주로 량수밍 문화관의 의의를 다루고 있으므로 베버가 말한 유리한 제도적 조건은 따로 설명하지 않겠다.

(5) 자본주의가 발생하지 않은 문화적 이유

전통 시기 중국의 사회 제도에는 자본주의에 유리한 면도 있었고 불리한 면도 있었다. 이 때문에 베버는 제도적 요인이 중국에서 자본주의가 발생하지 못한 결정적 이유는 아니라고 했다. 그는 "중국에는 자본주의가 발생하지 못했던 그럴 만한 혹은 그럴 수밖에 없는 상황이 있었고, 그것은 서양도 마찬가지"라고 했다. 그리고 "서양 자본주의를 방해한 것으로 자주 언급되는 봉건제나 영주의 구속, 길드 시스템 같은 것들은 중국 역사에는 없었다. 그밖에 무역에 심각하게 영향을 준 각종 독점—이것은 서양의 특징이다—역시 중국에서는 나타나지 않았다"고 했다. 그러나 사실 "중국이 가진 자본주의 성립에 유리한 여러 외재적 조건들이 자본주의를 발생시킬 만큼 충분하지 않았다"고 했다. 물론 우리는 베버가 내리려는 결론이 그의 세계 경제사 연구 이전에 확립된 것임을 알고 있다. 그가 보기에는, 바로 '사고방식[心態]'이 비서구 세계에서 자본주의 발전을 강력히 저지했던 주요 요인이다.

베버는 유가 윤리의 영향을 받은 중국 사회의 사고방식이 자본주의 발전에 유리하게 작용했던 기독교적 사고방식과 매우 다르다고 했다. 이 둘의 가장 큰 차이점은, 둘 다 이성주의理性主義 윤리에 속하긴 하지만, 기독교 윤리는 세속 세계와 강하게 대립하는 특징이 있어서, 세상을 불합리한 것으로 여기고 그것을 이성적으로 길들이고 지배하며 변화시키려는 반면, 유교 윤리는 세상과의 긴장을 최대한 낮추고 전통주의적으로 이 세상의 질서와 관습에 적응해야 함을 주장한다는 것이다.

7. 량수밍과 막스 베버의 중국문화관 비교

이상에서 볼 때, 사실 『요의要義』와 『중국의 종교 – 유교와 도교』는 비슷하며 모두 문화사회학 연구에 속한다. 다만 다루는 문제에 약간 차이가 있다. 두 연구를 비교하면 다음과 같다.

첫째, 량수밍은 『요의』에서 '사회 구조'를 매우 강조했다. 그는 "특정 시기, 특정 지역의 사회 구조가 그 지역 전체 문화의 핵심"이며, 이는 앞선 저작인 『동서 문화와 철학』과 다른 점이기도 하다. 베버는 '사회학적 토대'를 중시하여 주로 자본주의의 출현과 관련된 제도에 대해 분석했다. 두 사람 모두 사회 구조 분석에 매우 집중했다. 차이가 있다면, 량수밍은 중국 사회 전체와 전체적인 중국문화의 변화에 초점을 맞췄고, 베버는 자본주의 출현의 역사적 과정에만 초점을 맞췄다. 량수밍의 시야가 더 넓은 이유는 그가 해결하고자 했던 것이 근대화에 대한 중국의 전체적인 문화적 반응과 중국문화의 세계문화사적 위상 문제였기 때문이다.

둘째, 두 사람은 사회 구조 분석을 중시함과 동시에 종교 문화의 작용을 더욱 중시했다. 량수밍은 중국의 풍속과 습관이 경제에 의해 결정되는 것이 아니라 경제의 발전이나 정체가 풍속과 습관의 영향을 받는다는 점을 분명히 했다. 자본주의 발생에 대한 베버의 분석에서도 종교 윤리가 자본주의의 발전에 결정적인 역할을 했다고 강조했다. 더욱이 량수밍은 종교를 중국과 서양의 문화 및 사회가 다르게 발전하게 된 궁극적인 원인으로 봤다. 비교해 보면, "새로운 신앙이 생기면 새로운 사회조직이 생긴다"는 량수밍의 주장이 더 보편적인 역사관을 보여준다.

셋째, 두 사람 모두 중국 전통 사회에서는 자본주의가 발생할 수 없었다고 했다. 그러나 량수밍은 중국에서 자본주의가 발생할 수 없었던 직접적인 이유가

윤리 기반의 사회조직 때문이라고 했다. 반면 베버는 직접적인 원인을 사회 제도보다는 정신적인 기질과 사고방식에서 찾았다. 량수밍은 중국에서 자본주의가 발생하지 않은 점에 있어서 종교, 문화, 윤리의 작용은 역사적이고 숙명적인 의의가 있다고 했다. 유교 사상으로 인해 중국은 아예 시작부터 자본주의로 진입할 수 없는 다른 길을 걷게 됐다는 것이다.

넷째, 량수밍은 중국 사회를 하나의 유기체로 파악한 반면, 베버는 자본주의의 발생에 초점을 맞춰 중국의 각종 제도를 분석적으로 살펴보는 데 주목했다. 이 때문에 두 사람의 중국 사회 구조에 대한 분석에도 차이점이 보인다. 베버는 화폐, 도시, 길드, 법률, 조세, 관료제 등 자본주의의 발생과 관련된 제도적 요소에 더 주목했고, 량수밍은 가족, 계급, 국가, 사회 등에 주목했다. 량수밍은 전통 사회에서 생활했던 구체적인 경험과 향촌 건설에 관한 실제 경험과 함께, 중국의 인류학, 심리학 및 사회학 학자들의 연구 성과를 두루 섭렵하였고, 그 결과 중국 사회에 대한 그의 설명이 보다 완성도 높고 실제에 가까워질 수 있었다.

다섯째, 구체적인 부분에서, 량수밍은 중국이 가족생활을 특히 중시하는 윤리 기반 사회라고 했고, 베버 역시 중국 사회에서 가족과 종교가 가지는 중요성 및 가산제가 지닌 윤리적 지향성을 강조하였다. 마을 자치에 관해서는 두 사람의 견해가 완전히 일치한다. 두 사람 모두 중국과 서양의 상고시대의 사회문화가 매우 비슷하며, 유교문화는 평화적인 성격을 지녔다고 했다.

여섯째, 량수밍과 베버가 다른 견해를 보인 부분도 있다. 주로 다른 점은, 베버가 가산제 국가, 가산관료제家産官僚制 같은 국가 형태를 중시했다면, 량수밍은 윤리사회, 계급사회 같은 사회 형태를 중시했다. 량수밍은 기본적으로 중국에 대하여 국가가 아니다 혹은 국가 같지 않다고 했고, 중국은 국가가 사회에 융합된 곳이라고 했다.

8. 남은 이야기 – 민족성과 삶의 지향[生活取向]에 대하여

'5·4'시기 중국 학자들은 민족성 및 민족성 개조에 대해 많은 논의를 했다. 현대 학계의 논의 중 심리학이나 사회심리학자의 '성격personality'에 대한 연구 역시 대부분 그것과 유사하며, 인류학자들 역시 집단 심리의 특징에 대한 논의에 큰 관심을 보인다. 량수밍은 『요의』에 5·4운동 이후 문화 및 학계의 논의를 반영하였고 "민족성의 장점과 약점"을 근거 자료로 사용했다. 그는 장점과 단점은 때로 구분되지 않으며, 민족성의 특수한 측면은 대부분 민족문화가 만들어낸 것이라고 했다.[61] 그는 판광단潘光旦, 좡저쉬안莊澤宣의 저서를 많이 인용했고, 특히 좡莊의 책에서 모아 놓은 중국 민족성에 대한 서양과 일본의 논의를 활용했다. 이러한 논의는 대부분 제국주의와 식민주의를 위한 인류학에 기반을 두고 있지만, 그들의 관찰과 결론은 객관적 가치를 지니는 경우도 있다. 량수밍은 각 방면의 견해를 종합한 이후 중국의 민족성을 다음 10가지로 정리했다.[62]

① 자기중심적이고 이기적임

② 근면하고 검소함

③ 예의를 중시함

④ 온순하며 유약함

⑤ 만족할 줄 앎

⑥ 보수적임

⑦ 대충대충 함

⑧ 인내심 강하고 잔인함

---

61 梁漱溟, 『要義』, p.24.
62 위의 책, pp.23~24.

⑨ 강인하고 회복력이 좋음

⑩ 노련함

량수밍은 위의 10가지 중국 민족성에 동의했다. 그는 이러한 자질은 대부분 사회 구조와 시대 흐름에 따라 형성된 것이라고 했다. 예를 들면, 근면하고 검소함은 직업 분화의 결과이고, 예의를 중시하는 것은 윤리 기반의 사회에서 비롯됐으며, 온순하며 유약함은 집단 투쟁이 없었던 것과 관련이 있고, 이 유약함은 이성은 일찍 깨어났어도 본능적으로는 연약하다는 점에서 비롯된 것으로 봤다.

베버의 기독교 윤리 분석의 특징은 교리를 중시하지 않고 생활 속 윤리를 중시했다는 점이다. 이 때문에 그의 논의는 실제 삶에 닿아있는 경우가 많다. 『중국의 종교─유교와 도교』에서, 베버는 사회학적 토대와 정통적 문화분석에 중점을 두고 있었다. 그리하여 유교 윤리 분석과 기독교 윤리 분석에서 방법상의 차이를 보인다. 다만 그는 유교문화 가운데 비교리적 측면에 주목했기 때문에 자주 중국 국민성 문제를 언급했고, 그것을 "삶의 지향生活取向"이라고 표현했다. 『중국의 종교─유교와 도교』 후반부 곳곳의 논의에서 우리는 베버가 이해한 중국인의 삶의 지향生活取向이 다음과 같음을 확인할 수 있다.[63]

① 유교 기반의 중국인들은 늘 현세에 집중해 왔고, 현세의 복과 장수를 중시함.

② 중국인의 강렬한 영리욕營利欲은 옛날부터 고도로 발달되어 있었음.

③ 세밀하게 계획을 세우고, 만족할 줄 알며 욕심이 적음.

④ 중국인의 근면 검소함과 일하는 능력은 늘 비할 데 없는 것으로 여겨져 왔음.

⑤ 상상하기 어려울 만큼 절약하는 미덕.

---

63 韋伯, 簡惠美 譯, 『中國的宗教─儒教與道教』, 항목 순서대로 p.209, p.295, p.127, p.309, p.127, p.297, p.221, p.311, p.298, p.234, p.298, p.299, p.298, p.299.

⑥ 놀라울 정도의 자기 절제 및 자기반성과 신중함, 지나치게 미혹됨과 격렬한 감정 억제.

⑦ 표면적 태도와 형식적 엄숙함 중시, 체면 중시.

⑧ 낡은 틀에 얽매여 있음.

⑨ 온순한 성격.

⑩ 실용주의.

⑪ 극단의 불성실함. 그러나 규모 있는 무역상은 신의를 매우 중시함.

⑫ 동정심 부족.

⑬ 서로를 불신함.

베버 자신이 말했듯이, 그가 주로 참고한 자료는 당시 다른 사회학자들과 마찬가지로 선교사들의 기록이었고, 자료 내용을 하나로 귀납시킨 것이 아니라서 논의들이 분산되어 있기도 하다. 그러나 베버가 서술한 위의 사항들을 보면, 량수밍이 정리한 것 중 6가지 항목이 베버의 정리 항목에 포함되어 있다.

개념적으로, 베버가 말한 '삶의 지향'은 문화적 기질의 제약 속에서 드러나는 인생관을 보여준다는 점에서 량수밍의 '민족성'보다 더 나은 부분이 있다. 그러나 베버와 량수밍 모두 전통에서 비롯되어 문화 형태의 일부가 된 그것들과 특정 사회제도 및 특정한 문화적 환경으로 인한 것들은 구분하지 않았다. 평유란의 견해를 빌리자면, 문화 형태와 문화 전통에 해당하는 것은 '성性', 특정 사회제도와 환경에 의한 것은 '습習'이라고 할 수 있으며, 전자는 오래가며 안정적이고, 후자는 변할 수 있는 것이다.[64] 물론 민족성이나 국민성이라는 개념이 특정 시기의 구체적인 시공간적 환경 속에서의 인간 행위와 심리적 지향이고 변할 수 있는 것만을 가리킨다면 이 개념 여전히 유효하다.

---

64 馮友蘭, 『新事論』, 重慶商務印書館, 1943, p.161.

두 사람의 학문적 입장을 보면, 량수밍은 민족성을 중국 사회 구조와 문화 흐름을 확인시켜 주는 증거로서 다뤘고, 베버는 인생관을 유교 윤리 지향의 구체적 발현으로 다뤘다. 1960년대 이후 중국인의 행동과 심리에 관한 사회과학 연구 방면에서는 수많은 구체적 성과가 있었다. 현대화 문제에 관한 연구에서, 베버가 처음 시작한 사회의 문화적 지향에 초점을 맞춘 이 연구 방법은 문화 형태 및 행위 연구와도 긴밀하게 연결돼 있으며, 이 모든 것들은 인간의 문화적 습성에도 적용되어야 한다. 이 점에서 량수밍과 베버의 관찰은 여전히 참고 대상으로서 의의가 있다.

제14장

가치, 권위, 전통과 중국 철학

'전통tradition'과 '과거past'는 중국 철학에서 늘 중시되어 왔고, 일부 학자들은 중국 철학에 대해 "과거 지향적[過去取向的]"이라거나 "옛것을 소중히 한다[崇古]"고 한다. 웨버는 중국 전통문화에 대해 "전통주의적"이라고 했다.[1] 전통적이고 과거지향적이며 옛것을 중시하는 중국철학의 지향은, 중국철학이 장기간에 걸쳐 지속적으로 발전할 수 있게 한 내적 원동력이자, 중국철학이 19세기 중엽 이후 근대화와 서양 문화로부터 큰 도전을 받게 한 원인이기도 하다. 이 장의 목적은 중국철학이 전통과 과거를 대하는 태도의 역사적, 문화적 이유와 기본적인 철학적 가정을 간략히 살펴봄으로써 중국철학의 내재적 모순성을 밝히고, 그것이 현대의 도전에 부응하여 한층 더 발전하기 위해 필요한 방식을 검토하는 데 있다. 논의는 편의상 유가철학의 기본 개념에 초점을 맞출 것이다. 이것은 유가儒家라는 일부를 가지고 중국철학 전체를 일반화하려는 것이 아니며, 제한된 편폭 내에서 논의를 진행하기 위한 '편리한 방법'일 뿐이다.

1　韋伯, 簡惠美 譯, 『中國的宗敎－儒敎與道敎』, 台灣遠流出版社, 1989 참조.

1. 경전經典과 권위

세계문화사적으로 몇몇 주요 문화권에서의 경전은, 소위 "철학적으로 큰 변화가 이루어졌던" 역사적 시기에 카리스마 있는 뛰어난 인물에 의해 형성된 것이었다. 이 위대한 선지자들은 남다른 인격과 심오한 지혜로 인간의 기본적 가치와 초기의 문화적 축적을 체계적인 문헌 형식으로 응축시켜 경전經典을 만들어냈다. 모든 종교의 정신적 전통에서 권위의 기원은 궁극적으로 절대자supreme being에 있다. 종교 전통 안에서 절대자의 계시는 카리스마적 인물의 체계화를 통해 사람들에게 정신적 방향과 가치와 규범을 정해주고, 이 때문에 경전이 가지는 신성성과 권위성은 곧 절대자에게서 나오며, 절대자에 대한 신념에 따른 것이다.

일단 경전이 형성되고 인정을 받으면 각 세대의 해석을 거쳐 하나의 전통이 된다. 그것은 역사에 참여하며 역사의 일부가 되기도 한다. 따라서 궁극적으로는 한 종교의 정신적, 문화적, 철학적 전통에서 그 권위가 초자연적인 존재에서 비롯됐다고 할지라도, 그것은 동시에 역사 자체에서 온 것이기도 하다. 역사는 과거로서, 그 자체로 권위로서의 의미가 있다. 왜냐하면 그것은 개인의 경험을 넘어선 인류의 과거 경험을 대표하기 때문이다. 그러므로 역사 속에서 발전된 모든 전통은 시간성이 부여된 상대적으로 독립적인 권위, 즉 역사적 권위를 갖는다.

이른바 '축의 시대'에 일어난 주요 정신적 전통 가운데 중국문화는 특별한 성격을 보인다.[2] 유가儒家 중심의 중국 경전 문화는 종교적 성격을 지니지만, 문화적으로는 인문주의에 속한다. 특히 유교문화는 한漢 이후 범신론이나 무신론 쪽으로 변했다. '하늘[天]'은 유가 철학에서 언제나 가장 상위 범주의 것이었지만, 늦어도 11세기 이후 '하늘'이 이성화理性化되면서, 최상위의 주재자라는 의

---

2 '축의 시대'는 독일 철학자 칼 야스퍼스(Karl Jaspers)가 제기한 것이다. Karl Jaspers, 魏楚雄等譯, 『歷史的起源與目標』, 華夏出版社, 1989 참조.

미는 사라지고 우주 질서와 우주의 합리성으로 설명하는 대상이 되었다. 우리는 유가사상이 매우 뚜렷한 인문주의적 성격을 가지고 있으며, 유교문화가 세계문화사에서 가장 오래되고 지속적인 경전 해석 전통을 가지고 있다는 것도 안다. 이 전통은 분명 경전의 권위성과 긴밀하게 연결되어 있다. 다시 말해서 유가는 절대자의 권위에 의존하지 않는 경전 체계와 그것에 기초한 정신적 전통을 가지고 있으며, 경전 해석을 기본으로 하는 이 정신적 전통은 세계에서 가장 긴 연속성을 가지고 있기도 하다. 다른 주요 문화권의 정신적 전통과 비교했을 때, 이는 아주 특수한 역사적, 문화적 현상이다.

중국 철학에서 경전에 기록된 성인의 가르침은 중국인의 권위의 근원이다. 모든 철학 전통에는 양심의 권위를 믿는 것에 대한 이론이 있다. 설령 '초월적 외부존재[外在]'를 특징으로 하는 문화 체계일지라도 그것을 가치의 원천으로 삼는 가치는 인간의 동기로 내면화되어야 진정으로 존재할 수 있다. 이런 의미에서, 유심주의자唯心主義者들이 아무리 마음의 선험성先驗性을 강조해도, 그것은 결국 어떤 외부의 것이 내면화한 결과이다. 이런 의미에서 중국문화와 다른 문화의 차이는 '바깥에 있음[外在]'과 '안에 있음[內在]'의 대립에 있는 것이 아니라, 바깥에 '어떤 모습으로' 있으며, 인간의 가치 관념으로 '어떻게' 내면화하는지에 있는 것 같다. 간단히 말해서, 가치가 외적인 권위의 형식을 갖추지 못하거나 권위 있는 경로를 통하지 않는다면, 그것의 내면화는 불충분하고 불완전해진다. 모든 사회는 반드시 어떤 형태로든 가치의 권위를 확립해야 하며, 가치에 권위가 없으면 사회를 이끌어가거나 개인에 대한 제약을 가할 수 없다. 그러나 가치의 권위는 자연적으로 생기는 것이 아니며, 반드시 그리고 필연적으로 역사로부터 또는 역사를 통해서 그것의 권위를 획득한다. 어떤 문화 체계에서 가치의 권위가 종교적 절대자에게서 나올 수 없다면, 적어도 전통적이고 역사적인 권위, 즉 '과거' 자체의 권위와 경전의 역사적 권위에 기대게 되어 있다. 이

때 '과거'는 당연히 이미 발생한 경험적 사실이 아니라 경전문화 전통과 가치
체계를 가리킨다. '교화함[設敎]'[3]이라는 관념은, 중국의 철학가들이 가치는 반드
시 어떤 외재적 권위 형식을 지녀야 한다는 것을 일찍부터 인식했었음을 보여
준다. 이 점에서 볼 때, 중국문화에서 이 가치합리성 보장의 필수 조건이었던
숭고崇古 지향이나 전통주의 및 권위숭배는 역사적으로 이해될 수 있다. 즉, 중
국문화 전체가 "신의 도道로 교화하는[神道設敎]"[4] 방향으로 나아가지 않은 상황에
서, 최소한 "옛것에 대해 풀이하고[以古爲訓]", "사실 기술記述을 중시하며[以述爲作]",
"경經에 대해 배우고[以經爲學]", "성인聖人의 가르침을 제일로 여기는[以聖爲極]" 것이
기능적으로 "신의 도道로 교화하는[神道設敎]" 것에 대한 보상으로 여겨질 수 있었
던 것이다. 그런데 '과거'의 권위를 이 정도로 숭상하는 문화 속에서, 어떻게 2
천년 넘는 기간 동안 화려한 발전을 이룰 수 있었을까?

2. 성인聖人과 도통道統

중국문화와 중국철학은 모종의 전통주의를 유지하면서 그 안에 있는 조절
기제를 발전시켰고, 그 결과 '과거'가 개방적인 '과거'가 될 수 있었으며, 문화
의 연속성, 창의성, 안정성과 가변성 사이의 긴장감 있으면서도 조화로운 대립
적 합일 관계가 형성됐다. 그것은 구체적으로 성인聖人과 도통道統, 경전과 해석
이라는 몇 가지 항목의 변증법적 연결로 나타난다.

---

3   역자주:『易·觀卦』, "聖人以神道設敎而天下服矣".
4   역자주: 위의 책.

(1) 성인聖人

공자는 유가의 성인聖人일 뿐만 아니라 중국문화의 성인이기도 하다. 공자는 문화 전통주의자이며, 그는 자신의 사명은 종교 정신을 발전시키는 것이 아니라 문화 발전을 계승하는 것이라고 했다. 그가 말한 "기술은 하지만 지어내지 않는다[述而不作]"[5]는 원칙은, 전통적 정신 자원을 해석하고 다시금 기술함을 의미하는 것이지, 기존에 보존하고 있던 것들을 버린다는 의미가 아니다. 이 원칙은 중국 철학 기술 방식의 모델이 되었다. 그는 "옛것을 돌아보고 새것을 배운다[溫故而知新]"[6] 했다. 즉 경전에 담긴 풍부한 함축과 철학적 원리에 대한 반성과 고찰을 통해 정신적 동력을 얻을 수 있고, 이로써 새로운 도전에 대응할 수 있음을 의미한다. 공자는 역사와 문화의 연속성을 의심하지 않았으며, "은殷은 하夏의 예禮를 따랐으니 없애거나 더한 바를 알 수 있다. 주周는 은殷의 예禮를 따랐으니 없애거나 더한 바를 알 수 있다. 주周를 계승하는 자가 있다면 백 세대가 지난 뒤에도 알 수 있을 것이다[殷因於夏禮, 所損益可知也. 周因於殷禮, 所損益可知也. 其或繼周者, 雖百世可知也]"[7]라고 했다. 이는 공자가 문화의 변화는 연속적인 것이며 이러한 연속성은 언제나 유지된다고 봤음을 보여준다. 그러므로 공자의 입장에서 보면 전통적 정신과 가치가 담긴 문헌에 대한 학습을 중요시해야 한다. 고대 중국 역사학자들 모두 공자가 육부六部의 문헌을 다듬었다고 믿었고, 그것은 중국문화의 기본 경전, 즉 '육경六經'이 됐다. 이 경전들은 중국문화의 원초적原初的 지혜를 담고 있으며, 그것이 주는 가르침은 무궁무진하다. 마찬가지로 공자의 또 다른 명언인 "옛것을 믿고 좋아함[信而好古]"[8]에서는 역사에 대한 그의 존중과 '옛것古'에 '과거過去'의 권위[the authority of the past]를 부여하려고 했던 그의 노력을 볼 수 있다.

---

5 『論語』「述而」.
6 『論語』「爲政」.
7 위의 책.
8 『論語』「述而」.

전통의 권위에는 인격적 체현體現이 필요하다. 공자는 '성聖' 개념을 대대적으로 발전시켰다. '성聖'의 본래 의미는 총명한 사람이고, 공자는 그것을 인문주의적 지혜와 덕이 있는 인격의 상징으로 격상시켰으며, 선진先秦시기 사람들은 공자를 이러한 인격의 화신, 즉 성인聖人으로 여겼다. 전통과 가치의 권위를 체현體現하기 위해, 성인과 경전은 공자의 도움으로 하나가 되었다. 공자는 군자에게 세 가지 두려움이 있는데, "천명天命을 두려워하고, 높은 자리에 있는 자를 두려워하며, 성인의 말씀을 두려워한다[畏天命, 畏大人, 畏聖人之言]"[9]고 했다. 성인의 가르침은 권위가 있어야 하고, 덕 있는 사람은 이 권위에 복종해야 한다. 반대로 성인의 가르침을 존중하는 것은 기본적인 미덕이다. 그러므로 이러한 존중은 본질적으로 가치에 대한 존중이지 개인숭배가 아니다. 맹자孟子는 '스승[師]' 개념을 제기하며 "성인은 백 세대의 스승이다[聖人, 百世之師]"[10]라고 했다. 즉 중국 철학에서 '성인'은 맨 처음에는 스승의 권위로서 인정되었다. 이 점에서 성인의 권위는 그가 초월적 존재 혹은 초자연적 존재로서 인간의 삶을 주재한다는 데에서 오는 것이 아니라, 인격적으로 가장 훌륭한 모범적 존재라는 점에서 나온다. 성인은 역사적 경험과 도덕적 지혜의 상징이며, 그 권위는 그가 가진 훌륭한 인격과 지혜에 대한 사람들의 믿음에서 나온다. 사람들이 성인의 권위를 신뢰하는 이유는 성인은 사람들에게 정신적 발전 방향을 제시해 주고 인류의 삶에는 '스승'의 권위가 필요하기 때문이다.

(2) 경전經典

기원전 2~3세기, 공자가 다듬은 6종의 문헌이 널리 인정받았고, 한대漢代에 이르러 정식 경전, 즉 '오경五經'[11]이 되었다. 서기 6~7세기에 경전의 수는 13종

---

9 『論語』「季氏」.
10 『맹자(孟子)』「진심(盡心)」下.

十三經으로 증가했다. 이것은 경전 체계가 오경五經에서 십삼경十三經으로 변화했음을 말하며, 오경五經을 기초로 하여 공자나 그의 제자들이 저술했다고 전해지는 저작 및 중요한 주석서를 더한 것이다. 경전 체계의 이러한 변화는 철학적 사유에 필요한 정신적 자원의 확대와 발전을 위해 경전 이 어느 정도는 개방성을 지녀야 하고, 이를 통해 사상이 계속 이어짐과 동시에 발전할 수 있어야 함을 보여준다. 정치적 실천, 사회적 예의, 사상과 문화 모든 면에서 의지할 수 있는 경전이 많을수록 사람들의 선택의 폭은 더욱 넓어지며, 이렇게 되면 여러 가지 복잡한 도전에 침착하게 대응할 수 있다.

그러나 11세기 이후에 『논어』와 『맹자』를 포함한 '사서四書'라는 새로운 경전체제가 만들어졌다. '사서'는 '오경'과 대등한 경전이 되었을 뿐만 아니라, 송대宋代 이후에는 그 위상이 '오경'보다 더 높아졌다. '오경'에서 '사서'에 이르는 경전의 이러한 변화는 경전이 어느 정도 늘어난 이후 가치의 응련凝練이라는 또 다른 단계가 필요했음을 의미한다. 시詩, 서書, 역易, 예禮, 악樂, 춘추春秋 여섯 가지 원시 전적典籍은 공자에 의해 수정되었고 그것은 중국문화의 근원이 되었다. 시詩는 마음[心]을 표현하고, 서書는 일事에 대해 말한 것이며, 예禮는 행동을 말한 것이고, 역易은 음양陰陽에 대해 말한 것이다.[12] 선진시기 철학가들은 '육경'을 성인이 마음의 표현, 역사의 기술, 행위의 규범을 통해 자신의 생각을 드러낸 것이라고 했다. '오경'은 중국문화에서 가장 오래된 문헌이지만, 하나의 정신적 전통이 사람들의 마음을 효과적으로 지배하기 위해서는, 오경에 속한 경전이 가치합리성을 집중적으로 보여줄 수 있어야 한다. 반대로 말하면 가치합리성 역시 역사에서 경전의 지위에 놓일 수밖에 없다. 예를 들어, 『구약舊約』에 나오

---

11 역자 주 : 오경(五經)은 『주역(周易)』, 『시경(詩經)』, 『서경(書經)』, 『예기(禮記)』, 『춘추(春秋)』이다.
12 『莊子』「天下」.

는 많은 역사, 시, 예언과 마찬가지로 '오경' 가운데 시詩, 서書, 역易 같은 것들은 가치 면에서 볼 때 윤리라기보다 문화에 가깝다. 예禮에서 제시하는 생활 규범은 『구약』의 가르침에 해당하며, 중국 고대 사회의 예의 문화를 보여주기도 한다. '사서'의 경전으로서의 의의는 『신약新約』에 비할 수 있다. '오경'에 비해 '사서'는 확실히 가치에 더 비중을 두었으며, '사서'에 속하는 경전들은 완정하고 분명한 사土의 이상적 가치, 규범, 원칙, 인격의 표준 및 실천 방법 등을 제시했다. 그래서 북송北宋 철학자 정이程頤는 "사서를 익힌 상태라면 육경은 익히지 않아도 명확해진다[四書既治, 則六經可不治而明矣]"[13]고 했고, 남송南宋 철학자 주자朱子는 "『논어論語』, 『맹자孟子』은 힘은 적게 들지만 얻는 것은 많으며, 육경은 힘은 많이 들지만 얻는 것은 적다[語孟工夫少, 得效多 / 六經工夫多, 得效少]"[14]라고 했다. 그는 또 '오경'을 거친 벼에, '사서'는 잘 익은 밥에 비유하며, '사서'가 고전 문헌 전체의 정수라고 했다. 이것을 보면 문화가 발전할수록 경전으로서의 고전으로서의 의미는 덜 중요해지고 가치적 의미는 더 중요해지는 것 같다.

(3) 경전해석[解經]

일단 경전이 확립되면 가장 중요한 과제는 그것을 익히고 해석하는 일이다. 순자荀子는 배움은 "경을 외우는 데에서 시작하고 예禮를 읽는 일에서 끝난다[始乎誦經, 終乎讀禮]"[15]고 했으며, 또한 '오경'에는 "하늘과 땅 사이의 모든 것이 망라되었다[在天地之間者畢矣]"고 했다. 즉 '오경'에 우주, 자연, 사회 그리고 인생의 기본 법칙이 다 들어있고, 이 법칙을 과학적이 아닌 실천적이고 가치적인 것으로 여긴 것이다.

---

13 『二程遺書』卷二十五.
14 『朱子語類』卷十九.
15 『荀子』「勸學」.

성인과 경전의 권위를 인정하는 것은 유가의 공통적 특징이다. 그러나 경전 연구에 있어서는 두 가지의 다른 방향이 존재했다. 하나는 경전을 순수한 고전 문헌으로 간주하여 풀이하는 것이고, 또 하나는 고전을 시대 별 관점으로 해석하고, 창조적 사고를 통해 경전의 기능을 발휘하게 하는 것이다. '경학經學'과 '이학理學'의 이러한 차이는 보편적인 의미가 있다. 언어가 변화하고 발전하는 한 오래된 전통 시기의 경전은 계속해서 훈고 작업을 해야 한다. 그러나 지나치게 경전 문구에 집중하거나 원의原意에 집착하는 경우 철학적 사고가 제한될 수 있다. 심지어 이학理學 내에서도 경전 해석의 방향과 방법이 단일하지 않다. 정주程朱 이학은 경전을 '도道를 담은 책'이라며 그 권위를 강조하고, 지식인들은 경전을 열심히 외워서 기본 가치와 교양을 흡수해야 한다고 했다. 반면 육왕陸王 심학心學은 경전 읽기를 장려하지 않았다. 그들 역시 공자의 성인으로서의 지위와 옛 유가 문헌의 경전으로서의 권위를 인정하기는 했지만, 경전을 가치의 유일한 원천으로 여기지는 않았다. 그들은 가치의 궁극적인 원천은 모든 사람들의 마음[本心]이며, 모든 경전은 우리의 마음이 표현된 것에 불과하다고 했다. 개인의 자기수양에서 제일 중요한 것은 경전을 공부하는 것이 아니라 마음[本心]을 알아차리고 그 상태에서 바라보면, "육경이 모두 나의 주석[六經皆我注脚]"이므로, "육경이 나의 주석이 되고, 내가 육경의 주석이 된다[六經注我, 我注六經]"[16]고 한 것이다. 그 논리에 따르면, 경전의 권위는 이 체계에서 사실상 약해진 것이다. 이렇게 마음[良心]을 전적으로 신뢰하는 학설은 반대 입장의 사람들에게 권위를 무시한다고 질책 당했다. 왕양명王陽明 역시 경전을 진리 재단의 궁극적 기준으로 삼는 것에 반대하며, 자기 마음으로 옳고 그름을 따져봐야 한다고 했다. 그리고 "마음으로 물었을 때 잘못된 것은, 그 말이 공자에게서 나왔어도 옳은 것으로 여기지 않아야 하는데, 공자에게서 나오지 않은 것은 어떻겠는가?"[17]라고 했다.

---

16 『陸九淵集』卷三十四.

심학 체계에서는 의도적 혹은 비의도적으로 개인의 이성이 역사 전통과 경전을 넘어설 것을 요구했고, 그들의 본래 의도는 결코 경전을 낮추고 무시하려는 것은 아니었지만 개인의 주체성이 상당히 강조되었다.

반면 정주程朱학파는 정통 경전 해석파였다. 그 기본 관념은 "성인이 경전을 쓴 뜻과 성인이 마음을 쓴 것, 성인이 성인의 경지에 이른 것을 살피는[觀聖人所以作經之意與聖人所以用心, 聖人之所以至於聖시]"[18]것이고, 여기에는 고전 해석학의 입장이 반영됐다. 그들은 또한 경전이 담고 있는 것에는 이성적 체계만이 아니라 성인의 개인적 경험도 포함되며, 그것은 즉 성인의 경지[境界]를 보여주는 것이라고 했다. 그러므로 경전 읽기에서 중요한 것은 단지 훈고나 순수한 의미 해석이 아닌, '경전의 의미를 음미하는 것[玩味]'과 '푹 빠져서 읊는 것[涵詠]'이다. 이 점에서 중국의 경전 이해는 강한 '체험적' 특색을 지닌다.

(4) 도통道統

9세기 이후 중국 철학에 새로운 개념이 등장했다. 바로 '도통道統'이다. 도통 개념은 성인聖人으로부터 내려오는 계보系譜를 가리킨다. 성인은 '도道'의 선지자이자 선각자이며, '도'를 경전의 형식으로 대상화 되게 하는 담당자이기도 하다. 도통은 정통正統을 계승한다는 점에서 '전통'의 의미가 있지만, 그것은 유가 기본 가치의 전통만을 가리킨다. 도통 개념은 유가의 핵심 가치의 연속성을 지향하는 보수성을 지니면서도, 그보다 더한 개방성을 지닌다. 왜냐하면 도통의 기본 의의는 '성인'의 자리는 언제나 열려 있다고 보는 것이기 때문이다. 저명한 유학자 주자朱子도, 성은 본래 역사적 존재이며, 성인은 역사에서 한번만 출현하지 않고, 각 시대마다 그 시대의 성인을 낳을 수 있으며, 그들은 공통적으

---

17 『陽明全書』卷二.
18 『二程遺書』卷二十五.

로 정통적 계승을 이루고, 이런 계승이 꼭 직접 전해지는 것만은 아니며 시대를 넘어 마음으로 전해질 수도 있다고 했다. 전성前聖 후성後聖 에 관한 사상이나 그에 관한 견해는 완전히 일치할 수 없으며, 각각 중시하는 것과 상호 보충하는 부분이 있다. 이학理學의 입장에서 가치 전통은 안정적이었지만, 가치 본체론本體論에 대한 논증과 해석과 같은 철학적 사유에서는, 뒤는 잇는 사람들이 "일반적인 생각에서 벗어나고, 주변 사람들의 시비 기준을 살피지 않으며, 자기 득실을 따지지 않고 과감하게 앞으로 나아가, 사람들이 감히 말하지 못하는 도리를 말하는 것[迴出常情, 不顧旁人是非, 不計自己得失, 勇往直前, 說出人不敢說的道理]"[19]이 가능했고, 그리하여 가치에 대한 보수적 태도와 철학적 사유의 창조적 발전이 서로 부딪힘 없이 결합될 수 있었다. 육구연陸九淵 역시 "고대 성인들은 이치만을 보고 말이 이치에 맞으면 여자와 어린 아이의 것이라도 버리지 않았다. 그러나 이치에 어긋나는 것이면 옛 책에서 나온 것이라도 감히 다 믿지 않았다[古之聖賢惟理是視, 言當於理, 雖婦人孺子有所不棄; 或乖理致, 雖出古書不敢盡信]"[20]라고 하며 도통은 개방적인 것으로, 각 시대마다 그것을 이어받고 널리 퍼뜨리는 사람이 생기고, 정통을 이어받는 사람들은 앞 세대 성인의 말을 반복할 필요 없이, 그것을 토대로 정신을 발전시키고 새로운 것을 만들어 낸다. 그래서 주자는 "이 도가 전성前聖에서 후성後聖으로 이어지면, 그 말이 비로소 갖춰지는 것[此道更得後聖賢, 其說始備]"이라고 했다.

도통은 '성인'의 개방적 서열을 가능하게 하고, 해석은 '경전'이 새로운 것을 만들어내도록 발전하는 것을 가능하게 한다. 정통적 의미에서, 도통은 뒤를 잇는 사람들이 정신 전통에서 합법적 영향을 받을 수 있게 하고, 사상 발전에 필요한 권위와 자원을 상당 부분 보증해주었다. 도통 개념은 경전에 큰 도움이 됐다. 이 개념이 있기에 후대 현인들의 저작이 경전인지 여부와 무관하게 사실상

---

19 『朱子文集』卷三十六.
20 『陸九淵集』卷二.

경전으로 대우받을 수 있었기 때문이다.

3. 가치와 전통

중국 철학사상의 역사에서는 사조思潮가 바뀔 때마다 전통을 둘러싼 몇몇 요소에도 변화가 있었다. 첫째, 경전의 변화로, 위진魏晉 때에는 삼현三玄이 성행했고, 수隋 · 당唐시기에는 불경佛經이 독보적 지위를 차지했으며, 송宋 · 명明 때에는 '사서四書'가 지배했다. 각 시대별 사조들 모두 당시 숭상되는 경전을 기초로 삼았다. 두 번째는 해석 방식의 변화다. 예를 들어, 한漢의 『역易』과 위진魏晉의 『역』, 송宋의 『역』이 다 다르다. 한漢의 『역』은 상수지학象數之學 위주이고, 진晉나라 사람들은 노장老壯으로 『역』을 풀이했고, 송宋나라 사람들은 유가의 이론으로 『역』을 해석했다. 그리고 성인을 높이고 도통을 구축하기 위해, 한漢나라 사람들은 공자를 소왕素王으로 여기고, 진晉과 수隋 사람들은 공자를 노자의 제자로 여겼으며, 당唐나라 사람들은 공자를 붓다의 제자로 여겼고, 송宋나라 사람들은 각자의 도통 관념을 지니고 있었다.

중국철학의 전통에 대한 일반적인 태도는, 전통을 일종의 긍정적인 힘이자 문화 정체성의 가치를 유지시키는 안정적인 역량으로 보는 것이었다. 이러한 태도는 다음과 같은 관념이 기반이 됐다.

첫째, 역사는 연속적이고 동질적이므로 역사적 경험은 현재와 미래에 대해 의미가 있다. 성인과 경전에 구현된 역사와 선인들의 지혜와 경험은 보편성을 지닌다. 전통을 존중하는 것은 역사 발전의 보편성을 존중하는 것이다.

둘째, 개인은 유한한 역사적 존재로, 개인의 이성, 지식, 경험은 유한하며, 그만큼 우리들 각자는 역사 속 문화적 축적에서 지혜를 얻어야 한다. 역사와 문화가 길수록 사회적 도전에 대응할 유산이 풍부해지고, 사람들은 앞 시대 사람들이 도달한 높이까지 올라가기 위해 더 많은 에너지를 쏟아야 한다. 순자荀子는 "산에 오르지 않고는 하늘이 얼마나 높은지 모르고, 선왕이 남긴 말을 듣지 않으면 학문의 위대함을 알지 못한다[不登高山, 不知天之高也, 不聞先王之遺言, 不知學問之大也]"고 했다. 따라서 인간은 개인의 한계를 인정하고, 인류 전체의 이성적 발전의 성과를 존중해야 한다.

셋째, 전통의 권위는 각 시대 사람들의 이성적인 검토를 통해 확인되는 것이다. 경전은 역사에 의해 선택되고 각 시대 사람들에게 가치를 인정받은 것이므로, 전통을 중시하는 것은 역사의 선택과 역사적 실천을 믿는 것이다.

넷째, 전통의 핵심은 가치 체계이다. 동시에 중국 철학자들은 이러한 인간 사회의 기본가치는 우주의 진리도 반영한다고 생각했다. 그러므로 전통에 구현된 가치는 시대를 초월하는 의미를 지니며, 고도의 안정성을 지닌 것이자 수시로 변하지 않는 것이다. 이런 의미에서 과거의 가치와 사상은 과거만이 아닌 현재와 미래에도 속하며, 전통에 대한 존중은 가치에 대한 존중이기도 하다.

다섯째, 중국철학에서 철학과 역사는 인간의 삶과 불가분의 관계에 있다고 여겨졌다. 철학의 주된 목적은 사람들에게 최상의 삶의 방식과 정신의 방향을 제시하는 것이었으며, 역사는 각종 충돌에 대응할 효과적인 방법을 가르쳐 주었다. 궁극의 '도道'와 이상적인 '최고의 선[至善]'은 개인이 임의로 만들어낸 것이 아니다. 그러므로 중요한 것은 개개인의 새로운 출발점을 모색하여 사고체계를 구축하는 것이 아니라, 그들의 일상생활과 경험 속에서 '도'를 체현함으로써 이성과 지혜를 성숙시키는 것이다. 그들은 다른 사람들의 지혜를 존중함으로써 삶의 지혜를 탐구하고, 그것으로 자기 마음대로만 하려는 자유를 대신해야 한다고 주장했다.

이를 통해, 중국철학에서 전통에 대한 존중은 본질적으로 역사에 대한 존중,

권위에 대한 존중, 이성에 대한 존중, 가치에 대한 존중, 문화적 연속성에 대한 존중임을 알 수 있다. 이러한 특성으로 인해 중국철학과 문화는 문화의 연속성, 가치의 안정, 경전학과 고전해석학의 발달, 역사 기술학記述學의 완비完備 등의 중요한 특징을 지니게 됐다. 그러나 그 본의本意의 측면에서 이론적 사고의 다채로운 발전을 배제했던 것은 아니다.

공자는 "기술은 하되 지어내지 않고, 옛것을 믿고 좋아한다[述而不作, 信而好古]"라고 했다. 주자의 해석에 따르면 "'술述'은 옛것을 전하는 것이고, '작作'은 새롭게 만드는 것이며[述, 傳舊而已;作, 則創始也]", "공자는 여러 성인이 크게 이루어 놓은 것을 모아서 절충하였는데, 그 일이 비록 옛것을 전하는 것이었지만, 그 업적은 새로 지어낸 것보다 낫다[夫子蓋集群聖之大成而折衷之, 其事雖述, 而功則過於作矣]"[21]고 했다. 전통 역사가들은 맹자가 『시詩』와 『서書』에 서문을 써서 공자의 뜻을 기술하였다[序詩書, 述仲尼之意]"[22]고 했는데, 이렇게 보면 옛날 유가는 모두 고전을 정리하고[序], 전통을 기술하는[述] 것에 특별한 주의를 기울인 것 같다. 공자가 '축의 시대' 이전의 사상을 발전시킨 것과 맹자가 공자사상을 발전시킨 것을 보면, '술述'은 사상의 정체를 의미하거나 사상의 발전을 배제한 것이 아니라, 단지 사상의 발전으로 전통이 해체될[割裂] 수 없었음을 의미한다. 경전의 권위를 이용하는 방식은 다양하다. 하나는 경전을 변형시키거나 재구성하는 것이다. 공자가 '육경六經'을 '산정刪定'하거나 주자가 '사서四書'를 한데 묶은 것처럼 경전 텍스트에 변화를 주는 것을 말한다. 또 다른 방식은 경전에 대한 해석이다. 이 밖에 자주 보이는 저술 방식이 하나 있는데, 바로 경전의 범주나 사상을 토대로 삼되 경전에 주석하는 방식은 취하지 않는 것이다.

당대 철학자 펑유란 교수는 중국 철학의 전통주의를 두 가지 유형으로 분류

---

21 『四書集注』卷四.
22 『史記』「孟荀列傳」.

했다. 하나는 "참조하여 말하는 것[照著講]"이고 다른 하나는 "이어 말하는 것[接著 講]"이다.[23] 전자는 소극적 전통주의이고 후자는 적극적 전통주의이다. "참조하 여 말하는 것"은 고전의 원래 뜻이나 기존의 전통적 표현을 열심히 되풀이하는 것이며, "이어 말하는 것"은 전통 사상을 의식적으로 계승하는 것으로, 이미 전 수받은 사상의 정점에서 그에 대한 새로운 이해와 해석 구조를 통해 전통 사상 의 방향과 논리에 의거하여 사상을 더욱 발전시킨다. 중국 철학사에는 "참조하 여 말하는 것"과 "이어 말하는 것" 사이의 긴장이라는 내부 갈등이 있었다.

이런 강한 전통주의 지향의 분위기 속에서, 적극적인 전통주의라고 하더라 도 새로운 사고의 출발점을 찾을 수 있을까? 모든 사고의 출발점이 옛 사람들 이 전해준 것을 벗어나지 않는다고 여기는 이유는 무엇일까? 중국 철학을 이해 하기 위해서는 다음에 주의해야 할 것이다. 중국의 '철인哲人'은 '놀이[遊戲]' 같은 순수한 사고[思辨]는 중시하지 않았다. 중국 철학가들이 더 중시한 것은 가치관 과 삶의 지혜였다. 어떤 사람이 『논어』나 복음서를 아무리 많이 읽었다 해도 그 가 얻는 것은 미미하며, 복잡한 삶의 경험과 내적 체험을 한 후에야 자신이 이 전에 생각지 못한 것들이 그런 의미가 있음을 비로소 깨닫게 된다. 이 점에서, 중국 철학에서 보는 경전의 주요 의의는 우리에게 가치 있는 삶의 방향을 제시 하고, 우리가 좋은 것을 추구하게 만든다는 점에 있다. 그러므로 우리의 삶에서 중요한 것은 끊임없이 새로운 사고의 출발점을 찾는 것이 아니라, 일상 속에서 경전에 담긴 지혜를 반복적으로 경험하고 우리 각자가 가진 잠재력을 발전시키 는 것이다.

베버 같은 일부 학자들은 중국 사람들이 전통을 벗어나게 할 힘을 찾지 못했 기 때문에 전통주의에 빠졌다고 했다. 사실 중국 사람들은 전통을 벗어나게 해 줄 초월적 힘을 찾지 못했던 것이 아니라, 근본적으로 전통을 긍정적인 것이며

---

23 馮友蘭, 「新理學・緒論」, 『三松堂全集』第四卷, 河南人民出版社, 1986 참조.

벗어나서는 안 되는 것으로 여겼다. 성인과 경전을 통해 권위를 얻은 전통은 가치적 이상理想에 신성성神聖性을 부여했고, 그 결과 역사적 경험을 존경하고 문화유산을 아끼는 문화가 형성됐다. 중국의 역사 문화적 환경 속에서, 고대 철학자들은 그들의 이상을 '옛날[古]', '성왕聖王의 업적', '삼대三代' 및 '선왕의 도[先王之道]'에 기탁하곤 했다. 이것은 옛날로 돌아가는 후퇴가 아니다. 옛 시대에 그들이 필요로 하는 것이 있었는지는 확인할 길이 없었으며, 이런 설명을 통해 그 이상에 권위를 부여하려는 것이었기 때문이다. '옛날[古]'과 '삼대三代'를 이상사회로 미화하면, 사람들은 현실의 모든 안 좋은 것들과 대립하는 아름다운 바람을 '삼대'라는 이름으로 규범화하여 그것으로 현실을 비판할 수 있기 때문에 이런 전통주의 역시 '비판적' 성격을 지닌다. 유가가 '옛것'에 부여한 것은 늘 '이상'이었다. 이때 옛것을 높이는 것은 일종의 형식으로서, 이상에 권위를 부여하고 비판을 정당화하는 데 활용될 것일 뿐이다.

그러나 원래는 합리적이었던 전통주의가 사회를 지배하는 범汎 전통주의로 변화하면서 중국 사회는 그 대가를 지불할 수밖에 없었다. 즉, 가치의 안정과 문화적 연속성은 얻었지만, 자발적으로 새로운 사회형태근대사회로 도약하기는 매우 어려웠고, 이 점에 대해서는 반론의 여지가 없다. 그러나 현대화를 위해 반드시 전면적인 반反 전통주의에 찬성해야 하는가? 이상의 분석에서 볼 수 있듯이, 중국문화에서 문화와 역사 전통은 가치적 이성을 지켜준 중요한 기반이었다. 따라서 근대화 과정에서 문화적 위기 때문에 생긴 격렬한 반反 전통사상의 움직임은 심각한 가치 상실의 위기를 초래했고, 그로 인해 가치의 연속성과 민족의 문화적 자긍심이 파괴되었으며 현대화 질서 수립의 과정 자체도 훼손되었다.

오랫동안 유지돼 왔던 전통의 신성성이 깨지자 가치 역시 위기를 맞게 되었다. 근대 역사 발전의 복잡성으로 인해 이러한 위기는 수시로 나타났다가 사라졌으며, 이것이 근대 문화보수주의가 도덕을 강조한 근본적인 이유이기도 하다. 과거문화대혁명에 잠긴 사람들은 순진하게도 모든 전통을 '철저히 파괴하는 것'이 마르크스주의적 세계관의 본질적인 특징이며. 전통 정신 자원과의 아무런 계승 관계가 없는 가치 체계라고 믿었다. 그러나 사실 인류의 가치는 연속성을 지니며 시대를 초월하는 보편성을 지닌다. 과거와 완전히 다른 가치 체계를 만들겠다는 환상은 자신과 모두를 속이는 일이다. 가치적 이성에 대한 인간의 요구는 기존 전통의 권위를 인위적으로 파괴한다고 해서 중단되는 것이 아니며, 또 다른 권위예를 들어 이데올로기나 정치 지도자의 권위의 힘을 빌려서 모습을 드러낸다. 그리고 이 가치의 권위는 여전히 어느 정도 '성인聖人'과 '경전經典'의 개념이 전제되어야 그 기능을 발휘할 수 있다. 그러나 차용한 권위가 동시에 정치적 권위이기도 하다면 이 차용 역시 대가를 치르게 된다. 즉 윤리적 가치의 권위가 이데올로기와 정치운동의 변화에 따라 격렬한 부침과 파동을 겪을 수 밖에 없다. 어쨌든 민족의 정신적 권위는 깊은 문화 전통에 뿌리를 두고 있어야 한다. 오늘날 우리는 '과거'에 대한 우리의 태도를 다시 점검해야 한다. 적어도 어느 정도는 과거의 권위와 다시 연결되어야 하며, 이 권위는 정치적 상징이 아닌 윤리적-정신적 권위이어야 한다. 이러한 의미에서 깊은 문화 전통에 뿌리를 두고 이 가치를 체현하는 '성인'과 '경전'의 이 권위를 회복하고 지키는 것은 복고주의 숭배를 제창하는 것이 아닐 뿐만 아니라, 바로 중국의 특수한 역사 문화 발전과 현대 사회에 대한 이성적 검토 및 확인을 하기 위함이다. 이는 현대화 과정에 도움이 되는 인문환경을 만들어줄 뿐만 아니라 현대화의 주체가 되는 사람들의 도덕적 문화적 자질을 향상시켜서 현대화 자체에 기여하게 할 것이다.

제15장

1990년대 어려운 길을 걸었던 '국학國學' 연구

'국학열'과 전통문화 연구의 문제

1993년 8월 16일 『인민일보人民日報』에는 한 면 가득 「국학, 베이징대학 캠퍼스에서 조용히 일어나다[國學, 在燕園悄然興起]」라는 제목의 글이 실렸다. 이 글은 베이징대학 중국 전통문화 연구센터에서 펴낸 『국학연구國學研究』 첫 번째 권을 바탕으로 중국 전통문화에 대한 베이징대학 학자들의 연구 현황과 성과를 보고한 것이다. 신문의 '편집자 주'에서는 다음과 같이 말했다. "상품경제가 대세를 이루는 지금, 베이징대학의 많은 학자들은 중국 전통문화, 즉 '국학'연구에 몰두하는 중이다. 그들은 국학 연구와 중화민족의 우수한 전통문화를 널리 알리는 것이 사회주의 정신 문명 건설의 기초적 작업이라고 생각한다. 베이징대학의 학자들은 마르크스주의의 지도 하에서 베이징대학의 우수한 전통을 계승하였고, 그 결과 국학연구가 새로운 단계로 발전했고 수많은 새로운 연구 영역이 개척되었다. 국학의 재부상은 새로운 시대의 문화 번영의 상징이며, 새로운 국학 대가의 출현을 호소하고 있다." 중앙인민방송국[中央人民廣播電台(CNR)]에서는 같은 『신원롄보新聞聯播』에서 이 내용을 보도했고, 이는 베이징대학에서 큰 반향을 불러일으켰다. 8월 18일, 『인민일보人民日報』는 1면 『오늘의 담화[今日談]』 코너에 『오랜만이야, '국학'久違了, '國學'』이라는 글을 실어서, 베이징대학의 국학연구에 대한 태도와 기백을 찬양하고, '오랜 시간 묵묵히 걸어온' 학술정신을 널리 알렸다. 9월, 베이징대학에서 개최한 회의에서는 중국 전통문화 연구를 촉진할 방법에 대해 토의했다. 지셴린季羨林은 국학이 일어난 것은 당연하며, 국가의 도약에 구호만 있고 실체가 없으면 안 된다고 하며 베이징대학에 중국학 연구소를 설립할 것을 제안했다.

1993년 10월 중순, 베이징대학교 총학생회의 주도로 베이징대학 교내 수백 개의 학생회가 여기저기에서 호응했고, 서로 연합하여 '국학의 달[國學月]' 행사를 조직했다. 교내에서 열린 국학에 관한 첫 세미나에서 지셴린季羨林, 덩광밍鄧廣銘, 장다이녠張岱年 등이 발표를 했고 1,000명 넘는 학생들이 청중으로 참여했다. 베이징의 일부 신문사들은 이 강좌를 다큐멘터리 보도 형식으로 게재했다. 10월 14일 『광명일보光明日報』는 「국학과 국학대사의 매력[國學與國學大師的魅力]」 기사에서 "강단 위와 아래에서 나이를 잊고 배우고 묻는 과정에서, 오랜만에 문화적 광경이 펼쳐졌다. 국학의 기치 아래에 국학대사들을 이어 열정적인 후속 세대가 따라가고 있는 중"이라고 보도했다. '국학의 달' 행사에서는 총 15개의 강좌와 2개의 세미나가 열렸다. 11월 14일 CCTV 프로그램 〈東方時空·焦點時刻〉에서는 '베이징대학의 '국학열'을 주제로 베이징대학 캠퍼스의 중국 전통문화 학습 및 연구 열기에 대한 다큐멘터리를 방영했다. 11월 30일 『중국청년보中國青年報』는 '국학－뜻밖의 재부상[國學－在驀然回首中]'이라는 제목으로, '국학의 달'에 베이징대학 학생들이 주관한 행사를 종합적으로 보도했다. 12월, 베이징의 라디오 방송에서는 국학을 주제로 베이징대학 교수를 초청해 청중들의 전화 질문에 즉석에서 답해주기도 했다. CCTV는 베이징대학과 150부작 〈중국 전통문화 강좌 시리즈[中國傳統文化系列講座]〉의 공동 제작 계약을 체결했다. 계약 내용은 다음과 같다. "이 프로그램은 마르크스주의를 따르고, 비판적 계승과 문화 유산의 전승이라는 원칙을 고수하고, 사회적 기여를 중시한다", "중화 민족의 우수한 전통문화를 널리 알림으로써 민족의 자긍심과 자신감 그리고 애국주의 사상을 제고

하는 것이 목적이다".

언론의 적극적인 보도로 베이징대학과 베이징의 상황은 외부 세계와 해외에서 중국 본토에 '국학열'이 일고 있는 것으로 받아들여졌다. 1990년대 초반부터 전통문화 관련 출판물이 크게 증가했고 1989년과 1994년 두 차례 공자기념행사가 크게 열렸는데, 이 때문에 '국학열'이 전국을 흔들었다는 인상이 강화된 것 같다.

'국학열'이라는 말이 등장하자 그 추세는 즉각적으로 각계에서 큰 주목을 받았다. 1993년 가을, 탕이졔湯一介 교수는 『중국청년보中國青年報』 기자와의 인터뷰에서, 지금 국학을 강조하는 것은 적절하지 않음을 분명히 밝혔다. 1994년 여름, 그는 「고금 동서 간 갈등과 중국 현대문화 발전[古今東西之爭與中國現代文化的發展]」이라는 논문의 결말에서 1993년 이후의 '국학열'에 대해 언급했다. "1993년부터 중국 대륙에서 국학열이 조용히 일어났다. 90년대에 조용히 일어난 '국학열'이 어떻게 흘러갈 것인지는 어느 정도 시간이 지난 후에 알 수 있을 것 같다. 내 생각에는 두 가지 방향이 있을 수 있다. 하나는 진정으로 중국 전통문화를 세계 문화 발전의 일반적인 흐름 속에서 고찰하는 것으로, 이로써 중국문화의 참된 정신과 지금의 시대적 요구를 맞닿게 할 수 있다면, 이것이 곧 중국문화가 곤경에서 벗어날 수 있는 유일한 길이다. 그러나 역사적 경험과 지금의 발전 추세로 볼 때 또 다른 가능성도 있다. 국학열이 학술이 아닌 이데올로기가 되어 일부 학자들이 중국 민족 문화를 열심히 알리려고 했던 본래 의도와 멀어지는 것이다." 이러한 분석은 인문학 연구에 종사하면서 개혁과 개방을 주장하는 일부 학자들의 '국학열'에 대한 복잡한 심정을 그대로 보여준다. 그러한 경계는 폐쇄적인 국수주의와 '국학열'의 이데올로기화에 대한 걱정이었다.

그런데 또 다른 면에서, 탕이졔 교수가 언급하지 않은 상황들이 1994년 하반기 이후 계속해서 드러났다. 『철학연구哲學研究』 잡지는 1994년 6호에 다음의 글을 실었다. "서양으로부터의 추파秋波로 인해, 경제 및 정치적으로 궁지에 몰린 국수론자들이 정신적 위안 삼을 곳을 찾게 되었다. 그들은 베버가 자본주의 발생의 원인이 종교 윤리였다고 본 문화결정론에 고무되어, 관념적 문화로써 동서 문화의 차이를 설명하는 데 열중하였고, '중국문화' 카드를 이용했다. 1980년대 이후 부침을 반복한 문화열文化熱과 지금 한창인 국학열이 동양 문화의 신화를 부활시켰다." 기사에서는 진지하게 다음과 같이 경고했다. "일부 사람들은 중국에 공자孔子와 동중서董仲舒가 필요하며 마르크스주의에 견줄 만한 중국 철학의 새로운 체계 재건이 필요하다고 주장했으며", "이 '국학'이라는 의심스러운 개념으로 사회주의 신문화를 중국문화의 범위 바깥으로 내보내려는 목적도 배제할 수 없다". 이런 주장을 마르크스주의와 '국학'을 대립적인 것으로 인식한다고 보는 것은 적절하지 않을 수 있다. 다만 '배제할 수 없는' 여러 가능성을 말하자면, 배제할 수 없는 또 다른 가능성을 떠올리게 된다. 즉 마르크스주의와 국학 연구를 대립시켜서, 과거의 교조주의적 이데올로기로 '국학'을 의심하고 비판하는 일을 반복하게 될 것이다. 문제는 '국학열' 활동이 언론 당국에 의해 가열됐고 공자 추모 활동도 당과 정부의 지원으로 이루어졌다는 점이다. 이러한 상황에서, 마르크스주의를 자처[自居]하며 '국학' 연구 활동을 비난하는 것이 무슨 의미가 있단 말인가? 어쨌든 '국학'이나 '국학열'에 대한 모든 의심은 이 개념이 주는 '국수國粹'적인 느낌과 관련이 있는 것 같다. 그렇다면 먼저 이 개념의 유래에 대해 살펴보자.

1. '국학'의 개념

'국학'의 개념은 어디에서 왔을까? 중국 고대에 수도 시기 세웠던 국가 공식 학교를 '국학'이라고 불렀던 역사가 있었지만 이 글에서 말하는 '국학'은 그것과 전혀 다른 것이다. 여기에서 말하는 '국학'이라는 용어는 근대 중국 지식인들이 일본에서 차용해 온 것이다.

일본에서는 17세기부터 18세기에 걸쳐 이른바 '국학파'가 발전했으며, 초기에는 일본 고전을 연구 대상으로 삼았다. 구체적으로는 왕조 시대의 역사, 제도, 문학 등이 연구 대상이었고, 특히 고전 언어학 연구를 강조했다. 와카[和歌]연구가 여기에서 시작됐다. 18세기에는 가모 마부치賀茂眞淵와 모토이 노부치本居宣長처럼, 한편으로는 객관적인 언어학-문헌학적 방법으로 일본 고전을 연구하는 방법을 강조했고, 다른 한편으로는 고전에 담긴 옛 도[道]를 밝히고자 했다. 그러나 기본적으로 일본의 '국학'은 그 나라의 고전과 고대에 대한 실증적 연구를 강조하는 것이었다. 일본 '국학'의 이러한 모습은 청대淸代 한학漢學과 일치한다. 차이점이라면 한학은 중국 고문사학古文辭學 및 고문헌학을 통해 중국 성인의 도道를 해명하는 것을 목표로 삼은 반면 일본의 '국학'은 일본의 고문사학 및 고문헌학으로 일본의 옛 도道를 밝히는 것이었다.[1]

---

1 源了圓, 『德川思想小史』第八章, 中公新書, 1973 참조. 일본의 일부 학자들은 일본 '국학'의 비판 대상은 도쿠가와의 통치 이데올로기였던 유교와 불교였고, 그로써 일본인의 감성을 해방시켰다고 했다. 그러나 일본 '국학'은 유교의 이성주의를 비판함과 동시에 모든 이성주의를 부정하려는 위험도 지니고 있었다. 특히, 모토오리 노리나가(本居宣長, 1732~1801)의 제자 히라타 아쓰타네(平田篤胤, 1776~1843)에 이르러 '국학'은 신국(神國) 사상으로 신비화됐고, 광적인 배타적 민족주의와 천황제의 중요한 지주支柱로 변했다. (日本近代日本思想史研究會, 『近代日本思想史』第一卷, 商務印書館, pp.13~17 참조.)
일본 사상사에서 '국학(國學)'과 '국수(國粹)'는 다르다. 일본 근대 사상사에서 '국수주의'는 메이지 20년대(1887~1896)에 나타났다. 미야케 세츠레(三宅 雪嶺) 등은 『일본인(日本人)』을 출판하여 국수 보존주의를 주장하고 로쿠메이칸(鹿鳴館)의 서구화주의에 반대했으며, 그들이 제기한 '국수를 보존하자'는 구호는 당시 사회에 널리 전파됐다. 그들은 "우리는 국수를 진보와 후퇴의 기준으로 삼고 있지만, 세상의 주된 흐름에 어긋나지 않도록 노력하고 있으며, 주된 흐름에 따라 다양한 상황에 대처할 수 있다"고 했다. 미야케 세츠레의 국수주의는 한편으로 신국 사상의 '국학'에서 주장하는 '국수주의'와 다르며, 또 독일의 관료적 국가주의와도 다르다.(日本近代日本思想史研究會, 『近代日本思想史』第二卷, 商務印書館, pp.17~24 참조.) '국학'이든 '국수'든, 이 '국(國)'자는 일본 자신을 뜻한다. 메이지시대 이후 일본인이 말하는 '국서(國書)' 역시 서양 문화에 상대적인 일본 고유의 문헌을 가리킨다. 중국 근대의 '국학', '국수'는 모두 일본의 영향을 받아서 채용한 것이다.

따라서 일본사상사에서 차용한 근대 중국의 '국학' 개념은 자연스럽게 근대 중국에서 형성된, 청대 한학을 계승하고 근대 교육제도 위에 세워진 중국 전통 문화역사, 철학, 언어, 문학등를 대상으로 하는 실증적 학문체계를 가리키게 됐다. 이러한 정의에 따르면, 여기에는 고대 민간의 강학講學 방식에 따라 옛 학문을 전해주고 익히는 활동도 포함된다. 중화민국 이후에 사용된 '국학' 개념에는 크게 두 가지 용법이 있다. 하나는 그 나라의 전통문화 체계를 말하고, 다른 하나는 전통문화 연구를 위해 근대에 형성된 학문 체계를 말한다. 일본의 '국학'은 중국의 학문에 상대적인 것으로서 말한 것이고, 근대 중국의 '국학'은 서양 문화의 도입과 근대 교육 체계의 확립 이후 서양 학술에 상대적인 것으로서 말한 것이다. 문화적 관점에서 볼 때 '국학'이라는 용어는 출현 당시부터 약세 문화의 주변성을 내포하고 있었다.

1920년대에 '국학'이라는 용어는 매우 대중화되었고 당시 '국고國故'라는 용어가 의미가 비슷해서 그것과 자주 호환되곤 했다. 1900년 초 장타이옌章太炎은 일본에서 '국학', '국고'를 붙인 제목으로 몇 권의 책을 출판했다. 1919년 류스페이劉師培, 황칸黃侃 등은 『국고國故』라는 월간 잡지사를 창간하여 "중국 고유의 학술을 발전시키겠다"는 뜻을 세웠다. 같은 시기 '신조사新潮社'[2]와 후스는 과학

일본 근대 사상사에서 복고주의는 1881년에 '교학대지(敎學大旨)'가 발표된 이후에 활발해졌다. 그것은 당시 사회의 자유민권운동의 방향과 달랐고, 품성[品德]과 풍속에 중점을 두었다. 그러나 복고주의마다 차이가 있는데, 예를 들어, 모토다 나가자네(元田永孚)는 계몽 정책에 반대하며, "지금의 국교(國敎)는 다른 것이 없고 옛날로 돌아가는 것뿐"이라고 믿었다. 한편, 니시무라 시게키(西村茂樹)의 『일본도덕론(日本道德論)』(1887)은 서양철학으로 동양의 전통 도덕을 보완하고, 서양의 실증주의와 공리주의를 흡수하여 계몽정책에 적합한 국민 도덕의 재건을 추구한다고 했다.(日本近代日本思想史研究會, 『近代日本思想史』第一卷, 商務印書館, pp.119~135 참조.) 따라서 도덕 보수주의 또는 문화보수주의와 같은 소위 복고주의는 서로 다른 정치적 입장과 결합될 수 있다. 순수한 학문적 관점에서만 보면, 서양의 르네상스 역시 문화 복고주의를 주장한 것이다. 일본의 신도(神道)를 복원하는 복고주의는 메이지 유신시대의 사회 움직임에 어느 정도 영향을 미쳤다. 따라서 복고주의로 결론지어지는 주장은 단순히 '복고'라는 단어의 문자적 의미로 이해해서는 안 된다.

2 역자 주 : 5·4시기 베이징대학 학생모임 중 하나.

적 방법으로 국고를 정리할 것을 제창했는데, 이는 『국고』에서 과학 정신을 강조하지 않고 전통문화를 좇은 것과는 달랐지만, 모두 '국고' 연구의 중요성을 기반으로 한 것이었다. 후스는 문명 재건의 임무를 "문제에 대한 연구, 학술 이론의 도입, 국고의 정리"로 결론지었다. 1922년에 장타이옌은 『국학개론國學概論』을 출판했고 각지에서 '국학'에 대해 강연했다. 1923년 베이징대학의 『국학계간國學季刊』이 창간되었을 때, 편집국장을 역임한 후스는 '국학' 연구의 세 가지 주력 방향을 역사적 관점, 체계적 정리, 비교 연구 등으로 제안했다. 같은 해, 후스와 량치차오는 '국학' 과목을 개설하여 학생들에게 강의했다. 혁명파였던 장타이옌, 보황파[保皇黨]였던 량치차오, 자유주의를 대표하는 후스 모두 '국학' 개념과 '국학' 연구에 대해서 긍정적인 입장이었다. 얼마 뒤의 학형파學衡派가 주장한 "국고를 밝게 드러내자"에서 말한 '국고' 역시 '국학'이다. 이 때문에 인문학자들 중 일반적인 의미에서 '국학' 개념을 거부하거나 의심의 대상으로 보는 경우는 거의 없다.

후스의 '국학'에 대한 주장과 견해는 이후 '국학'의 다양한 분야 발전에 어느 정도 영향을 미쳤다. 그가 강조한 것은 '과학적 연구'와 '옛날의 본래 모습으로 돌아감'으로써 과거의 '진정한 의미'를 이해하는 것이었다. 이러한 객관주의적이고 실증주의적인 방식과 성향은 인문 분야에서의 중국 근대 학술 수립을 촉진했다. 주목할 만한 것은 자유주의 입장의 후스가 '국학'은 중국 고유 학술에 대한 역사적 연구임을 강조하면서, 이것은 민족주의나 민족정신과는 큰 관계가 없다고 생각한 점이다. 금세기 '국학' 연구자들 중 이런 경우는 거의 없다. 대부분의 국학대사는 '국학' 연구에 종사하는 동시에 가치 측면에서의 중국문화의 가치에 찬성하고, 이렇게 함으로써 중국문화를 계승하고 그것이 계속 발전할 수 있기를 바란다.

'국학'의 개념에서 의심할 만한 부분은 무엇인가? 18세기 이후 일본에서 생긴 '국학' 개념이나 중국 근대 시기에 차용한 '국학'의 개념은 위에서 언급한 바와 같고, 90년대 중국 학술계에서 사용하고 있는 '국학' 개념은 장다이녠張岱年 선생의 정의로 대표할 수 있다. 1991년 3월, 그는 1990년부터 펴내기 시작한 '국학총서國學叢書'를 위해 쓴 「총서總序」에서 '국학'의 의미와 범위를 다음과 같이 설명했다.

'국학'은 중국 학술의 약칭으로, 20세기 초 중국의 경사經史를 연구하는 일부 학자들이 『국수학보國粹學報』를 펴냈고, 장타이옌이 『국고논형國故論衡』을 쓰고 『국학개론國學概論』을 저술 및 강연하여 국학의 이름이 점차 널리 알려졌다. 중국 학술을 국학이라고 할 때, '국國'은 '중국'을 뜻하며, 이것은 이미 약속처럼 굳어진 이름이다.

중국 전통 학술에는 철학, 경학經學, 역사학, 정치학, 군사학, 자연과학 및 종교, 예술 등이 포함된다. 그 중 자연과학에는 천문, 산수, 지리, 농업, 수리水利, 의학 등이 포함되며 모든 것이 국학의 내용이다.

사회주의 신중국문화를 건설하려면 과거의 학문적 성과를 비판적으로 정리해야 한다. 국학을 연구할 때에는 분석적 태도를 취해야 한다. 중국 전통 학술에는 훌륭한 것과 아닌 것이 있고, 정밀한 부분과 거친 부분이 공존한다. 그 가운데에는 객관적 실제에 부합하여 지금까지도 깊은 가르침을 주는 것이 있고, 객관적 사실에 맞지 않는 말도 안 되는 설도 있다. 전통 학술을 연구하여 거칠고 거짓된 것은 제거하고 정밀하고 참된 것을 보존하고, 역사적으로 예전부터 전해 내려오는 잘못된 것을 없애며, 이전 시기 철인哲人들이 보여준 진리를 널리 알리는 것이 우리의 역사적 과제다.

지금 가장 중요한 과제는 애국주의 교육이며, 이것은 중국 인민이 근 백 년에 걸쳐 외세에 대항한 투쟁의 역사를 젊은 세대에게 알려주고자 함이고, 옛날부터 전해져 온 중국 학술의 우수한 성과를 중국의 사람들에게 알려줌으로써 조국을 사랑하는 숭고한 감정을 일깨우기 위함이다.

'국학'에 대한 이러한 설명은 매우 분명하여 '의심할 만한' 지점이 없다.

1992년 1월에 설립된『국학연구國學研究』편집위원회는 연간年刊『국학연구國學研究』의 편집을 시작했고, 그것은 1993년 5월에 처음 출간됐다. 난화이진南懷瑾은 책 서두의 인사말에서 다음과 같이 말했다. "중국 고유 문화는 1920년대부터 서구 문명과 구별된다는 점 때문에 국학이라는 이름으로 흥성하기 시작했다. 중국문화는 예부터 지금까지 문학과 철학, 문학과 역사를 구분하지 않았고, 법으로 다스리는 것과 예교로 다스리는 것 또한 구분하지 않았다. 지금 이 시대의 경우에도, '국학'이라는 용어는 그 안에 고유한 문학, 역사, 과학 및 철학 등을 포함하며 '국학'이라는 단어 자체의 의미에 국한되지 않는다.『인민일보人民日報』'편집자 주'에 인용된 "중국 전통문화가 곧 '국학'"이라는 주장이 바로『국학연구』에서 말한 내용을 그대로 담았다. 1993년 6월, 베이징대학 학보에『국학연구』편집위원회의 글「『국학연구國學研究』출판을 맞아寫在『國學研究』出版之際」가 실렸다. 이 글에서는 "국학 연구는 옛것을 맹목적으로 높이는 것이 아니라, 중국 전통문화를 과학적으로 정리 및 검토한 후 정확하게 설명하고 평가하는 일이다. 이는 중국 전통문화에 정당한 역사적 지위를 부여하고, 그것의 풍부한 함의를 깊게 파악함으로써 오늘날의 지금 삶에서 수행하는 기능을 조정하고 사회주의 신문화 발전에 이바지하게 하는 것이다"라고 했다.

'국학대사' 총서「출판설명」에서는 이 총서의 편집이 1990년 겨울에 시작되었다고 하며 다음과 같이 기술했다. "국학이란 내용 기준으로는 근대 시기 중국 학술과 서양 학술의 접촉 이후의 중국학술을 가리킨다." "오늘날의 국학은 최소한 다음과 같이 넓게 이해해야 한다. 즉 근대 중국의 학자들이 고거考據와 의리義理의 방법을 사용하여 중국 고대 문헌을 연구하는 학술이다." "'국학대사' 총서에서 말한 '국학' 개념은, 실제로 근대 이후 중국의 모든 학술을 가리킨다." 학술계에서 '국학'을 근대 이래 중국학자들의 중국 고대 문화에 대한 연구로 이해하는 것, 이 이해는 학술계에서 비교적 적은 편이며, 비록 '국학대사'가 중국인으로서 근대 이후에 고유 문화 연구에 성과를 낸 사람들을 가리키기는 하지만, '국학'은 연구 대상과 연구 자체 둘 다를 가리킨다.

20세기 초 '국학' 개념은 종종 '국학'은 고대 역사와 문헌에 대한 훈고訓詁와 고거考據의 학문에 불과하다는 인상을 주었고, 심지어 문화급진주의자들 눈에는 옛것을 숭배하는 것으로 보이기도 했다. 그러나 사실 그렇지 않다. 후스와 '국학'과 '국고'에 대한 그의 관심이 이 점을 가장 잘 보여준다.

2. 문화 변화 속의 '국학'이라는 기호

지난 10년 사이 '국학'이라는 개념은 수년간 자취를 감췄다가 다시 모습을 드러냈다. 1980년대부터 1990년대까지, 이 개념이 다시 사용된 것은 무엇보다 중국어 수사修辭 방면에서의 필요 때문이었다. 중국어의 수사적 측면에서 단순함과 우아함의 추구로 인해 출판, 편집, 명명命名 등의 과정에서 '중국 전통문화', '중국 전통문화 총서', '중국 전통문화 집간集刊'보다 '국학', '국학총서國學叢書', '국학집간國學集刊' 등이 더 쉽게 선택되고 받아들여졌다.

근 10년 동안 '문화열'의 유행과 함께 떠오른 '국학' 개념은 직접적으로는 '중국 전통문화'를 가리킨다. 일찍이 1980년대 중기 탕이제 교수 등은 남방南方에 국학연구소를 세우고 『국학집간國學集刊』이후 『중국철학과 중국문화(中國哲學與中國文化)』로 이름 변경을 출판했는데, 이것은 어떤 면에서 당시 중국 전통문화에 대한 뜨거운 관심과 관계가 있었고, 또 다른 면에서는 교조주의의 구속에서 벗어나서 20~30년대 국학 연구의 학술 전통을 회복해야 한다는 필요와도 관계가 있었다. 90년대에 들어오자 일반인 사이에서 '국학'이라는 말을 사용하는 현상이 늘어났다. 예를 들면, 앞에서 말한 '국학총서', '국학연구', '국학대사총서' 등은 모두 90년대 초에 나온 것이며, 1992년 베이징의 일부 젊은 학자들은 국학연구소를 조직하여 정기적으로 중국문화 및 중국문화 연구 관련 학술 문제를 토론하기도 했다.

나는 1990년대에 '국학'이라는 이름이 붙은 여러 활동에 참여했던 학자로서 중국에 '국학열'이 있는지에 대해 늘 회의적인 입장이었다. 70년을 이어온 문화급진주의 전통의 거대한 영향력에 대하여 잘 알고 있고, 근래 상업적 흐름이 사람들의 마음을 혼란스럽게 하고 있다는 점을 느낀 입장에서, 결코 지금 이 상황에서 진정으로 중국문화에 흥미를 가질 사람이 어느 정도 있다거나, 중국문화가 진정으로 지식계의 연구와 관심 영역에서 인기를 얻게 될 것이라고 생각하지 않는다. 그러나 중국문화에 관심을 가지는 사람들이 갈수록 늘고 있고, 전통을 이해하려는 지식계의 태도 역시 갈수록 안정화되고 진지해지고 있으며, 특히 출판물과 같은 형식적 측면에서 90년대 중국문화 연구가 분명 80년대와는 매우 다른 모습을 보였다는 점 역시 인정한다.

1980년대 말 학술 출판에서는, 다양한 전문 간행물 외에도 『중국문화中國文化』中國藝術研究院, 『국학연구國學研究』北京大學中國傳統文化研究中心, 『전통문화와 현대화傳統文化與現代化』國家古籍出版規劃小組, 『중국문화연구中國文化研究』北京語言學院, 『학인學人』, 『학술집림學術集林』, 『도가문화연구道家文化研究』, 『원학原學』, 『원도原道』 등과 같은 종합적인 중국문화 연구 간행물 또는 중국문화 연구의 비중이 높은 간행물이 빠르게 증가했다. 『중국문화』에서는 양안삼지兩岸三地(중국 대륙, 타이완, 홍콩)의 학술, 문화가 다양한 모습으로 소통했고, 『국학연구』는 깊고 진중하며 순수한 학술성이 장점이었으며, 『학인』은 중국 근대 학술사 연구를 주로 다루면서 동아시아와 서양 문화 연구도 포함됐다. 『학술집림』은 자유로운 정신, 독립적인 사상을 주장하며 보다 실재적으로 구체적 학술문제를 탐색하고 연구했고, 『원학』과 『원도』는 젊은 학자들이 창간한 것으로, 중국문화와 그 안에 살아있는 정신 연구를 위한 노력이 담겨 있다. 그밖에 각지에서 나온 간행물이 하나둘이 아니다.

총서의 경우, 1980년대 상하이에서 처음 출판된 '중국문화사' 총서, 공자기금회孔子基金會에서 추진한 '중국사상가평전中國思想家評傳' 총서南京大學出版社, '중국전통사상연구中國傳統思想硏究' 총서齊魯書社 등 외에, 앞에서 언급한 몇 가지 국학國學 관련 총서, 중국문화서원中國文化書院에서 편찬한『신주문화집성神州文化集成』, 베이징도서관北京圖書館에서 기획한 '중국문화소총서中國文化小叢書' 등이 어느 정도 영향력이 있었다. 비교적 현대의 것으로 '중국이십세기사상문고中國二十世紀思想文庫', '중국현대학술경전中國現代學術經典' 총서 및 '현대신유학집요現代新儒學輯要' 총서 '현대신유학연구現代新儒學硏究' 총서 등도 중국문화 관련 출판 트렌드의 일부로 볼 수 있다. 지금 준비 중인『중화문화통지中華文化通志』에도 많은 인력과 자본이 투입되었다.

중국문화 관련 1차 자료의 새로운 인쇄 방식은 더욱 놀랍다. 신편新編『중화대장경中華大藏經』의 지속적인 발행,『도장道藏』,『사고전서四庫全書』의 최초 영인 외에도, 각종 불경이 근래 대량 인쇄 출간됐고, 국가가 추진하는『중화대전中華大典』, 지방정부가 추진하는『공자문화대전孔子文化大全』, 기업과 외국투자자들이 지원한『사고전서존목四庫全書存目』및『속수사고전서續修四庫全書』등이 '성세수전盛世修典'이라는 구호에 힘입어 하나씩 모습을 드러내고 있고, 이미 출간됐거나 현재 편집 중이다. 각 성省의 출판부서에서는 근래 그 성省 출신 선현先賢의 유집遺集 출판에 주력했다. 근대 고서의 현대 번역이 도처에서 꽃을 피우고 있는데, 그 가운데는 잘 된 것과 거친 것이 섞여 있고 품질이 고르지 않지만 거의 모든 것이 번역됐다. 80년대에 일어난 '기공열氣功熱'이 90년대에 더욱 발전하여 각종 수련을 위한 귀한 책의 인쇄가 매우 인기였고,『주역周易』및 역학이 그와 더불어 더욱 유행했다. 점술점복(占卜)이나 처세厚黑 관련 서적, 명청明淸시대 로맨스 문학, 각종 중국문화를 앞세운 사서辭書와 사전辭典의 출판량 역시 함께 급증했다.

이 모든 상황을 고려했을 때, 인문학 분야의 출판 방면에 '국학열'이 존재했다는 것은 근거 있는 주장이라고 할 수 있다.

그러한 상황이 만들어진 이유는 다양하다. 1980년대 말 이후 전반적인 서구화 경향을 비판하는 정치적 분위기 속에서 1980년대 후반 가장 주력 부문이었던 서양 역서의 출판이 출판사의 사정에 어쩔 수 없이 영향을 받게 됐다. 출판계는 다른 시장과 판로를 모색해야 했고, 고적古籍의 인쇄가 저작물의 생산력과 저작권 및 인세의 제한을 받지 않았으므로, 고적은 출판계에서 가장 선호하는 자원이 됐다. 동시에 우수 전통문화의 확산이라는 구호 아래 다양한 출판사들이 다같이 분위기를 이끌었고, 자연스럽게 중국문화와 관련된 원전原典, 자료, 사전 등이 대량으로 인쇄 발행됐다. 다른 한편으로, 경제 발전으로 인해 독자들이 고적古籍 영인影印 비용을 감당할 수 있게 됐고, 그에 따라 중국 고문헌의 거대한 시장 공백 속에서 고적 영인이 빠르게 증가한 것은 당연한 일이었다. 대중문화의 발전과 성장, 그와 함께 높아진 민간종교와 방술方術에 대한 관심, 지방정부의 지방문화 진흥과 관광문화 개발, 문화 사업에 대한 기업가들의 열띤 관심 등에 대해서는 일일이 다 설명할 수 없다.

3. 어려운 길을 걸은 국학 연구

물론 90년대 사상계에도 약간의 변화가 있었다. 90년대 지식인들은 80년대의 급진적 태도와 반反전통 신화와 다르게, 침착하고 냉정하게 문화 문제를 바라봤다. 이는 문화 연구의 역량이 80년대 말 이후 달라질 수밖에 없었기 때문만이 아니라, 이성이 감성을 지배한 이후 국내외 지식인들이 문화 이론 방면의 진지한 견해를 받아들이기 시작했기 때문이기도 하다. 80년대에 활약했던 청

장년 학자들이 90년대에 들어서 더욱 성숙했고, 전통에 대한 깊이 있는 연구나 상식적인 이해가 많아진 동시에 교육 과정을 통해 급진적이었던 청년들이 전문화한 교수가 됨에 따라, 급진적 반反전통 선언은 더 이상 환영 받지 못했다. 이러한 전통에 대한 진지한 태도는 90년대에 주류를 이루었고, 점차 전통의 단점을 지적하기보다 긍정적 요소를 찾으려는 분위기가 형성됐다. 이런 분위기 속에서, 30세 전후의 젊은 학자들은 중국 전통 학술 연구와 중국문화정신 확산을 적극적으로 찬성했고, 일부 마르크스주의 철학자들도 중국문화에 대한 토론과 교류에 적극 참여했다. 1993년 봄에 황난선黃楠森 교수가 마르크스주의 철학자들이 주로 참여하는 양안兩岸 중국문화 세미나를 주최한 것이 그 예다.

이 모든 것은 개발도상국 사회가 우여곡절을 겪은 후 경제성장 국면에 진입하기 시작하면서 민족적 자신감이 증대되었음을 반영하며, 이 점은 잘못된 것이 아니다. 이런 자신감은 현대화를 위한 필요조건이며, 그것의 의미는 결코 정치적 관점으로 이해하거나 해소시킬 수 있는 것이 아니다.

문제는 이 모든 것이 '국학열'이냐는 것이다. (저자는 개인적으로 '국학'이라는 단어보다 '중국문화'라는 용어의 사용을 더 좋아한다.) 출판 문화가 학술 연구를 대표할 수 없음은 분명하다. 그게 아니라면, 어째서 1994년 『독서讀書』 잡지에 "인문정신의 위기"라는 토론이 실렸겠는가?

이른바 '국학열'이 무르익었을 즈음, 1992년 초 덩샤오핑의 남방 순방 이후에는 전국적으로 상공업 붐이 일었다. 그야말로 대대적인 열기였고, 그 열기가 미치지 않은 곳이 없었다. 1년 후, 제14차 전국대표대회의 사회주의 시장 경제 수립에 관한 결정에서는 이런 발전을 지지했고, 시장 지향적 발전에 정당성을 부여했다. 불과 1~2년 사이에 사회문화와 교육, 지식인들은 생각지 못했던 거대한 충격을 경험했다. 상업화와 상업문화, 그리고 그것으로 인한 사람들의 심적 변화는 문화와 학술에 큰 위협이 됐다. 지식인들의 난처함은 바로 여기에 있었다. 사회주의 시장경제 발전을 환영해야 하면서도, 시장경제 발전의 부정적 결과를 감수하고 시장경제가 문화에 대한 부작용과 힘들게 싸워서 문화와 가치를 지키고 상업화로 인해 타락하지 않게 해야 했다. 그런 시대적 배경을 고려하면, 이 시대에는 실질적인 '국학열'이 생길 수 없었을 것임을 알 수 있다. 어떤 의미에서 1993년 하반기 '국학열'의 선전은 시장경제의 비이성적인 활성화와 상업화에 따른 문화 혼란이라는 배경에 의한 것이었으며, 이는 『인민일보人民日報』 보도에서 강조한 내용을 통해 분명하게 확인할 수 있고, 다른 신문사의 글역시 다르지 않다. 이런 의미에서 1993년의 이른바 '국학열' 현상은 상업화 충격에 대한 인문학술계의 저항으로 봐야 한다. 비록 정부의 언론당국에서 '국학열' 선전을 문화 혼란 속 여론 선도 작업으로 여기기도 했지만 말이다.

그러므로 겉으로 드러난 '국학열'을 들여다보면 중국문화 연구가 사실 어려움에 직면해 있음을 이해할 수 있다. 경제적으로 시장지향적인 상공업 발전이 사회의 우수한 인재들을 끌어들이자, 그 결과 전통문화에 관심 기울일 역량 기르는 일이 더욱 어려워졌고, 또한 갈수록 발전하는 출판업과 간행물들에 비해 연구와 저술의 생산력은 상대적으로 위축되는(절대적인 위축이 아니라면 말이다) 결과가 나타났다. 정치적으로 '국학'은 두 가지 면에서 의심 받는다. 하나는 이데올로기화와 국수주의화될 수 있다는 것이고, 다른 하나는 국수주의적 경향 때문에 마르크스주의의 주도적 지위를 빼앗는 난처한 상황에 처하게 됐다는 것이다. 사상적으로는, '반봉건'이라는 상징 하에서 그것이 대표하는 자유주의의 계몽적 마인드와 교조주의의 폐쇄적 마인드는 전통에 대해서 늘 강한 경계심과 비판의식을 보이고 있었고, 더 유행했던 공리주의는 전통과 문화를 아예 배제하는 태도를 보였다. 이것은 '국학'이 '5·4' 이래 언제나 그래왔던 것처럼, 곤경에 처해 있었고 화제와는 거리가 멀었음을 보여준다. 사실상 이런 어려움과 위기는 금세기 이래 유학에 있어서는 늘상 있는 일이었다고 할 수 있다.

4. '국학'과 21세기 중국

한때 언론에서 '국학열'을 자주 거론하자, 일부 동지들은 크게 걱정했다. 그들은 전통문화를 긍정하는 일부 관념적인 학술 관점을 비판했을 뿐만 아니라, 비판 과정에서 '복고주의複古主義', '국수론자國粹論者' 등 이념적 색채가 강한 단어를 경솔하게 사용했고, 이미 어려운 길을 걷고 있던 전통문화 연구에 불필요한 걱정을 보탰다. '복고주의', '국수론자'라는 표현은 '5·4'시대 전후의 간행물에서 흔히 볼 수 있는 것이었지만, 90년대인 지금은 '5·4'시대와는 완전히 다르다. 오늘날 전통 계승을 중시하는 사람들은 모두 개혁개방을 지지하고 중화민족의 현대화를 바라지, '고대' 봉건 사회로 돌아갈 생각이 없다. 그런 의미에서, 이른바 '복고주의'라는 표현을 지금의 학술토론에서 사용하는 것은 검토 없이 관습적으로 하는 행위일 뿐 아니라 비과학적이며 부적절하다. '문화대혁명'의 비판 글에서 '복고주의'라는 표현은 주로 전통문화와 이전 세대 학자들의 극좌적 교조주의에 대한 비판에 사용됐고 '문혁' 이후에도 여전히 공포감을 준다. 10년 전, 펑유란 선생은 『공자연구孔子研究』 창간호에 '약간의 생각'이라는 글을 실었다. 다음은 그 내용의 일부다.

'5·4'시기 중국과 서양 문화에 대한 논의의 중점은 중국문화의 부정적인 측면에 대한 비판이었지만, 지금은 중국 전통문화의 좋은 점을 발견하고 계승할 부분이 있음에 중점을 둔다. 일반적으로 고대 문화는 비판적으로 계승해야 한다고 하는데, 이것은 하나의 절차가 가진 두 가지 측면이다. 역사가 발전함에 따라 사람들은 어떤 때에는 이것을 중시하고 어떤 때에는 저것을 중시하는 등 일종의 변화[轉化]가 생긴다. 계승을 말하면 종종 '복고'로 의심받는데 이런 의심은 불필요하다. 왜냐하면 이 절차는 여전히 비판하는 측의 견제를 받으며, 비판의 영향은 사라지지 않을 것이기 때문이다.

펑 선생의 말은 지금 이 시대에도 적용된다. 동시에 우리는 또한 정치적 함의가 포함된 말들로 인해 발생하는 각종 갈등과 간섭을 뒤로 하고 중국 전통문화 연구가 "자유롭게 토론하고 각자의 목소리를 내는[百家爭鳴, 百花齊放]" 분위기 속에서 계속 나아가고 발전하기를 기대한다.

'국학'이 '자국[本國]'의 의미를 강조하는 것이라면 그것은 당연히 중국 지식인에 대해서 하는 말이다. 이 때문에 '국학' 연구는 문화 중국의 여러 의미 중 일부일 뿐이지만 중국학자의 중국문화 연구는 매우 중요하다. 현실적으로 '국학'은 당연히 외부의 조작과 정치적 해석을 완화시킬 수 있기를 희망한다. 앞으로 '국학'은 다양한 비판으로부터 좋은 점을 흡수할 것이며, 또한 그 자체의 과학적, 역사적, 객관적 연구를 통해 계속 발전해 나갈 것이다. 90년대 중국 지식인들의 중국문화에 대한 태도 변화가 1993년의 '국학열' 때문에 일어난 것이 아닌 이상, '국학'이라는 단어에 수반되는 각종 갈등과 그것의 해결이 중국 지식인들의 중국문화에 대한 태도와 연구에 영향을 미치는 일도 없을 것이다. 중국문화는 수천 년의 오랜 전통을 계승하고 새로운 지식을 통합하여 큰 걸음으로 미래를 향해 나아갈 것이다.

'국학열' 현상을 정확히 이해하기 위해서는 앞으로의 중국문화의 위상과 방향에 대한 정확한 평가와 중국문화의 위대한 부흥에 대한 진정한 열정이 필요하다. 21세기 중국문화의 흐름은 글로벌 경제·문화적 관점에서 검토되어야 하며, 이러한 배경을 고려하지 않는다면 얕고 근시안적인 실용주의를 넘어설 수 없다. "21세기는 중국의 시대"가 될 것이라는 예언을 대부분의 중국인은 아직 받아들이지 못하지만, "아시아 태평양의 시대"라는 말에는 전 세계가 주목하고 있다. 90년대 아시아 태평양 지역 발전 과정에서 중국은 중요한 위치를 점하게 됐음이 분명하다. 앞으로 아시아 태평양 지역은 세계 발전의 중심 지역이 될 것이다. 그리하여 아시아 태평양, 나아가 세계에서 중국의 위상은 근본적으로 변화하게 될 것이다. 중국의 경제 현대화의 급속한 발전과 함께 전통에 뿌리를 둔 중국문화의 부흥이 세부적으로 논의되고 있다. 따라서 개혁개방의 길이 전방위적으로 열려 되돌릴 수 없는 상황에서, 위에서 말한 인식과 전망으로 20세기의 길과 21세기의 발전 가능성을 비교한다면, 중국문화의 경우 20세기는 '비판과 계몽'의 시대였고, 21세기는 '창조와 진흥'의 시대가 될 것이며, 두 시대가 교차하는 지점이 바로 중국의 온 민족이 '새롭게 시작할' 전환점이 될 것이라고 할 수 있다. 이러한 문화 변화의 특징을 파악하는 것은 우리가 문화 현상을 이해하고 문화 발전 사유의 중요한 출발점이다. 전 세계적으로 서양 문화의 특성을 지닌 현대화 과정이 아무래도 더 오래 지속되겠지만, 이후 아시아동아시아, 동남아시아, 남아시아포함의 발전으로 유럽중심주의는 없어질 것이며, 서구의 문화 패권은 점차 해체될 것이다. 새로워진 다문화 구도[格局] 속에서 사람들은 더 이상 서양 문화의 도입과 적용에 관심을 두지 않을 것이며, 더 이상 서구를 보편적 모델로 간주하지 않을 것이다. 비非서양 세계에서, 각자의 문화 전통에 뿌리를 둔 발전이 갈수록 더 강한 생명력을 보여줄 것이다. 중국의 발전에 있어서는 사회주의 시장경제 건설의 방향이 수립됨에 따라, 개혁 초기에 문화적 동원으로서 일어난 1980년대 초반 이후의 '전통과 현대' 논쟁은 이제 더 이상 중요하게 다루어지지 않을 것이다. 우리는 되돌릴 수 없는 개혁 과정에서 민족정신을 재건하고 가치 체계를 재건하는 거대한 현실적 과제에 맞닥뜨리게 될 것이다. '중화의 진흥[振興中華]'은 과학 기술의 진흥, 경제의 진흥에서부터 정신적 진흥이 포함된 전면적인 진흥으로 나아가는 것이다. 현대 동아시아 문화의 진흥 과정에서 중국문화는 다시 정신의 창조라는 임무를 지게 될 것이며, 이것은 동아시아 문화권에서 중국문화에 기대하는 바이기도 하다.

제16장
중국문화 전통의 가치와 위상[*]

페이샤오퉁費孝通, 1910~2005 선생께서는 이 토론 주제를 선택한 것에 대해 구체적으로 설명하였는데, 저자는 페이 선생의 생각은 매우 포괄적인 시각에서 제시된 것이다. 미국 등 서양 국가들의 경제 불황, 러시아와 동유럽 국가의 사회적 혼란에 비해 중국은 최근 몇 년간 사회 안정을 유지하면서 비교적 높은 경제 성장을 유지하고 있다. 이러한 배경 속에서 세계적으로 두 가지 동향이 출현했다. 하나는 중국의 경제 성장과 발전에 대한 과대평가 및 과장이고, 다른 하나는 중국의 발전에 대한 강한 경계이다. 후자를 대표하는 것이 바로 하버드 대학의 저명한 정치학자 새뮤얼 헌팅턴Samuel Huntington이 쓴 『문명의 충돌Clash of Civilizations』이다. 그는 다음 세기에는 민족 국가의 국제 분쟁은 일어나지 않을 것이며, 서구 세계가 직면할 갈등은 이슬람 문명 및 중국으로 대표되는 유교 문명과의 충돌일 것이라고 했다. 이러한 움직임은 경계할 만하다. 중국은 경제 발전이 출발점은 낮고 인구가 많으며 문제는 산더미처럼 쌓여있다. 그러므로 중국 경제의 발전이 가속 구간에 진입했다고 해서 절대로 경거망동해서는 안 된

---

* 1993년 12월 4일, 페이샤오퉁 교수의 제안으로 『군언(群言)』의 편집부에서 일부 전문가와 학자들을 초청하여 "전통문화, 개혁개방, 그리고 세계의 새로운 구도"라는 주제로 심포지엄을 개최했다. 제16장은 이 책의 저자가 해당 심포지엄에서 발언한 내용이다.

다. 옛말에 "신중하고 두려워하라"고 했는데, 이것은 정치의 기본이다. 사실 지난 몇 년간[1]의 안정과 발전은 바로 "신중하고 두려워함"이 있었기 때문이다. 이것은 언제나 '위기의식'이 있어야 함을 말하는 것이기도 하다.

물론 경제가 성장하면 민족의 문화적 자긍심도 같이 증대될 수밖에 없다. 최근 몇 년 사이에 전통문화를 무시하는 분위기가 점차 가라앉았는데 이것이 바로 사회 및 경제 발전의 징후이다. 1990년 한 잡지사의 부탁을 받고 한 편의 글을 썼다. 제목은 「정하기원貞下起元」으로, 유교로 대표되는 중국문화가 20세기에 혹독한 비판을 받고 사람들에게 외면당했다가, 이제 새로운 발전의 기회를 맞았다는 내용이다. 이뿐만 아니라 식견 있는 사람들도 중국문화가 현대 사회와 오늘날의 세계에 기여할 수 있는 바를 고민하기 시작했다. 작년에 페이 선생은 「공림편사孔林片思」를 써서 우리 시대에는 공자가 필요하고, 공자를 이해하는 젊은이들이 더 많아져야 한다고 했다. 이 글을 다 읽은 후 나는 매우 흥분했다. 내 생각에, 오늘의 이 주제는 페이 선생의 글에 담긴 생각과 일맥상통한다. 다음은 이 주제에 대한 나의 몇 가지 의견과 생각이다.

1. 인仁을 기본 바탕으로, 화和를 도구로[以仁爲體, 以和爲用]

페이 선생의 글과 연설은 량수밍梁漱溟 선생을 상기시켰다. 량 선생은 20세기 중국에서 공자가 되고자 했던 첫 번째 인물이다. 량선생은 1949년에 14장으로 구성된 『중국문화요의中國文化要義』를 썼다. 그가 대답하고자 한 문제 역시 페이 선생이 제기한 것과 같다. 넓은 땅과 많은 인구, 거대한 민족의 융합이 이렇게나 오래 유지돼 왔다. 이러한 중국문화는 어떤 힘과 원인에 의해서 만들어진 것

---

1   역자 주 : 1993년 기준.

일까? 량 선생의 최종 결론은 이것은 중국문화에 있는 이성[理性]의 힘 때문이며, 중국문화 속 이성[理性]이 이른 시기에 성숙했기 때문이다. 량 선생이 말하는 "이성"은 매우 특별하다. 그는 이성理性과 이지理智를 구분했다. 그가 말한 이성理性은 차분하고 통달한 마음이다. 앞부분의 량 선생에 대해 쓴 부분에서, 나는 량 선생이 말하는 이성이 옛 중국어의 '인仁'에 해당한다고 했었다. 서양의 학술용어로 표현하자면 하버마스Habermas가 말한 '소통 이성[交往理性]'에 가깝다고 할 수 있다. 그런 의미에서 현대 서구 사회사상에서 말하는 '소통 이성'은 수천 년 전 중국에서 이미 시작되었다고 할 수 있다. 그러므로 량 선생이 중국문화에 대해 "이성이 빨리 깨어났고 문화 성숙이 일렀다"고 하며, 이 두 가지가 중국문화의 주요 특징으로 발전했고, 중국인들에게 거대하고 소중한 가업家業을 남겨주었다고 한 것이다.

여기에서 나는 페이 선생이 제기한 질문에 답하고자 한다. 그것은 바로 량 선생이 발굴한 중국문화의 근원이 중국문화가 수천 년 동안 발전해 올 수 있었던 이유일 뿐만 아니라 지금의 중국이 세계에 기여할 수 있는 자원이라는 점이다. 중국문화가 21세기 인류에게 제공할 수 있는 것은 무엇인가? 페이 선생의 이야기 중 가장 먼저 떠오르는 것은 '화和'라는 단어이다. '화和'는 중국문화에서 중요한 개념이다. 일반적으로 '화和'는 네 가지 층차로 나타난다. 첫 번째 층차는 하늘과 사람이다. '천인합일天人合一'처럼 우주 또는 자연이 사람과 조화를 이루어 하나가 됨을 주장한다. 두 번째 층차는 국가와 국가이다. 국가 간의 화합과 평화로운 공존을 도모해야 하며, 국가 간에 '예禮'로써 조율하고 "禮를 행함에 있어서 和를 귀하게 여긴다[禮之用, 和爲貴]"[2]. 세 번째 층차는 사람과 사람이다. 인간관계에서는 서로간의 협조와 상호이해 및 동등한 대우가 필요하다. 네 번째 층차는 개인의 심리적 정신적 삶으로, 평화, 즐거움, 안정의 상태를 추구하는

---

2   역자 주 : 『論語』「學而」.

것이다. 유교의 전통적인 관점에서 '和'는 아주 친밀한 상태의 조화가 아니라, '화和'는 도구[用]이고, '인仁'은 기본 바탕[體]이다. 즉, '화和' 뒤에 도덕적 토대가 하나 더 있는데, 그것이 '인仁'이다. 량 선생이 말한 그 내용처럼 이 '인仁'은 인류 공동의 관념으로서 하나의 도덕적 토대가 될 수 있다. '인仁'과 '화和'의 이러한 관계는 "'인仁'이 기본 바탕이 되고 '화和'는 도구가 되는 것[以仁爲體, 以和爲用]"이라고 표현할 수 있다. 이러한 '문화–실천' 구조는 서구 및 인도와는 다르다. 예를 들어, 기독교에서도 "다른 사람 사랑하기를 자신과 같이 하라"고 하지만, 그 것은 반드시 신에 대한 믿음이 전제되어야 하며, 이 전제를 받아들이지 못하면 그는 이 말을 받아들이지 못한다. 그러므로 '도구로 활용됨[用]'의 측면에서, 기독교는 다른 종교를 배척하는 성격이 강하며, 모든 이교도들을 배척하는 제단祭壇이었던 중세 십자군에서 근대 제국주의에 이르기까지를 보면, 화和의 정신은 없고 타인에게 강요하는 정신만 있었음을 알 수 있다. 따라서 서구 문화에서는 "인仁을 중심으로 삼고 화和를 도구로 삼을[以仁爲體, 以和爲用]"수 없었다. 자연을 대하는 태도 역시 마찬가지다. 파괴와 욕망을 지향하는 정신으로 자연을 강압적으로 착취하는 태도를 취했으므로, 인간과 자연의 조화라는 가치 및 관념이 도출될 수 없었다. 그러나 고대 중국에서는 "인은 하늘과 땅의 만물을 하나로 여기는 것[仁者以天地萬物爲一體]"이며, 인에서 출발하면, 또한 사람과 천지 만물의 완전한 조화도 인정할 수 있다고 했다. "조화를 이루되 완전히 동화되지는 않음[和而不同]"의 모식은 각종 문화에 상당히 넓게 적용된다. 물론 서구 문화는 그것만의 장점이 있지만, 여기에서는 현재와 미래에 대해 이야기할 뿐이다. 그러므로 결국 중국문화가 관념과 가치 면에서 21세기 인류에게 제공할 수 있는 의미 있는 무엇이란, 크게 봤을 때 바로 "인仁을 기본 바탕으로 삼고 화和를 도구 삼는 것[以仁爲體, 以和爲用]"이라고 생각한다.

2. 서양 문화를 흡수하여 발전을 추진하고,
   중국문화를 널리 알려 발전을 실현하자

다시 '전통문화와 개혁개방'이란 주제로 돌아가자. '개혁개방'은 좁은 의미로, 그리고 일반적인 의미로서 '경제개혁'을 가리킨다. 제14차 전국대표대회 이후 우리는 이것이 시장지향적인 경제체제 개혁임을 분명히 했다. 개혁개방과 전통문화의 관계에 대해서는 사회 전체의 발전이라는 관점에서 이해해야 한다고 생각한다. 사회적 동력 분석의 관점에서, 시장 지향적인 개혁과 개방으로 해결하고자 하는 것은 사회 시스템 발전의 동력 문제였다. 예를 들어, 대형 및 중소 국유기업의 개혁 메커니즘과 자유화 · 활성화를 위해서는 그렇게 만들 힘을 필요로 하는데, 이것은 동력의 문제이다. 그러나 하나의 사회체제가 필요로 하는 것은 동력만이 아니다. 그것의 발전 방향은 무엇인지, 즉 어떻게 균형적이고 합리적이며 공평하게 발전할 것인지가 바로 문화와 관련이 있으며, 이러한 것들은 규범적 문제에 해당한다. 따라서 사회 구조의 측면에서 개혁개방의 주안점은 제도적 시스템에 있지만, 완전한 사회 발전을 위해서는 제도적 시스템 외에 문화적 시스템도 필요하다. 그러므로 동력-구조 분석 측면에서, 한 사회 체계의 양질의 발전을 위해서는 양질의 동력 시스템도 필요하고 훌륭한 문화 규범체계 역시 필요하다. 자동차 구동장치와 마찬가지로 동력 시스템과 제어 시스템이 잘 작동돼야 하는 것이다.

개혁개방으로 도입된 외래 문화자원은 서양에서 전해진 과학, 민주 등의 근대문화이지만, 규범체계는 문화 전통과 밀접한 관련이 있다. 여기에서 말하는 문화 전통은 주로 전통문화의 가치 체계를 말한다. 방금 언급한 동력-구조 분석을 근거로, 나는 현대 중국의 사회-문화의 발전에 대한 문화 모델을 하나 제안하고자 한다. 즉 "서양 문화를 받아들임으로써 발전을 추진하고, 중국문화를 널리 알려서 발전을 실현하자"는 것이다. 이것은 나 혼자만의 생각이 아니라, 이미 과거에 장둥쑨 선생이 이러한 생각을 했었다. '5·4'시대에는 모두가 서양에게 배워야 한다고 생각하면서 계몽운동, 과학과 민주를 배우려고 했고 전통은 전부 부정되었다. 장둥쑨 선생은 자신만의 혜안으로, 서양 근대 문명이 지금까지 발전할 수 있었던 것은 전적으로 "그리스 문명으로 그것을 추진하고, 이스라엘 문명으로 그것을 실현했기 때문이라고 했다. 장둥쑨 선생은 서양 문화에 대해서만 말한 것이지만, 내 생각에 하나는 밀고 하나는 실현시키는[一推一挽] 이 구조는 매우 합리적이다. 즉, 현대 서구 문명의 발전은 한편으로는 그리스 정신에서(자본주의를 배경으로) 동력을 얻었고, 다른 한편으로는 이스라엘 정신, 즉 기독교 전통으로 그 가치가 확립되었고, 이 두 요소가 조화를 이루어 관계가 조율됨으로써 좋은 발전을 이룰 수 있었다. 이러한 점에서 우리는 한편으로 과학, 법치, 민주주의, 현대 시장경제와 같은 서구 문화를 적극적으로 흡수하여 개혁과 개방을 한층 더 강화해야 하며, 다른 한편으로는 문화 규범 체계를 갖추어서 전통문화, 특히 전통문화의 가치 체계를 비판적으로 계승하고 창의적으로 변화시켜야 한다. 문화 규범 체계의 측면에서는, 전통 가치의 계승에는 고대 중국문화뿐만 아니라 현대 중국문화의 사회주의와 마르크스주의 가치도 포함시키고, 이것들로 사회의 문화 규범 체계를 구성해야 한다. 그래야만 중국문화의 특색과 시장경제 요소를 갖춘 사회주의를 안정적으로 건설할 수 있다.

3. 문화의 기능과 가치

끝으로 '전통문화와 개혁개방'이라는 주제로 몇 마디 보충하고자 한다. 개혁은 주로 시장지향의 경제개혁을 의미하기 때문에 이러한 이해를 바탕으로 '전통문화와 개혁개방'라는 주제를 대할 때면 우리 자신도 모르게 이렇게 생각하게 된다. 전통문화가 개혁개방에 도움이 되는가? 무엇이 개혁개방에 도움이 되는가? 무엇이 개혁개방에 도움이 되지 않는가? 이런 생각은 그 자체로 의미가 있다. 그러나 이렇게만 생각한다면 우리의 사고는 공리주의적 시각으로만 문화를 바라보는 것으로 제한되며, 문화의 정치경제적 기능에만 주목한 것일 뿐이다. 사실 전통문화에는 개혁개방과 직접적으로 관련이 없거나 아예 무관한 것도 많다. 예를 들어, 『초사楚辭』가 개혁개방과 무슨 관계가 있는가? 개혁개방에 도움이 되는가 도움이 되지 않는가? 그 둘은 아무 관계가 없지만 그렇다고 해서 『초사』의 가치가 없는 것은 아니다. 전통문화를 구성하는 수많은 내용, 예를 들어 철학, 문학, 예술, 종교 등의 가치는 공리주의적 관점에서 바라볼 것이 아니라 문화 자체의 발전의 측면에서 그 가치를 판정해야 한다. '5·4' 이후 전통문화와 현대화를 대립시키는 관점은 전반적인 서구화 사조의 영향 외에 또 다른 중요한 원인의 작용으로 형성됐다. 바로 문화 가치를 가늠할 기준을 마련하지 못했고 공리주의의 영향을 너무 많이 받았기 때문이다. 이런 공리주의의 만연은 나름대로의 역사적 원인도 있지만, 지식인들의 문화 관념에 대해 심도 있는 정리가 이루어지지 않은 것도 하나의 원인이다. 따라서 우리는 전통문화를 대함에 있어서 더 포괄적으로 바라보고, 인간의 본성[人性]과 삶[人生]에 있어서의 필요성, 전반적인 사회문화의 발전, 그리고 문화 자체의 내재적 가치 등의 측면에서 전통문화의 의미와 가치를 인식해야 한다.

세기의 전환기에 전통을 논하다

'전통과 현대'에 관하여, 나는 『인문주의적 시각人文主義的視界』에서 이 문제에 대한 나의 분석을 전면적으로 다룬 바 있다. 이 짧은 글에서 그 내용을 다시 반복할 필요는 없다고 생각한다. 내가 나누고 싶은 이야기는 세기의 전환점에 서 있는 지금 약 100년 동안 지속되어 온 전통과 현대에 대한 논의를 되돌아보고, 우리가 오늘날 어떤 경험과 공통의 인식을 얻었는지, 다가오는 21세기에 우리가 20세기와 전혀 다른 새로운 시각을 갖게 되거나 가질 수 있을 것인지 등이었다.

어떤 의미에서 20세기 중국사는 중화민족의 현대화 추구의 역사였다. 그것은 중화민족이 온갖 역경과 좌절 속에서 빛을 향해 걸어온 역사이며, 20세기 중국문화 중 '전통과 현대'에 관한 논쟁은 이 과정의 산물이다. 그것은 현대화에 참여했던 중국 지식인과 의식 있는 인사들의 이 과정에 대한 반성임과 동시에 그들과 그들이 대표하는 대중이 이 과정에서 느낀 여러 단계의 정서를 반영한다. 이런 점 때문에 20세기의 '전통과 현대'에 대한 논의는 언제나 순수 학술 차원의 이론적 논의가 아닌 중화민족의 실제 삶과 밀접하게 연관된 일종의 이야기[表達]였다.

20세기의 '전통과 현대'에 대한 논의에서는 중국 전통문화에 대한 비판과 반성이 주도적 위치에 있었다. 바로 이 점에서 우리는 20세기를 '비판과 계몽'의 시대라고 한다. 전통에 대한 비판과 반성은 중국이 '현대화의 좌절'을 겪을 때마다 일어났으며, 당시 사회에 널리 퍼졌던 '현대화에 대한 좌절감'이 그것의 바탕이 되었다. 즉, 현대화가 좌절되거나 강한 좌절감을 경험할 때마다 현대화 좌절에 관한 문화적 측면의 고찰을 했고, 현대화가 잘 실현되지 않는 문화적 원인을 찾고자 했다. 이것은 '전통과 현대' 논쟁이 철학자들의 논리적 사유가 아닌 현대화 경험의 문화적 지표로서 현실적 사회 사조를 반영하는 것임을 보여주며, 동시에 사회 변화 과정을 문화적으로 해석하기 좋아하는 중국 지식인의 경향을 보여준다.

20세기의 '전통과 현대' 논의는 시대마다 쟁점 및 이론적 경향이 다르며 현실적 지향도 다르다. 그러나 어쨌든 20세기 중국의 '전통과 현대'에 대한 논의는 '현대'나 '현대화'가 필요한지에 대한 논의는 아니었으며, 개혁을 해야 할지 여부에 대한 논의도 아니었고, 서양 문화를 받아들일지 여부에 대한 논의는 더더욱 아니었다. 신문화 운동의 '동서고금東西古今' 논쟁부터 1980년대 '전통-현대' 논의에 이르기까지, 서양 문화를 적극 흡수하고 중화민족의 현대화를 추진하는 일은 사실 논쟁에 참여했던 모두가 동의하는 바였다. 따라서 논쟁의 핵심은 언제나 '전통'이 필요한지, 그것을 어떻게 대할 것인지였다. 논쟁의 초점이 중국 전통문화를 어떻게 대할 것인지에 있었기 때문에, 20세기 중국의 '전통과 현대' 논쟁에서는 언제나 두 가지 상반된 관점이 큰 축을 이루었다. 하나는 중국 전통을 전면적으로 부정하는 급진적 관점이고, 하나는 전통의 우수한 부분을 인정하고 계승할 것을 주장한 온건적 관점이다. 이 두 관점의 대립은 곧 '반反전통주의와 반反-반反전통주의'의 대립이기도 하다. 20세기 각 시기의 중국문화에 대한 검토는 현대화에 대한 그 때 그 때의 강한 좌절감의 표현인 경우가 많았으므로 당시의 사회사조와 사회심리, 즉 현대화를 갈망함에 따른 초조함이 반영되었다. 따라서 발생학적 측면에서 반反전통주의는 항상 주도하는 위치에 있었고 반反-반反전통주의는 반反전통주의에 대한 대응이자 저항이었다. 반反전통주의는 역사와 문화라는 짐을 주저 없이 버리고 중국의 세계화를 적극 추진하기를 희망한 반면, 반反-반反전통주의는 사회 개혁과 세계화 과정에서 문화

정체성을 유지하고 문화 전통을 계승하며 민족정신을 고양할 것을 주장했다. 전체적으로 보면 이 두 가지 측면은 중화민족이 새로운 역사적 조건 속에서 자신의 생명력을 유지해 온 상반된 모습이다.

20세기 중국문화의 발전은 단독으로 이루어진 것이 아니다. '전통과 현대'에 대한 논의는 중국의 현대화 경험을 반영할 뿐만 아니라 전 세계적 맥락의 영향에 대한 내용도 포함한다. 바꿔 말하면, 중국문화의 현대적 발전은 전 세계의 현대적 발전 속에서 규정된다. '전통과 현대'에 대한 논의의 핵심은 중국문화를 어떻게 인식하고 어떻게 대할 것인가 하는 것이지만, 이 논의는 필연적으로 "서양 문화를 어떻게 인식할 것인가"라는 물음과 연결되며, 서양 문화에 대한 우리의 이해는 세계의 정치, 경제, 문화의 발전 및 변화에 따라 달라지는 것이다. 따라서 '반反전통주의와 반反-반反전통주의'라는 단순한 모식으로는 근대 이후 중국문화의 변화와 문화 충돌을 충분히 설명할 수 없다. 많은 경우, 중국문화전통에 대한 긍정은 급진주의에 대한 직접적인 대응이 아니라 세계 정치 변화 과정의 복잡한 상호 작용에 따라 발생하기도 했다. 예를 들어, 신문화운동 시기의 반反전통주의는 주로 서양의 계몽주의 문화 개념의 영향을 받은 반면, 반反-반反전통주의는 서양 문화의 전면적인 수용에 찬성하면서도 서양 문화에 대한 비판도 적지 않게 했는데, 서양 근대 문화에 대한 이러한 비판과 중국 전통문화에 대한 긍정은 바로 서방 세계의 변화, 서양 지식인들의 서양 문화 비판, 유럽 사회주의 사조 및 실천의 출현과 직접적인 관련이 있다. 따라서 '전통과 현대'라는 문제에 관한 다양한 문화관은 어느 한쪽을 진보 또는 보수라고 규정지을 수 없으며, 그보다는 각자 다양한 진보를 주장한 것으로 봐야 할 것 같다.

바로 이런 이유로, 20세기 '전통과 현대' 논의에서 나온 다양한 관점이 기여한 바를 정확히 인식하기 위해서는 역사적 시야를 넓히고 습관적으로 단순화했던 사고방식에서 벗어나 '다원적 진보 개념'을 키워야 한다. 이것은 곧 '진보進步'

가 지닌 긍정적 의미를 문화를 비판하는 '급진'에만 적용하지 말고 문화를 인정하는 '보수保守'에도 적용할 수 있어야 함을 말한다. 문화 전환의 시대에 전통에 대한 각기 다른 관점을 지녔던 지식인들은 정치-사회적 측면에서 바라는 점이 기본적으로 같았고, 그들의 문화 관념의 대립은 과학과 민주에 대한 요구 면에서의 대립 때문이 아니었다. 서구 문화를 흡수하여 중국 현대화를 추진해야 한다는 점에서 그들은 동일한 가치를 전제로 두고 있었다. 단지 한 쪽은 문화의 개조를 강조했고 다른 한 쪽은 문화에 대한 인정을 강조했을 뿐이다. 전체적으로 보면, 그들 모두 20세기 중국의 정치 발전과 경제 개혁 그리고 문명의 지속 발전의 참여자이자 추진자였으며 각기 다른 방면에서 각자의 방식으로 중화 민족의 위대한 부흥에 기여했다.

1990년대 후반 사상학계에서는 '전통과 현대'라는 문제에 대해 어느 정도 공감대가 형성되었다. 주요 내용은 전통은 마음대로 버릴 수 있는 것이 아니며 그것을 거부하거나 버리는 것은 불가능하다는 것, 전통은 하나의 문화로서 전통의 작용과 의미는 사람들의 그것에 대한 해석과 이해에 근거한다는 것이다. 따라서 전통의 의미는 해석의 과정에서 그것을 어떻게 이용하고 창의적으로 그 의미를 전달하느냐에 달려 있다. 중국 전통문화가 자발적으로 중국 사회의 현대화를 이끌지는 못했으나, 그렇다고 해서 중국문화의 가치 전통이 현대 정치 경제 제도의 시범적 시행과 학습 그리고 동화와 반드시 상충하는 것은 아니었다. 전후戰後 동아시아 유교문화권의 급속한 현대화와 90년대 중국경제의 고속 성장은 중국문화 속에서 살아온 중화민족이 개방된 문화 공간에서 현대화를 실현할 능력이 충분함을 보여주었다. 또한 100년 동안의 문화적 열등감과 민족적 열등감이 완전히 잘못된 것이었다는 것도 증명되었다. 다른 방면에서는, 선진화하고 현대화한 시장경제와 상업화 경향으로 인해 도덕규범과 정신문명에 대한 요구가 더욱 강조되는 시점에, 전통적 가치 체계의 계승과 개조는 중국만의 문화적 특색이 있고 시장경제 시스템을 갖춘 사회주의 건설에 긍정적 역할을 할 것이다.

새로운 천년을 앞둔 지금, 우리 중화민족은 우리가 세계 여러 나라 사이에 다시 우뚝 서 있음을 더 이상 의심하지 않는다. 중국인에게 있어 현대화는 가능 불가능의 문제가 아니라 얼마나 빠르고 안정적으로 실현하느냐가 문제였다. 1990년대의 비약적인 경제 발전 과정을 지나온 지금, 현대화 좌절에 대한 원망을 중화민족 선현들이 창조한 전통문화 탓으로 돌리는 사람은 이제 거의 없다. 전통에 대한 이성적 분석과 그것의 부정적 요소에 대한 비판은 여전히 필요하다. 그러나 중국문화는 전혀 쓸모없는 것이라는 주장은 더 이상 설득력이 없으며, 사람들은 전통의 긍정적인 면과 우수한 면을 어떻게 활용할 것인지에 더 관심을 보이고 있다. 나는 10여 년 전에 "전통과 현대 사이의 불필요한 긴장을 없애자"고 제안한 적이 있다. 지금 우리는 이 긴장이 갈수록 해소되고 있음을 기쁜 마음으로 지켜보고 있다. 이제 둘 사이의 긴장이 사라진 대신에 민족정신의 고양, 가치 체계의 재건, 중화 문화의 부흥에 대한 관심과 요구가 생겼다. 20세기의 '비판과 계몽' 기조와는 달리 앞으로 맞이할 시대는 '창조와 진흥'의 새로운 시대다. 이 새로운 시대에는 '전통과 현대' 문제가 더 이상 언급되지 않거나 아예 사라지고 중국 사회의 새로운 발전에 맞는 다른 논의에 자리를 내 줄 것이다. 그것이 바로 우리의 이론이 발전하고 우리가 성숙했음을 보여주는 일이다.

다 같이 두 팔 벌려 이 위대한 새 시대를 맞이하자.

천라이
1999년 12월 22일

이 책의 전신은 1997년 광시교육출판사廣西教育出版社에서 발간한 "21세기 학자 총서跨世紀學者叢書"의 첫 번째 책으로, 원제는 『인문주의적 시각人文主義的視界』이다. 이 책에는 1988년부터 1997년까지 썼던 문화 문제에 관한 나의 생각이 수록돼 있다. 글의 형식은 논문, 단행본, 서평 등 다양했고 논문 중에는 총론, 사례 연구, 세부 주제 연구도 있었는데 각각 장단점이 있다. 베이징대학 출판사에서 이 책의 개정판을 출판하신다고 하니 먼저 이 점에 감사드리고 싶다.

여기서 말하는 문화 문제는 주로 '전통과 현대'에 관한 문화 토론이다. 이것은 '신문화 운동' 시기 지식인들의 문화토론 중 중심적인 내용이었고, 1980년대 '문화열' 운동 때의 지식인들이 열띤 토론을 벌인 주제이기도 하다. 역사가 보여주듯이, 전통과 현대 논쟁은 현대화하지 않은 국가에서 현대화를 추진할 때 필연적으로 나타나는 문화 현상이다. 이 논쟁에서는 '반反 전통주의'와 '반反-반反 전통주의'가 기본적인 대립과 긴장 구도를 형성한다. 20세기 문화논쟁은 언제나 유가 사상과 가치를 둘러싸고 진행되었다. 이 문제에 관한 저자의 문화적 입장은 유교사상과 가치를 일관되게 긍정하는 확고한 '반反-반反 전통주의'적 입장이다.

1991년 겨울, 잡지 『21세기二十一世紀』의 「21세기를 전망하다展望二十一世紀」 칼럼에 실릴 글을 부탁 받고 『정하기원貞下起元』이라는 제목의 짧은 글을 썼다. 이 글은 이 잡지 1992년 4월호에 실렸으며 내용은 다음과 같다.

5·4 문화 운동의 의미 있는 결과 중 하나는 유교문화에 대한 비판과 부정을 명백한 긍정적 가치로 만들어서 20세기 전체 문화 운동의 주제와 기조가 되게 한 것이다. 그 결과 반 전통주의는 이후 모든 지식인들의 정신적 유산이 되었다. 중화민국

초기의 '윤리혁명'부터 1970년대의 '비림비공批林批孔', 1980년대 후반의 유교문화 비판에서 볼 수 있듯이 20세기의 문화운동이 급진주의에 의해 주도되었음은 의심의 여지가 없다. 100년이 안 되는 기간 동안 진보, 혁명, 과학, 계몽은 언제나 가장 매력적인 구호였으며, 전통을 버리는 것은 선진 지식인이 '선진적임'을 상징하게 되었다. 유교가 가진 병폐에 대한 모든 가능한 비판이 다 쏟아져 나와서 널리 알려지게 되었고, 건전하고 이성적인 분석과 거칠고 터무니없는 배척이 교차하며 각자 극으로 치달았다. 유가사상이 20세기 중국문화 질서의 중심에서 주변으로 밀려난 것은 세계적인 현대화 확장 움직임과 서구문화의 침입 때문이기도 하지만, 중국 지식인이 자발적으로 나라와 민족을 위해서 한 선택이기도 하다.

그러나 적어도 서주西周부터 공자에 이르기까지 중국문화는 원시 종교에서 시작해서 독자적이고 성숙한 민족정신을 안정적으로 발전시켰다. 유교의 강한 인본주의적 가치 이성은 중국문화의 발전 방향과 경로를 정해주었고 중국문화의 정신적 기질을 만들어냈다. 이러한 정신적 기질은 몇몇 비판으로 없앨 수 없으며, 그 내재적 가치 역시 단기적인 도구성 성패成敗에 근본적인 영향을 받지는 않는다. 2000년 이상 지속된 정신적 전통은 모든 문자 기록과 구두 전파를 통해 중국인의 일부가 되었다. 한편, 1970년대 이후 공업 동아시아의 경제 기적은 전통적인 현대화 이론을 크게 흔들었고, 계몽적 마인드에 대한 학계의 반성은 전통 유지의 합리성을 철학적 사상적으로 뒷받침해 주는 등 이성화의 전개는 갈수록 많은 제한과 대가를 드러냈다. 이러한 이유로 반反 전통 지식인들도 유교 전통이 중국 현대화의 근본적 장애물이 되는 것은 아니며 현대화 과정은 전통을 파괴하지 않는 방식으로도 실현할 수 있고, 전통의 조정 및 지속, 그리고 제도의 개혁 및 구축은 하나의 과정으로 통합할 수 있음을 깨닫기 시작했다. 전통의 파괴가 곧 현대화의 실현을 의미하는 것은 아니다. 오히려 그것은 가치 체계의 해체와 문화 정체성의 상실로 이어져 현대화 질서 구축 과정 자체를 훼손할 수 있다. 역사를 통해서 봤을 때, 구성원들이 공유하는 문화 지향과 충돌하는 방식으로는 거대한 규모의 사회 변화가 실현될 수 없으며, 모든 운동이나 사회 프로젝트는 반드시 고유한 정신자원에 적응하거나 그것을 적절히 운용해야 한다. 결론적으로 유학을 포함한 실질 합리성의 전통은 사회와 사람들에게 없어서는 안 되는 중요한 요소다.

따라서 중국문화, 특히 유교사상은 20세기 지식인들의 문화적 계몽, 경제적 기능, 정치적 민주 등 방면의 전방위적 비판 속에서 2000여 년의 역사 중 가장 혹독한 시험을 겪었지만, 20세기를 막 지나온 지금 유교문화의 향후 운명을 절망적이거나 비관적으로 볼 이유는 없다. 오히려 정반대로, 나는 지난 100년 동안의 특히 가장 마지막의 도전과 충격을 겪은 후 유학이 가장 어려운 시기를 뒤로 하고 슬럼프에서 벗어났다고 믿는다. 이 점 때문에 나는 종종 펑유란 선생의 "다시 새롭게 시작하는 때[貞元之際]"와 "오랜 역사의 나라가 날로 새로워진다[舊邦新命]"는 신념이 생각난다. 21세기 전반부가 어떻게 흘러가든 21세기 후반에는 반드시 유교문화 지역 전체가 크게 발전할 것이며, 유가 사상과 중국문화가 필연적으로 다시 활약하게 될 것이다. 물론 에드워드 쉴즈Edward Shils가 말한 것처럼 쇠퇴했던 전통의 부흥이 사회 중심에 대한 재정복을 의미하지는 않는다. 그러나 그것은 분명 이리저리 흔들리는 상황을 벗어나는 데 도움이 될 것이며, 중국문화가 다원적으로 발전하는 과정에서 통일된 기질을 갖출 수 있도록 안정적인 기초 역할을 할 것이다.

그런 의미에서 『정하기원貞下起元』은 세기의 전환기에 새로운 시작을 의미할 뿐만 아니라 문화적 생명력의 부흥을 상징하기도 한다. "새롭게 시작하는 이 시대[貞元之際]"의 지식인은 20세기의 급진주의와 성급함을 반성하고, 유가의 질적 변화만이 아니라 문화 비판과 문화 소개에 힘씀과 동시에 문화 건설에 몰두함으로써 과거를 계승하고 미래를 여는 임무를 수행해야 한다.

위에서 언급한 급진주의는 문화적 급진주의, 즉 신문화 운동 초기 천두슈 등이 주장했고 '문화대혁명' 때 강조했던 전면적인 반反 전통 입장의 문화적 주장이다. 편폭의 제한으로 여기에는 본문을 다 싣지 않았다.

그러나 오늘날 1980년대 말 이후 중국문화에 관한 논의의 흐름을 돌아보면, 이 짧은 글도 나름의 의미가 있다. 저자가 1991년 말에 쓴 이 글에서 보여준 판단과 확신은, 전통문화와 유학이 중국에서 "이미 어려운 시간을 지나, 슬럼프를 빠져나온 것"이라는 점이었고, 이것은 이미 90년대 이후의 발전으로 증명됐다. 1993년 토마스 메츠거의 글에 대한 평론에서 "90년대 중국 경제의 급속한 발전을 보면, 우리도 앞으로 중국은 어떻게 성공했는지에 대한 다양한 해석을 접하게 될 것이다"라고 했던 나의 말 또한 증명되었다. 다만, 1991년 말, "유가문화 지역 전체가 크게 발전할 것이며, 유가사상과 중국문화가 더불어 다시 활약하게 될 것이다"라고 한 예견이 이렇게 빨리 실현될지는 예상하지 못했다. 10여 년이 지난 지금, 우리는 전 세계가 중국 굴기에 주목하는 시대를 살고 있다. 80년대 말에서 90년대 초 중국문화 변호에 힘썼던 노력과 효과가 미미했고, 90년대 후반 이래로 경제발전에 따른 사회 대중의 중국문화에 대한 자신감과 열정을 돌아보면, 이론적 설명보다 실천적 추동推動이 훨씬 강력했음을 분명히 알 수 있다. 1988년에 저자가 말한 "중국문화 부흥의 최대 조건은 바로 현대화다"라는 문구처럼 말이다.

실천은 이론을 확인시켜주는 증거이나, 이론적 해석은 그 자체로 중요한 의미가 있다. 그것은 민족정신의 성숙을 촉진하고, 문화적 사고의 깊이를 심화시키며, 단순화와 단편성을 줄이고, 전통에 대한 전반적인 인식을 강화할 수 있다. 이론적 해석이 사람들의 문화 자각으로 변화할 수 있다면, 문화 문제에 관한 터무니없는 실수를 줄일 수 있을 것이다. 중국 경제의 현대화가 90년대 이래 급속히 이루어지고, 중국이 굴기하여 부흥한 지금, 이미 80년대 중후반처럼 사람들이 중국 현대화의 미래에 대해 초조해하는 일은 거의 없어졌고, 국가 경제 발전이 낙후됨으로써 생긴 전통에 대한 원망과 분노도 크게 완화되었다. 저자가 80년대 말에 언급했던 "전통과 현대의 긴장 해소"는 이제 많은 사람들의 공감을 얻고 있다. 그러나 이것이 곧 전통문화에 대한 정확한 인식이라는 임무가 완성됐다는 것은 아니며, 단지 현대화나 경제 기능 면에서 전통문화를 회의적으로 봤던 기존의 관념이 점점 사라지고 있는 중이라고 할 수 있을 뿐이다. 사실 2004년 중국 인민대학의 국학원國學院 설립에 따른 논란에서 알 수 있듯이 아직도 전통문화에 대한 오해 중 명확하게 밝혀져야 하는 것들이 있다. 따라서 이 책의 개정판은 우리가 1980~1990년대의 전통 논쟁을 어떻게 진행해 왔는지에 대한 이해라는 점에서 의의가 있을 뿐만 아니라 그 자체의 문화적 의의도 지닌다.

이 책에 수록된 각 장 관련 정보를 소개한다. 『중국 근대 사상에 대한 회고와 전망中國近代思想的回顧與前瞻』은 1987년 여름 마닐라에서 열린 "새로운 시대의 중국新時代的中國"이라는 주제의 국제 심포지엄에서 발표한 논문으로, 1988년 여름 싱가포르에서 열린 "국제 유학 심포지엄國際儒學研討會"의 발표논문 합하여 완성한 것이다. 논문의 내용은 당시 학계에서 제기한 "유학의 제3기 발전儒學第三期發展"과 "유가 사상을 철저히 없애야 한다徹底打破儒家思想"는 주장에 대한 고찰과 그에 대한 답이다. 『전통과 현대 사이의 긴장 해소-5·4 문화 사조 검토解"傳統"與"現代"的緊張-"五四"文化思潮的反思』와 『5·4 사조와 현대성"五四"思潮與現代性』은 1988년 겨울에 5·4운동 70주년 기념으로 쓴 것이다. 그 중에 일부는 1989년 4월 국가교육위원회에서 5·4 운동 70주년을 기념하여 개최한 "중국 신문화 운동에 대한 회고와 전망中國新文化運動的回顧與前瞻" 심포지엄에 제출했고, 각각 1989년 4월 홍콩과 타이완에서 출간된 책에 실렸고, 베이징대학의 5·4운동 70주년 기념 논문집에 수록되었다. 이 논문은 신문화운동의 동서 문화 논쟁에서 나타난 반反전통주의와 범泛공리주의적 문화관에 대해 체계적으로 검토했고, 특히 1980년대 후반 문화 사조의 극단적 경향을 바로잡는 데 중점을 두었다. 『가치, 권위, 전통과 중국철학價值, 權威, 傳統與中國哲學』은 1989년 여름 제6회 "동서 철학자 회의東西方哲學家會議"에서 발표했고 『철학연구哲學研究』 1989년 제10기에 실린 논문이다. 『20세기 문화운동의 급진주의20世紀文化運動的激進主義』는 1991년 겨울 타이페이의 『철학잡지哲學雜志』 창간호1992의 "문화 운동의 새출발文化運動的再出發"이라는 주제에 맞춰서 쓴 글로서, 20세기 문화운동의 급진주의 경험과 교훈을 검토하고, 90년대의 학술적 전환을 위해 평범하고 소박한 문화 관념의 기초를 만들어 가자고 주장한 글로서, 이후 잡지 『동방東方』 1993년 제1기에 발표하였다. 『평유란 문화관의 성립과 발전馮友蘭文化觀的建立與發展』은 1992년에 쓴 것으로, 평유란의 『신사론新事論』을 사례로 20세기 전반부의 중국 철학가가 문화상의 고금古今 동서東西를 어떻게 다루며, 현대화와 민족화의 관계를 어떻게 다루는지를 보여주고자 했다. 이 글은 1993년 『학인學人』 제4집에 실렸다. 『신이학과 현대성 사유에 대한 검토新理學與現代性思維的反思』는 1994년에 쓴 글이며, 평유란의 신이학 체계의 철학사상과 현대성 문제를 연결하여 철학적 관점에서 현대성을 더 깊이 이해하고자 했다. 이 글은 『베이징대학학보北京大學學報』 1995년 제1기에 실렸다. 『량수밍의 초기 동서문화관梁漱溟早期的東西文化觀』은 1998년에 쓴 글로서, 량수밍의 『동서문화와 철학東西文化及其哲學』에 담긴 문화관에 대한 새로운 이해를 제안하고, 다원문화주의적 시각에서 량수밍 초기 문화관의 중요한 의미를 강조하였다. 이 글은 『5·4 운동과 20세기 중국-베이징대학 5·4 운동 80주년 국제학술대회 논문집"五四"運動與二十世紀的中國-北京大學紀念"五四"運動80周年國際學術研討會論文集』에 실렸다. 『량수밍과 막스 베버의 중국문화관梁漱溟與馬克斯·韋伯的中國文化觀』은 1994년에 쓴 것이고, 20세기의 저명한 학자 량수밍의 중국 사회-문화에 대한 인식과 막스 베버의 중국문화에 대한 관찰을 비교해 본 글로서 『신유가평론新儒家評論』 제2집에 수록됐다. 『유가 윤리와 중국 현대화儒家倫理與中國現代化』는 베버 명제의 체계에 대한 재고찰과 유가 윤리와 중국 현대화의 여러 문제를 다룬 글이고, 글의 일부는 『20세기二十一世紀』 1994년 제2기에 발표했다. 『유가사상과 현대 동아시아 세계儒家思想與現代東亞世界』는 1994년 봄 일본 규슈대학九州大學에서 개최한 "동아시아 전통사상 국제 심포지엄東亞傳統思想國際研討會"에서 발표했고, 동아시아의 전통성과 현대성을 거시적으로 고찰한 글이다. 글의 일부는 『동방東方』 1994년 3기에 발표했다. 『90년대 어려운 길을 걸은 '국학' 연구九十年代步履維艱的 "國學"研究』는 1994년 11월 항저우대학杭州大學에서 열린 "문화중국토론회文化中國討論會"의 참가 논문으로, 당시의 '국학열國學熱'에 관한 각종 질문에 전면적으로 대답해 주었고, '국학' 연구 부활을 위해 이성적으로 변호한 글이다. 이 글은 잡지 『동방東方』 1995년 제2기에 발표했다. 『중국문화전통의 가치와 위상中國文化傳統的 價值與地位』은 1993년 겨울에 잡지 『군언群言』의 '전통문화와 개혁개방' 좌담회에서의 발언 내용이며, 『군언群言』 1994년 제2기에 발표했다. 『현대 중국문화와 유학의 위기現代中國文化與儒學的困境』는 1996년 타이완 "중앙연구원中研院"에서 열린 "유학과 현대 세계儒學與現代世界" 국제심포지엄 참가 논문으로, 류수셴劉述先 교수 주편의 『유가사상과 현대 세계儒家思想與現代世界』中國文哲所籌備處, 1997에 수록됐다. 저자는 유가 전통에 대한 분석 시 베버의 이론적 관점과 대조하곤 했으므로 잡지 『독서讀書』에 발표한 『현대화 이론의 관점에서 본 동아시아 전통現代化理論視野中的東亞傳統』, 『위기의식과 상호 의존困境意識與相互依賴』은 이런 배경이 반영돼 있다. 서언緒言 『인문주의적 시각人文主義的視界』이 책의 초판을 위해 쓴 것이고 당시의 이른바 '문화보수주의'에 관한 각종 오해를 푸는 것에 주력한 글로서, 『동방문화東方文化』 1997년 제2기에 발표됐다. 『세기의 전환기에 전통을 논하다世紀之交話傳統』는 1999년 12월 말 『인민일보人民日報』의 『인민논단人民論壇』에 실을 글을 부탁받아서 쓴 것이다. 20세기의 끝무렵 경제와 문화의 발전으로 20세기 전통문화 논쟁의 전 과정을 담담하고 간결하게 정리할 수 있게 되었으므로, 이 글을 개정판 발어로 삼는 것이 적절할 것 같다. 각 회의의 주최측과 학술지 주관기관에 진심으로 감사드린다.

1997년 판과 달리 이번에 베이징대학 출판사에서 내는 것은 개정판이다. 개정판에는 초판에 수록됐던 『세속 유가 윤리 – 전통 몽학의 문화연구世俗儒家倫理 – 傳統蒙學的文化硏究』, 『80년대 이후의 문화 연구와 문화 사조八十年代以來的文化硏究與文化思潮』를 빼고, 『량수밍 초기의 동서문화관梁漱溟早期的東西文化觀』과 『현대 중국문화와 유학의 위기現代中國文化與儒學的困境』, 그리고 『세기의 전환점에 전통을 논하다世紀之交話傳統』를 추가했으며, 『90년대 어려운 길을 걸은 '국학' 연구90年代步履維艱的"國學"硏究』를 다시 넣었다.

끝으로 세심하게 준비하고 작업해 주신 베이징대학 출판사의 장펑주張鳳珠 여사와 책임편집자 쉬단리徐丹麗 여사께 진심으로 감사드린다.

천라이

2006년 2월 16일